Theodor Hertzka

Freiland

Ein sociales Zukunftsbild

Theodor Hertzka

Freiland
Ein sociales Zukunftsbild

ISBN/EAN: 9783337358921

Hergestellt in Europa, USA, Kanada, Australien, Japan

Cover: Foto ©Suzi / pixelio.de

Weitere Bücher finden Sie auf **www.hansebooks.com**

Freiland.

Freiland.

Ein sociales Zukunftsbild
von
Theodor Hertzka.

Vierte durchgesehene Auflage.

Dresden und Leipzig.
E. Pierson's Verlag.

Vorrede zur vierten Auflage.

Auch die dritte Auflage ist vergriffen, kaum daß sie die Presse zu verlassen vermochte, und so übergebe ich denn meinen Lesern diese vierte. Möge sie vereint mit ihren Vorgängerinnen dahin wirken, daß der Gedanke, dem ich in den nachfolgenden Blättern Worte leihe, möglichst rasch zur That werde.

Wien im August 1890.

Theodor Hertzka.

Inhalt.

Erstes Buch.

1. Kapitel.

Um die Mitte des Monats Juli des Jahres 18.. war in den angesehensten Zeitungen Europas und Amerikas folgende Ankündigung zu lesen:

„Internationale freie Gesellschaft.

Eine Anzahl von Männern aus allen Teilen der civilisierten Welt hat sich zu dem Zwecke vereinigt, einen praktischen Versuch zur Lösung des socialen Problems ins Werk zu setzen.

Diese Lösung suchen und finden dieselben in der Schaffung eines Gemeinwesens auf Grundlage vollkommenster Freiheit und wirtschaftlicher Gerechtigkeit zugleich, d. i. eines solchen, welches, bei unbedingter Wahrung des individuellen Selbstbestimmungsrechtes, jedem Arbeitenden den ganzen und ungeschmälerten Genuß der Früchte seiner eigenen Arbeit gewährleistet.

Zum Zwecke der Gründung eines solchen Gemeinwesens soll auf bisher herrenlosem aber fruchtbarem und zur Besiedelung wohlgeeignetem Gebiete ein größerer Landstrich besetzt werden.

Auf diesem ihrem Gebiete wird die freie Gesellschaft keinerlei Eigentum an Grund und Boden anerkennen, ebensowenig dasjenige eines Einzelnen, als ein solches der Gesamtheit.

Behufs Bearbeitung des Bodens, wie überhaupt zum Zwecke jeglicher Produktion, werden sich Associationen bilden, deren jede sich nach eigenem Gutdünken selber verwalten und den Ertrag ihrer Produktion unter ihre eigenen Mitglieder je nach deren Leistung verteilen wird.

Jedermann hat das Recht, sich einer beliebigen Association anzuschließen und dieselbe nach freier Willkür zu verlassen.

Die Arbeitskapitalien werden den Produzenten zinslos von Gesellschaftswegen zur Verfügung gestellt, müssen jedoch von denselben zurückerstattet werden.

Arbeitsunfähige und Frauen haben das Recht auf auskömmlichen Unterhalt von Gesellschaftswegen.

Die zu obigen Zwecken, sowie zu sonstigen gemeinnützigen Ausgaben erforderlichen Geldmittel werden durch eine auf das Reineinkommen jeglicher Produktion gelegte Abgabe beschafft.

Die Internationale freie Gesellschaft verfügt derzeit schon über eine Mitgliederzahl und über Kapitalien, die zur Durchführung ihres Planes — wenn auch nur in bescheidenem Maßstabe — ausreichen. Da sie jedoch einerseits der Ansicht ist, daß der Erfolg ihres Versuches desto sicherer und durchgreifender ausfallen muß, mit je größeren Mitteln derselbe ins Werk gesetzt wird, andererseits etwaigen Gesinnungsgenossen Gelegenheit geboten werden soll, sich an dem Unternehmen zu beteiligen, so tritt sie hiermit vor die Öffentlichkeit und giebt bekannt, daß Anfragen oder Mitteilungen, welcher Art immer, an das Bureau der Gesellschaft: Haag, Boschstraße 57 zu richten sind. Auch wird die Internationale freie Gesellschaft am 20. Oktober l. J. im Haag eine öffentliche Versammlung abhalten, in welcher die letzten Beschlüsse vor praktischer Inangriffnahme des Werkes gefaßt werden sollen.

Für den geschäftsführenden Ausschuß der
Internationalen freien Gesellschaft.
Karl Strahl.

Haag, im Juli 18..“

———

Diese Ankündigung rief in der gesamten Presse eine nicht geringe Aufregung hervor. Der Name des für den geschäftsführenden Ausschuß Unterschriebenen beseitigte von vornherein den sonst so naheliegenden Gedanken an irgend eine Mystifikation oder Unlauterkeit, denn Dr. Karl Strahl war nicht bloß als Mann von geachteter socialer Stellung, sondern auch als einer der ersten volkswirtschaftlichen Schriftsteller Deutschlands rühmlichst bekannt. Man mußte also das seltsame Projekt ernst nehmen und die Zeitungen verschiedenster Parteirichtung bemächtigten sich alsbald desselben mit größtem Eifer. Lange vor dem 20. Oktober gab es diesseits wie jenseits des atlantischen Ozeans kein Journal, das nicht zu der Frage Stellung genommen hätte, ob die Verwirklichung der von der Freien Gesellschaft angekündigten Pläne in den Bereich des Möglichen oder des Utopischen gehöre; diese Gesellschaft selbst aber mengte sich nicht in den Kampf der Zeitungen. Es war offenbar zunächst nicht ihre Absicht, die Gegner durch theoretische Beweise zu gewinnen; sie wollte allfällige Gesinnungsgenossen an sich ziehen und dann handeln.

Als der 20. Oktober herannahte, zeigte es sich, daß selbst der größte im Haag vorhandene öffentliche Saal nicht genügen würde, die Menge der erschienenen Mitglieder, Gäste und Neugierigen zu fassen; es erwies sich daher als notwendig, zum mindesten die letztere Kategorie des Auditoriums durch irgend ein Mittel einzuschränken, welches Mittel denn auch darin gefunden wurde, daß die von fernher zugereisten Gäste zwar unentgeltlich, die Ortsansässigen dagegen bloß gegen Erlegung von 20 holländischen Gulden Eintrittskarten erhielten. (Der Erlös dieser Karten wurde dem Haager Krankenhause zugewiesen.) Nichtsdestoweniger war der 2000 Personen fassende Versammlungssaal am Morgen des 20. Oktober bis in den letzten Winkel gefüllt.

13

Unter atemloser Spannung aller Anwesenden nahm der Vorsitzende — Dr. Strahl — das Wort, um die Versammlung zu eröffnen und zu begrüßen. Die alle Erwartungen der Einberufer überflügelnde Zahl der neuen Mitglieder und die Höhe der gezeichneten Beiträge zeuge dafür, daß die Bedeutung des von der Internationalen freien Gesellschaft beabsichtigten Unternehmens heute schon, noch bevor die Thatsachen gesprochen, vollauf erkannt worden sei von Tausenden aus allen Teilen der bewohnten Erde ohne Unterschied des Geschlechtes und der Lebensstellung. „Die Überzeugung, daß das Gemeinwesen, an dessen Gründung wir nunmehr schreiten," so fuhr Redner fort — „bestimmt ist, Armut und Elend an der Wurzel zu fassen und mit diesen zugleich auch all jenen Jammer und die Reihe von Lastern zu vernichten, die als Folgeübel des Elends anzusehen sind, sie drückt sich nicht bloß in den Worten, sondern auch in der Handlungsweise des größten Teiles unserer Mitglieder aus, in der hohen, opferfrohen Begeisterung, mit der sie — ein Jedes nach seinen Kräften — zur Verwirklichung des gemeinsamen Zieles beigesteuert haben. Als wir unseren Aufruf erließen, waren wir unser 84, das Vermögen, über welches wir verfügten, betrug 11400 Pfund Sterling; heute besteht die Gesellschaft aus 5650 Mitgliedern, ihr Vermögen beträgt 205620 Pfd. Sterling." (Hier wurde der Vorsitzende von minutenlangem Applaus unterbrochen.) „Es ist selbstverständlich, daß eine solche Summe nicht von jenen Elendesten der Elenden allein aufgebracht werden konnte, die man gemeinhin als bei der Lösung des socialen Problems ausschließlich interessiert anzusehen gewohnt ist. Noch deutlicher wird das, wenn man die Liste unserer Mitglieder im Einzelnen durchmustert. Unwiderstehlich drängt sich dabei die Erkenntnis auf, daß Ekel und Grauen vor den socialen Zuständen der Gesellschaft allgemach auch jene Kreise ergriffen hat, die scheinbar Vorteil ziehen aus den

Entbehrungen ihrer enterbten Mitmenschen. Denn — und darauf möchte ich besonderen Nachdruck legen — diese Wohlhabenden und Reichen, die zum Teil mit vielen Tausenden von Pfunden an unserer Kasse erscheinen, sie sind bis auf geringe Ausnahmen nicht bloß als Helfer, sondern zugleich als Hilfesuchende beigetreten, sie wollen das neue Gemeinwesen nicht bloß für ihre darbenden Mitbrüder, sondern zugleich für sich selber gründen. Und daraus mehr als aus allem Anderen schöpfen wir die felsenfeste Überzeugung vom Gelingen unseres Werkes."

Neuerdings unterbrach langandauernder, jubelnder Applaus den Vorsitzenden; als die Ruhe wieder hergestellt war, schloß dieser folgendermaßen seinen kurzen Vortrag:

„In Ausführung unseres Programms soll ein annoch herrenloser größerer Landstrich zum Zwecke der Gründung eines unabhängigen Gemeinwesens erworben werden. Es fragt sich nunmehr, welchen Teil der Erde wir zu solchem Vorhaben wählen wollen. Europäisches Gebiet kann aus naheliegenden Gründen nicht in Frage kommen; auch in Asien würden wir überall, zum mindesten dort, wo Ansiedler kaukasischer Rasse gedeihen könnten, leicht in Kollision mit alten Rechts- und Gesellschaftsformen geraten. In Amerika und Australien ist zwar zu erwarten, daß die dortigen Staaten uns bereitwillig Raum und Freiheit der Bewegung einräumen würden, aber auch dort könnte unser junges Gemeinwesen nur schwer jene ungestörte Ruhe und Sicherheit vor feindlichen Angriffen gewährleistet erhalten, die insbesondere für den Anfang eine der Voraussetzungen raschen und ungetrübten Erfolges ist. Bleibt also nur Afrika, der älteste und doch der jüngstentdeckte Weltteil. Dessen centrales Innere ist der Hauptsache nach herrenlos, dort finden wir nicht bloß schrankenlosen Raum und ungestörte Ruhe zur Entfaltung, sondern bei richtiger Wahl auch die denkbar günstigsten Verhältnisse des Klimas und der Bodenbeschaffenheit. Gewaltige Hochländer, welche die

Vorzüge der Tropen und unserer Alpenwelt in sich vereinigen, harren dort noch der Besiedelung. Die Verbindung mit diesen, tief im Inneren des dunklen Weltteiles gelegenen Bergländern ist allerdings schwierig, aber gerade das ist's, was uns für den Anfang notthut. Wir schlagen Ihnen daher vor, die neue Heimat im äquatorialen Innerafrika zu suchen. Und zwar denken wir zunächst an das Hochgebirge des Kenia, das ist an das Land östlich vom Ukereweesee, zwischen dem 1. Grade südlicher bis zum 1. Grade nördlicher Breite und zwischen dem 34. bis 38. Grade östlicher Länge. Dort glauben wir die geeignetsten Gebiete für unsere Zwecke finden zu können. Ist die Versammlung mit dieser Wahl einverstanden?"

Allgemeine Zustimmung folgte und stürmische Rufe: „Vorwärts, lieber heute als morgen!" wurden laut. Unverkennbar zeigte sich, daß die Mehrzahl gewillt war, sofort aufzubrechen. Neuerdings nahm jetzt der Vorsitzende das Wort:

„So rasch geht dies denn doch nicht, meine Freunde. Die neue Heimat muß erst gesucht und erworben werden; das aber ist ein schwieriges und gefahrvolles Unternehmen. Durch Wüsteneien und unwirtliche Wälder führt der Weg, Kämpfe mit feindseligen wilden Stämmen werden vielleicht nicht zu vermeiden sein, und zu all dem taugen nur kräftige Männer, nicht Frauen, Kinder und Greise. Auch die Verpflegung eines viele Tausende umfassenden Auswandererzuges durch jene Gebiete muß erst noch organisirt werden, kurzum: es ist durchaus notwendig, daß der Masse der Unseren eine Schar erlesener Pfadfinder vorausgehe. Erst wenn diese ihre Aufgabe gelöst haben, können die Anderen nachfolgen.

„Damit nun alles Erforderliche mit möglichster Kraft, Umsicht und Raschheit ins Werk gesetzt werde, ist einheitliche, zielbewußte Leitung vonnöten. Bisher lagen die Geschäfte der Gesellschaft in den Händen eines

Zehnerausschusses; da die Mitgliederzahl inzwischen so stark gestiegen ist und noch fernerhin steigen wird, so wäre eine Erneuerung oder zum Mindesten eine Ergänzung der Geschäftsleitung durch die neuhinzugetretenen Elemente im Wege freier Wahl höchst wünschenswert; trotzdem können wir Ihnen eine solche jetzt nicht empfehlen, und zwar aus dem Grunde, weil die neuen Mitglieder einander nicht kennen, und so rasch auch nicht genügend kennen lernen werden, um Wahlen vorderhand als etwas anders, denn als ein bloßes Spiel des Zufalls erscheinen zu lassen. Wir verlangen vielmehr von Ihnen eine Bestätigung unserer Vollmacht, verbunden mit der Befugnis, uns durch Cooptirungen aus Ihrer Mitte nach unserem Ermessen verstärken zu dürfen. Und zwar bitten wir um diese Vollmachten, die übrigens durch Beschluß Ihrer Vollversammlung jederzeit widerrufbar sein sollen, für die Dauer von zwei Jahren. Nach Ablauf dieser Frist werden wir, das ist unsere feste Zuversicht, die neue Heimat nicht blos gefunden, sondern in ihr auch genügend lange miteinander gelebt haben, um uns einigermaßen kennen zu lernen."

Dieser Antrag wurde einstimmig angenommen.

Der Vorsitzende teilte hierauf noch mit, daß alle Kundmachungen des geschäftsführenden Ausschusses den Mitgliedern sowohl in den Zeitungen als durch besondere Zirkulare bekannt gegeben würden und schloß die Versammlung, welche in gehobenster Stimmung auseinanderging.

Die erste That des von der Generalversammlung bestätigten Ausschusses der Internationalen freien Gesellschaft war, daß er für die Leitung des nach Centralafrika zu entsendenden Zuges der Pfadfinder zwei Persönlichkeiten ernannte und mit umfassenden Vollmachten ausstattete. Diese zwei Führer der Expedition sollten sich in ihre Aufgabe derart teilen, daß der eine die

Expedition bis in das zur ersten Ansiedelung zu erwählende Gebiet leiten, der andere die Organisation der eigentlichen Ansiedelungsarbeiten zu unternehmen habe. Der eine sollte gleichsam der Heerführer, der andere der Staatsmann des Expeditionskorps sein. Zu ersterem Amte wählte der Ausschuß den bekannten Afrikareisenden Thomas Johnston, der insbesondere das Gebiet zwischen dem Kilima Ndscharo und Kenia, das sogenannte Massaï-Land wiederholt durchquert hatte. Johnston war ein jüngeres Mitglied der Gesellschaft und wurde vom Ausschusse erst aus Anlaß seiner Ernennung zum Führer des Pfadfinderzuges kooptirt. Zur Leitung der Expedition nach deren Ankunft an ihrem Ziele designirte der Ausschuß einen jungen Ingenieur, Namens Henri Ney, der als innigster Freund des Gründers und geistigen Führers der Gesellschaft — Dr. Strahl — der Geeignetste war, diesen während der ersten Epoche der Gründung zu vertreten.

Dr. Strahl hatte allerdings ursprünglich die Absicht, sich den Pfadfindern selber anzuschließen und gleich die ersten Organisationsarbeiten in der neuen Heimat persönlich zu leiten; die anderen Mitglieder des Ausschusses erhoben jedoch dagegen Einsprache. Sie konnten nicht zugeben, daß der Mann, von dessen fernerem Wirken das Gedeihen der Gesellschaft in so hohem Maße abhing, sich Gefahren aussetze, die für ihn um so bedrohlicher waren, als seine Gesundheit nicht eben die festeste schien. Auch mußte er bei reiflichem Erwägen selber zugeben, daß für die nächsten Monate seine Anwesenheit in Europa weit nützlicher und notwendiger sei, als in Centralafrika. Kurzum: Dr. Strahl willigte ein, zu bleiben, den Pfadfindern erst mit dem großen Auswandererzuge nachzufolgen und Henri Ney trat an seine Stelle.

2. Kapitel.

Wir überlassen nunmehr dem vom Ausschusse der Internationalen freien Gesellschaft zum eigentlichen Leiter der afrikanischen Expedition erwählten Freunde des Dr. Strahl das Wort, indem wir sowohl die Vorbereitungen des Zuges, als auch dessen glückliche Durchführung und die ersten Kulturarbeiten in den Hochländern des Kenia nach Auszügen aus dessen Tagebuch mitteilen.

——

Meine Ernennung zum provisorischen Stellvertreter unseres verehrten Führers hatte mich anfangs mit Schrecken erfüllt. Der Gedanke, daß von meinen Fähigkeiten zu nicht geringem Teile die glückliche Einleitung eines Werkes abhängen solle, welches wir alle als das bedeutsamste und folgenreichste im bisherigen Verlaufe der menschlichen Entwickelungsgeschichte zu betrachten uns gewöhnt hatten, erfüllte mich mit einer Art Schwindel. Doch dieser Zustand der Mutlosigkeit währte nicht lange; ich hatte kein Recht, mich einer Verantwortlichkeit zu entziehen, zu deren Übernahme die Genossen mich als den Passendsten erachteten, und als vollends mein väterlicher Freund Strahl mich fragte, ob ich ein Mißlingen für möglich hielte, wenn die meiner Leitung Unterstellten von gleicher Begeisterung erfüllt wären wie ich, und ob ich mich berechtigt glaube, daran zu zweifeln, daß diese Voraussetzung zutreffen würde, da trat hoher Mut und felsenfestes Vertrauen auf das Gelingen des Werkes an die Stelle der anfänglichen Verzagtheit, eine Stimmung, die mich fürderhin keinen Augenblick verlassen hat.

Die ersten Vorbereitungen zur Organisierung des Zuges der Pfadfinder wurden übrigens gemeinschaftlich vom gesamten Ausschusse der Internationalen freien Gesellschaft beraten und beschlossen. Zunächst galt es festzustellen, aus wieviel Mitgliedern die Expedition bestehen solle. Dieselbe durfte nicht zu schwach sein, da gerade jener Volksstamm, inmitten dessen wir uns niederzulassen beabsichtigten — die zwischen dem Kilima und Kenia nomadisierenden Massai —, der kriegerischeste von allen des äquatorialen Afrika ist und ihm nur durch kräftiges, machtvolles Auftreten imponiert werden kann. Aber auch allzu zahlreich durfte die Expedition nicht sein, wollte sie sich nicht der Gefahr aussetzen, durch Schwierigkeiten der Verproviantierung aufgehalten zu werden. Schließlich einigte man sich darüber, daß zweihundert „Pfadfinder" mitgenommen werden sollten. Natürlich mußten diese aus den kräftigsten, zur Überwindung von Anstrengungen, Entbehrungen und Gefahren am besten geeigneten Mitgliedern der Gesellschaft erwählt werden. Auch jenes Ausmaß von Intelligenz wurde bei jedem Teilnehmer der Expedition für notwendig erachtet, welches dazu gehört, um den vollen Umfang der Verantwortlichkeit und Bedeutung der übernommenen Mission zu erfassen.

In Verfolgung dieses Zweckes wendete sich der Ausschuß an die Zweigvereine, die er inzwischen allerorten gebildet hatte, wo Mitglieder der Gesellschaft wohnten, mit der Bitte, ihm eine Liste jener sich zur Expedition Meldenden einzusenden, für deren Gesundheit, kräftige Konstitution und Intelligenz der betreffende Zweigverein glaube einstehen zu können. Zugleich sollte angegeben werden, welche Kenntnisse, Erfahrungen und Fertigkeiten die Vorgeschlagenen besäßen. Daraufhin liefen binnen wenigen Wochen die Anerbietungen von 870 wärmstens empfohlenen Mitgliedern ein. Von diesen wurden zunächst hundert ausgewählt, deren Qualifikation dem Ausschusse unter allen Umständen in erster Linie berücksichtigenswert erschien. Dieses erlesene Hundert enthielt 4 Naturforscher (darunter 2 Geologen), 3 Ärzte, 8 Ingenieure, 4 Vertreter anderer technischer Wissenszweige und 6 theoretisch geschulte Land- und Forstwirte; ferner 30 solche Gewerbsleute, die man der Expedition für alle Fälle sichern wollte und schließlich 45 als besonders treffliche Schützen oder als ausnehmend kräftig gerühmte Männer. Sonach blieben noch 100 Mitglieder, deren Auslese den Zweigvereinen in der Weise überlassen wurde, daß jedem derselben für angemeldete 7 bis 8 Pfadfinder die Wahl je eines solchen zufiel. Die solcherart Auserlesenen wurden aufgefordert, thunlichst rasch in Alexandrien, dem vorläufigen Versammlungsorte der Expedition, einzutreffen; das erforderliche Reisegeld wurde ihnen sofort angewiesen (im übrigen, wie nebenbei bemerkt werden mag, von ungefähr der Hälfte, welche die Reisekosten aus Eigenem bestritt, dankend abgelehnt).

Darüber verging der Monat November. Der Ausschuß aber hatte inzwischen nicht gefeiert. Die Ausrüstung der Expedition wurde nach allen Seiten gründlich erörtert, festgestellt und für die Beschaffung aller Erfordernisse vorgesorgt. Für jedes der 200 Mitglieder wurden sechs komplette Unterkleider aus leichtem elastischem Wollenstoff, sogenannte Jägerwäsche, ein leichter und ein schwerer Wollenanzug, ferner zwei Paar wasserdichte und zwei Paar leichtere Stiefel, je zwei Korkhelme und je ein wasserdichter Regenanzug bestellt. An Waffen erhielt jedes Mitglied ein Repetiergewehr bester Konstruktion für zwölf Schüsse, einen Taschenrevolver und ein amerikanisches Bowiemesser. Außerdem wurden 100 Jagdgewehre verschiedensten Kalibers, von den vierlötige Sprengkugeln schießenden Elefantenflinten bis zur leichtesten Schrotbüchse angeschafft, selbstverständlich ausreichende Munition nicht vergessen.

Die hierauf zu erörternde wichtigste Frage war, ob die Expedition beritten gemacht werden solle oder nicht, und ob die Beförderung der mitzunehmenden Lasten von der Zanzibarküste ab durch Träger, sogenannte Pagazis, oder durch Lasttiere zu erfolgen habe. Johnston hatte anfangs die Absicht gehabt, bloß 80 Pferde und Esel, teils zum Tragen der schwereren Laststücke, teils zur Beförderung etwaiger Kranker oder Maroder anzukaufen und als Träger des von ihm auf 400 Zentner veranschlagten Gesamtgepäcks 800 Pagazis in Zanzibar und Mombas anzuwerben. Diesen Plan ließ er jedoch sofort fallen, als ich seiner Gepäckliste, die der Hauptsache nach bloß die zum Unterhalte der Expedition für sechs Monate berechnenden Bedarfs- und Tauschartikel umfaßte, meine Anforderungen hinzufügte. Ich verlangte vor allem die Mitnahme von Werkzeugen, Maschinenbestandteilen und sonstigen Gegenständen, die uns — am Ziele angelangt — in den Stand setzen sollten, möglichst rasch rationellen Feldbau und die Selbsterzeugung der notwendigsten Bedarfsartikel für viele Tausend uns nachfolgender Ansiedler in Angriff zu nehmen. Zu diesem Behufe brauchten wir eine Reihe landwirtschaftlicher Geräte oder doch jene Bestandteile derselben, die sich ohne komplizierte, zeitraubende Vorrichtungen nicht herstellen lassen, ähnliche Bestandteile für eine Feldschmiede und Schlosserei, sowie für eine Mahl- und Sägemühle; ferner Sämereien und Setzlinge in nicht geringer Menge, desgleichen einige Materialien, auf deren rasche Beschaffung im inneren Afrika nicht zu rechnen wäre. Schließlich machte ich darauf aufmerksam, daß zum Zwecke der vollkommenen Sicherung des Weges für die uns nachfolgenden Karawanen die Abschließung fester Freundschaftsbündnisse, insbesondere mit den kriegerischen Massai sich empfehlen würde, wozu wieder weit zahlreichere und wertvollere Geschenke erforderlich seien, als er sie präliminiert habe.

Johnston hatte gegen all dies nichts einzuwenden, meinte aber, daß damit die zu befördernde Last sich mindestens verdoppeln, wahrscheinlich verdreifachen würde und daß die sohin erforderlichen 1600 bis 2400 Pagazis den Zug allzu schwerfällig gestalten würden. Da schlug Dr. Strahl vor, von der Beförderung durch Pagazis gänzlich abzugehen und ausschließlich Lasttiere zu verwenden. Er wisse wohl, daß in den Niederungen des äquatorialen Afrika die Tsetsefliege und das schlechte Wasser insbesondere den Pferden tötlich werde; auf unserer Route sei aber solches nicht zu befürchten, da dieselbe sehr bald das den Tieren ganz zuträgliche Hochland erreiche. Ebenso lasse sich die in der Beschaffenheit der innerafrikanischen Wege gelegene Schwierigkeit wohl überwinden. Dieselben besitzen — wie er unter anderem auch aus Johnstons Reiseberichten wisse — überall, wo sie Dickicht oder Gestrüpp durchziehen, eine Breite von knapp zwei Fuß, zu wenig für Packtiere, die deshalb an solchen Stellen oft abgeladen werden müßten, wobei menschliche Träger zeitweilig die Lastenbeförderung zu übernehmen haben. Letzteres wäre nun allerdings bei einer ausschließlich aus Tragtieren bestehenden Karawane mit verhältnismäßig nur wenigen Treibern und Begleitern entweder ganz unmöglich oder doch mit unberechenbarem Zeitverluste verbunden. Er glaube aber, daß es gelingen müsse, mittels einer entsprechenden Anzahl gut ausgerüsteter Eclaireure den Weg überall auch für Tragtiere frei zu machen. Johnston stimmte dem zu; wenn man ihm etwa 100 mit Äxten und Faschinenmessern versehene Eingeborene, die er sich unter der Küstenbevölkerung aussuchen würde, zur Disposition stelle, so mache er sich anheischig, auch eine Karawane von Tragtieren ohne nennenswerten Aufenthalt bis an den Kenia zu führen.

Nachdem diese Frage erledigt war, regte Dr. Strahl des ferneren die Idee an, auch die sämtlichen 200 Mitglieder der Expedition beritten zu machen. Er habe dabei einen doppelten Zweck im Auge. Erstlich — und das habe teilweise auch zu seinem obigen Vorschlage den Anstoß gegeben, müsse für die Einführung und dauernde Akklimatisierung von Trag- und Zugtieren in der künftigen Heimat gesorgt werden, wo es zwar derzeit Rinder, Schafe und Ziegen, nicht aber Pferde, Esel oder Kamele gebe, und zwar sei es am besten, diese nützlichen Tiere in thunlichst großer Zahl schon von Anbeginn mitzunehmen; sodann glaube er, daß wir beritten uns viel rascher bewegen könnten. Er fügte hinzu, daß er sowohl bei den Last- als bei den Reittieren auf die Anschaffung erlesener, zur Fortzucht geeigneter Exemplare Gewicht legen würde, insbesondere bei den Pferden, da doch von der Beschaffenheit dieses ersten Materials auch die der späterhin zu erzielenden Nachzucht abhänge. Auch dem wurde zugestimmt; nur gab Johnston zu bedenken, daß sich durch all dies die Kosten der Expedition ganz außerordentlich verteuern würden. So wie er sie ursprünglich geplant habe, wären mit höchstens 12000 Pfd. Sterl. die Kosten zu decken gewesen, jetzt müsse mit ungefähr der vierfachen Summe gerechnet werden. Letzterer Umstand wurde nicht bestritten und die Rechnung erwies sich auch nachträglich insofern richtig, als die Expedition in Wahrheit 52500 £ verschlang; aber übereinstimmend wurde hervorgehoben, daß es eine nützlichere Verwendung der doch so reichlich zu Gebote stehenden und fortwährend in raschem Wachsen begriffenen Geldmittel gar nicht geben könne, als den Aufwand für alles, was geeignet sei, den Erfolg der Expedition zu beschleunigen und das neu zu gründende Gemeinwesen auf möglichst gedeihlicher Grundlage einzurichten.

Hierauf wurde zu einer detaillierten Beratung und Feststellung des gesamten anzuschaffenden Materials geschritten. Als alles verzeichnet und seinem Gewichte nach abgeschätzt war, zeigte sich, daß wir ungefähr 1200 Zentner würden zu befördern haben und zwar:

150 Ztr. verschiedene Lebensmittel und Getränke;

120 " Reisegeräte (darunter 50 wasserdichte Zelte für je 4
           Mann);

160 " verschiedene Sämereien und Materialien;

220 " Werkzeuge, Maschinenbestandteile und
           Instrumente;

400 " Tauschwaren und Geschenke;

120 " Munition und Sprengstoffe.

Außerdem wurden auf Johnstons besonderen Wunsch bei Krupp in Essen 4 leichte stählerne Gebirgskanonen für Sprenggeschosse bestellt. Seine Absicht bei dieser Anschaffung war keineswegs, diese Mordwaffen ernstlich gegen etwaige Feinde zu gebrauchen; aber er rechnete darauf, durch den Schrecken, den dieselben erforderlichenfalls erregen mußten, den Frieden desto sicherer erhalten zu können. Dazu kamen im letzten Momente 300 Werndlgewehre samt entsprechenden Patronen, sehr gute Hinterlader, die wir billig von der österreichischen Regierung erstanden und teils als Reserve, teils zur Ausrüstung eines Teiles der in Zanzibar anzuwerbenden Neger gebrauchen konnten.

Diese ansehnliche Last sollte auf 100 Saumpferde, 200 Esel und Maultiere und 80 Kamele verladen werden. Da wir außerdem 200 Pferde brauchten, um uns beritten zu machen und auch eine kleine Reserve zum Ersatze unterwegs eingehender Tiere wünschenswert war, so wurde beschlossen, in allem 320 Pferde, 210 Esel und 85 Kamele zu kaufen, die Pferde teils in Ägypten, teils in Arabien, die Kamele in Ägypten, die Esel in Zanzibar.

Alle erforderlichen Anschaffungen wurden sofort gemacht. Unsere Bevollmächtigten wählten und bestellten alles an erster Quelle; nach Jemen in Arabien und nach Zanzibar wurde je ein Einkäufer für Pferde und Esel gesendet, und nachdem dies besorgt oder angeordnet war, machten Johnston und ich — die wir inzwischen innige Freundschaft geschlossen hatten — uns auf den Weg nach Alexandrien.

Bevor ich jedoch zur Schilderung unserer dortigen Thätigkeit übergehe, muß ich einen Zwischenfall erwähnen, den wir im Ausschusse mit einer jungen Amerikanerin hatten, die durchaus in die Expedition aufgenommen werden wollte. Die Dame war reich, schön und exzentrisch, eine schwärmerische Anhängerin unserer Ideen und sichtlich nicht gewöhnt, an die Möglichkeit irgend eines ernstlichen Widerstandes ihren Wünschen gegenüber zu glauben. Sie hatte der Gesellschaft eine sehr bedeutende Summe gewidmet und sich jetzt in den Kopf gesetzt, mit unter den Ersten zu sein, welche die neue afrikanische Heimat betreten würden. Ich muß gestehen, daß mich das herrliche Mädchen dauerte, das sichtlich von verzehrendem Thatendrange erfüllt war und die seinem Geschlechte gegenüber an den Tag gelegte ängstliche Schonung als beschämende Zurücksetzung empfand. Allein es ließ sich nichts thun; wir hatten mehreren Frauen, die in Begleitung ihrer als Pfadfinder acceptierten Ehemänner die Expedition mitmachen wollten, dies abgeschlagen und konnten jetzt keine Ausnahme machen. Die junge Miß wandte sich hierauf, da ihr Drängen bei uns Männern vom Ausschusse nichts half, an unsere weiblichen Angehörigen, die sie rasch ausgekundschaftet hatte; allein auch dort erntete sie geringen Erfolg. Sie wurde zwar von den Damen herzlich und liebenswürdig aufgenommen, denn sie war in der That reizend in ihrer Schwärmerei; aber das war in den Augen der Frauen nur ein Grund mehr, den Männern darin Recht zu geben, daß so zarte Geschöpfe nicht in die Gefahren und Entbehrungen einer Forschungsreise gehören. Man hätschelte und schmeichelte ihr wie einem verzogenen Kinde, welches Unmögliches fordere, und das brachte Fräulein Ellen Fox — so hieß die Amerikanerin — vollends

27

außer sich.

Plötzlich schien sie beruhigt und zwar auffallenderweise kurze Zeit nachdem sie die Bekanntschaft einer anderen Dame gemacht, die gleichfalls, wenn auch aus anderen Gründen, unsere Expedition mitmachen wollte. Diese andere Dame war meine Schwester Klara. Wollte jene aus Begeisterung für unsere Ideen mit nach Afrika, so war diese aus Abscheu und Angst vor diesen selben Ideen zu dem gleichen Entschlusse gelangt. Meine Schwester — um zwölf Jahre älter als ich und ledig geblieben, weil sie keinen Mann zu finden vermocht, der ihren Vorstellungen von Distinktion und vornehmem Wesen genügend entsprochen hätte — war eine der besten, im innersten Herzen edelsten, aber von den mannigfaltigsten Vorurteilen fest eingesponnenen Frauen, auf die ich während der 26 Jahre meines bisherigen Lebens gestoßen. Sie war nicht kaltherzig, ihre Hand jedem Hilfsbedürftigen gegenüber stets offen, aber vor allem, was nicht den sogenannten höheren, gebildeten Ständen angehörte, hatte sie eine unüberwindliche Mißachtung. Als sie durch mich zum ersten Male von der socialen Frage Näheres erfuhr, flößte es ihr Grauen ein, daß vernünftige Menschen ernstlich glauben könnten, sie und ihre Küchenmagd seien von Natur aus mit gleichem Rechte ausgestattet, und da ich wußte, daß hier alle Bekehrungsversuche eitel wären, teilte ich der Guten Jahre hindurch nichts mit von meinen Verbindungen mit Dr. Strahl, nichts von der Gründung der freien Gesellschaft und von der Rolle, die ich in dieser spielte. Ich wollte ihr den Kummer über meine „Verirrung" möglichst lange ersparen, denn ich liebe diese Schwester zärtlich, deren Abgott hinwieder ich bin. Seit langen, langen Jahren war meine Betreuung, die ängstliche Sorge um mich, ihr einziger Lebenszweck. Ich wohnte bei ihr und sie behandelte mich stets als kleinen Jungen, dessen Erziehung ihre Sache sei. Daß ich ihrer Hut entrückt länger als höchstens zwei bis drei Tage existieren könne, ohne das Opfer meiner kindlichen Unerfahrenheit und der Bosheit schlechter Menschen zu werden, erschien ihr stets als ein Ding der baren Unmöglichkeit. Nun denke man sich das namenlose Entsetzen dieser meiner Vormünderin, als ich ihr endlich doch die Eröffnung machen mußte, daß ich nicht nur einer socialistischen Gesellschaft beigetreten, nicht nur mein ganzes, bescheidenes Vermögen deren Zwecken geweiht, sondern überdies dazu ausersehen sei, 200 Socialisten in das Innere von Afrika zu führen. Es dauerte mehrere Tage, bis sie das Ungeheure begreifen, glauben lernte; dann kamen Bitten, Thränen, verzweifelte Vorwürfe und Vorstellungen. Ich möge den „Strolchen" mein Geld, auf welches sie es doch allein abgesehen hätten, ruhig überlassen und nur ums Himmels willen redlich im Lande bleiben; sie konsultierte unseren Hausarzt über meine Zurechnungsfähigkeit, kam aber dabei übel weg, denn dieser war auch einer der Unsrigen, ja sogar Mitglied der Expedition. Schließlich, da alles nichts fruchtete, eröffnete sie mir, daß sie, wenn ich partout in mein Verderben rennen wolle, mich begleiten werde. Als ich ihr erklärte, dies gehe nicht an, da Frauen nicht mitgenommen würden, führte sie ihr schwerstes Geschütz ins Treffen, sie erinnerte mich an unsere verstorbene Mutter, die ihr noch auf dem Totenbette aufgetragen habe, mich nicht zu verlassen, eine letztwillige Anordnung, der ich mich fügen müsse; und als ich auch dem gegenüber hartnäckig blieb, zum ersten Mal in meinem Leben die Bemerkung wagend, die gute Mutter habe mich damit offenbar bloß während der Zeit meiner Kindheit ihrer Obhut empfehlen wollen, verfiel sie in hoffnungslose Verzweiflung, aus der nichts sie herauszureißen vermochte. Vergebens nannte ich sie mein liebes kleines Mütterchen, vergebens versicherte ich ihr, daß unter unseren 200 Pfadfindern immerhin einige ganz erträgliche Kerle seien, die wohl ein menschliches Rühren mit mir haben würden, vergebens versprach ich ihr, daß sie in Halbjahrsfrist etwa mir nachfolgen könne — es half alles nichts, sie gab mich verloren, und ich begann nachgerade, als der Tag meiner Abreise herannahte, ernstlich in Sorge zu geraten, was diesem ebenso rührenden als närrischen Schmerze gegenüber wohl zu beginnen sei.

Da besuchte Miß Ellen meine Schwester; ich mußte, von Geschäften gerufen, die Beiden allein lassen, und als ich zurückkam, fand ich Klara wunderbar getröstet. Sie jammerte und stöhnte nicht mehr, ja sie konnte sogar, ohne in Thränen auszubrechen, von dem Schrecklichen sprechen. Offenbar hatte Miß Ellens Exaltation wohlthuend auf ihre kindische Angst gewirkt und ich segnete um deswillen die schöne Amerikanerin, umsomehr, da auch sie uns von da ab durch ihr Drängen nicht mehr quälte. Sie war plötzlich abgereist und ich beglückwünschte mich höchlichst, einer doppelten Verlegenheit so rasch ledig geworden zu sein.

Am 3. trafen Johnston und ich in Alexandrien ein, von der Mehrzahl unserer Expeditionsgenossen bereits erwartet. Es fehlten nur noch 23, die teils aus zu entfernten Weltgegenden herbeieilten, um schon eingetroffen sein zu können, teils durch irgendwelche unvorhergesehene Zwischenfälle noch zurückgehalten waren. Johnston schritt ohne Zögern an die Equipierung, Einübung und Organisierung der Schar. Zu diesem Behufe wurde die Stadt verlassen und zehn Kilometer entfernt vom Weichbilde derselben, an den Ufern des Mariut-Sees, ein Zeltlager bezogen. Die Verpflegung besorgte unter meiner Leitung ein aus 6 Mitgliedern gebildeter Wirtschaftsausschuß; jeder Mann erhielt vollständige Beköstigung und außerdem — sofern er nicht ausdrücklich darauf verzichtete — 2 £ in Bargeld monatlichen Zuschuß. Dieselbe Summe wurde auch später während der Dauer des eigentlichen Zuges bezahlt, nur selbstverständlich nicht in der Form von Gold- oder Silbermünze, die im äquatorialen Afrika nutzlos ist, sondern

in der von mitgenommenen Bedarfsgegenständen oder
Tauschwaren zum Kostenpreise. Nachdem die
Ausrüstungsgegenstände — Kleider und Waffen —
ausgepackt waren, begannen die Übungen. Täglich wurde
acht Stunden lang manövriert, marschiert, geschwommen,
geritten, gefochten und nach der Scheibe geschossen. Später
veranstaltete Johnston größere auf mehrere Tage
ausgedehnte Märsche bis nach Gizeh und an den Pyramiden
vorbei nach Kairo. Inzwischen lernten wir uns genauer
kennen, Johnston ernannte seine Unterbefehlshaber, denen
gleich ihm militärischer Gehorsam geleistet werden mußte,
eine Notwendigkeit, die von allen ohne Ausnahme freudig
anerkannt wurde. Das mag vielleicht manchem sonderbar
erscheinen angesichts der Thatsache, daß wir doch
auszogen, ein Gemeinwesen zu gründen, in welchem
unbedingte Gleichberechtigung und schrankenloses
individuelles Selbstbestimmungsrecht herrschen sollte; aber
wir begriffen eben alle, daß dieser Endzweck unseres
Unternehmens und die Expedition, die uns dahin führen
sollte, zwei verschiedene Dinge seien; es kam während des
ganzen Zuges auch nicht ein Fall von Widersetzlichkeit vor,
wogegen allerdings auch von Seiten der Offiziere kein Fall
überflüssigen barschen Befehlens bemerkt werden konnte.
Als der Zeitpunkt unserer Weiterreise nach Zanzibar
herannahte, waren wir eine vollkommen eingeübte
Elitetruppe. Im Manövrieren konnten wir es mit jedem
Gardekorps aufnehmen — natürlich nur hinsichtlich jener
Übungen, die Schlagfertigkeit und Beweglichkeit einem
etwaigen Feinde gegenüber, nicht aber den Parademarsch
und die s. g. militärischen Honneurs zum Gegenstande
haben. In letzterer Beziehung waren und blieben wir so
unwissend wie die Hottentotten; dafür konnten wir ohne
Beschwer 24 Stunden lang mit bloß sehr kurzen
Unterbrechungen marschieren oder im Sattel sein, unser
Schnellfeuer ergab schon auf 1000 Meter Distanz eine ganz

respektable Zahl von Treffern; auch unser Granatenfeuer wäre im Bedarfsfalle nicht zu verachten gewesen und ebenso trefflich wußten wir mit einer kleinen Batterie Congrève'scher Raketen umzugehen, die Johnston auf den Rat eines im Sudan bedienstet gewesenen ägyptischen Offiziers, eines geborenen Österreichers, der sich in Alexandrien häufig als Zuschauer bei unseren Übungen eingefunden, aus Triest hatte nachsenden lassen.

Am 30. März schifften wir uns auf der „Aurora", einem prächtigen Schraubendampfer von 3000 Tonnen ein, den der Ausschuß von der englischen P. & O.-Company gechartert hatte und der, nachdem er zuvor in Liverpool, Marseille und Genua die für uns bestimmten Waren an Bord genommen, am 22. März in Alexandrien eingetroffen war. Die Einschiffung und sichere Unterbringung von 200 Pferden und 60 Kamelen, die in Ägypten gekauft worden waren, nahm mehrere Tage in Anspruch; doch hatten wir keinen Grund zur Eile, da der eigentliche Zug ins Innere Afrikas der Regenzeit wegen ohnehin nicht vor dem Monat Mai angetreten werden sollte. Von Alexandrien bis Zanzibar aber rechneten wir — den Aufenthalt in Aden behufs Einschiffung der noch notwendigen Pferde und Kamele eingerechnet — höchstens 20 Tage. Es blieben uns also noch immer reichlich zwei Wochen für Zanzibar und für die Überfahrt nach Mombas, von wo aus wir den Weg zum Kilima Ndscharo und Kenia antreten wollten und wo wir uns, der an der Küste angeblich herrschenden Fiebergefahr wegen, keinen Tag länger als notwendig aufzuhalten gedachten.

Es ging auch alles ganz programmgemäß von statten. In Aden trafen wir unseren Agenten mit 120 der prachtvollsten edelsten Jemener Pferde und mit 25 Kamelen, nicht minder vorzüglicher Rasse; ebenso wurden hier 115 Esel eingeschifft, die gleich den Kamelen infolge geänderter Dispositionen in Arabien statt in Zanzibar, resp. Ägypten

32

angeschafft worden waren. Am 16. April warf die „Aurora"
im Hafen von Zanzibar Anker.

Die halbe Bevölkerung der Insel hatte sich aufgemacht,
uns zu begrüßen. Der Ruf war uns voraufgegangen, und
wie es schien, kein schlechter Ruf, denn nicht bloß die hier
lebende, während der letzten Jahre auf nahezu 200 Köpfe
angewachsene europäische Kolonie, sondern auch Araber,
Hindu und Neger wetteiferten an Freundlichkeit und
Entgegenkommen. Die erste Persönlichkeit, die uns in
Empfang nahm, war natürlich unser Zanzibarer
Bevollmächtigter, der uns auch sofort die erfreuliche
Versicherung gab, daß er alles ihm Aufgetragene vollbracht
habe und daß angesichts der uns gegenüber herrschenden
Stimmung die Anwerbung der erforderlichen eingeborenen
Mannschaften mit größter Leichtigkeit von statten gehen
werde.

Am 26. April verließen wir mit der Aurora Zanzibar und
kamen am Morgen des nächsten Tages wohlbehalten in
Mombas an. Unsere sämtlichen Tiere und den größten Teil
der Waren hatten wir schon sieben Tage vorher in
Begleitung eines Trupps der in Zanzibar aufgenommenen
Wärter und unter Aufsicht von 10 Mann der Unsrigen —
gleichfalls mit der Aurora — dahin gesendet, wo wir sie alle
in sehr guter Verfassung und zumeist auch schon erholt
von den Strapazen der Seereise antrafen. Um die
aufgenommenen Leute zu mustern und jeglichem seine
Obliegenheiten zuzuteilen, bezogen wir außerhalb der Stadt
Mombas in einem kleinen Palmenhaine mit herrlicher
Aussicht auf das Meer ein Lager. Für je 2 Handpferde oder
Kamele und für je 4 Esel wurde je ein Treiber und Wärter
bestellt, so daß zu diesem Behufe von unseren 280
Suahelileuten 145 beansprucht waren; 35 wurden zum
Tragen leichter und zerbrechlicher oder solcher Gegenstände
ausersehen, die jederzeit zur Hand sein mußten; 100 —
unter diesen selbstverständlich die Wegführer und zwei

Dolmetscher — dienten als Eclaireure. Am 2. Mai war all dies organisiert und durchgeführt, die Lasten verteilt, jedem Manne sein Platz angewiesen; der Zug ins Innere konnte angetreten werden.

Da wir aber programmgemäß nicht vor dem 5. Mai abmarschieren durften, um zuvor noch das am 3. oder 4. in Zanzibar eintreffende europäische Postschiff abzuwarten, welches uns die letzten Nachrichten von unseren Freunden und allenfallsige Anordnungen des Ausschusses überbringen sollte, so hatten wir einige Tage der Muße vor uns, die wir dazu benutzen konnten, die Gegend um Mombas zu besichtigen.

Der Ort selber liegt auf einem Inselchen, welches hier von einem sich ins Meer ergießenden und zu einer mächtigen Bucht sich ausweitenden Flusse gebildet wird, dessen Ufer einige dichte Mangrovesümpfe umgeben. Der Aufenthalt unmittelbar an der Küste und auf Mombas selber ist daher nicht ganz gesund und keineswegs für längere Zeit rätlich. Aber schon wenige Kilometer landeinwärts finden sich sanftgeschwungene Hügel, bestanden mit prachtvollen Gruppen von Kokospalmen, die sich inmitten smaragdgrüner Grasmatten erheben und unter denen die von Gemüsebeeten umgebenen Hütten der Wanjika, der hiesigen Küstenbewohner, hervorlauschen, welche Hügel selbst während der Regenzeit einen ganz gesunden Aufenthalt bieten. Allerdings wäre es für einen Europäer gefährlich, hier jahrelang zu wohnen, da die während der Hitzemonate — Oktober bis Januar — herrschende Temperatur ihm auf die Dauer schädlich wird. Im Mai jedoch, wo die großen Regen, die in den Monaten Februar bis April niedergehen, den Boden und die Atmosphäre tüchtig erfrischt haben, ist die Hitze nicht eben lästig.

Das Eilschiff der französischen Messagerie hatte sich zwar um einen Tag verspätet, so daß es in Zanzibar erst am 4. spät Nachts eintraf; wir aber erhielten, Dank der

Liebenswürdigkeit des Kapitäns die für uns bestimmten Sendungen trotzdem einen Tag früher als wir erwartet hatten. Dieser nämlich, der in Aden erfahren hatte, daß und wo wir auf die von ihm beförderte Post warteten, hielt auf der Höhe von Mombas, das er zeitlich am Morgen des 4. passierte, eine gerade vorbeisegelnde arabische Dhau an und übergab ihr die für uns bestimmten Pakete, die wir demzufolge noch am selben Vormittag empfingen, während wir andernfalls bis zum Abend des nächsten Tages hätten auf sie warten müssen. Von den uns solcherart unmittelbar vor unserem Aufbruche erreichenden Nachrichten, sind nur zwei hervorzuheben; erstlich die Anzeige, daß der Ausschuß unseren Bevollmächtigten in Zanzibar beauftragt habe, während der ganzen Dauer unseres Zuges engste Fühlung mit Mombas zu unterhalten und dort für alle Fälle einige Eilboten nebst einem schnellsegelnden Kutter bereit zu halten; zum zweiten die Mitteilung, daß bis zum 18. April, dem Tage der Postabfertigung, die Zahl der gesellschaftlichen Mitglieder auf 8460, das Vermögen auf nahezu 400000 £ gestiegen sei.

Und noch eine kleine Überraschung kam in Begleitung dieser letzten Nachrichten aus der Heimat. Zugleich mit den Postpaketen hatte das Postschiff der Dhau ein Koppel von nicht weniger als 32 Hunden übergeben, geführt von 2 Wärtern, welch letztere uns Grüße von ihrem Auftraggeber, Lord Clinton, vermeldeten, der als warmer Freund unserer Ideen und großer Hundeliebhaber dies Geschenk eigens aus York übersende, überzeugt, daß uns dasselbe auf der Reise sowohl als am Ziele derselben vortrefflich zu statten kommen werde. Die Tiere waren prachtvoll, 12 Doggen und 20 Schäferhunde von jener langbeinigen und langhaarigen Rasse, die ein Mittelding zwischen Windspiel und Bernhardiner zu sein scheint. Die kleinste der Doggen war vom Kreuz gemessen 70 Zentimeter hoch, die Schäferhunde nicht sonderlich kleiner, wie sich bald erwies, alles wohlgesittete, anstellige Kreaturen, die denn auch allseitig mit größter Freude begrüßt wurden. Die beiden Wärter erklärten, daß ihnen zwar unsere Pläne und Ideen höchst gleichgültig seien, da sie „von all dem Zeug nichts verstünden", daß sie aber, wenn wir es gestatteten, in Begleitung ihrer lieben vierfüßigen Freunde sehr gerne mit uns zögen. Da sie sich als kräftige, gesunde und trotz aller Einfalt ganz anstellige Kerle zeigten, überdies versicherten, im Reiten und Schießen leidlich bewandert, in der Dressur mannigfaltigen Getiers aber geradezu Virtuosen zu sein, so nahmen wir sie gerne mit. An Lord Clinton wurde ein herzliches Dankschreiben adressiert, und nachdem die Post mit diesem und den anderen für Europa bestimmten Nachrichten über Zanzibar expediert und die Anordnungen für morgen getroffen waren, umfing uns die letzte Nacht vor unserem Aufbruche in das dunkle Innere der afrikanischen Welt.

3. Kapitel.

Am Morgen des 5. Mai weckten uns die Horn- und Trommelsignale der Kirangozis (Karawanenführer), wie angeordnet war, um 3 Uhr aus dem Schlafe. Große, schon Abends vorher bereit gelegte Lagerfeuer wurden angezündet, an denen das Frühstück — Thee oder Kaffee mit Eiern und kaltem Fleisch für uns Weiße, eine Fleisch- und Gemüsesuppe für die Suahelis — gekocht und bei deren Schein die Vorbereitungen für den Abmarsch getroffen wurden. Der Vortrab, bestehend aus den 100 Eclaireuren und 20 leichtbeladenen Packpferden, brach, begleitet von 30 Berittenen, schon eine Stunde später auf. Ihm war die Aufgabe zugewiesen, den Weg, wo er durch Dschungel oder dichtes Gehölz führte, mit Axt, Faschinenmesser und Haue soweit zu lichten, daß unsere umfangreichsten Gepäckstücke ungefährdet auf dem Rücken der Tragtiere passieren könnten, Gewässer nach Thunlichkeit zu überbrücken und die Lagerplätze für das nachrückende Hauptkorps vorzubereiten. Zu diesem Behufe mußte diese Truppe — je nach der Beschaffenheit der vor uns liegenden Wegstrecke — einige Stunden bis zu einigen Tagen Vorsprung nehmen. Für den Anfang, wo nach Aussage der wegekundigen Führer sonderliche Hindernisse nicht zu erwarten waren, genügte ein Vorsprung von wenigen Stunden.

Der Hauptzug war erst um 8 Uhr in Ordnung. Die Tête nahmen hier 150 von uns Weißen, voran Johnston und ich; dann folgten in langer Linie zuerst die Handpferde, dann die Esel, zum Schluß die Kamele; der Nachtrab war durch 20 Weiße gebildet. So verließen wir endlich, als die Sonne schon heiß herniederbrannte, unseren Lagerplatz, warfen einen letzten Blick nach dem malerisch hinter uns gelegenen

Mombas zurück, sandten unsere Scheidegrüße dem da unten brandenden Meere .zu, dessen dumpfes Grollen trotz der Entfernung von mindestens 7 Kilometern in der Luftlinie deutlich zu hören war — und vorwärts ging es unter Hörnerklang und Trommelwirbel die ziemlich steilen, doch nicht eben ansehnlichen Höhen hinan, die uns von der am Eingange ins Innere liegenden sogenannten Wüste trennten. Diesen Namen verdient jedoch dieser alsbald von uns erreichte Landstrich offenbar nur in der heißen Jahreszeit; jetzt, wo die dreimonatliche Regenepoche kaum erst abgeschlossen war, fanden wir die Landschaft eher parkähnlich. Schönes, wenn auch nicht eben hohes Gras wechselte ab mit Gebüschen von Mimosen oder Zwergpalmen und mit kleinen Akaziengruppen. Als wir nach zwei Stunden die letzten Ausläufer des Küstengebirges hinter uns hatten, wurde das Gras noch üppiger, die Bäume häufiger und höher, zahlreiche Antilopen zeigten sich in der Ferne, waren aber sehr scheu und wurden alsbald von den Hunden, denen das nutzlose Jagen noch nicht abgewöhnt war, verscheucht. Gegen 11 Uhr wurde unter dem Schatten eines von dichten Schlingpflanzen zu einem förmlichen Riesenbaldachin umgestalteten Palmenhaines Rast gemacht und abgekocht. Wir alle, Menschen und Tiere, waren trotz des bloß dreistündigen Marsches sehr erschöpft; das vorangegangene vierstündige Rennen und Laufen im Lager war eben auch gerade keine Erholung gewesen und die Hitze hatte von 10 Uhr ab angefangen höchst unangenehm zu werden.

Durch eine reichliche Mahlzeit, deren Hauptbestandteil zwei fette, unterwegs gekaufte Ochsen waren, und die erquickende Ruhe im Schatten des dichten Lianen-Baldachins gestärkt, brachen wir schon um 4 Uhr nachmittags wieder auf und erreichten nach sehr anstrengendem, nahezu fünfstündigem Marsche den von unserer Avantgarde bereiteten Lagerplatz, in der Nähe eines

Wakambadorfes zwischen Kwale und Mkinga. Die Avantgarde selber trafen wir nicht mehr; sie hatte hier Mittagsrast gehalten und war mehrere Stunden vor unserer Ankunft weiter marschiert, um ihren Vorsprung nicht zu verlieren. Dafür hinterließ sie uns unter der Obhut eines der Ihrigen elf verschiedene Antilopen, die ihre Jäger unterwegs geschossen, zum Abendimbiß.

Am Morgen des zweiten Marschtages befanden wir uns — eingedenk der Qualen des gestrigen Vormittags — schon um 4½ Uhr unterwegs. Das Land war anfangs recht offen; schon nach zwei Stunden aber erreichten wir das Gebiet von Duruma, wo unser Vortrab sichtlich heiße Arbeit gefunden hatte. Kilometerweit zog sich der Pfad durch dornige Gestrüppe abscheulichster Art, in denen ohne die Beile und Messer unserer wackeren Eclaireure an ein Fortkommen mit Packtieren nicht zu denken gewesen wäre. Da jene jedoch tüchtig aufgeräumt hatten, so kamen wir überall rasch und ohne Hindernis hindurch. Gegen acht Uhr wurde der Weg wieder besser und das wechselte dann so ab, bis wir am Abend des dritten Tages Durumaland hinter uns hatten und die große Wüste betraten, die sich von da nahezu ununterbrochen bis Teita ausdehnt.

Sonst ist über diese Marschtage nichts zu berichten, als daß wir stets ziemlich pünktlich um 4½ Uhr aufbrachen, nach 9 Uhr morgens eine erste Station machten, vor 5 Uhr nachmittags uns wieder in Marsch setzten und zwischen 8 und 9 Uhr abends das Nachtlager bezogen. Die Verproviantierung in Duruma-Land war nicht eben leicht, aber es gelang uns doch, von den Viehzucht und Landbau treibenden Bewohnern genügende Lebensmittel an Vegetabilien und Fleisch, von letzterem auch einen ausreichenden Vorrat für den Durchzug durch die Duruma-Wüste einzuhandeln. Das Land scheint von großer natürlicher Fruchtbarkeit zu sein, ist aber gerade an seinen besten Stellen unangebaut und verlassen, da die Bewohner der unablässigen Einfälle der Massai halber sich aus ihren unzugänglichen Dschungeldickichten kaum hervorwagen. Allenthalben hörten wir Klagen über die Missethaten jener ritterlichen Räuber, die erst vor einigen Wochen einen Stamm überfallen, die Männer niedergemacht, Weiber, Kinder und Vieh weggetrieben hatten und jetzt schon wieder unterwegs sein sollten, um nach neuer Beute auszuspähen. Unsere Versicherung, daß wir ihr Gebiet sowohl als dasjenige aller Stämme, mit denen wir Freundschaft geschlossen oder noch zu schließen gedächten, von dieser Plage demnächst befreien würden, nahmen die Wa-Duruma mit starkem Zweifel entgegen; hatte doch selbst der Sultan von Zanzibar gegen die Massai, die zeitweilig bis Mombas und Pangani streiften und brandschatzten, nichts auszurichten vermocht. Indessen verbreitete sich doch dieses unser Versprechen sehr rasch überall in der Umgegend.

Am Morgen unseres vierten Marschtages, als wir uns eben zum Eintritte in die Wüste anschickten, wurden wir durch atemlos unter allen Anzeichen des Entsetzens und der Angst herbeieilende Eingeborene benachrichtigt, daß ein starker Schwarm Massai wieder da sei, in der Nacht ansehnliche Beute an Sklaven und Rindern gemacht habe und sich im Anzuge gegen uns befinde. Wir änderten darauf unsere Dispositionen, ließen das Gepäck und die Treiber im Lager und formirten uns, da das Terrain günstig war, sofort zum Gefecht. Die Geschütze wurden auf ihre Lafetten gesetzt und bespannt, die Raketen bereit gemacht; erstere kamen in das Centrum, letztere in die beiden Flügel unserer in einer langen Linie sich ausdehnenden Front. Das Alles war das Werk von kaum zehn Minuten und es verstrich auch keine fernere Viertelstunde, daß wir die Massais, die ungefähr 600 Mann stark sein mochten, im Laufschritt nahen sahen. Wir ließen sie ruhig bis auf etwa einen Kilometer herankommen; dann schmetterten die Trompeten und unsere ganze Linie jagte im Galopp den Massai entgegen. Diese stutzten und hielten, als sich ihnen der ungewohnte Anblick einer ansprengenden Kavalleriemasse darbot, worauf auch wir unser Tempo mäßigten und langsam bis auf hundert Meter heranritten. Nun machten wir Halt und Johnston, der den Massaidialekt leidlich spricht, ritt einige Schritte vor die Front, mit lauter Stimme fragend, was sie wollten. Darauf gab es unter den Massai eine kurze Beratung, dann trat auch ihrerseits ein Mann vor die Front, und fragte, ob wir Tribut zahlen oder kämpfen wollten? „Ist das *Euer* Land", war die Gegenfrage, „daß Ihr Tribut verlangt? Wir zahlen Niemand Tribut; wir haben Geschenke für unsere Freunde, schreckliche Waffen für unsere Feinde. Ob die Massai unsere Freunde werden wollen, werden wir sehen, wenn wir sie in ihrem Lande besuchen. Mit den Wa-Duruma aber haben wir schon Freundschaft geschlossen und wir erlauben daher Niemand, sie zu berauben. Gebt die Gefangenen und die Beute freiwillig heraus und kehret zurück in Eure Krals, damit wir nicht genötigt seien, unsere Waffen und Medizinen (Zaubermittel) gegen Euch zu gebrauchen, was uns sehr leid thäte, denn wir wünschen, Freundschaft auch mit Euch zu halten."

Letztere Versicherung wurde offenbar für ein Zeichen der Schwäche angesehen, denn die Massai, die anfangs etwas eingeschüchtert schienen, schwangen nun drohend unter gewaltigem Geschrei ihre Speere und setzten sich neuerdings gegen uns in Bewegung. Da erklangen abermals unsere Trompeten, und während wir Reiter vorsprengten, eröffneten die Kanonen und Raketen ihr Feuer — nicht auf die Gegner, in deren dichtgedrängten Massen sie eben so schreckliche als überflüssige Verheerungen angerichtet hätten, sondern über deren Köpfe hinweg. Die Massai hielten nur einer einzigen Salve Stand; als die Geschütze donnerten, die Raketen zischend und knatternd über sie hinfegten und überdies die unheimlichen Geschöpfe mit vier

Füßen und zwei Köpfen — wir Reiter nämlich — auf sie zustürmten, wandten sie sich augenblicklich heulend zu wilder Flucht. Unsere Artillerie sandte ihnen noch einige Salven nach, um ihre Panik womöglich zu steigern, während die Reiter sich damit beschäftigten, Gefangene zu machen und die in der Ferne sichtbar werdenden, von den Massai erbeutet gewesenen Sklaven und Rinder in unsere Gewalt zu bringen.

Beides gelang; nach kaum einer halben Stunde hatten wir 43 Massais und die ganze Beute in der Hand. Die in Sklaverei gefallenen Durumaweiber und Kinder zu befreien, wäre uns, nebenbei bemerkt, kaum so vollständig gelungen, wenn dieselben nicht in einer Weise gefesselt gewesen wären, die ihnen rasches Laufen unmöglich machte. Als nämlich diese armen Geschöpfe den Lärm des Gefechts sahen und hörten, machten sie verzweifelte Anstrengungen, davon- und zwar den fliehenden Massai nachzulaufen. Klüger benahmen sich die Rinder, die durch die Schüsse und Raketenschläge zwar auch in hochgradige Unruhe versetzt waren, sich aber trotzdem von uns und unseren Hunden, die bei dieser Arbeit sich als ausnehmend verwendbar erwiesen, ohne sonderliche Beschwer auf unser Lager zutreiben ließen.

Die gefangenen Massai waren prächtige, verwegen aussehende Kerle, die trotz des Schreckens, der ihnen noch sichtlich in allen Gliedern lag und trotzdem sie offenbar erwarteten, kurzen Weges niedergemacht zu werden, doch eine gewisse Haltung behaupteten. Unter ihnen befand sich — ein sehr glücklicher Umstand — auch der Leitunu, d. i. der oberste, unumschränkte Anführer der Bande, ein bronce-farbener Apoll von reichlich 2 Meter Höhe, der ganz darnach aussah, als ob er sich am liebsten sein kurzes Schwert, die „Sime", in die eigene Brust gestoßen hätte, insbesondere, als die von weither zusammengelaufenen Wa-Duruma ihn und die Seinen zu verhöhnen und grimmig schreiend, ihren Tod zu verlangen begannen. Johnston verwies ihnen dies mit großer Strenge. Laut, daß es die Gefangenen hören konnten, erklärte er, auch die Massai sollten unsere Freunde werden, wir hätten sie blos deshalb gezüchtigt, weil sie sich hier schlecht benommen; ob sie denn glaubten, daß wir ihrer, der Duruma, oder sonstwessen Hülfe bedürften, um jene zu tödten, wenn wir es wollten; ob sie denn nicht gesehen hätten, wie wir in die Luft schossen, wo doch ein paar ernstlich gemeinte Schüsse aus unseren gewaltigen Maschinen genügt hätten, um alle Massai in Stücke zu reißen? Um ihnen — mehr aber noch den Massai — die Wahrheit dieser ohnehin mit tiefem Grausen und ohne die geringste Spur eines Zweifels angehörten Worte zu zeigen, ließ Johnston eine volle Lage unserer sämtlichen Geschütze und Raketen auf eine etwa 1000 Meter entfernte verfallene, strohgedeckte Lehmhütte abgeben. Natürlich brach diese sofort zusammen und geriet unmittelbar in Brand, ein Schauspiel, das auf die Wilden den gewaltigsten Eindruck machte.

„Jetzt geht", wandte sich hierauf Johnston, der bei all dem so that, als merke er gar nicht, wie gespannt unsere Gefangenen zuhörten und zusahen, zu den Wa-Duruma, „nehmt Euere Weiber, Kinder und Rinder, die wir befreit haben, und laßt die Massai in Ruhe. Wir werden dafür sorgen, daß sie Euch in Zukunft nicht mehr belästigen, aber vergesset nicht, daß in wenigen Wochen auch sie unsere Freunde sein werden".

Die Wa-Duruma gehorchten, obwohl sie nicht recht wußten, was sie aus der Sache machen sollten. Nachdem sie sich entfernt hatten, ließ Johnston den gefangenen Massai ihre Waffen zurückgeben und forderte sie auf, sich gleichfalls zu entfernen; binnen höchstens 2 Wochen gedenke er sie in Leitok-i-tok, dem südöstlichen Grenzdistrikte Massailands, zu besuchen; um ihnen das mitzuteilen, habe er sie vor sich bringen lassen. Statt jedoch dieser Erlaubnis sofort zu entsprechen, zögerten die El Moran (der Name für Massaikrieger); schließlich trat Mdango, ihr Leitunu, vor und erklärte, jetzt durch das aufgeregte Duruma-Land, versprengt von den Ihrigen, heimzuziehen, wäre für eine so kleine Massai-Schaar der sichere Tod, und wenn sie schon sterben müßten, so sei es ihnen größere Ehre, von der Hand so gewaltiger weißer Leibons (Zauberer), als durch feige Wa-Duruma oder Wateita zu fallen. Da wir die Absicht hätten, sie demnächst zu besuchen, so mögen wir ihnen gestatten, mit uns zu ziehen.

Johnstons Gesicht strahlte bei dieser Eröffnung vor innerer Genugthuung; den Massai gegenüber jedoch bewahrte er seine gemessene Ruhe und erklärte feierlichen Tones, das sei eine so große Gunst, die sie da verlangten, und deren sie sich durch ihr bisheriges Benehmen so wenig würdig erwiesen, daß er zuerst ein Schauri (eine Ratsversammlung) mit den Seinigen abhalten müsse, bevor er ihnen Bescheid geben könne. Damit ließ er sie stehen, rief unserer zwanzig die wir ihm zunächst zu Pferde hielten, beiseite, und teilte uns den Inhalt des Gespräches mit. „Daß wir, den Wunsch des Leitunu, der nach der großen Zahl der von ihm geführten El Moran zu schließen, einer der einflußreicheren sein dürfte, erfüllen, versteht sich von selbst; der Mann muß vollständig gewonnen werden, und gewinnt uns dann seine Landleute. So, jetzt werde ich ihm das Ergebnis unseres „Schauri" mitteilen."

„Höre" — so wandte er sich an Mdango, „wir haben beschlossen, Deinen Wunsch zu erfüllen, denn Euere Brüder in Leitok-i-tok sollen nicht sagen, daß wir Euch einem schimpflichen Tode entgegengejagt hätten. Aber nachdem wir einmal — wenn auch ohne Blutvergießen — unsere Waffen gegen Euch gerichtet, können wir Euch — das verbieten unsere Gebräuche — nicht als Gäste in unser Lager und an unseren Tisch lassen, bevor der Frevel, durch den Ihr uns gereizt habt, vollständig gesühnt ist. Dies wird nur dann geschehen sein, wenn jeder von Euch mit demjenigen unter uns Blut-Brüderschaft schließt, der ihn zum Gefangenen gemacht hat. Wollt Ihr das, und werdet Ihr den Bund ehrlich halten?"

Die El Moran bejahten dies mit großer Bereitwilligkeit; hierauf neues „Schauri" unter uns, dem dann die 43fache Verbrüderung nach den eigentümlichen Gebräuchen der Massai folgte, und wir hatten 43 Freunde gewonnen, die sich — wie Johnston versicherte — eher in Stücke hauen lassen, als zugeben würden, daß uns ein Leides geschehe, wo sie es irgend verhindern könnten.

Über all dem war es 9 Uhr geworden und da der Tag glühend heiß zu werden versprach, so hatten wir keine Lust, die sengende Duruma-Wüste zu betreten, so lange die Sonne hoch am Horizonte stand. Wir kehrten daher in das von unseren Tragtieren ohnehin noch nicht verlassene Lager zurück und rüsteten das Mittagmahl. Zur Feier des unblutig erfochtenen Sieges wurde dasselbe besonders reich, vornehmlich mit Fleisch nebst Milch, der einzigen Nahrung der Massai-Elmoran — bereitet, und zum Schlusse eine riesige Bowle aus Rum, Honig, Limonen und heißem Wasser gespendet, die allen unseren Leuten trefflich mundete, die Massai aber geradezu in Begeisterung versetzte. Diese Begeisterung überschritt alle Grenzen, als die diversen 43 Blutbrüder nach genossenem Punsche mit einer Freundschaftsgabe von je einer — roten Hose bedacht wurden. Der Leitunu erhielt ein Extrageschenk in Form eines goldgestickten Scharlachmantels.

Die Duruma-Wüste, in die wir um 5 Uhr nachmittag eintraten, ist gänzlich unbewohnt und während der trockenen Monate berüchtigt wegen ihres beinahe absoluten Wassermangels. Jetzt, unmittelbar nach der Regenzeit, fanden wir in den zahlreichen Bodenspalten und brunnenartig oft bis zu 2 und 3 Metern vertieften natürlichen Löchern erträgliches Wasser in genügender Menge. Von der Hitze aber hatten wir bis Sonnenuntergang viel zu leiden, was uns veranlaßte, mit Preisgebung unserer Nachtruhe in einem Gewaltmarsche bis Taro vorzudringen, einem recht ansehnlichen, durch angesammeltes Regenwasser gebildeten Teich, den wir gegen Morgen erreichten. Hier hielten wir einen halben Rasttag, d. h. wir brachen nicht des Morgens, sondern des Abends auf, unsere Kräfte für den nun folgenden bösesten Teil des Weges schonend. Die Wasserlöcher wurden von da ab seltener, das Aussehen der Landschaft besonders trostlos: eintönige, flache Steinfelder, abwechselnd besetzt mit häßlichem

Dornendickicht. Doch Menschen und Tiere hielten die schlimmen 3 Tage wacker aus und am 12. Mai erreichten wir wohlbehalten, obwohl arg durchnäßt durch einen uns plötzlich überraschenden Platzregen, das liebliche Land der Wateita am herrlichen Ndaragebirge.

Hier lernten wir zum ersten Male die entzückende Pracht äquatorialen Hochlandes kennen. Das Ndara-Gebirge erreicht eine Höhe bis zu 1550 Metern, ist vom Gipfel bis zum Fuße mit üppiger Vegetation bedeckt, zahlreiche silberhelle Bäche und Flüsse rauschen und tosen an seinen Abhängen zu Thale und die Rundschau von günstiger situierten Aussichtspunkten ist geradezu entzückend. Da wir hier einen vollen Rasttag hielten, so benützten die meisten von uns die Gelegenheit zu Ausflügen rings in der wundervollen Landschaft, wobei uns einige zu Handels- und Missionszwecken angesiedelte Engländer in liebenswürdigster Weise als Führer dienten. Ich selber konnte nicht allzutief in das Gewirr köstlicher, schattenreicher Thäler und Gipfel, das uns rings umgab, eindringen, da ich die Verproviantierung der Karawane sowohl in Teita als auch für die jenseits desselben bis zum Kilima-Ndscharo sich erstreckende Wüstenei durchführen mußte. Aber meine glücklicheren Genossen erstiegen die umliegenden Höhen, übernachteten zumeist auf oder dicht unter denselben, erquickten sich an der kühlen Luft derselben und kamen zurück trunken von all der Schönheit die sie genossen. Im übrigen war es auch am Fuße der Teitaberge kaum minder entzückend. Das Bad unter einem der plätschernden Wasserfälle, umfächelt von den milden Lüften und Düften die der Abend brachte, würde stets zu den schönsten Erinnerungen meines Lebens zählen — wenn mir Afrika nicht noch weit herrlichere Naturscenen geboten hätte.

Am 14. und 15. wanderten wir in nicht zu anstrengenden Märschen weiter durch dies Paradies, in welchem auch unsere Jäger reiche Beute an Giraffen und verschiedenen Antilopen machten, schlossen überall mit den Stämmen und Häuptlingen durch Geschenke besiegelte Freundschaftsbündnisse, arbeiteten uns dann in zwei weiteren Tagen durch die menschenleere, dafür aber desto wildreichere Wüste von Taweta, die im übrigen gar nicht so schlimm ist, als ihr Name, und hatten am Nachmittag des 17. die kühlen Wälder der Vorberge des Kilima vor uns — wo uns eine seltsame Überraschung erwartete.

Wir waren Taweta auf wenige Kilometer nahe gekommen und unsere Gewehrsalven hatten — wie dies in Afrika üblich — dort soeben die Ankunft einer Karawane verkündigt, als Johnston und ich, die wir an der Spitze des Zuges ritten, einen Mann mit verhängtem Zügel auf uns zusprengen sahen, in welchem wir alsbald den Führer unseres Vortrabs, Ingenieur Demestre, erkannten. Anfangs machte uns die rasende Eile, mit der er auf uns zujagte, einigermaßen besorgt, dann aber zeigte uns sein lachendes Gesicht, daß es kein Unfall sei, was ihn uns entgegenführe. Er winkte mir schon von Weitem zu und rief, sein Pferd vor uns parierend: „Deine Schwester und Miß Fox sind in Taweta!"

Wir beide, Johnston und ich, müssen auf diese unerwartete Botschaft hin erklecklich alberne Gesichter gemacht haben, denn Demestre brach jetzt in ein tolles Gelächter aus, in welches endlich auch wir einstimmten. Dann erzählte er, die beiden Damen hätten ihn und die Seinen, die gestern Abend in Taweta anlangten, ganz harmlos, als träfen sie sich daheim auf der Straße, begrüßt, ihre Verblüffung gänzlich ignoriert und auf Befragen im gleichmütigsten Tone erzählt, sie wären am 30. April, also während wir in Mombas saßen, von Aden kommend, in Zanzibar eingetroffen, nach kurzem Aufenthalte nach Pangani übergefahren und von dort über Mkumbara und am Jipe-See vorbei schon am 14. in Taweta angelangt, wo sie sich mitsamt ihrem Diener oder Freunde Sam, einem alten ehrwürdigen Neger, der Miß Fox überall begleite, und ihren vier Elefanten — denn auf dem Rücken solcher Tiere wären sie zu grenzenlosem Erstaunen der Neger gereist — ganz ausnehmend wohl befänden. „Fräulein Klara läßt Dich grüßen und Dir sagen, sie sehne sich schon recht sehr, Dich an ihr schwesterliches Herz zu drücken."

Da ich sah, daß Demestre nicht scherze, so gab ich meinem Pferde die Sporen, befand mich schon nach wenigen Minuten in einem der tiefschattigen, laubenartigen Waldwege, die vom offenen Lande nach Taweta hineinführen, und sah auch bald darauf die beiden Damen, von denen die eine mit ausgebreiteten Armen auf mich zueilte und mich, kaum daß ich den Boden berührt hatte, laut weinend ans Herz drückte. Nachdem der erste Sturm des Wiedersehens vorüber war, suchte ich von meiner Schwester nähere Aufklärung über die Art ihres Erscheinens hier mitten unter den Wilden zu erlangen; allein das war ein vergebliches Bemühen; so oft die Gute auch zu einem Berichte ansetzte, unterbrachen sie Thränen und Ausrufe der Freude über unser Wiedersehen sowie des nachträglichen Entsetzens über all die Gefahren, vor denen mich leichtsinnigen Knaben sicherlich nur mein gutes Glück bewahrt. Inzwischen hatten wir uns Miß Fox genähert, die meinen Gruß zwar etwas spöttisch, aber deßhalb nicht minder herzlich erwiderte und aus deren Munde ich endlich alles Wissenswerte erfuhr.

Darnach hatten sich also die Beiden gleich bei ihrer ersten Begegnung verständigt und das Komplott in seinen Grundzügen angelegt, die näheren Vereinbarungen der Zeit nach meiner Abreise aus Europa vorbehaltend. Meine Schwester hatte in Miß Fox die Energie und die erforderlichen pekuniären Mittel zur Inscenierung einer gegen den Willen der Männer auf eigene Faust durchzusetzenden Expedition, Miß Fox dagegen in meiner

Schwester die Gefährtin und ältere Beschützerin gefunden, ohne welche auch sie vor einem solchen Geniestreich zurückschreckte. Da insbesondere Miß Fox die Dispositionen unserer Reise ganz genau kannte, so ahmte sie dieselben dem Wesen nach im Kleinen nach; sie bestellte bei denselben Fabrikanten und Lieferanten, von denen wir unsere Vorräte, Tauschwaren und Reisegeräte bezogen, auch die ihrigen, entschied sich gleich uns für Tragtiere statt für Pagazis, wählte aber, um wenigstens in Einem Punkte originell zu sein, Elefanten statt der Pferde, Kamele oder Esel. Da es überall dort, wo wir hin wollten, wilde, wenn auch bisher niemals gezähmte Elefanten in Menge gebe, so mußten — das war ihr Kalkül, indische Elefanten auch überall im äquatorialen Afrika fortkommen. Ein Geschäftsfreund ihres verstorbenen Vaters in Kalkutta, hatte ihr vier Prachtexemplare dieser Dickhäuter verschafft, diese mitsamt acht erprobten indischen Führern und Wärtern nach Aden expediert, wo sie dieselben angetroffen und nach Zanzibar genommen. Hier wurden einige Wegführer und Dolmetscher geworben und um nicht etwa zu nahe an der Küste mit uns zusammenzutreffen, der Weg über Pangani genommen, auf welchem ihnen zwar die Neugier der Eingeborenen hie und da lästig geworden, im übrigen aber, insbesondere Dank der liebenswürdigen Fürsorge der in Pangani, Mkumbana, Membe und Taweta stationierten deutschen Agenten nicht der geringste Unfall zugestoßen sei. Ihre Suaheli-Leute hätten sie sofort nach ihrer Ankunft entlassen, mit den Elefanten und Indern gedächten sie sich uns anzuschließen — es sei denn, daß wir sie allein in Taweta zurücklassen wollten.

Was war unter so bewandten Umständen zu thun? Es verstand sich von selbst, daß die beiden Amazonen von da ab zu den Unsrigen gehörten und was mich anlangt, so müßte ich die Unwahrheit sagen, wollte ich behaupten, ich sei meiner Schwester oder Miß Fox ob ihrer Hartnäckigkeit gram geworden. Die ärgsten Gefahren konnten nach der Affaire mit den Massai in Duruma als beschworen gelten; die Beschwerden des Weges waren — wie ja der Erfolg zeigte — auch von Frauen recht gut zu überwinden; ich gab mich also der Freude des unverhofften Wiedersehens ungetrübt hin. Aber auch die anderen Mitglieder der Expedition waren — wie ich mit Genugthuung bemerkte — mit dem Zuwachse, der uns in Taweta geworden, durchaus einverstanden und so erhielten denn die Elefanten mitsamt ihrer schönen Last — denn nebenbei bemerkt ist auch meine Schwester trotz ihrer 38 Jahre noch immer ein schönes Weib — ihren Platz in der Karawane angewiesen.

Vor Taweta verabschiedeten sich unsere Massai-Freunde. Sie nahmen den Auftrag mit, ihren Landsleuten mitzuteilen, daß wir in 8-10 Tagen an den Grenzen von Leitok-i-tok eintreffen würden, daß es unsere Absicht sei, ganz Massai-Land zu durchreisen, um uns dort, wo es uns am besten gefallen würde, dauernd niederzulassen. Diese unsere Ansiedelung werde dem Stamme, in dessen Nachbarschaft wir Hütten bauen würden, zum größten Vorteil gereichen, denn wir würden ihn reich und unbesiegbar allen Feinden gegenüber machen. Uns aufzunehmen und Gebiete abzutreten würden wir Niemand zwingen, obwohl wir, wie sie bezeugen könnten, dazu genügende Macht besäßen und noch viele Tausende unserer weißen Brüder nur auf Nachricht von uns warteten, um uns nachzufolgen; den freien Durchzug aber würden wir, wenn er uns nicht friedlich gewährt werde, überall zu erkämpfen wissen. Schließlich banden wir unseren Blutbrüdern noch ans Herz, dafür zu sorgen, daß bei den Verhandlungen möglichst zahlreiche Stämme erscheinen, insbesondere diejenigen, welche längs des Weges nach dem Naiwascha-See — unserer Route an den Kenia — wohnen, und schieden unter beiderseitigen herzlich gemeinten Wünschen von einander. Als letztes Angedenken gaben wir den ganz zuthunlich gewordenen Kerlen eine Reihe in ihren Augen überaus kostbarer Geschenke für ihre Herzallerliebsten, die sogenannten „Dittos" mit, als da sind, Messingdraht, messingene Armbänder und Ringe mit falschen Steinen, Handspiegel, auf Schnüre gereihte Glasperlen, Baumwollzeuge und Bänder. Der Tauschwert dieser Geschenke, obwohl sie uns in Europa insgesamt keine 200 Mark gekostet hatten, betrug nach Massai-Währung, wie wir uns später zu überzeugen Gelegenheit hatten, reichlich den von 100 fetten Ochsen, und die El Moran waren auch ganz sprachlos über unsere Freigebigkeit. Geradezu unschätzbar aber war in ihren Augen das Geschenk, mit welchem Johnston zum Schlusse herausrückte: ein Kavalleriesäbel mit eiserner Scheide und guter Solinger Klinge für jeden der sich verabschiedenden Helden. Um ihnen die Vortrefflichkeit dieser Waffe *ad oculos* zu demonstrieren, ließ Johnston durch einen in solchen Kunststücken bewanderten Belgier den mächtigsten der Massaispeere, dessen Klinge gut 12 Centimeter breit war, mit einem Hiebe durchhauen, und wies dann den zu Bildsäulen erstarrten Kriegern die völlig unversehrte Schwertklinge vor. „So schneiden *unsere* „Siemes," sagte er, wenn sie in gerechtem Kampfe gebraucht werden; hütet Euch aber, sie bei Raubzügen oder Mordthaten zu ziehen, sie würden Euch in der Hand zerspringen wie Glas und Unheil über Eure Köpfe bringen." Damit winkten wir ihnen nochmals freundlich zu und hatten sie bald aus den Augen verloren.

In Taweta weilten wir 5 Tage, um den Tieren nach den anstrengenden Märschen Ruhe zu gönnen und uns an den über alle Beschreibung entzückenden Reizen dieses an Lieblichkeit und tropischer Pracht sowohl als an Großartigkeit der Gebirgsformen alles bis dahin Gesehene weitaus übertreffenden Landes zu erlaben, und schließlich um unsere Ausrüstung mit Hilfe der hier und im benachbarten Moschi residierenden deutschen Agenten einigermaßen zu ergänzen. Diese Herren, wie nicht minder die freundlichen Eingeborenen, informierten uns bereitwilligst über jene Waren, nach denen augenblicklich im Massai-Lande besonderer Begehr herrsche und da sich ergab, daß wir von einer derzeit bei den Dittos modernen blauen Perlenart sehr wenig, von einer als haute Nouveauté geltenden Sorte Baumwolltücher vollends auch nicht einen Ballen besaßen, so kauften wir in Taweta mehrere Traglasten von diesen Kostbarkeiten.

Auf unseren Streifungen in Taweta sahen wir zum ersten Male den Kilima Ndscharo in seiner vollen überwältigenden Majestät. Nahe an 4000 Meter steil aus dem umliegenden Hochlande emporragend, trägt dieser zweizinkige, sich zu 5700 Metern über die Meeresfläche erhebende Riese auf seinem breiten, wuchtigen Rücken ein Schneefeld, mit dessen Wirkung sich nicht die Gletscher unserer europäischen Alpenriesen, ja in gewissem Sinne nicht einmal die der Anden und des Himalaja vergleichen lassen. Denn nirgend sonst auf unserer Erde bietet die Natur so unvermittelt nebeneinander den Kontrast der üppigsten, saftigsten Tropenwelt und der schauerlichen Öde zerrissenen Geklüftes und ewigen Eises, wie hier im äquatorialen Afrika. Die Flora und Fauna am Fuße des Himalaja z. B. ist zwar kaum minder herrlich, wie im Wald- und Quell-Lande von Taweta; aber während die schneebedeckten Gipfel des Central-Asiatischen Gebirgsstockes sich Hunderte von Kilometern entfernt vom Fuße desselben erheben und es daher dem Menschen nicht vergönnt ist, die Reize beider zugleich zu genießen und durch den Kontrast zu steigern, kann man hier, beschattet von einer wildwachsenden Banane oder Mangopalme mit einem guten Fernrohre die unergründlichen Schlünde der Gletscherspalten zählen, so zum Greifen nahe ist die Welt des ewigen Eises der des ewigen Sommers gerückt. Und welchen Sommers! Eines Sommers, der seine reichsten

Schätze an Schönheit und Fruchtbarkeit gewährt, ohne unsere Nerven durch seinen Gluthauch zu erschlaffen. Man muß diese schattigen und doch lichten Wälder, diese allenthalben durch den blumenduftenden Boden hüpfenden krystallklaren Bäche gesehen, diese kühlenden Lüfte, die beinahe ununterbrochen von den nahen Eisfeldern herabwehen und sich unterwegs durch den Blumenatem der tiefer gelegenen Bergabhänge würzen, um seine Schläfen empfunden haben, um zu wissen, was Taweta ist.

An materiellen Genüssen greifbarer Art bietet dieses gesegnete Ländchen eine überreiche Fülle. Fette Rinder, Schafe und Ziegen, Hühner, köstliche Fische aus dem nahen Jipe-See und dem Lumi-Flusse, einige besonders delikate aus den rings vom Kilima-Ndscharo herabschäumenden kleineren Gebirgswässern, Wildpret in tausenderlei Varietäten, befriedigen selbst den unersättlichen Hunger nach Fleisch; das Pflanzenreich schüttet ein nicht minder reiches Füllhorn fast aller in den Tropen irgend gedeihenden Feldfrüchte, Gemüse und Obstarten aus. Dabei ist alles so wohlfeil, daß selbst der übermütigste Schlemmer nicht im Stande ist, mehr als wenige Pfennige täglich auszugeben — falls die liebenswürdigen, gastfreundlichen Wataweta überhaupt Zahlung annehmen, was z. B. uns gegenüber fast niemals der Fall war. Allerdings kam uns dabei der Ruhm unserer Heldenthaten gegen die Massai und insbesondere unsere Versicherung zu statten, daß wir auch Taweta von diesen bösen Gästen befreien würden, die bisher zwar noch bei jedem Angriffe von den uneinnehmbaren Waldfestungen des Kilima abgeschlagen worden waren, deren Nachbarschaft sich aber bisher doch sehr lästig erwiesen hatte. Auch war unsere Hand den Taweta-Männern und mehr noch den Weibern gegenüber stets offen. Europäische Geräte aller Art, Kleidungsstücke, primitive Schmucksachen, und hauptsächlich eine Auslese von Photographien und bemalten Münchener Bilderbogen gewannen uns die Herzen unserer schwarzen Gastfreunde, so daß, als wir am Morgen des 23. Mai endlich aufbrachen, wir ebenso ungern diesen herrlichen Waldwinkel verließen, als die Wataweta uns ungern scheiden sahen. Bis über die Grenze ihres Gebietes begleiteten uns diese guten, einfachen Menschen, und gar manches der keineswegs unschönen Tawetafräulein, das sein Herz an einen der weißen, oder wohl auch der Suaheli-Gäste verloren haben mochte, vergoß bittere Thränen und klagte sein Leid mit Vorliebe — unseren beiden Damen, die glücklicher Weise von diesen Ergüssen und Eröffnungen tawetanischer Mädchen-Seelen kein Wort verstanden. Prüderie ist im äquatorialen Afrika eine gänzlich unbekannte Sache und die Taweta-Schönen würden ebensowenig begriffen haben, daß irgend Jemand Übles darin finden könne, wenn man einem Gaste ohne weiteres sein Herz entgegenträgt, als ihre weißen Schwestern begriffen hätten, daß man derlei Dinge in aller Unschuld ausplaudern könne, ohne daß Freunde und Verwandte daran den geringsten Anstoß nähmen.

4. Kapitel.

Nach Massailand führen von Taweta zwei Wege, der eine westlich vorbei am Kilima durch das Gebiet der Wakwafi; der andere am Ostabhange des Gebirgsstockes durch die verschiedenen Tribus der Wadjagga.

Das Land ist fruchtbar und schön auf beiden Seiten; wir wählten aber die letztere Route, weil die Wakwafi eben im Kriege waren mit den Massai und wir uns in keine überflüssigen Händel mengen wollten, auch ganz im allgemeinen der Verkehr mit den friedfertigen und schüchternen Wadjagga dem mit den rauflustigen Wakwafi vorzuziehen ist. In kleinen Tagemärschen zogen wir vorbei an dem wildromantischen, von düsteren, senkrecht abfallenden Felsen eingefaßten Dschallasee, durch die waldigen Bergabhänge von Rombo und durch die Hochebenen von Useri, übersetzten dabei drei nicht unansehnliche, wasserreiche Bäche, die vereint den Tsabofluß bilden, und zahllose Quellen, die allenthalben vom Kilima herunterrieselnd, die parkartigen Wiesen und die wohlangebauten Felder der Eingeborenen bewässern. Überall tauschten wir reiche Geschenke und schlossen Freundschaftsbündnisse. Nebenbei wurde auch der Jagd gepflegt, die Antilopen, Zebras, Giraffen und Rhinoceros in großer Menge ergab.

Am 28. Mai trafen wir an der Grenze von Leitok-i-tok, dem südöstlichen Grenzdistrikt von Massailand ein. Als wir den Rongeibach überschritten, stieß unser Freund Mdango in Begleitung zahlreicher seiner Krieger zu uns. Sein Bericht war befriedigend. Die ihm aufgetragene Botschaft hatte er nicht bloß den Alten und den Kriegern des eigenen Stammes, sondern allen Stämmen von Leitok-i-tok bis an die Grenzen von Kapte übermittelt und sie zu einem großen

Schauri am Minjenjeberge — einen halben Tagmarsch von der Grenze gegen Useri — eingeladen. Sie waren zahlreich erschienen, El-Morun und El-Moran, d. i. verheiratete Männer und Krieger, letztere in einer Gesamtstärke von über 3000 Mann, und vorgestern hatten sie vom Morgen bis Abend verhandelt. Das Ergebnis war der einstimmige Beschluß, uns ein Freundschaftsbündnis anzutragen.

Bald darauf nahten die Massai in hellen Haufen. Wir luden sie in unser Lager, wo wir sie Mann für Mann reichlich beschenkten. Zuerst bekam Mdango für seine diplomatischen Bemühungen ein buntes, goldgesticktes Ehrenkleid (wo bei Geschenken von „Gold" die Rede ist, welches die Centralafrikaner nicht kennen und nicht schätzen, muß überall unechte Waare verstanden werden), eine silberne Taschenuhr, ein Eßbesteck aus Weißblech und einige Zinnteller. Die Verwendung und Behandlung der letztgenannten Dinge mußte ihm allerdings erst mühsam beigebracht werden, doch sei bemerkt, daß Mdangos Uhr von da ab stets in gutem Gange blieb und daß er sich bei feierlichen Gelegenheiten des Messers und der Gabel mit angemessener Würde bediente.

Andere Massaigrößen wurden gleichfalls, wenn auch nicht so verschwenderisch wie der vielbeneidete Mdango, mit auserlesenen Dingen bedacht; alle El-Moran aber erhielten außer Perlenschnüren und Tüchern für ihre Mädchen, die vielbegehrte rote Hose, die verheirateten Männer farbige Mäntel, und jedes Weib — Frau oder Mädchen — das unser Lager mit seinem Besuche beehrte, ward durch Bilder, Perlen, Zeuge und allerlei broncenen und gläsernen Tand erfreut. Das Verteilen dieser Gaben nahm viele Stunden in Anspruch, trotzdem etwa fünfzig von uns damit beschäftigt waren. Es hielt eben schwer, in dieser entzückt durcheinander schwatzenden und wogenden Masse Ordnung zu halten. Erst als die Sonne sich ihrem Untergange zuneigte, verließen die letzten Massaimänner unser Lager, während gerade die hübschesten der jungen Mädchen und Frauen keine Miene machten, die heimischen Penaten aufzusuchen. Die Männer bemerkten es, fanden es jedoch sichtlich in der Ordnung, daß ihre Frauen und Töchter so freigebigen Fremden auch nach Sonnenuntergang Gesellschaft leisten. So will es die Sitte in Massailand, und wir hatten Mühe, uns vor deren Konsequenzen zu bewahren, ohne die zwar nach ranzigem Fett duftenden, sonst aber selbst nach europäischen Begriffen wohlgebildet zu nennenden braunen Damen zu beleidigen.

Am nächsten Vormittag schritten wir zum Abschlusse des Friedens- und Freundschaftsvertrages. Johnston forderte jeglichen Kral — es waren deren 17 aus Leitok-i-tok und 4 aus Kapte vertreten — auf, den Leitunu und Leigonani der El-Moran und je zwei der El-Morun zu designieren, die den Vertragsabschluß mit uns vollziehen sollten. Dieser Wahlakt ging merkwürdig rasch von statten und schon eine Stunde später war die Ratsversammlung, an welcher unsererseits bloß Johnston, ich und 6 Offiziere teilnahmen, unter allerlei Zeremonien eröffnet. Zuerst gab es einige Reden, in denen unsererseits die Vorteile auseinandergesetzt wurden, die den Massai aus unserer bevorstehenden Ansiedelung in ihrer Mitte oder an ihren Grenzen erwachsen würden, von Seiten der Massaisprecher hinwieder Versicherungen der Bewunderung und Liebe den weißen Freunden gegenüber, die Hauptrolle spielten. Dann legte Johnston die Punktationen des Vertrages vor. Dieselben lauteten wie folgt:

1. Die Massai werden uns und unseren Bundesgenossen gegenüber, als da sind: die Bewohner von Duruma, Teita, Taweta, Dschalla und Useri, unverbrüchlich Frieden und Freundschaft einhalten.

2. Die Massai werden von keiner von Weißen geführten Karawane unter irgend welchem Vorgeben Hongo

verlangen, versprechen vielmehr, dem Durchzuge derselben in jeder Weise behülflich zu sein, insbesondere, so weit ihre Vorräte reichen, gegen billige Bezahlung Lebensmittel beizustellen.

3. Die Massai werden auf unser Verlangen jederzeit El-Moran in jeder beliebigen Zahl zu unserer Verfügung stellen, die Geleits- und Wachdienste zu leisten haben und uns während der Dauer ihrer Verwendung militärischen Gehorsam schuldig sind.

4. Dagegen verpflichten wir uns, die Massai als unsere Freunde anzuerkennen, sie in ihren Rechten zu schützen und ihnen gegen fremde Angriffe beizustehen.

5. Die El-Moran jedes am Bunde teilnehmenden Stammes erhalten von uns alljährlich Mann für Mann je zwei Beinkleider aus gutem Baumwollstoff und je 50 Schnüre Glasperlen, deren Auswahl ihnen überlassen bleibt, oder auf Wunsch andere Waren im gleichen Werte. Die El-Morun erhalten je einen Baumwollmantel, die Leitunu und Leigonani Beinkleid, Perlen und Mantel.

6. Die zu Dienstleistungen herangezogenen El-Moran erhalten außer voller Verpflegung an Fleisch und Milch je 5 Perlenschnüre oder deren Wert als tägliche Besoldung.

Dieses, von den anwesenden Massai mit den Zeichen unverhohlener Befriedigung aufgenommene Aktenstück wurde durch eine symbolische Blutverbrüderung zwischen den beiderseitigen Kontrahenten unter vielen Feierlichkeiten bekräftigt. Da die in achtungsvoller Ferne lauschende Menge dasselbe, als es ihr verlesen ward, mit lautem Freudengeschrei aufnahm, so wußten wir, daß die öffentliche Meinung von Leitok-i-tok und eines Teiles von Kapte vollkommen gewonnen sei.

Wir teilten nun unseren neuen Bundesgenossen mit, daß es unsere Absicht sei, über Matumbato und Kapte an den Naiwascha-See zu ziehen, die unterwegs wohnenden Massaistämme womöglich alle in den Bund aufzunehmen und dann entweder über Kikuja oder über Leikipia an den Kenia vorzudringen. Behufs rascherer Herstellung der freundschaftlichen Beziehungen mit jenen Stämmen, deren Gebiete wir zu durchziehen hätten, verlangten wir die Beistellung einer 50 Mann starken Schar El-Moran, die unter Führung unseres — inzwischen unter seinen Landsleuten zu hohem Ansehen gelangten — Freundes Mdango, uns voraufziehen solle. Es geschah wie wir wünschten und Mdango fühlte sich durch die auf ihn gefallene Wahl nicht wenig geschmeichelt. Aus den 50 El-Moran, die wir forderten, wurden übrigens mehr als 500, da sich die jungen Krieger um die Ehre stritten, uns dienlich zu sein. Vom Wege über Kikuja aber rieten uns die Massai ab. Die Wa-Kikuja sind kein Massaistamm, sondern gehören einer ganz anderen Rasse an, die von altersher mit ihnen in steter Fehde lebt. Sie wurden uns als verräterisch, feige und grausam zugleich geschildert, als Leute ohne Treu und Glauben, mit denen ein ehrlicher Bund ganz unmöglich sei. Da wir indessen aus unserer civilisierten Heimat her wußten, welches Vertrauen man auf das gegenseitige Urteil einander bekämpfender „Nationen" legen dürfe, so machte obige Schilderung vorderhand weiter keinen Eindruck auf uns, als daß wir derselben entnahmen, die Wakikuja seien „Erbfeinde" der Massai. Wie sehr im Rechte wir mit unserer Skepsis waren, sollte die Folge lehren. Mdango wurde bedeutet, daß es bei der ursprünglichen Abrede sein Bewenden habe. Er solle uns in Eilmärschen voranziehen, wo möglich bis an die Grenzen von Leikipia, dann aber umkehren und uns am Ostufer des Naiwascha-Sees erwarten, wo wir drei Wochen von heute an gerechnet das große Bundes-Schauri mit den von ihm unterwegs verständigten und berufenen Massai-Stämmen abzuhalten gedächten. Was es mit den Wakikuja, die das Gebiet östlich vom Naiwascha bewohnen, auf sich habe, würden wir selber untersuchen.

Am ersten Juni um 4 Uhr Morgens brachen wir von Miveruni auf. Nach mehrstündigem Marsche lagen die letzten Waldstreifen der Kilima-Vorberge hinter uns und wir betraten die kahlen Flächen der Ngiriwüste. Der Weg durch diese und an den Limgeriningbergen vorbei durch das Hochplateau von Motumbuto bot wenig des Bemerkenswerten. Am 6. Juni erreichten wir die Berge von Kapte, längs deren Westabhang wir in einer Seehöhe von 1200 bis 1700 Metern dahinzogen, zur Linken unter uns die eintönige unabsehbare Dogilaniebene, zur Rechten die bis zu 3000 Metern aufsteigenden Kapteberge, an den Abhängen meist grasreiches Parkland, auf den Kuppen dunkle Wälder zeigend. Zahlreiche Bäche, die stellenweise malerische Wasserfälle bilden, rauschen von ihnen hernieder und vereinigen sich im Dogilaniland zu größeren Flüssen, die, soweit das Auge sie verfolgen kann, allesamt nach Westen ihren Lauf nehmen und in den Ukerewe, diesen größten unter den Riesenseen Centralafrikas, münden. Alle Stämme unterwegs nahmen uns wie alte Freunde auf, selbst diejenigen, mit denen wir noch kein Bündnis geschlossen hatten. Zu ihnen allen war die Wundermär von den weißen Männern gedrungen, die sich bei ihnen ansiedeln wollen und die so mächtig und freigebig zugleich seien; Mdangos Einladung zum Schauri am Naiwaschasee war überall freudig aufgenommen worden, große Scharen waren schon unterwegs. Andere schlossen sich uns an oder versprachen nachzufolgen. Von „Hongo" nirgend die Rede, kurzum, wir hatten gewonnenes Spiel in allen Gauen des Landes.

Am 12. erreichten wir die Grenze des Kikujalandes, dem entlang der weitere Weg an den Naiwascha sich hinzieht. Die schlimmen Berichte über den heimtückischen, häßlichen Charakter dieses Volkes waren uns von den Kapte-Massai, ihren unmittelbaren Nachbarn, in verstärkter Form wiederholt worden; inzwischen aber hatten wir von anderer Seite durchaus verschieden klingende Darstellung erhalten.

61

Unsere beiden Damen führten nämlich ein Andorobomädchen mit sich, welches sie in Taweta aufgenommen hatten. Die Andorobo sind ein Jägervolk, welches ohne festen Wohnsitz durch das ganze ungeheure Gebiet zwischen dem Ukerewesee und der Zanzibarküste hin zu finden ist; aus einem Stamme dieses Volkes, welcher die Gegenden am Fuße des Kenia, nördlich von Kikuja nach Elefanten durchstreift, war Sakemba — so hieß das fragliche ungefähr 18 Jahre zählende Mädchen — vor zwei Jahren von Massai geraubt worden; diese verhandelten sie an eine Suahelikarawane, mit welcher sie nach Taweta kam. Das Mädchen hatte — eine Seltenheit bei diesen Rassen — eine unbesiegliche Sehnsucht nach ihrer Heimat, und da meine Schwester und Miß Ellen, in Taweta vor uns angelangt, auf Befragen erzählten, sie warteten auf eine nach dem Kenia ziehende Karawane, so wandte sich jene mit der flehenden Bitte an die Beiden, sie ihrem gegenwärtigen Herrn abzukaufen und in ihre Heimat mitzunehmen; dort würden ihre Angehörigen gern einige schöne Elefantenzähne an ihre Auslösung wenden. Durch das inständige Flehen des Negermädchens gerührt, bewilligten Klara und Miß Fox sofort diese Bitte, d. h. sie bezahlten den Herrn, schenkten der Andorobo die Freiheit und versprachen ihr, sie mitzunehmen. Dieses, als sehr intelligent und über die Verhältnisse ihres Heimatlandes wohlunterrichtet sich erweisende Mädchen hatte schon in Miveruni gehört, wie schlecht die Massai von den Wakikuja sprachen und bei nächster Gelegenheit seinen Beschützerinnen versichert, daß die Sache lange nicht so schlimm sei. Massai und Wakikuja seien alte Feinde und da sie einander demzufolge gegenseitig möglichst viel Übles zufügen, so glaubten und erzählten sie auch alles erdenkliche Böse über einander. Wahr wäre allerdings, daß die Wakikuja lieber aus dem Hinterhalt als in offener Feldschlacht kämpften, und so tapfer, als die Massai seien sie auch nicht; verräterisch und grausam aber wären sie nur gegen ihre Feinde und wer ihr Vertrauen einmal gewonnen habe, der könne sich so gut auf sie verlassen, als auf Angehörige irgend eines anderen Volkes. Die Andorobo zögen den Verkehr mit den Wakikuja dem mit den Massai sogar weit vor, denn sie seien friedfertiger und nicht so übermütig wie diese. Der direkte Weg an den Kenia aber führe für uns über Kikuja, während die Straße über Leikipia wegen des in weitem Bogen zu umgehenden Aberdargebirges um mindestens 6 Tagereisen länger wäre.

Da wir keinen Grund hatten, an der Glaubhaftigkeit dieses Berichtes zu zweifeln, dessen letzten, für uns wichtigsten Teil zudem ein Blick auf die Karte vollauf bestätigte, so beschlossen wir, es jedenfalls mit Kikuja zu versuchen. Während also der größere Teil der Expedition unter Johnstons Führung die Straße nördlich an den Naiwaschasee weiter verfolgte, schwenkte ich mit 50 Mann und einigem Gepäck bei dem Grenzorte Ngongo-a-Bagas östlich ab. Meine Absicht war, bloß Sakemba, als Kennerin von Land und Volk, mitzunehmen und die zwei Damen bis zu meiner Rückkehr der Obhut Johnstons zu übergeben. Allein meine Schwester erklärte, mich um keinen Preis zu verlassen und da das Andorobomädchen nicht mir, sondern den Frauen gehorchte, überdies aber versicherte, daß für diese schon ganz und gar nicht an Gefahr zu denken sei, indem zwischen Massai und Wakikuja seit unvordenklicher Zeit der niemals verletzte Brauch bestehe, die Weiber gegenseitig selbst mitten im Kriege zu respektieren, eine Versicherung, die allseitig — auch von den Massai — bekräftigt wurde, so waren meine Schwester und Miß Ellen mit von der Partie.

Sowie wir die Grenze von Kikuja überschritten, nahmen uns gewaltige schattige Wälder auf, die jedoch keineswegs „undurchdringlich" genannt werden können, vielmehr das Eigentümliche haben, daß sie an sehr zahlreichen Stellen von breiten Durchschlägen durchschnitten sind, die geradezu den Eindruck machen, als wären sie von einem geschickten Gärtner zur Bequemlichkeit und Erquickung Lustwandelnder angelegt. Die Breite dieser nicht eben schnurgeraden, doch in der Regel eine bestimmte Richtung einhaltenden Wege schwankt zwischen einem und sechs Metern; stellenweise erweitern sich dieselben zu umfangreichen Lichtungen, die jedoch mit den eigentlichen Wegen gemein haben, daß der Boden mit dem schönsten, dichtesten, kurzen Grase bedeckt ist, und daß schattige Kühle in ihnen herrscht. Wodurch diese Durchschläge entstanden sind, war und blieb mir rätselhaft. Seitlich von denselben giebt es Unterholz zwischen den hochstämmigen Bäumen, stellenweise sogar sehr dichtes, und wir konnten ganz gut bemerken, daß dunkle Gestalten zu beiden Seiten uns folgten, jede unserer Bewegungen beobachtend und offenbar nicht ganz im Reinen darüber, was sie aus uns machen sollten. Daß wir aus dem feindlichen Massailande kamen, mochte wohl Mißtrauen erregen, denn wir waren schon zwei Stunden lang solcher Art marschiert, ohne daß unsere Begleiter sich hervorwagten.

Dem mußte ein Ende gemacht werden, da irgend ein unvorhergesehener Zwischenfall leicht zu Mißverständnissen und daraus sich ergebenden Feindseligkeiten führen konnte; ich fragte daher Sakemba, ob sie sich getraue, allein unter die Wakikuja zu gehen. „Warum nicht", meinte sie, „dabei ist so wenig Gefahr für mich, als wenn ich allein in die Hütte meiner Eltern träte". Ich ließ also Halt machen, die Andorobo schritt furchtlos auf die Büsche zu, hinter denen wir die Wakikuja wußten und hinter denen sie alsbald verschwand. Nach Verlauf einer halben Stunde kam sie in Begleitung einiger Wakikujaweiber zurück, die abgesandt worden waren, die Glaubhaftigkeit von Sakembas Aussagen zu untersuchen, d. h. zu sehen, ob wir wirklich allesamt bis auf einige Treiber Weiße seien und ob sich — der sicherste Beweis unserer friedlichen Absichten — wirklich auch zwei weiße Mädchen unter uns befänden. Dunkle Gerüchte über uns waren zwar schon bis zu den Wakikuja gelangt, allein da die feindlichen Massai die Quelle derselben gewesen, so wußten sie nicht, was sie davon glauben sollten. Mit der Entsendung der Weiberkommission waren aber die guten Beziehungen zwischen uns eingeleitet; einige verschwenderisch gespendete Kostbarkeiten gewannen uns sehr bald die Herzen und das volle Zutrauen der schwarzen Schönen. Unsere Besucherinnen nahmen sich gar nicht Zeit, zu den Männern zurückzukehren, sondern winkten und riefen dieselben herbei, welchem Rufe diese denn auch Folge leisteten, so daß wir im Handumdrehen von einigen Hundert uns verwundert und noch immer etwas scheu anglotzender Wakikuja umgeben waren.

Nun trat aber ich, begleitet bloß von einem Dolmetsch mitten unter sie und fragte, wo ihr Sultan oder ihre Ältesten wären. Sultan hätten sie keinen, war die Antwort, sie seien unabhängige Männer; ihre Ältesten dagegen seien anwesend, mitten unter ihnen. „Dann laßt uns sofort ein Schauri halten, denn ich habe Euch Wichtiges mitzuteilen". Der Aufforderung zu einem Schauri kann kein Afrikaner widerstehen, und so saßen wir denn alsbald im Kreise und ich konnte mein Anliegen vorbringen. Zunächst berichtete ich von unseren Heldenthaten bei den Massai und wie wir diese zum Friedenhalten mit uns sowohl als mit allen unseren Freunden gezwungen, wie nicht minder von unserer späterhin bethätigten Freigebigkeit. Darauf versicherte ich, daß wir auch die Wakikuja uns zu Freunden zu machen wünschten, woraus für sie Ruhe vor den Massai und großer Gewinn von uns sich ergeben würde. Wir aber verlangten nichts, als freundliche Aufnahme und ruhigen Durchzug durch ihr Gebiet. Sodann ließ ich einen, für solchen Anlaß bereitgelegten Ballen unterschiedlicher Waren herbeischaffen, öffnen und erklärte: „Das gehört Euch, damit Ihr Euch dieser Stunde, in der Ihr uns zum ersten Male gesehen, erinnern möget. Niemand soll sagen: „„Ich saß bei den weißen Männern und hielt Schauri mit ihnen und meine Hand blieb leer"".“

Die Wirkung dieser oratorischen Leistung und mehr noch der ausgebreiteten Geschenke ließ nichts zu wünschen übrig. Wegen Verteilung der Letzteren entstand zwar eine ausgiebige Balgerei unter unseren zukünftigen Freunden, als aber diese glücklich ohne ernsten Unfall vorüber war, ging es an Beteuerungen überschwänglicher Zärtlichkeit und Dienstbeflissenheit uns gegenüber. Zunächst wurden wir eingeladen, ihre sehr geschickt in den Dickungen des Waldes versteckten Hütten mit unserer Gegenwart zu beehren, eine Aufforderung, der wir bereitwilligst Folge leisteten, vorsichtshalber aber doch darauf achteten, in einer möglichst dominierenden Position und nicht all zu sehr zerstreut einquartiert zu werden. Auch sorgte ich dafür, daß unausgesetzt einige von unseren Leuten in unauffälliger Weise Wache standen. Das Gepäck ließ ich unter der Obhut von vier riesigen Doggen, die wir mitgenommen hatten. Im übrigen erwies sich der eine Teil dieser Vorsichtsmaßregeln als überflüssig; Niemand führte Böses gegen uns im Schilde und auch die in den ersten Stunden noch immer hervortretende Ängstlichkeit der Wakikuja machte rasch vollkommenster Zutraulichkeit Platz, wobei — nebenbei bemerkt — die Weiber in sehr entschiedener Weise vorangingen. Dagegen zeigte sich die Bewachung der Waren als höchst ersprießlich, wie uns alsbald das verzweifelte Zeter- und Hülfegeschrei eines Wakikujajünglings bewies, der unsere Ballen, unbewacht wähnend, sich mit einem Messer an einen derselben herangeschlichen hatte, dabei aber von einer der Doggen kunstgerecht gestellt worden war. Wir befreiten den zu Tode Erschrockenen, im übrigen jedoch gänzlich Unverletzten, aus den Fängen des gewaltigen Tieres und hatten fernerhin auch kein Attentat auf unsere Güter zu besorgen.

Am nächsten Morgen forderten wir unsere Gastfreunde auf, uns noch einige Tagmärsche weit in das Innere ihres Landes in der Richtung nach dem Kenia hin zu begleiten und dabei ihre Stammesgenossen, soweit sie diese in so kurzer Zeit mit einer Botschaft erreichen könnten, zu einem Schauri mit uns zu laden, da wir einen festen Freundschaftsbund vereinbaren wollten. Dem wurde bereitwilligst entsprochen und so zogen wir denn in Gesellschaft mehrerer Hundert Wakikuja noch zwei Tage lang durch den herrlichen Wald, in welchem die Mannigfaltigkeit und Pracht der Flora mit jener der Fauna wetteiferte. Unsere Verpflegung besorgten dabei die Wakikuja ohne Bezahlung für irgend etwas zu nehmen in wahrhaft verschwenderischer Weise. Wir schwammen förmlich in Milch, Honig, Butter, allerlei Fleisch- und Geflügelsorten, Mtamakuchen, Bananen, süßen Kartoffeln, Yams und einer großen Auswahl sehr wohlschmeckender Früchte. Dabei wunderten wir uns, von wo dieser unerschöpfliche Überfluß insbesondere an Feldfrüchten wohl stammen möge, denn in den Lichtungen der Wälder, die wir bis nun durchzogen hatten, wurde neben Viehzucht zwar auch Feldbau betrieben, aber sichtlich doch nur nebenbei. Am Ende des zweiten Tagmarsches aber wurde uns das Rätsel gelöst, denn sowie wir den „Guaso Amboni" genannten, nach dem indischen Ocean hin abfallenden recht ansehnlichen Fluß erreicht hatten, dehnte sich ein unabsehbares Hochplateau vor uns, das, soweit unser Auge reichen konnte, den Charakter eines offenen Parklandes trug, in welchem, insbesondere am Saume des von uns soeben verlassenen Waldlandes, alle Anzeichen eines sehr intensiven Feldbaues zu bemerken waren. Von hier bezieht offenbar Kikuja seinen unerschöpflichen Körnerreichtum. Ganz fern im Norden dieses Plateaus sahen wir eine mächtige Gebirgsgruppe blauen, in der Luftlinie wohl 80 bis

90 Kilometer entlegen, die unsere Führer und Sakemba als den Gebirgsstock des Kenia bezeichneten. Man könne von hier aus, so versicherten sie, bei klarem Himmel auch den Schneegipfel des Hauptberges sehen; derzeit aber sei er in jenen Wolken dort verborgen.

Hier lag es also vor uns, das Ziel unserer Wanderung, und mächtige Rührung ergriff uns Alle, als wir, wenn auch vorläufig nur aus weiter Ferne, die zukünftige Heimat zum ersten male erschauten. Der Keniagipfel aber blieb unsichtbar in Wolken gehüllt während der zwei Tage unseres Aufenthaltes an der Ostlisière des Kikujawaldes. Wir machten dort in einem entzückenden Haine riesiger Brotbäume Halt, wo gastfreie Wakikuja uns ihre Hütten einräumten. Der Ort heißt Semba und war als Versammlungsplatz für das große Schauri verabredet worden. Wir fanden denn auch eine große Zahl Eingeborener bereits versammelt und am nächsten Tage wurde Alles zu größter beiderseitiger Zufriedenheit zwischen uns geordnet und festgemacht, so daß wir schon am 16. Juni den Rückmarsch antreten konnten, den wir jedoch nicht über Ngongo, sondern, einen Nebenfluß des Amboni bis zu dessen nahe an 2200 Meter über dem Meeresspiegel gelegenen Quellgebiet verfolgend und dann vom Rande der Kikujatafelberge jäh hinabsteigend, direkt auf den Naiwascha zu nahmen. Diesen erreichten wir am 19. Abends zwar etwas erschöpft, aber wohlbehalten und in köstlichster Stimmung. Wir hatten die Sicherheit erlangt, den Kenia um eine gute Woche rascher erreichen zu können, als auf dem ursprünglich in Aussicht genommenen Wege über Leikipia möglich gewesen wäre.

Am Naiwascha — einem von malerischen Bergzügen, deren höchste Gipfel sich zu 2800 Meter erheben, umsäumten schönen See von ungefähr 80 Quadratkilometer Flächenraum, dessen charakteristische Eigenschaft ein fabelhafter Reichtum an Federwild aller Art ist, hatte inzwischen Johnston umfassende Vorkehrungen zu dem großen Friedens- und Freudenfeste getroffen, das wir den Massai zu geben gedachten. Die Botschaft, daß sie von nun ab auch die Wakikuja als in den Kreis unserer Freunde gehörig zu betrachten hätten, wurde zwar von den El-Moran mit gemischten Gefühlen entgegengenommen; indessen fügten sie sich doch ohne Murren und bei dem nun folgenden Feste, an welchem auch 50 mit uns angelangte angesehene Wakikuja teilnahmen, wurden die neugeknüpften Freundschaftsbande zwischen den Beiden etwas inniger gestaltet.

Dieses Fest aber bestand aus einer zweitägigen großen Schmauserei, bei welcher wir nicht weniger als 6000 Gäste — Weiber und Kinder ungerechnet — mit riesigen Quantitäten Fleisch, Backwerk, Früchten und Punsch bewirteten, und dessen Glanzpunkt ein splendides Feuerwerk war. 150 fette Stierkälber, 260 verschiedene Antilopen, 25 Giraffen, unzählbares Federwild, und gar nicht zu übersehende Mengen von Vegetabilien wurden in diesen zwei Tagen vertilgt, der Punsch aber in 160 je 30 Liter fassenden Töpfen gebraut, die im Durchschnitt nicht weniger als viermal frisch gefüllt werden mußten. Nichtsdestoweniger kostete uns diese kolossale Gastfreundschaft — vom Feuerwerke abgesehen — fast gar nichts. Denn die Rinder waren Geschenke — und zwar nur ein Teil der uns von zahlreichen Stämmen als Zeichen dankbarer Wertschätzung dargebrachten — das Wild hatten wir natürlich nicht gekauft, sondern geschossen, und die Vegetabilien waren hier an der Grenze von Kikuja so billig, daß man die Preise eigentlich nur nominelle nennen konnte; was dagegen den Punsch anlangt, dessen wichtigster Bestandteil bekanntlich Rum ist, ein Saft, der in Massai- und Kikujaland — glücklicherweise — nicht heimisch ist, so hatten unsere Techniker auch diesen dadurch verschafft, ohne unsere ohnehin zur Neige gehenden mitgebrachten

Vorräte anzugreifen, daß sie denselben an Ort und Stelle brannten. Unter den mitgenommenen Maschinen und Geräten befand sich nämlich auch eine Destillierblase. Diese wurde ausgepackt, wildwachsendes Zuckerrohr war in Menge vorhanden und so gab es alsbald Rum in Fülle. Nur wurde dafür Sorge getragen, daß diese Prozedur nicht etwa von den Eingeborenen erlauscht und späterhin nachgeahmt werde, denn die Rumflasche — diese Pest der Negerländer — wollten wir nicht unter unseren Nachbarn einbürgern. Den Punsch, den wir ihnen servierten, erhielten sie zwar heiß, aber anständig verdünnt, etwa 10 Teile Wasser auf einen Teil Rum, was übrigens nicht hinderte, daß während der zwei Festtage 18 Hektoliter dieses edlen Nasses in den improvisierten Bowlen verschwanden. Der Jubel, insbesondere während des Feuerwerkes, war unbeschreiblich, und als wir vollends, nachdem ein Trompetentusch Stillschweigen geboten hatte, durch stimmkräftige Herolde ausrufen ließen, das Volk der Massai sei von nun an *alljährlich* für den 19. und 20. Juni hier an dieser Stelle von uns zu Gaste geladen, wären wir aus purer Begeisterung beinahe in Stücke gerissen worden.

Den 21. Juni weihten wir der Erholung von den Strapazen des Festes und der Ordnung des Gepäcks; am 22. wurde der Marsch nach Kikuja angetreten. Da wir mit den Lasttieren den von mir auf dem Rückwege gewählten Pfad über die steilen Abhänge der das Naiwaschathal umsäumenden Berge vermeiden wollten, kehrten wir vorerst nach Ngongo-a-Bagas zurück, welches am 24. erreicht wurde. Von hier aus beschlossen wir eine Eilbotenverbindung mit dem Meere herzustellen, damit die Nachricht von unserem Eintreffen am Ziele, dem wir binnen wenigen Tagen entgegensahen, so rasch als möglich nach Mombas und von da an den Ausschuß der Internationalen freien Gesellschaft gelangen könne. Von Mombas nach Ngongo hatten unsere Ingenieure 802 Kilometer verzeichnet; wir rechneten nun, daß unsere arabischen Hengste, wenn ihnen immer bloß je eine eintägige Anstrengung zugemutet würde, während eines solchen Tages bequem 100 Kilometer, demnach in 8 Etappen den ganzen Weg in 8 Tagen zurücklegen könnten. Es wurden also 16 unserer besten Reiter mit 24 der ausdauerndsten Renner zurückbeordert; diese Kuriere erhielten die Anweisung, sich zu zweien und zweien in Distanzen von circa 100 Kilometern — wo böse Wegestrecken sind, etwas weniger, wo der Weg leicht ist, etwas mehr — zu verteilen. An Gepäck bekamen sie nebst Waffen und Munition bloß so viel europäische Bedarfsartikel und Tauschwaren auf den Weg, als die 8 überzähligen Pferde, die zugleich als Reserve dienen sollten, leicht zu tragen vermochten. Im übrigen konnten wir uns jetzt darauf verlassen, daß sie überall, wo sie längs der von uns durchzogenen Straße auf Eingeborene stoßen, mit offenen Armen aufgenommen und reichlich verpflegt werden würden. Der gleiche Etappendienst wurde selbstverständlich auch zwischen Ngongo und dem Kenia eingerichtet; da diese Wegestrecke 193 Kilometer maß, so genügten hier zwei Etappen, so daß ihrer im ganzen zehn waren; dabei wurde also vorausgesetzt, daß eine Nachricht vom Kenia nach Mombas in zehn Tagen gelangen werde — was sich denn auch als richtig erwies.

Der Marsch durch das Waldland von Kikuja, der am 25. Juni angetreten wurde, vollzog sich ohne jeden Zwischenfall. Als wir zeitlich am Morgen des 27. in das offene Land eintraten, umfing uns zuerst dichter Nebel, der von uns Kaukasiern bloß insofern unangenehm empfunden wurde, als er uns jegliche Aussicht benahm, unsere Suahelileute dagegen, die eine Temperatur von 12 Grad Celsius, verbunden mit Feuchtigkeit noch niemals erlebt hatten, zum Zähneklappern brachte. Für die Nordländer und insbesondere für die Gebirgsbewohner unter unter uns hatten die wallenden, vom Dufte balsamischer Bäume und

Sträucher durchtränkten Nebelmassen sogar etwas anheimelndes. Da — es war gegen 8 Uhr — erhob sich plötzlich eine von Norden her wehende leichte warme Brise, mit zauberhafter Schnelle teilten sich die Nebel, und vor uns lag im strahlenden Glanze des sieghaften Tagesgestirnes eine Landschaft, deren überwältigende Großartigkeit jeder Beschreibung spottet. Hinter uns und seitlich zu unserer Linken der wundervolle Wald, den wir erst kürzlich verlassen; unmittelbar vor uns ein sanft abfallendes Gelände, in welchem smaragdne Wiesen mit dunkeln Bananenhainen und kleinen Flecken wogender Saat abwechselten. Der Boden überall mit leuchtenden Blumen bedeckt, deren süßen Duft uns die laue Brise in berauschender Fülle entgegentrieb; kleine Gruppen hoher Palmen, einzelne riesenhaft sich ausbreitende Feigen, Platanen, Sykomoren da und dort zerstreut, und all das belebt von zahlreichen Herden des verschiedensten Wildes. Hier tummelt sich übermütig eine Schar von Zebras, dort weiden ruhig einige Giraffen zwischen zierlichen Antilopen; links jagen sich grunzend zwei ungeschlachte Nashörner, ein Rudel von 20 Elefanten zieht einige tausend Meter von uns dem Walde zu, und in noch größerer Ferne trottet eine nach Hunderten zählende Herde Büffel dem gleichen Ziele entgegen.

Unabsehbar dehnt sich dieses herrliche Land nach Ost und Südost, durchschnitten von einem breiten Silberbande, dem Guaso Amboni, der etwa 8 Kilometer vor uns und vielleicht 100 Meter tiefer gelegen als unser Standplatz, seine Fluten nach Osten trägt und soweit wir es übersehen können, mindestens ein Dutzend von Quellbächen von beiden Seiten der ihn einfassenden Abdachung aufnimmt. Die von der Südseite — auf welcher wir uns befinden — entsprungen aus dem Kikujawalde, sind die kleineren; die von der Nordseite sind unvergleichlich wasserreicher und mächtiger, denn ihr Quellland ist der Kenia. Und dieser

Riese unter den Bergen Afrikas, dessen Massiv ein Areale von reichlich 2000 Quadratkilometern deckt, und dessen Gipfel nahezu 6000 Meter hoch gen Himmel ragt, zeigt sich jetzt zum ersten Male unseren trunkenen Blicken, ein trotz der Entfernung von gut 80 Kilometern in der Luftlinie sich vom tiefdunkeln Firmament scharf abhebendes riesiges Eisfeld und darüber hinausragend zwei krystallklare Spitzen.

Selbst unsere Suahelis, die sonst Naturschönheiten gegenüber stumpf sind, brechen bei diesem Anblicke in betäubendes Jubelgeschrei aus; wir Weißen aber stehen in Entzücken versunken, drücken uns stumm die Hände und gar Mancher wischt verstohlen eine Thräne aus dem Auge. Das Land der Verheißung liegt vor uns, schöner, herrlicher, als wir zu träumen gewagt, die Wiege einer beglückenden Zukunft für uns und, wenn unser Hoffen und Wollen nicht eitel ist, noch für die spätesten Geschlechter.

Von da ab war's, als ob unsere Füße und die unserer Tiere Flügel bekommen hätten. Die reine, erquickende Luft dieses schönen Tafellandes, erfrischt durch die vom Kenia kommenden Winde, der angenehme Weg auf weichem kurzem Grase und die vortreffliche leichte Verpflegung ermöglichten uns bisher unerreichte Marschleistungen. Am Abend des 27. überschritten wir die Ostgrenze von Kikuja, wo wir uns reichlich verproviantieren mußten, weil von da ab gänzlich unbewohntes Gebiet begann, durchstreift bloß von wandernden Andorobo. Das Land glich, so weit das Auge reichte, einem Garten, aber der Mensch hatte noch nicht Besitz ergriffen von diesem Paradiese. Den 28. und die größere Hälfte des 29. zogen wir dahin durch blumige Wiesen und malerische Wäldchen, über murmelnde Bäche und ansehnliche Flüsse; aber Giraffen, Elefanten, Nashörner, Büffel, Zebras, Antilopen und Strauße, an den Flußufern Nilpferde und Flamingos waren die einzigen lebenden Wesen, denen wir begegneten. Die meisten dieser

Tiere waren so wenig scheu, daß sie unserem Zuge kaum
auswichen, ja einige übermütige Zebras begleiteten uns
unter Kapriolen und herausforderndem Gewieher eine
Strecke weit. Am Nachmittag des 29. betraten wir den
gewaltigen, in unabsehbarer Linie vor uns sich dehnenden
Hochwald, durch dessen dichtes Unterholz die Axt unserer
Pioniere uns Bahn hauen mußte. Das Terrain, schon seit
zwei Tagen, seitdem wir nämlich den Amboni überschritten
hatten, allmählich ansteigend, wurde jetzt steiler; wir waren
am Fuße der Keniaberge angelangt. Die Waldzone erwies
sich jedoch als ein bloßer Gürtel von verhältnismäßig
geringer Breite, jenseits dessen wir schon am Vormittag des
30. wieder offenes welliges Vorland betraten. Als wir den
Rücken einer der vor uns gelagerten Erhöhungen erreicht
hatten, lag vor uns, fast mit Händen zu greifen, der Kenia in
der ganzen eisigen Pracht seiner Gletscherwelt.

Wir waren am Ziele!

5. Kapitel.

Am Morgen nach unserer Ankunft am Kenia war meine erste Sorge — denn von da ab überging die Leitung der Expedition in meine Hände — das ausführliche, die bisherigen Ereignisse schildernde Tagebuch und einen kurzen Schlußbericht an unsere Freunde in Europa zu expedieren. Ich erklärte in diesem Berichte, daß wir dafür einstehen könnten, bis zur nächsten Ernte, d. i. also nach afrikanischem Kalender bis Ende Oktober dieses Jahres, alles zum Empfange von vielen Tausenden unserer Brüder vorbereitet zu haben; ebenso könnten wir versprechen, von Mombas zum Kenia einen für langsam fahrendes Fuhrwerk vollkommen geeigneten Weg bis längstens Ende September fertig zu stellen und Zugochsen in genügender Zahl herbeizuschaffen. Ich forderte die Gesellschaftsleitung auf, ihrerseits den rechtzeitigen Bau geeigneter und genügender Wagen zu veranlassen und machte mich anheischig, jede beliebige, uns rechtzeitig angekündete Zahl einwandernder Mitglieder, vom 1. Oktober angefangen, gefahrlos und so bequem, als angesichts der gebotenen Transportmittel nur immer möglich, in die neue Heimat zu befördern. Zum Schlusse bat ich um sofortige Nachsendung einiger hundert Zentner verschiedener Waren in Begleitung einer neuen Schar kräftiger junger Mitglieder.

Die zwei Kuriere mit dieser Depesche — die Kuriere hatten nämlich überall zu zweien zu reisen — ritten am 1. Juli vor Morgengrauen ab; pünktlich am 10. Juli war die Depesche in Mombas, am 11. in Zanzibar, am selben Tage noch hatte der Ausschuß meinen ihm von Zanzibar telegraphisch durch unseren Bevollmächtigten weiterbeförderten Bericht in Händen, während er das per Postschiff gehende Tagebuch allerdings erst zwanzig Tage später erhielt; noch am Abend des gleichen Tages war die Rückantwort in Zanzibar und am 22. Juli schon konnte ich dieselbe den gleich mir über dieses erste Lebenszeichen von den fernen Freunden seltsam bewegten Brüdern vorlesen. Sie war sehr kurz: „Dank für hocherfreuliche Nachricht; Mitgliederzahl derzeit 10000 überschritten; Wagen für je 10 Personen und 20 Zentner Last nach Bedarf bestellt; werden von Ende September ab successive in Mombas eintreffen; 260 Reiter mit 300 Tragtieren und 800 Zentner Waren gehen Ende Juli ab. Bitten um möglichst häufige Nachricht." Letzterem Wunsche war inzwischen meinerseits schon entsprochen worden, denn nicht weniger als fünf fernere Depeschen hatte ich zwischen dem 6. und 21. Juli expediert. Was dieselben enthielten, wird sich am besten aus dem weiteren Laufe der Erzählung über unsere Erlebnisse und Arbeiten ergeben. Und zwar sind von da ab zweierlei Vorgänge zu unterscheiden: Kulturarbeiten zur Installierung der neuen Heimat am Kenia, und Vorkehrungen behufs Sicherstellung und Erleichterung des Verkehrs mit der Küste.

Unser Lager hatten wir am Abend des letzten Juni am Ufer eines ansehnlichen Flusses aufgeschlagen, des wasserreichsten, den wir bisher getroffen. Die Breite desselben betrug 30 bis 40 Meter, seine Tiefe schwankte zwischen 1 und 3 Metern. Seine Fluten waren klar und kühl, sein Gefäll jedoch ein auffallend mäßiges. Er durchströmte von Nordwest nach Südost ein muldenartig sanft eingebuchtetes Plateau von nahezu 30 Kilometer Länge, welches sich halbmondförmig an die Vorberge des Kenia schmiegte; dessen größte Breite in der Mitte betrug 14 Kilometer, während es sich am Westende bis auf 1½, am Ostende bis auf 4 Kilometer verengte. Diese etwa 260 Quadratkilometer bedeckende Mulde war durchweg saftiges Grasland, bestanden von zahlreichen kleinen Palmen-, Bananen- und Sykomorenhainen. Begrenzt war dieselbe im Süden von den grasbedeckten Hügeln, die wir überschritten hatten, im Westen von schroffen Felswänden, im Norden teils von dunkeln Waldbergen, teils gleichfalls von kahlen, himmelanstrebenden Felsen, welche die Aussicht nach dem hinter ihnen liegenden Kenia-Massiv benahmen; im Osten zeigte sich zwischen den Hügeln des Südens und den Felsen des Nordrandes eine Lücke, durch welche der Fluß seinen Abzug fand, und zwar, wie von dorther trotz der großen Entfernung herübertönendes Donnern und Brausen anzeigte, in Form eines mächtigen Wasserfalls, der sich als ein solcher von 95 Metern Fallhöhe ergab. Seinen westlichen Eintritt in das Plateau fand dieser Fluß, der sich späterhin als der Oberlauf des an der Wituküste in den indischen Ozean mündenden Dana erwies, durch ein enges Felsenthor, durch welches wir vorerst nicht weiter vorzudringen vermochten. Vom Norden her, den Abhängen der Keniavorberge entlang, eilten dem Dana vier größere und zahlreiche kleinere Bäche zu, die während ihres Laufes über die Felsenschroffen eine Menge mehr oder minder malerischer Kaskaden bildeten. Die Seehöhe dieses, einem großen Tierparke gleichenden Plateaus war, an seinem tiefsten Punkte, dem Spiegel des Flusses gemessen, 1740 Meter.

Noch während wir uns mit der näheren Untersuchung dieser Hochebene beschäftigten, sandte ich mehrere Expeditionen aus mit der Aufgabe, möglichst tief in das Keniagebirge einzudringen, um von beherrschenden Höhen aus genauen Einblick in die Gestaltung und Beschaffenheit des vor uns liegenden Gebietes zu erlangen. Denn so ausnehmend uns allen auch die Landschaft gefiel, in deren Mitte wir lagerten, so wollte ich mich doch nicht entschließen, den Grundstein zu unserer ersten Ansiedelung zu legen, bevor ich zum mindesten oberflächlichen Überblick über das Gesamtgebiet des Kenia gewonnen hätte. Die Auskünfte, die uns diesbezüglich Sakemba erteilen konnte, erwiesen sich als dürftig und ungenügend. Wir waren daher sehr erfreut, als sich acht Eingeborene, die wir als Andorobo erkannten, vor unserem Lager zeigten. Sie hatten in der vorigen Nacht unsere Lagerfeuer bemerkt und wollten nun sehen, wer wir seien. Sakemba, die ihnen entgegenging, machte sie rasch zutraulich und nun hatten wir ortskundige Führer, wie wir sie nur wünschen konnten. Was wir zunächst von ihnen verlangten, war ihnen mit Hilfe Sakembas bald begreiflich gemacht, acht verschiedene Expeditionen unter Führung je eines Andorobo zogen aus und kehrten — die erste schon am Abend des nächsten Tages, die letzte erst nach Verlauf von sieben Tagen, mit ziemlich erschöpfenden Berichten zurück.

Dem Gipfel des Kenia war keine auch nur nahe gekommen. Dagegen hatten sie von verschiedenen leichter zugänglichen Punkten des Hauptstockes, zum Teil aus Höhen von nahezu 5000 Metern, großartige Rundsichten erlangt. Danach war die offenste, für Viehzucht und Ackerbau günstigste Seite des Kenia gerade diejenige, von welcher wir uns genaht hatten. Auch im Osten und Norden dehnte sich anscheinend sehr fruchtbares Vorland, doch war dasselbe im Osten recht monoton, ohne jene nicht bloß malerische, sondern auch mannigfache praktische Vorteile bietende Abwechselung von offenem Land und Wald, Hügel und Ebene, die wir im Süden getroffen; das Land im Norden hinwieder schien zu feucht; im Westen dehnten sich endlose, nur von wenig offenem Land unterbrochene Wälder. All das konnte späterhin ohne Zweifel in üppiges Kulturland umgewandelt werden; vorläufig aber war selbstverständlich bereits kulturfähiger Boden vorzuziehen. Das Innere der Gebirgswelt vor uns erfüllten hohe Waldberge und Felsen, durchkreuzt von zahllosen Thälern und Schluchten. Diese Vorberge treten von allen Seiten nahe an das schroff emporsteigende Hauptmassiv des Kenia heran; nur im Südwesten, etwa fünf Kilometer entfernt vom Westende unseres Plateaus, treten die Vorberge zurück, den Raum freilassend für eine ausgedehnte offene Thalmulde, in deren Mitte auch ein See sich befindet, dessen Abfluß der Dana ist. Den Flächeninhalt dieses Thales schätzten unsere Kundschafter auf ungefähr 150 Quadratkilometer und alle stimmten darin überein, daß es sehr fruchtbar und seiner Lage nach ein wahres Wunder an Schönheit wäre. Zugänglich aber sei dieses Thal am besten durch die Schlucht, aus welcher der Dana hervorbreche, nur müsse dieselbe, so lange geeignete Wasserfahrzeuge fehlen, nicht unmittelbar von unserem Plateau aus, sondern auf dem Umwege über ein südlich einmündendes kleines Seitenthal betreten werden.

Diese Nachricht empfing ich am 3. Juli. Am nächsten Tage schon war ich, ohne die Rückkehr zweier noch fehlender Expeditionen abzuwarten, unterwegs nach diesem vielgepriesenen Seethale. Der bezeichnete und in der That sehr praktikabel sich erweisende Weg führte von unserem Lagerplatze zunächst an das Westende des Plateaus, dann südlich ausbiegend und einen kleinen felsigen Waldberg umgehend, zu einem nach Nordosten ziehenden engen Thale, welches seinerseits in die vom Dana durchflossene Schlucht mündete, die jedoch hier weder so eng, noch so ungangbar war, wie beim Austritte in die Hochebene. Diese Schlucht aufwärts verfolgend, standen wir nach einer Stunde plötzlich inmitten des gesuchten Thales.

Der Anblick, der sich uns hier bot, war geradezu unbeschreiblich. Man denke sich ein 18 Kilometer langes, an seiner breitesten Stelle 12 Kilometer messendes, mit beinahe geometrischer Regelmäßigkeit aufgebautes Amphitheater, dessen Halbkreis durch einen Kranz sanft aufsteigender, 100 bis 150 Meter hoher Waldhügel, dessen Grundlinie dagegen durch die jäh und schroff sich emportürmenden Felswände des Kenia gebildet wird, von deren Höhe, die Wolken überragend, die schneeigen Firnen herniederleuchten. Den Boden dieses majestätischen Amphitheaters deckt auf der einen, dem Kenia zugewandten Seite, ein tiefblauer, klarer See, zur anderen ein blumiges Park- und Wiesenland. Das Publikum, welches diese Arena füllt, sind zahllose Elefanten, Giraffen, Zebras, Antilopen; und das Stück, welches in demselben zur Aufführung gelangt, betitelt sich: Die Kaskaden des Keniagletschers. Hoch oben, in unerreichbarer Höhe, entspringen unter dem Kuß der glühenden Sonne zahllose Wasseradern den bläulich und grünlich strahlenden Eisklüften; schäumend und funkelnd, bald zerstäubt in alle Farben des Regenbogens, bald vereint in weißlichem Glaste, eilen sie hernieder, stets kräftiger anwachsend, stets unbändiger tobend, bis endlich der gesamte Schwall sich vereinigt zu *einem* mächtigen Flusse, der nun mit donnerndem Tosen, das bei günstiger Windrichtung selbst da unten, in einer Entfernung von gut 10 Kilometern, deutlich zu hören ist, seiner Gletscherheimat enteilt und den Felsschroffen zustürmt; dort angelangt aber stürzt die ganze kolossale Wassermasse, dieselbe, die wenige Kilometer weiter den Dana bildet, 500 Meter tief jäh herab, in Atome zerstäubend, zu einer Regenbogenwolke umgestaltet. Der Fluß ist urplötzlich in den Lüften verschwunden, vergebens sucht dein Auge die Fortsetzung seines Laufes auf den schwarz gleißenden Klippen; erst 500 Meter weiter unten sammeln sich die fallenden Nebelmassen wieder zu fließendem Wasser, um von da ab in kleineren Absätzen dumpf brausend und grollend dem See auf gewundenen Umwegen zuzueilen.

In sprachloses Entzücken versunken standen wir lange vor diesem Naturwunder sonder gleichen, dessen unsägliche Majestät und Schönheit Worte nicht schildern können. Gierig sog das Auge die Flut von Licht und Farbenglanz, gierig das Ohr den aus märchenhafter Höhe herabklingenden Ton der Wässer, gierig die Brust das duftgeschwängerte Labsal ein, welches als Atmosphäre dieses Zauberthal durchfächelt. Zuerst fand das Weib in unserer Mitte, Ellen Fox, wieder Worte. Einer verzückten Seherin gleich hatte sie lange dem Spiel der Wässer zugeschaut; da rief sie plötzlich, als ein stärkerer Windhauch den Nebelschleier des Wasserfalles, der soeben noch einen schillernden, schwertähnlich geschwungenen Streifen gebildet hatte, vollends verwehte: „Seht hin, das Flammenschwert des Erzengels, welches den Eingang zum Paradiese bewacht hat, ist bei unserem Erscheinen zerstäubt; „Eden" laßt uns diesen Ort nennen!"

Daß dieses Thal — der Name Eden wurde für dasselbe einhellig acceptiert — unser zukünftiger Wohnort sein müsse, stand bei uns allen sofort fest. Eine nähere Untersuchung desselben ergab, daß dessen Gesamtfläche 160 Quadratkilometer betrug. Davon entfallen auf den, in Form einer langgestreckten Ellipse unter dem Keniaabhange sich ausdehnenden See 35, auf den die Höhen umsäumenden Wald 40 Kilometer; 95 Kilometer sind offenes Parkland, welches den See bis auf einige Stellen, wo die Keniafelsen unmittelbar in ihn abfallen, rings umgiebt, im Nordosten, dem Kenia zu, in schmalen Streifen, auf den anderen drei Seiten in einer Breite von 1 bis 7 Kilometern. Der den Abfluß des Keniagletschers bildende Dana mündet am Nordwestende des Sees in diesen und verläßt ihn am Südostende. Seine Wasser, schon vor ihrem Eintritt in den See nicht so kalt, als man nach ihrem Ursprunge unmittelbar aus dem Gletscher da oben vermuten sollte, erwärmen sich hier mit merkwürdiger Raschheit; die Temperatur des Sees erreicht an heißen Tagen bis zu 24 Grad Celsius. Außer dem Dana münden in den Edensee noch mehrere Quellen, die teils den Keniaklippen, teils den Abhängen der seitlich und gegenüber gelagerten Berge entspringen. Wir zählten deren nicht weniger als elf, darunter eine heiße, deren Temperatur 52 Grad Celsius betrug.

Daß wir in den vier Tagen bis zur Entdeckung von

Edenthal nicht müßig gewesen, versteht sich von selbst. Zunächst hatten sich schon am 1. Juli, wenige Stunden nach den mit den ersten Depeschen entsandten Kurieren, die zur Herstellung geregelter Verbindung mit Mombas bestimmten Expeditionen auf den Weg gemacht. Es waren deren zwei; die eine unter Leitung Demestres' und dreier anderer Ingenieure, sollte die Straße bauen, die andere unter Leitung Johnstons, das erforderliche Zugvieh — dessen Menge einstweilen auf 5000 Stück Ochsen präliminiert war — auftreiben und die Verproviantierung längs der ganzen Wegstrecke sicherstellen. Ersterer wurden 20 unserer Mitglieder und 200 unserer Suahelileute nebst einem Train von 50 Tragtieren mitgegeben; Johnston bekam bloß 10 der Unseren, 20 Tragtiere und 10 Schäferhunde mit. Wie diese Expeditionen ihre Aufgabe lösten, davon später.

Bei mir am Kenia blieben, da ich bis nun insgesamt 53 der Unseren, 200 Suahelis und 131 Reit- und Tragtiere entsendet hatte, von letzteren überdies auf dem Marsche 9 zugrunde gegangen waren, 149 Weiße, 80 Suahelis und 475 Tiere — die Hunde und Elefanten ungerechnet. Außerdem waren uns aber einige hundert Wakikuja gefolgt, die sich bereitwilligst zu beliebigen Dienstleistungen erboten. Von diesen behielt ich 150 der anstelligsten zurück, die anderen sandte ich — begleitet von fünf der Unserigen — noch am 1. Juli in ihre Heimat, mit dem Auftrage, 300 kräftige Zugochsen, 150 Kühe, 400 Schlachtochsen und einige tausend Zentner verschiedener Sämereien und Nahrungsmittel einzukaufen und successive an den Kenia zu befördern. Nachdem ich dies erledigt, verteilte und übergab ich die mannigfaltigen Arbeiten, die uns nun zunächst zu beschäftigen hatten, sachverständigen Händen. Einer unserer Techniker erhielt die Feldschmiede und Schlosserei, ein anderer die Sägemühle zugewiesen — dazu selbstverständlich die entsprechenden Arbeitskräfte; zum Holzfällen war eine besondere Sektion bestimmt, eine andere sollte die landwirtschaftlichen Geräte in Stand setzen und ergänzen. Einer der am Kenia zurückgebliebenen Ingenieure hatte mit 100 Schwarzen die Herstellung geeigneter Kommunikationen in dem zu besiedelnden Gebiete, insbesondere den Bau von Brücken über den Dana zu bewerkstelligen.

Am 5. Juli fand die Übersiedelung in das Edenthal statt. Das Terrain wurde genau vermessen und zuvörderst rings um den See die zukünftige Stadt abgesteckt, mit ihren Straßen und Plätzen, öffentlichen Gebäuden und Belustigungsorten. Dieser — zunächst allerdings bloß in unserem Geiste existierenden Stadt — reservierten wir vorerst einen Raum für 25000 Familienhäuser, deren jedem auch ein ansehnliches Gärtchen zugedacht war, was insgesamt 35 Quadratkilometer beanspruchte. Außerhalb dieses Bauareals — das späterhin nach Bedarf beliebig ausgedehnt werden mochte — wurden 1000 Hektaren als vorläufiger Ackergrund ausgesucht; sie erhielten ein Netz kleiner Bewässerungskanäle und sollten so bald als möglich eingefriedigt werden, zum Schutze gegen die Invasion des zahllos umherschwärmenden Wildes, wie nicht minder unserer Haustiere, die bei Nacht in einem starken Pferch untergebracht, bei Tag dagegen, sofern man ihrer nicht bedurfte, unter der Hut einiger Suaheli und der Hunde im Freien weideten.

Inzwischen hatte die Sägemühle, die wir nicht mit nach Eden genommen, sondern am Danaplateau belassen und dort unter Benutzung der Wasserkraft eines der vom Gebirge herniederrauschenden Bäche hart am Flusse errichtet hatten, ihre Arbeit begonnen. Die ersten Bretter und Pfosten, welche sie lieferte, wurden zur Erbauung zweier größerer Flachboote benutzt, auf denen dann sofort der Transport des gewonnenen Bauholzes den Fluß aufwärts nach dem Edensee begann. Wenige Wochen später erhoben sich an dessen Ufern vierzig geräumige Holzbaracken, in welche nun wir Weiße aus den bisher bewohnten engen Lagerzelten übersiedelten; die Neger zogen es vor, in den Grashütten zu bleiben, die sie sich unter dem Schutze eines Wäldchens errichtet. Gleichzeitig bekam das Vieh seinen Pferch, der hoch und stark genug war, um jeder vierfüßigen Invasion unübersteigliche Schranken zu ziehen. Dieser Pferch bot Raum für ungefähr zweitausend Tiere und war überdies mit einem gedeckten Raume versehen, der bei Regenwetter Schutz gewährte.

Schon am 9. Juli hatten unsere Schmiede, Wagner und Zimmerleute zehn von den mitgebrachten Pflugscharen zu Pflügen ergänzt; gleichzeitig war aus Kikuja der erste Viehtransport — 120 Ochsen und 50 Kühe samt 200 Schafen und zahllosem Geflügel eingetroffen. Sofort wurden unter Anleitung unserer Ackerbauer Pflügeversuche gemacht. Die Kikujaochsen sträubten sich zwar ein wenig gegen das Joch und auch das Gehen in der Ackerfurche leuchtete ihnen anfangs nicht ein; binnen drei Tagen aber hatten wir sie doch so weit, daß sich mit ihnen, zu achten vor den Pflug gespannt, leidlich ackern ließ. Dieser Kraftaufwand war notwendig, da der schwarze, fette Boden, gebunden überdies durch die üppige Grasnarbe, sich außerordentlich schwer aufbrechen ließ. Jedes Ochsenpaar mußte zwar anfangs seinen eigenen Treiber haben und die Ackerfurchen liefen trotzdem nicht so schnurgerade, wie von civilisierten Ochsen gefordert wird; aber umgebrochen wurde der Boden doch und binnen verhältnismäßig kurzer Zeit hatten die Tiere weg, worauf es bei ihrer Arbeit ankam und leisteten dieselbe von da ab zur vollsten Zufriedenheit. Am 15. Juli kamen mit Hilfe inzwischen neu angelangter Ochsen fünfzehn fernere Pflüge in Verwendung, ebensoviel am 20. Mit diesen vierzig Pflügen waren bis zu Ende des Monats 300 Hektaren gepflügt, die sodann geeggt und gewalzt, soweit der Vorrat reichte mit unseren mitgebrachten Sämereien — hauptsächlich Weizen und Gerste, zu reichlich drei Vierteilen dagegen mit afrikanischem Weizen und

Mtamakorn bestellt, und schließlich wieder eingewalzt wurden. In der zweiten Augusthälfte war diese Arbeit gethan, kurze Zeit darauf das ganze Ackerareal eingehegt, und wir konnten getrost der nun beginnenden kleinen Regenzeit entgegensehen.

Inzwischen war auch ein — vorläufig bloß 10 Hektare umfassender — Garten angelegt worden, etwas entfernter vom Weichbilde der zukünftigen Stadt als das Ackerland, denn während letzteres bei dem zu gewärtigenden Wachstume der Stadt leicht weiter hinaus verlegt werden konnte, mußte für den Garten ein möglichst dauernder Standort gesucht werden, also ein solcher, der außerhalb des Weges der zukünftigen städtischen Entwickelung lag. Da wir nicht weniger als achtzehn geschickte Gärtner besaßen und diesen Suaheli und Wakikuja als Gehilfen nach Bedarf an die Hand gegeben wurden, so gelang es, binnen wenigen Monaten die ganzen 10 Hektaren mit den erlesensten Obst- und Beerenarten, Gemüsen, Blumen, kurzum mit Nutz- und Zierpflanzen aller Art zu besetzen, die wir teils aus der alten Heimat herübergebracht, teils unterwegs vorgefunden und mitgenommen, teils am Kenia und in dessen Umgebung angetroffen hatten. Auch der Garten wurde mit einem Netze kleiner Bewässerungskanäle versehen und durch einen starken hohen Zaun gegen unliebsame Besuche gesichert.

Die Bestellung der Felder, Gartenbau und Jagd hatten nicht alle uns zur Verfügung stehenden Kräfte absorbiert. Es waren gleichzeitig mehrere praktikable Fahrwege rings um den Edensee, längs des Flusses bis zum Ostende des Plateaus und von diesem Hauptstrange aus abzweigend nach mehreren anderen Richtungen unseres Gebietes hergestellt worden. Man darf sich darunter keine Kunststraßen vorstellen, es waren eben Feldwege, die jedoch die Beförderung ganz ansehnlicher Lasten ohne sonderliche Kraftverschwendung ermöglichten. Der Dana wurde an drei Stellen für Fuhrwerk und an zwei anderen für Fußgänger überbrückt; sonst waren nur an zwei kurzen Strecken Kunstbauten erforderlich gewesen: am Ende der Schlucht, die den Dana aus Edenthal nach dem großen Plateau führt, und an einer der in den See abfallenden Keniaklippen. An diesen beiden Orten mußten mehrere Kubikmeter Felsen weggesprengt werden, damit am Ufer Raum für einen Weg geschaffen werde.

Da inzwischen auch Wagnerei und Feldschmiede nicht stille gestanden hatten, so waren gleichzeitig mit den Wegen auch mehrere tüchtige Wagen und Karren fertig geworden, die alsbald nützliche Verwendung fanden.

Größere Arbeit beanspruchte die Herstellung der Mahlmühle. Dieselbe wurde mit zehn kompleten Mahlgängen am Oberlaufe des Dana, einen Kilometer vor dessen Einfluß in den Edensee, errichtet. Diese Stelle wurde aus dem Grunde gewählt, weil dicht oberhalb derselben eine große Stromschnelle ist, von da ab jedoch der Dana jenes ruhige, geringe Gefälle hat, das erst am großen Wasserfall, am Ostende des Plateaus, unterbrochen ist. Wir hatten also durch das ganze vorläufig okkupierte Gebiet hindurch eine vortreffliche Wasserstraße zur Mühle und konnten für dieselbe trotzdem den raschen Lauf des oberen Dana ausnützen. Die komplicierteren, feineren Bestandteile dieser Mühle hatten wir aus Europa mitgebracht; die Räder, Wellen und die zehn Mühlsteine dagegen erzeugten wir uns selber. Auch diese Mühle war — vorläufig zwar nur aus Holz und Fachwerk erbaut — Ende September fertig, allerdings schon mit Hilfe jenes Nachschubs der Unseren, der während der ersten Hälfte des gleichen Monats in zwei Kolonnen zu uns gestoßen war.

Ich habe bereits erzählt, daß ich sofort nach unserem Eintreffen am Kenia neue Vorräte und eine Schar neuer Pioniere vom Ausschusse verlangt und daß dieser den mit Ende des Monats Juli erfolgenden Abgang einer Expedition von 260 Reitern und 800 Zentner Waren auf 300 Tieren angezeigt hatte. Diese Expedition traf am 16. August in Mombas ein; hier teilte sie sich in zwei Gruppen; die eine, die besten, unternehmungslustigsten 145 Reiter enthaltend, machte sich schon am 18. August mit bloß 50 sehr leicht bepackten Handpferden — die 300 Tragtiere waren, nebenbei bemerkt, sämtlich Pferde — auf den Weg, ohne, von einem Dolmetscher abgesehen, auch nur einen einzigen Eingeborenen mitzunehmen; sie verließ sich beinahe gänzlich auf die Aushülfe von seiten unserer unterwegs beschäftigten Wegbauer und der uns freundlich gesinnten Bevölkerung, nicht zum mindesten aber auf ihren Entschluß, alle etwa zu gewärtigenden Entbehrungen und Strapazen ohne Murren zu ertragen. Ein Gewaltritt von zwanzig Tagen mit bloß eintägiger Unterbrechung in Taweta brachte diese Wackeren am 9. September in unsere Mitte. Fünf Pferde waren den Anstrengungen erlegen, sieben andere mußten unterwegs marod zurückgelassen werden; sie selber aber trafen sämtlich bis auf einen, der bei einem Sturze das Bein gebrochen und unter guter Pflege in Miveruni geblieben war, zwar etwas erschöpft, im übrigen aber in bester Verfassung ein und beteiligten sich schon zwei Tage später rüstig an unseren Arbeiten. Die 115 anderen folgten mit 250 Lastpferden, zu denen sie 100 Suaheli-Treiber aufgenommen hatten, erst zehn Tage später. Die größere Hälfte der mitgenommenen Waren hatten sie unterwegs an Johnston abgegeben, auf den sie in Useri gestoßen waren und der darauf schon sehnsüchtig gewartet hatte. Die an den Kenia gebrachten neuen Vorräte — in allem etwas über 300 Zentner — enthielten auch mancherlei Werkzeuge und Maschinen; diese und mehr noch der ansehnliche Kräftezuwachs beflügelten unsere Kulturarbeiten in nicht geringem Maße.

Die Mahlmühle wurde — wie schon erzählt — noch Ende September fertig. Sie fand sofort vollauf Beschäftigung. Zwar unsere eigene Ernte war noch nicht eingebracht; aber von den Wakikuja hatten wir inzwischen allmählich 10000 Zentner verschiedener Getreidearten gekauft und in Speichern am Seeufer eingelagert, zu denen die Sägemühle reichlich Baumaterial geliefert hatte. Bis Ende Oktober waren diese 10000 Zentner zu Mehl vermahlen; selbst wenn wir eine Mißernte hatten, brauchten die ersten paar Tausend fernerer Ankömmlinge nicht Hunger zu leiden.

Wir hatten aber keine Fehlernte, vielmehr brachte uns, wenige Wochen nach Beginn der mit dem Oktober anhebenden heißen Jahreszeit, der üppige, durch unser Bewässerungsnetz mit reichlicher Feuchtigkeit regelmäßig versehene Boden einen Segen, der aller europäischen Vorstellungen spottet. Hundertzwanzigfache Frucht gab im Durchschnitt jedes gesäete Korn; wir ernteten von unseren 300 Hektaren 42000 Zentner verschiedener Getreidearten, denn nicht in einzelnen mageren Ähren, sondern in dichten, mächtigen Ährenbüscheln endete jeglicher Halm, der europäische Weizen und unsere Gerste nicht minder als die afrikanischen Sorten. Bei Bergung dieses Segens kam uns besonders zu statten, daß schon gegen Ende August auch eine Maschinenschlosserei einige hundert Meter oberhalb der Mahlmühle eingerichtet worden war, die alsbald unter Benutzung von Wasserkraft zu arbeiten begann und teils aus mitgebrachten Bestandteilen, hauptsächlich aber aus selbsterzeugten Materialien einige Erntemaschinen und zwei mit Pferdegöpel zu treibende Dreschmaschinen geliefert hatte.

Zu solcher Leistung aber war diese Werkstätte befähigt, weil unsere Geologen neben anderen wertvollen mineralischen Schätzen auch Eisen und Kohle auf unserem Gebiete entdeckt hatten. Die Kohle lag in einem der Keniavorberge auf dem Danaplateau, drei Kilometer vom Flusse; das Eisen in einem der Vorberge, die der Dana in seinem Oberlauf durchschneidet, zwei Kilometer oberhalb des Edenthals. Die Kohle war mittelguter Anthracit, das Eisenerz vortrefflicher, 40prozentiger Manganeisenstein. Es wurde in der Nähe des Eisenfundortes sofort ein Schmelz- und Raffinierofen und ein Hammerwerk errichtet, provisorisch und primitiv, aber doch genügend, um ganz brauchbares Guß- und Schmiedeeisen zu liefern, das uns in unseren Ausführungen sofort unabhängig machte von den aus Europa mitgebrachten Vorräten. Nun erst besaßen wir eine, wenn auch kleine, so doch auf eigenen Füßen stehende Maschinenindustrie, und diese setzte uns in den Stand, die unverhofft reiche Ernte binnen wenigen Wochen einzuheimsen und zu verarbeiten.

Ein fernerer Gebrauch, den wir sofort von unserer gesteigerten Leistungsfähigkeit machten, war die Errichtung zweier neuer Sägemühlen und einer Bierbrauerei. Die Sägemühlen brauchten wir, um für die stetig anschwellende Menge der angekündigten Ankömmlinge bequeme Unterkunft zu schaffen, die Brauerei sollte dazu dienen, sie durch einen Willkommentrunk des von den meisten sicherlich schwer entbehrten heimischen Getränks zu überraschen. Sowie die Gerste geschnitten und gedroschen war, ging's ans Malzen; den Hopfen hatten unsere Gärtner an den Hängen der Kenia-Vorberge in sehr annehmbarer Güte gezogen, und bald füllten zahlreiche Fässer des edlen Getränkes einen unter Benutzung natürlicher Höhlungen angelegten kühlen Felsenkeller.

Als der Oktober seinem Ende entgegenging, durften wir mit Beruhigung und Genugthuung auf unsere viermonatliche Thätigkeit im Keniagebiete zurückblicken. Sechshundert nette Blockhäuser für ebensoviel Familien harrten ihrer Bewohner; 50000 Zentner Getreide und Mehl, reiche Vorräte an Schlacht- und Zugvieh, Baumaterialien und Werkzeuge zur Unterbringung und Ausrüstung vieler Tausende waren aufgespeichert. Der Garten hatte sich nicht minder schön entwickelt und seine köstlichen Gaben waren teilweise schon zum Genusse bereit. Zwar hier genügte unsere eigene Produktion vorläufig noch nicht zur Deckung des voraussichtlichen Bedarfes; aber dem ließ sich, wie bisher, durch den sich stets lebhafter gestaltenden Tauschverkehr mit den Wakikuja abhelfen. Diesen hatten wir regelmäßig einmal in der Woche einen Markt in

Edenthal veranstaltet, welchen sie jedesmal zu vielen Hunderten beschickten, ihre Waren auf Ochsenkarren mit sich führend, deren Gebrauch wir ihnen beigebracht und durch Herstellung des inzwischen durch unsere Ingenieure vollendeten, ihr Land durchziehenden Weges auch praktisch ermöglicht hatten. Seitdem wir unsere Eisenhütten besaßen, suchten die Wakikuja bei uns vornehmlich Eisen, entweder roh oder in Form von allerlei Werkzeugen. Dafür brachten sie uns anfangs Vieh und Vegetabilien, dann, als wir deren vorläufig nicht mehr bedurften, hauptsächlich Elfenbein, von welchem wir, teils durch diesen Handel, teils durch die Andorobo, teils durch das Ergebnis unserer eigenen Jagden successive schon 140000 Kilogramm aufgespeichert hatten. Denn Elfenbein ist hier wohlfeil wie Brombeeren; für unser Schmiedeeisen geben uns die Wakikuja und Andorobo mit Vergnügen das doppelte Gewicht jenes im Abendlande so geschätzten Materials, und jedes eiserne Werkzeug, es sei nun Hammer, Nagel oder Messer, wird mit dem zehn- bis zwanzigfachen Elfenbeingewichte aufgewogen. Der ganze Kostenbetrag unserer Expedition war also schon nahezu in Elfenbein bezahlt; das Vieh und die Vorräte, die Werkzeuge und Maschinen — vom Lande gar nicht zu reden — gingen gratis drein.

6. Kapitel.

Während wir am Kenia solcherart damit beschäftigt waren, den aus der alten Welt erwarteten Brüdern das neue Heim behaglich einzurichten, arbeiteten unsere Genossen unter Demestres und Johnstons Führung nicht minder erfolgreich an den ihnen zugeteilten Aufgaben.

Die Herstellung der Wege innerhalb des eigentlichen Keniagebietes ging Demestre nichts an; sein Geschäft begann erst am Saume der die Keniaregion umgürtenden großen Wälder. Von hier bis zur Grenze zwischen Kikuja und Massailand bei Ngongo übergab er die Ausführung des Werkes dem Ingenieur Frank, einem Amerikaner; die zweite Sektion von Ngongo bis Masimani im Massailande, mittwegs zwischen Ngongo und Taweta, erhielt der Ingenieur Möllendorf, ein Deutscher, die dritte Sektion, Masimani-Taweta, Lermanoff, wie sein Name verrät, ein Russe; die letzte und schwierigste Sektion, Taweta-Mombas zwei der bösesten Einöden enthaltend, behielt sich Demestre selber vor. Jeder der vier Sektionen waren 5 Weiße zugeteilt; seine 200 Suahelis, verstärkt durch die doppelte Zahl auf dem Marsche durch ihr Land angeworbener Wakikuja, wies Demestre den beiden ersten Sektionen zu, und zwar der ersten in Kikujaland 50 Suaheli und 300 Wakikuja, der zweiten in Massai-Land 150 Suaheli und 100 Wakikuja. Die dritte Sektion wurde von Taweta aus organisiert; dahin ritt Lermanoff mit einem Begleiter unter Benützung unserer Kurieretappen vom Kenia binnen 6 Tagen, engagierte in Taweta, wo sich stets Suahelikarawanen finden, 100 Suahelileute, in Useri und Dschagga 250 der dortigen Eingeborenen und begann, nachdem inzwischen auch seine anderen vier Begleiter eingetroffen waren und auch die ihm wie jeder Sektion, zugeteilten Packpferde mitgebracht hatten, schon am 15. Juli von Taweta und Useri zugleich die Arbeiten. Demestre dagegen ritt, gleichfalls unter Benutzung der Kurieretappen, in einer nur von Nachtruhen unterbrochenen Tour zuerst nach Teita, warb dort 400 Wateita an, die er unter Leitung eines seiner Begleiter sofort die Strecke Teita-Taweta in Angriff nehmen ließ, eilte dann weiter nach Mombas und brachte es zuwege, schon am 20. Juli mit 500 Küstenleuten auf der schwierigsten Strecke, Mombas-Teita, die Arbeiten zu beginnen.

Diese Arbeiten waren überall dreifacher Art. Zunächst mußten an den wasserarmen Stellen, deren es auf den unteren Sektionen mehrere gab, insbesondere aber in den Wüsten von Duruma, Teita und Ngiri, Brunnen, und wo sich kein Grundwasser fand, Cisternen gegraben werden, ergiebig genug, um nicht nur die Arbeiter während der Bauzeit, sondern späterhin Menschen und Vieh der durchziehenden Karawanen ausreichend mit Wasser zu versorgen. Da es im äquatorialen Afrika zu allen Jahreszeiten heftige Regengüsse giebt, die in den sogenannten trockenen Zeiten eben nur um vieles seltener sind, als in der sogenannten Regenzeit, so war nicht zu besorgen, daß große Cisternen, denen das Regenwasser aus genügend weitem Umkreise zufloß, selbst in den heißen Monaten erschöpft werden könnten; nur mußten diese Cisternen sowohl gegen den unmittelbaren Sonnenbrand als auch gegen Schmutz geschützt werden. Ersteres geschah durch Eindeckung und Überdachung, letzteres durch Einfriedigung der Cisternen sowie dadurch, daß das Regenwasser, bevor es in die Gruben gelangen konnte, durch eine mehrere Meter mächtige Sand- und Schotterschicht hindurchgeleitet wurde. Die natürlichen, jedoch in Zeiten anhaltender Dürre austrocknenden Wasserlöcher, die sich in allen Einöden vorfanden, zeigten die Stellen an, wo diese Cisternen am praktischesten anzulegen seien, denn es waren das selbstverständlich die tiefsten Punkte, nach denen zu das Regenwasser seinen natürlichen Abfluß nahm. Die bedeutendsten dieser Wasserlöcher brauchten blos entsprechend vertieft, gegen Verdunstung des ihnen zuströmenden Wassers geschützt und mit den oben erwähnten natürlichen Filtern umgeben zu werden, und die Cisternen waren fertig. Von diesen wurden in den verschiedenen Sektionen 25 gegraben, mit einer Tiefe von 8 bis 15 und mit einem Durchmesser von 2 bis 8 Metern. Gewöhnliche Brunnen mit Grundwasser wurden 39 hergestellt. An jedem dieser künstlichen Wasserbehälter ward zur Überwachung gegen Verunreinigung ein Wächter angesiedelt.

In zweiter Reihe kamen die eigentlichen Wegbauten. Im allgemeinen wurde dabei die schon beim Zuge von Mombas aufwärts hergestellte Straße benutzt, bloß von Hindernissen etwas sorgfältiger befreit und wo sie durch den Busch gehauen werden mußte, um mehr als das Doppelte erweitert. An einzelnen Stellen jedoch, insbesondere wo steilere Höhen zu überschreiten waren, mußte eine neue, minder jäh ansteigende Trace gesucht werden. Daß auch einige Brücken zu bauen waren, bedarf wohl keiner Erwähnung.

Der dritte Teil der Arbeit bestand in der Herstellung von primitiven Unterkunftshäusern für Menschen und Vieh an geeigneten Orten. Speise- und Schlafräume für einige Hundert Menschen, Pferche für zahlreiche Rinder und Magazine für Lebensmittel wurden in Abständen von 12 bis 20 Kilometern, im ganzen 65 an der Zahl errichtet.

Alle diese Arbeiten waren auf der Strecke Mombas-Teita Ende September, auf allen anderen Sektionen 14 Tage später vollendet. Die aufgenommenen Arbeiter wurden jedoch nicht entlassen, da ein Teil derselben zur Überwachung und Instandhaltung des Weges und der Baulichkeiten, ein anderer Teil dagegen zu Zwecken des Transportdienstes auf der neugeschaffenen Strecke Verwendung fand. Der

Kostenaufwand für das wahrlich nicht kleine Werk betrug 14500 Pfd. Sterling, zur Hälfte in Löhnen, zur Hälfte in Subsistenzmitteln für die Arbeiter; zu bezahlendes Baumaterial gab es nicht.

In der gleichen Zeit vollbrachte Johnston den Einkauf des zum Transporte erforderlichen Zugviehes und die Organisation des Verpflegwesens der Karawane. Seine Massai-Freunde verschafften ihm binnen wenigen Wochen die ursprünglich bestellten 5000 Rinder, aus denen schließlich, da die Zahl der zu transportierenden Mitglieder sich in jeder neuen, vom Ausschusse der freien Gesellschaft anlangenden Depesche größer und größer angegeben fand, nicht weniger als 9000 wurden. Ein Rind stellte sich auf durchschnittlich etwas über 8 Schill. (Mark), wobei jedoch reichlich die Hälfte auf die Nebenspesen entfiel; der nackte Einkaufspreis betrug im Durchschnitt nicht einmal ganze 4 Schilling per Stück.

Den Transportdienst organisierte Johnston in der Weise, daß von Mombas täglich 25 Wagen abgehen und unterwegs auf jeder der 65 Stationen frische Zugochsen finden sollten. In Edenthal angelangt, hatten dann die Wagen wieder umzukehren, um von den Ochsengespannen Etappe um Etappe zurückbefördert zu werden. Im Sinne dieser ebenso einfachen als praktischen Anordnung durchliefen also alle Wagen einen ununterbrochenen Kreislauf von Mombas nach dem Kenia und von dort wieder nach Mombas, während die Zugochsen in gleichen Abteilungen immer bloß zwischen je zwei benachbarten Stationen hin und her wanderten. Es konnten solcher Art täglich 250 Personen befördert werden, und um die sämtlichen, vom Ausschusse signalisierten 20000 Mitglieder aufzunehmen, waren 80 Tage erforderlich, es sei denn, daß ein Teil derselben den Weg zu Pferde zurücklegte.

Die in England, Amerika und Deutschland konstruierten Wagen trafen rechtzeitig in Mombas ein. Sie waren in jeder

Beziehung Musterbilder sinnreicher Konstruktion, solid und im Verhältnis zu ihrer Größe doch leicht gebaut, eine Menge von Bequemlichkeiten bietend und doch einfach. 10 Personen fanden in jedem derselben bei Tag gute Sitzplätze, bei Nacht ein erträgliches Lager. Eine höchst einfache Vorrichtung ermöglichte eine derartige Veränderung in der Anordnung der Sitze, daß *unter* denselben für 6, *auf* denselben für 4 andere Personen genügender Raum zum Liegen gewonnen wurde. Solide Federn milderten die Stöße des Gefährtes, ein bewegliches Lederdach bot im Bedarfsfalle Deckung gegen Regen wie Sonnenbrand, und die — des Nachts zur Lagerstätte dienenden — Matratzen waren tagsüber derart unterhalb des Lederdaches angeschnallt, daß dieses doppelten Schutz gegen die Sonnenhitze gewährte. Auch für die Unterbringung des Gepäcks war in sehr praktischer Weise gesorgt.

Am 30. September langte das erste Schiff mit 900 Mitgliedern an — und zwar war dasselbe gleich allen folgenden Eigentum der Gesellschaft. In der Voraussicht, daß der Zuzug von Einwanderern sobald nicht aufhören, ja wahrscheinlich stetig zunehmen werde, und von der Absicht geleitet, diese Einwanderung soweit nur irgend möglich in eigener Hand zu behalten, hatte sie 12 große, schnellfahrende Dampfer von durchschnittlich 3500 Tonnen Tragkraft angekauft und ihren Zwecken entsprechend umgestalten lassen. Klassenunterschiede gab es auf den Schiffen der Gesellschaft nicht; es wurde von Niemand Bezahlung genommen, weder für den Transport noch für die Verpflegung auf der ganzen Reise, dafür mußte sich auch Jedermann mit dem gleichen, allerdings nicht geringen, Ausmaße von Komfort begnügen. Auf Deck waren große Speise- und Gesellschaftsräume, unter Deck zwar kleine, aber für jede Familie gesonderte, bequem ausgestattete und durchweg ausgezeichnet ventilierte Schlafkabinen. Die Aufnahme geschah in der Reihenfolge der

Beitrittserklärungen zur Gesellschaft; die älteren Mitglieder hatten die Priorität. Natürlich blieb es jedermann freigestellt, die Seereise auch auf fremden Schiffen zu machen, ohne dadurch in Mombas seines Platzes in der Reihe der zu Befördernden verlustig zu werden.

In Mombas angelangt, stand es Jedermann frei, die Weiterreise zu Pferd oder zu Wagen zu wählen. Die Reiter ihrerseits konnten entweder die Wagenkarawanen begleiten oder in beliebig eingeteilten Märschen voraneilen; nur der jeweilige Vorrat an Pferden zum Wechseln in den 65 Stationen mußte beachtet werden; doch war thunlichst dafür gesorgt, daß der erforderliche Pferdebestand nirgends ausging. Die Fahrenden hatten gleichfalls die Wahl, ob sie ununterbrochen Tag und Nacht, bloß mit den zum Wechseln der Gespanne nötigen Pausen, oder bedächtiger, unter Einhaltung beliebig ausgedehnter Mittags- oder Nachtstationen sich fortbewegen wollten. Ersterenfalls konnten sie bei günstigem Wetter in 14 Tagen, ja sogar rascher in Edenthal anlangen, letzterenfalls waren dazu 20 Tage und darüber erforderlich.

Alle getroffenen Anordnungen bewähren sich aufs vollständigste. Nirgends gab es Aufenthalt, die Verpflegung ließ nichts zu wünschen übrig; eine Massaieskorte, die Johnston in der Stärke von 10 Mann für jede Station organisiert hatte, sorgte während der Nachtreisen für Sicherheit gegen wilde Tiere, hatte überhaupt als Beistand in etwaigen Verlegenheiten zu dienen, und 4 aus der Mitte der Unseren entsendete Kommissare mit dem Sitze in Teita, Tawete, Miveruni und Ngongo überwachten das Ganze. Die Eingeborenen kamen den ersten Wagenzügen mit staunendem Jubel, Allen aber mit größter Freundlichkeit und Dienstbeflissenheit entgegen. Insbesondere die Wataweta, der Sultan von Useri und die Massaistämme ließen es sich nicht nehmen, unsere Reisenden mit den Beweisen ihrer Verehrung und Liebe für die „am großen

Berge angesiedelten" weißen Brüder zu überhäufen.

Die ersten neuen Ankömmlinge — unter ihnen unser geliebter Meister — trafen am 14. Oktober in Edenthal ein; ihnen folgten in ununterbrochener Reihe stets neue und neue Scharen. Doch bevor über die damit anhebende neue Ära der Geschichte unseres Unternehmens berichtet wird, mag noch kurz erzählt werden, was in der letzten Zeit am Kenia geschah.

Zunächst ist zu erwähnen, daß noch im Monat August eine zahlreiche Gesandtschaft von Massaistämmen aus Leikipia — das ist das Land nordwestlich von Kenia — und aus den Distrikten nördlich vom Naiwascha- bis zum Baringosee in Edenthal eingetroffen war, uns Gruß und Freundschaft entbietend und die Bitte an uns richtend, sie in den mit den anderen Massai abgeschlossenen Bundesvertrag mit aufzunehmen. Die Gewährung dieser sehr beweglich und nicht ohne einige Empfindlichkeit vorgetragenen Bitte legte uns nun allerdings erhebliche neue Lasten auf; trotzdem besann ich mich keinen Augenblick, dieselbe zu gewähren und alle Mitglieder stimmten mir einhellig zu. Denn mit dem Opfer von einigen tausend Pfd. Sterling jährlich war die vollständige Pacifizierung des streitbarsten und zweifellos tüchtigsten unter allen Volksstämmen der ganzen Äquatorialzone wahrlich nicht zu teuer erkauft. Wir hatten nunmehr genügende Sicherheit, allmählich wachsende Kultur in diesen bisher von unaufhörlichen Fehden und Raubzügen heimgesuchten Gegenden einziehen zu sehen, stets brauchbarere Genossen unseres großen Werkes in den schwarzen und braunen Eingeborenen zu erziehen, und indem wir sie lehrten, Wohlstand und Überfluß für sich selber zu erzeugen, die Quellen unseres eigenen Wohlstandes zu vermehren. Ich hielt also den braunen Recken eine sehr schmeichelhafte Lobrede, erklärte mich gerührt über die an den Tag gelegte gute Gesinnung und versprach behufs Ausfertigung des Vertrages, wie nicht minder, um sie zu ehren, demnächst eine Gesandtschaft an sie zu senden. Reich beschenkt wurden die, übrigens auch ihrerseits nicht mit leeren Händen erschienenen Massai — sie hatten 100 erlesene Rinder und 200 fettschwänzige Schafe als Ehrengabe mitgebracht — entlassen. Johnston, den ich sofort von dem Vorgefallenen verständigte, übernahm die Ausführung des gegebenen Versprechens. Daß er sich zu diesem Behufe aus den Waren der im September am Kenia angelangten Expedition, auf die er in Miveruni gestoßen, reichlich mit Hülfsmitteln versorgte, habe ich schon berichtet; als seine Aufgabe an der Etappenstraße erfüllt war, zog er — zu Anfang des Monats Oktober — an den Naiwaschasee, von da weiter durch die mächtige, meist überaus fruchtbare Hochebene von 1800 Meter Seehöhe, die, eingerahmt von 1000-2000 Meter höheren Randbergen, die Hochseen von Massailand enthält, nämlich außer dem Naiwascha-, dem wunderbaren Elmetaita- und dem Salzsee von Nakuro noch eine Reihe kleinerer Becken, und erreichte am 20. Oktober den etwa 200 Quadratkilometer deckenden, in einer bloß 980 Meter hohen Bodensenkung gelegenen Baringosee, an der Nordgrenze von Massailand. Von da westlich wieder aufwärts steigend durchzog er, vorbei an den gewaltigen Thomsonfällen, das wald- und wasserreiche Leikipia und traf in der zweiten Novemberwoche bei uns am Kenia ein, nachdem er mit allen unterwegs wohnenden Massaistämmen, wie nicht minder mit den „Ndemps" am Baringosee, Bündnisverträge geschlossen hatte.

In zweiter Linie ist von den erfolgreichen Zähmungsversuchen zu berichten, die auf Anregung unserer beiden Damen mit mehreren der am Kenia heimischen Tierarten angestellt wurden. Die Idee hiezu ging ursprünglich von Miß Fox aus, der dabei in erster Reihe bloß die Absicht vorschwebte, den Frauen und Kindern der neuen Ankömmlinge Freude zu bereiten. Für diese Idee gewann sie meine Schwester, eine große Tierfreundin, und so warben denn die Beiden einige Andorobo und Wakikuja zunächst dafür, Affen und Papageien zu fangen, deren es im Edenthal und Umgebung einige sehr reizende Arten gab. Als die Zähmungsversuche mit diesen Tierchen über Erwarten rasch und gut gelangen, so daß schon nach Verlauf weniger Wochen die ihrer Haft entlassenen Gefangenen den Herrinnen freiwillig nachsprangen und nachflatterten, wuchs Beider Ehrgeiz und die Andorobo erhielten den Auftrag, einige Exemplare einer besonders niedlichen Antilopenart einzufangen, die unsere Naturforscher als eine Abart der hauptsächlich in Westafrika vorkommenden Schopfantilope (*Cephalophus rufilatus*) bestimmten. Auch dieser Versuch war von Erfolg begleitet; zwar die alten Tiere erwiesen sich so scheu und ungeberdig, daß man sie schließlich laufen ließ; aber mehrere Junge gewöhnten sich überraschend schnell an ihre Wärterinnen und liefen denselben nach, wie die Hündchen. Diese Antilopengattung wird nicht größer, als etwa ein mittelgroßes Schaf, insbesondere die jungen Tiere nehmen sich mit ihren rötlichen Schöpfen überaus putzig aus und geberden sich in allen Stücken wie übermütige Zicklein. Miß Ellen und meine Schwester hatten bald eine ganze Menagerie von Antilopen, Äffchen, Papageien um sich versammelt, die zu Nutz und Frommen der erwarteten Kinderwelt zu allerlei Kunststücken dressiert wurden.

So standen die Dinge, als einer der indischen Elefantenwärter, die Miß Ellen mit an den Kenia genommen hatte und die nicht daran dachten, jemals wieder in ihre Heimat zurückzukehren, seiner „Herrin" gegenüber — denn die Inder konnten sich noch nicht daran gewöhnen, sich als vollkommen unabhängige Männer zu fühlen — die Frage wagte, ob sie nicht auch ein Elefanten-Baby als Schoßtierchen wünsche? Als diese bejaht wurde, machte er sich anheischig, eines oder mehrere zu fangen, falls ihm erlaubt werde, mit den vier Elefanten und ihren Führern für einige Tage in die Wälder zu ziehen. Da Miß Ellen ihre Elefanten zum Baudienste hergegeben hatte, wo die intelligenten Kolosse von geradezu unschätzbarem Nutzen waren, und eines Spielzeugs halber die Arbeit nicht stören mochte, sagte sie dies dem Inder und erklärte, auf die Erfüllung ihres Wunsches verzichten oder wenigstens so lange damit warten zu wollen, bis man die Elefanten bei der Arbeit leichter entbehren könne. Der Inder ging; aber die Idee, daß seine geliebte Herrin sich etwas versagen sollte, was ihr — das hatte er sofort bemerkt — großes Vergnügen bereitet hätte, rüttelte ihn aus seiner gewohnten fatalistischen Indolenz auf; er grübelte über die Sache zwei Tage lang und erschien am dritten mit dem Vorschlage, die Zeitversäumnis der vier Elefanten dadurch gut zu machen, daß er und die anderen Kornaks nebst dem Elefanten-Jungen auch einige Elefanten-Alte fangen und zur Arbeit dressieren wollten. „Aber afrikanische Elefanten lassen sich nicht dressieren, gleich den indischen", wandte Miß Ellen ein. Der Inder erlaubte sich, das zu bezweifeln, und seine 7 Kollegen waren sämtlich der gleichen Meinung. Elefant sei Elefant; sie möchten das Rüsseltier sehen, das sie nicht binnen wenigen Wochen kirre bekämen, wenn es erst einmal in ihrer Gewalt wäre. „Wenn dem wirklich so ist, warum habt Ihr das früher nicht gesagt, da Ihr doch sehen mußtet, wie gut man hier Elefanten gebrauchen kann?" forschte die Amerikanerin weiter, erhielt jedoch darauf bloß ein lakonisches „Weil Du uns nicht gefragt hast" zur Antwort.

Miß Ellen wußte sich nicht zu raten; der Gedanke, die Kolonie von Edenthal mit Herden gezähmter Elefanten zu versehen — denn wenn sich diese Tiere überhaupt zähmen ließen, dann konnte man hier ebensogut Tausende als Einen zur Stelle schaffen — ließ sie nicht zur Ruhe kommen; aber andererseits erinnerte sie sich, in ihrer Naturgeschichte gelesen zu haben, der afrikanische Elefant sei unzähmbar, und wir alle, die sie diesfalls befragte, mußten ihr bestätigen, daß es nirgends in Afrika gezähmte Elefanten gebe. Sie wurde über dieses Problem nachgerade beinahe trübsinnig; sichtlich gelüstete es sie, es auf einen Versuch ankommen zu lassen; aber die Inder blieben dabei, ohne Mitwirkung der zahmen keinen wilden Elefanten einbringen zu können, und erstere in der Zeit dringendster Arbeiten zu problematischen Versuchen zu verwenden, das zu beantragen, scheute sie sich um so mehr — als die Elefanten *ihr* Eigentum waren und sie daher eigentlich nach Gutdünken über dieselben verfügen konnte. Da kehrte unser Zoologe, Signor Michaele Faënze, von einem längeren Ausfluge nach dem Kenia-Massiv zurück und stellte sich, als ihn Miß Fox ins Vertrauen zog, ohne weiteres auf die Seite der Inder. Zwar auch er gab zu, daß es thatsächlich keine zahmen afrikanischen Elefanten gebe, behauptete aber geradezu, dies müsse bloß daran liegen, daß die Afrikaner verlernt hätten, dies edle Tier dem Menschen dienstbar zu machen. An der Rasse liege es ganz gewiß nicht, was schon daraus hervorgehe, daß zur Römerzeit dressierte Elefanten in Afrika gerade so gut bekannt waren, wie in Asien. Man solle die Inder nur machen lassen; wenn sie ihre Kunst verstünden, werde ihnen dieselbe hier so gut gelingen wie in Indien.

Und so geschah's. Die 8 Kornaks mit ihren 4 Elefanten zogen in einen der nahen Wälder, und als sie dort, was gar nicht lange dauerte, eine Herde wilder Elefanten gefunden hatten, machten sie es mit diesen genau so, wie sie es in ihrer Heimat erlernt hatten. Die zahmen Elefanten wurden führerlos in die Herde der wilden gelassen, von denen sie zwar anfangs mit einigem Befremden empfangen, schließlich aber in aller Freundschaft aufgenommen wurden. Einmal so weit, machten sich die listigen Tiere zunächst mit dem Führer der Herde, dem stärksten und schönsten Bullen, zu schaffen, liebkosten ihn, wedelten ihm die Fliegen weg, fesselten aber dabei mit mitgenommenen starken Stricken einen seiner Füße an einen starken Baumstamm. Nachdem dies geschehen war, stießen sie ihren Angstruf — einen scharfen Trompetenton — aus, als ob sie irgendeine Gefahr bemerkt hätten und stürmten davon, auf welches Signal hin die Inder unter Geschrei und Flintenschüssen hervorstürzten, was die ganze Herde veranlaßte, den Zahmen in größter Eile nachzufolgen. Der arme Gefesselte konnte natürlich nicht mithalten, so verzweifelt er auch an dem Stricke zerrte, und die Inder ließen ihn trampeln und trompeten, ohne sich vorläufig um ihn zu kümmern. Ihre nächste Sorge war, die Spur der enteilten Herde zu finden. Nach etwa einer Stunde hatten sie sich an diese neuerlich herangeschlichen, wo inzwischen die vier Zahmen das vorige Spiel mit einem neuen Opfer wiederholten; auch dieses wurde gefesselt und dann unter großem Spektakel verlassen. Noch drei weitere Elefanten teilten im Laufe des Tages dies Schicksal; dann schien die Herde argwöhnisch geworden zu sein, denn die berüsselten Verräter kehrten nach einer Weile allein zu ihren Treibern zurück.

Nunmehr erst wurde jedem der fünf Gefesselten — unter ihnen ein Weibchen mit einem etwa einjährigen Jungen in der Größe eines mittleren Kalbes — ein Besuch abgestattet. Die zahmen Elefanten gingen ohne weiteres auf die verzweifelt am Stricke Zerrenden los und banden ihnen die Vorderfüße eng aneinander. Das gelang zwar nicht, ohne daß die Betrogenen wütenden Widerstand leisteten, aber dieser wurde in höchst brutaler Weise durch Rüsselschläge und Zahnstöße bewältigt. Hierauf machten sich die erbarmungslosen Schergen daran, rings um ihre Opfer alles für Elefantengaumen Genießbare — also Gras, Büsche und Baumzweige zu entfernen; wo dazu die Rüssel nicht ausreichten, drängten sie die Gefesselten auf die Seite und ermöglichten es den Treibern, mit Axt und Beil das Werk zu vollenden.

Als der Abend anbrach, waren alle fünf Gefangenen geknebelt und jeder Möglichkeit beraubt, sich Nahrung zu verschaffen. Nunmehr mußten sie aber auch bewacht werden, damit nicht etwa Löwen oder Leoparden die Gelegenheit wahrnähmen, die wehrlos Gemachten anzufallen. Am anderen Morgen statteten die zahmen Elefanten ihren gefesselten Brüdern der Reihe nach Besuche ab, halfen den bei ihrem nächtlichen Toben Umgefallenen sich aufrichten, was wieder nicht ohne ausgiebige Prügel und Stöße vollbracht ward und überließen sie dann abermals ihrem Schicksale.

Das ging so drei Tage hindurch; die armen Gefesselten litten Hunger und Durst und bekamen, so oft ihre verräterischen Brüder nach ihnen sahen, jämmerliche Schläge. Am vierten Tage waren sie so schwach und kleinlaut, daß sie gar nicht mehr tobten, sondern kläglich brüllten, als sich ihre Peiniger nahten, die aber nichtsdestoweniger mit Rüsseln und Zähnen über sie herfielen. Da erschien nun den Mißhandelten ein rettender Engel — in Gestalt des Menschen. Dieser verjagte zunächst unter drohenden Geberden und einigen schallenden Schlägen die Schergen von ihrem Opfer und hielt diesem dann ein Gefäß Wasser hin. Stutzte darauf der wilde Elefant und nahm sich Zeit, die Sachlage zu überblicken, so war die Tragikomödie aus, das Tier gebändigt. Denn es acceptierte in diesem Falle nach einigem Bedenken den gebotenen Trunk, nach diesem einige Nahrungsmittel, konnte dann gefahrlos vollständig getränkt und gefüttert und unter Eskorte der zahmen Elefanten zu weiterer Ausbildung heimgeführt werden. Wurde es dagegen beim Anblicke des Menschen erst recht rabiat — was allerdings bei dreien von den Fünfen der Fall war — so mußte mit der Prügel- und Hungerkur so lange fortgefahren werden, bis der Elefant zu begreifen begann, Erlösung aus seiner Lage könne hier nur das schreckliche zweibeinige Geschöpf spenden.

Schließlich ergab sich jeder der Gefangenen in sein Schicksal. Die einzige Gefahr dieser Jagd bestand bloß darin, daß der Jäger sich auf die Sicherheit seines Urteils über den Charakter des Gefesselten verlassen mußte in dem Augenblicke, wo er ihm zum ersten Male nahte. Zwar standen die zahmen Elefanten hülfsbereit und aufmerksam dabei; da jedoch ein einziger Rüsselhieb des gereizten Tieres genügen kann, einen Menschen zu töten, so gehört immerhin viel Geistesgegenwart und Mut zu der Sache. Die Inder versicherten übrigens, daß ein halbwegs an den Umgang mit Elefanten Gewöhnter aus dem Blick des Tieres ganz zuverlässig auf dessen Absichten schließen könne; man brauche daher bloß die Vorsicht zu beachten, keinem Gefangenen völlig nahe zu treten, bevor man in dessen Auge die Ergebung in das Unvermeidliche gelesen, und es sei überhaupt nichts zu fürchten.

Schon nach sechs Tagen kehrte die Expedition mit ihren fünf Gefangenen zurück, die zwar noch nicht dressiert und zur Arbeit brauchbar, aber doch schon insoweit „zahm" waren, daß sie sich ruhig einsperren, füttern, tränken und unterrichten ließen. Nach Verlauf fernerer zwei Wochen waren sie der Hauptsache nach „fertig", d. h. brauchbar zu allerlei Arbeiten, insbesondere wenn ihnen einer der Veteranen an die Seite gegeben wurde. Miß Ellen feierte einen doppelten Triumph: sie besaß ein herziges Elefantenbaby, das zwar für ein Schoßtierchen etwas zu plump, aber nichtsdestoweniger das drolligste Wesen war, das es geben mag und sich rasch zum erklärten Liebling von ganz Edenthal aufschwang; und sie hatte des ferneren der Gesellschaft eine unerschöpfliche Quelle sehr schätzbarer Arbeitskraft eröffnet, auf welche ohne sie niemand geraten wäre. Denn hätte sie sich nicht seinerzeit in den Kopf gesetzt, die Expedition mitzumachen, so wären wohl schwerlich so rasch indische Elefanten und Elefantenführer an den Kenia gekommen, und ohne diese wären die

Elefanten Afrikas vielleicht von den Elfenbeinjägern ausgerottet gewesen, bevor an ihre Zähmung auch nur jemand gedacht hätte.

Von da ab fuhren wir mit dem Elefantenfange rüstig fort, so daß binnen kurzem der Elefant das hauptsächlichste *Tragtier* am Kenia wurde und überall dort verwendet werden konnte, wo schwere Lasten auf kurze Entfernungen oder auf Gebieten, die für Wagen unpassierbar waren, bewältigt werden sollten.

Das so vortrefflich gelungene Experiment mit den Elefanten legte uns aber auch den Gedanken nahe, es mit der Zähmung anderer Tiere nicht bloß zu Zwecken der Belustigung, sondern um des Nutzens willen zu versuchen. Zunächst kam das Zebra an die Reihe und es gelang auch mit diesem. Zwar die alten Tiere waren unbrauchbar; aber die Füllen erwiesen sich — wenn sehr jung eingefangen — als leidlich gelehrig und nicht sonderlich scheu und in den zweiten Generationen unterschieden sich später unsere zahmen Zebras in nichts, als in der Hautfarbe von den besten Maultieren. Strauß und Giraffe wurden der Reihe unserer Haustiere angereiht; den größten Triumph aber feierten unsere Dresseure mit der Zähmung des afrikanischen Büffels. Es ist das das bösartigste, unbändigste und gefährlichste unter allen afrikanischen Tieren und dennoch wurde es so vollständig gezähmt, daß es im Verlaufe der Jahre das gemeine Rind als Zugtier vollständig verdrängte. Zwar in Freiheit aufgewachsene Bullen waren und blieben wahre Teufel; doch schon die gefangenen Kühe konnte man wenigstens so weit bringen, daß sie dem Wärter aus der Hand fraßen, und was die in Gefangenschaft aufgezogenen Büffel anlangt, so zeigten diese genau den nämlichen Charakter wie das gewöhnliche Rind. Die Bullen blieben, insbesondere wenn sie alt wurden, immer etwas unverläßlich, die Kühe und die verschnittenen Ochsen dagegen waren so sanft und gelehrig wie nur irgend ein

Wiederkäuer. Als Milchkühe wurden sie bei uns niemals geschätzt, da sie zwar fette, aber nicht reichliche Milch gaben; als Zugtiere aber waren unsere Büffelochsen unvergleichlich. Es gibt für diese riesigen Tiere — sie überragen das größte Hausrind um reichlich ½ Fuß, ihr Nacken hat eine Breite bis zu 2 Fuß und ihre Hörner lassen sich an der Wurzel mit zwei Händen nicht umspannen — keine zu schweren Lasten; wo vier gewöhnliche Ochsen erlahmen, gehen zwei Büffel ihren gleichmäßigen Schritt weiter, als wären sie ledig. Dabei vertragen sie Hunger, Durst Hitze und Regen besser als ihre längst gezähmten Verwandten — kurzum sie erweisen sich in einem Lande, wo gute Chausseen noch nicht überall zu finden sind, als geradezu unschätzbar.

Das dritte Ereignis — doch dieses geht eigentlich direkt nur mich persönlich an und gehört bloß insofern in den Rahmen dieser Erzählung, als es mit der Lebensweise und mit den socialen Zuständen in Edenthal zusammenhing. Es wird also am besten sein, wenn ich zunächst erzähle, wie wir vor dem Eintreffen der Hauptmasse unserer Brüder in der neuen Heimat lebten, uns einrichteten und arbeiteten.

7. Kapitel.

Die Kolonisten auf Edenthal betrachteten mich, den Bevollmächtigten der Gesellschaft, der unseren Zug an den Kenia veranstaltet und die Mittel zu demselben beschafft hatte, als ihren Vorgesetzten im gemeingebräuchlichen Sinne des Wortes: ich hätte befehlen können und es wäre gehorcht worden. Anderseits aber handelte ich nicht bloß meinen eigenen Neigungen, sondern den offenbaren Intentionen des Ausschusses gemäß, wenn ich mich dem Wesen nach als den Vorsitzenden einer Versammlung frei über sich selber verfügender Männer benahm. Wo immer möglich, befragte ich vor meinen Anordnungen die Genossen, fügte mich der Meinung der Mehrheit und traf selbständige Verfügungen bloß in dringenden Fällen oder wenn es sich um Zuweisung von Aufträgen an Abwesende handelte. Sonst geschah die Zuteilung der verschiedenen Arbeiten an verschiedene Gruppen stets im Einverständnisse mit allen betreffenden Mitgliedern, die Vorsteher dieser Arbeitszweige wurden von ihren speziellen Genossen selber gewählt, und wenn dabei auch in allen wesentlichen Fragen stets meiner und meiner engeren Vertrauten Ansichten und Vorschläge zur Ausführung gelangten, (so daß — wenn im Bisherigen zumeist der Kürze halber gesagt wurde: „ich ordnete an, ich designierte" — damit dem Wesen nach die Wahrheit erzählt wurde) so geschah dies doch nur aus dem Grunde, weil diese meine Vertrauten eben die geistigen Spitzen der Kolonie waren und die anderen sich diesen freiwillig unterordneten. Dabei wußten wir alle, daß dies keine auf Dauer berechnete Organisation sei. Niemand arbeitete einstweilen für sich, alles was wir erzeugten, gehörte nicht dem Erzeuger, auch nicht der Gesamtheit von uns Erzeugern, sondern dem Unternehmen, aus dessen

Mitteln wir hinwieder allesamt zehrten. Mit einem Worte, die „freie Gesellschaft", die wir gründen wollten, war noch nicht gegründet, sie befand sich noch unterwegs und inzwischen waren wir ihr gegenüber nichts anderes, als Angestellte nach altem Recht, die sich von gewöhnlichen Lohnarbeitern bloß dadurch unterschieden, daß ihnen selber überlassen war, was sie zu ihrem Unterhalte vorweg nehmen und was sie als „Unternehmergewinn" für die Auftraggeberin zurücklegen mochten. Hätte mich böser Wille einzelner Genossen dazu genötigt, so war ich nicht bloß im Rechte, sondern auch entschlossen, den „Bevollmächtigten" hervorzukehren; daß ich es vermeiden konnte, trug nicht wenig dazu bei, das Behagen, das uns alle erfüllte, zu steigern und war auch insofern von großem Werte, als dadurch der Übergang zu den späteren endgültigen Organisationsformen wesentlich erleichtert wurde, ändert aber nichts an dem Sachverhalt, daß unser Leben und Wirken unterwegs wie am Kenia sich noch innerhalb der sozialen Formen der alten Welt bewegte.

Die Arbeitszeit war in Edenthal einstweilen für jedermann — ob Arbeitsvorsteher oder simpler Arbeiter, Weißer oder Neger — die gleiche, von 5 bis 10 Uhr vormittags und von 4 bis 6 Uhr nachmittags; nur in der Erntezeit waren ein bis zwei Stunden zugegeben worden. Am Sonntag ruhte ebenso gleichmäßig alle Arbeit.

Die Tagesordnung war die folgende: Gegen 4 Uhr wurde aufgestanden, im Edensee — es waren zu diesem Behufe mehrere Badehütten errichtet — ein Bad genommen und hierauf Toilette gemacht. Das Reinigen und etwa notwendige Ausbessern der Kleider besorgte unter Anleitung eines in solchen Künsten bewanderten Mitgliedes eine Gruppe von Suaheli, welcher diese Arbeit als alleinige Verrichtung zugewiesen worden war. Da wir Kleidungsstücke zum Wechseln besaßen, so wurden des Morgens immer die während des gestrigen Tages gereinigten gebracht, dafür die gestern gebrauchten abgeholt, um im Laufe des Tages für den morgigen Gebrauch in Stand gesetzt zu werden. Hierauf kam das Frühstück, gleich allen Mahlzeiten wieder das Werk einer damit betrauten anderen Schar von Suahelis — um deren Einweihung in mehrfache Geheimnisse französischer Kochkunst sich meine Schwester große Verdienste erworben hatte. Dieses erste Frühstück bestand je nach dem Geschmacke eines Jeden aus Thee, Schokolade, schwarzem oder mit Milch gemengtem Kaffee, Milch oder irgend einer Suppe; dazu ebenso nach Wahl Butter, Käse, Honig, Eier, kalter Braten nebst Brot oder anderem Gebäck. Nach diesem ersten Frühstück wurde bis 8 Uhr gearbeitet, um welche Zeit ein zweites Frühstück kam, bestehend aus irgend einer substantiellen warmen Speise — Omelette, Fisch oder Braten mit Brot, etwas Käse und Früchten, dazu als Getränk entweder das köstliche Quellwasser unserer Berge, oder der sehr erfrischende, wohlschmeckende Bananenwein, den die Eingeborenen zu bereiten verstehen. Nach diesem Frühstück, welches in der Regel 15 bis 20 Minuten in Anspruch nahm, wurde bis 10 Uhr weiter gearbeitet, worauf die große Mittagspause folgte. Diese wurde, insbesondere in den heißeren Monaten, von den Meisten zunächst zu einem zweiten Bade im See benutzt, welchem irgendeine häusliche Zerstreuung, Lektüre, Konversation oder Spiel folgte. Die Hitze war um diese Zeit in der Regel groß; während der heißen Monate stieg das Thermometer häufig auf 35 Grad Celsius im Schatten. Zwar verhüteten kühle Brisen, die bei schönem Wetter regelmäßig zwischen 11 Uhr vormittags und 5 Uhr nachmittags vom Kenia her wehten und zwar desto stärker, je heißer der Tag sich anließ, daß der Aufenthalt im Freien jemals unerträglich wurde; aber am angenehmsten und zuträglichsten war während der Mittagsstunden jedenfalls das Verweilen in gedeckten Räumen. Um 1 Uhr wurde die Hauptmahlzeit gehalten, bestehend aus Suppe, einem

Fleisch- oder Fischgericht mit Gemüsen, süßem Backwerk und Früchten der mannigfachsten Art, dazu abermals Bananenwein oder, nachdem unsere Brauerei zu arbeiten angefangen hatte, Bier. Nach dem Speisen wurde von Einzelnen ein halbes Stündchen geschlafen, hierauf gab es wieder Konversation, Lektüre, Spiel, worauf, nachdem die ärgste Hitze vorüber war, die zweistündige Nachmittagsarbeit erledigt ward. Dieser ließen Einzelne ein drittes kurzes Bad folgen. Um 7 Uhr nahm man wieder eine dem ersten Frühstück ähnliche Mahlzeit, sofern es nicht regnete, im Freien und zu größeren Gesellschaften vereinigt. Zu bemerken ist dabei, daß hinsichtlich aller Mahlzeiten, wie überhaupt aller Genußmittel als Regel galt, daß Jedermann wählen konnte, was und soviel ihm beliebte. Nur bezüglich der geistigen Getränke hielten wir es anders — aus leicht begreiflichen Gründen. Späterhin, wenn Jedermann auf eigenen Füßen stand, mochte er es auch mit diesen halten, wie ihm beliebte; solange wir von Gesellschaftswegen verpflegt wurden, mußten wir schon mit Rücksicht auf unsere Neger Beschränkung üben.

Des Abends wurde meist Musik gemacht. Wir hatten einige sehr tüchtige Musiker, ein ganz artiges, 45 Mann zählendes Orchester von Blas- und Streichinstrumenten und einen vortrefflichen Chor, die sich, so oft es das Wetter erlaubte, hören ließen. Zwei oder drei Stunden nach Sonnenuntergang pflegte es kühl zu werden; in wenigen Nächten behauptete sich das Thermometer über 22 Grad, sank aber bisweilen bis auf 15 Grad Celsius, so daß die Nachtruhe stets erquickend war.

An den Sonntagen gab es mannigfaltige Veranstaltungen zu Zwecken der Belustigung sowohl als der Belehrung: Ausflüge in die benachbarten Wälder, Jagden, Konzerte, Vorlesungen, Vorträge.

Die von uns bewohnten Blockhäuser waren eigentlich dazu bestimmt, je einer Familie als zukünftiges, wenn auch

111

bloß provisorisches Heim zu dienen. Ein jedes lag inmitten eines tausend Quadratmeter umfassenden Gärtchens und deckte mit seinen 6 Räumen: Vorzimmer, Küche und 4 Stuben, selber ein Areal von 150 Quadratmetern. Jedes solcher Häuschen nun wurde einstweilen von Vieren der Unseren besetzt; den beiden Frauen mit Sakemba, die inzwischen den Besuch ihrer Eltern und Geschwister erhalten und diese bewogen hatten, ihre Grashütten gleichfalls in Edenthal aufzuschlagen, war selbstverständlich auch ein besonderes Häuschen eingeräumt.

Letztere Anordnung aber gefiel meiner Schwester ganz und gar nicht. Während der Reise hatte sie sich notgedrungen darein gefunden, getrennt von mir, dem ihr von unserer verewigten Mutter ans Herz gelegten Pfleglinge, zu kampieren; in Edenthal angelangt, gedachte sie jedoch ihre alten Vormundschaftsrechte und -Pflichten wieder zu beanspruchen, sah sich aber durch die Rücksicht auf einen zweiten Schützling, der inzwischen auch zu einem Liebling geworden war, durch die auf Ellen Fox nämlich, in der Ausführung ihrer Vorsätze gehindert. Sie konnte doch unmöglich dies junge Mädchen inmitten so vieler Männer allein lassen; ebenso wenig aber konnte sie uns beide — obwohl wir in ihren Augen die reinen Kinder waren — Thür an Thür im selben Häuschen unterbringen. Was hätten ihre Freunde und Freundinnen in Paris dazu gesagt! Zwar brachte ich all meine freie Zeit bei den Frauen zu, wo mich, ohne daß ich es bemerkte, die aus geistreichen theoretischen Kontroversen und unbefangenem Geplauder eigentümlich gemengte Konversation der jungen Amerikanerin nicht minder als ihr Harfenspiel und ihre glockenhelle Altstimme, stets mehr und mehr fesselten; aber das genügte Schwester Klara nicht und sie geriet schließlich auf den Gedanken, uns zu verheiraten. Schon wegen unserer gemeinsamen „Narrheit" — unserer sozialen Ideen nämlich — paßten wir ganz gut zu einander, und wenn auch — ihrer Meinung nach — außer Zweifel stand, daß in dieser Ehe gesunder, hausbackener Menschenverstand gänzlich fehlen würde, so war ja *sie* dazu da, für die beiden Kindsköpfe zu sorgen und zu handeln.

Nachdem sie diesen Vorsatz einmal gefaßt, legte sie sich als vorsichtige, diskrete Person, die ganz richtig voraussah, daß in diesem Punkte weder bei mir, noch bei Miß Ellen auf unbedingten Gehorsam zu rechnen wäre, zunächst aufs Beobachten, und dabei machte sie denn ungeachtet ihrer in Sachen der Liebe höchst mangelhaften eigenen Erfahrungen, ausgerüstet bloß mit dem keinem Weibe fehlenden instinktiven Feingefühle, die überraschende Entdeckung — daß wir beiden bereits bis über die Ohren ineinander verliebt seien. Anfangs war sie über diese Wahrnehmung so erstaunt, daß sie ihren Augen keinen Glauben schenken wollte. Aber die Sache war zu klar, als daß eine Täuschung möglich gewesen wäre. Wir beiden Liebenden ahnten zwar selber nicht im entferntesten, wie es um uns stand; aber wer Miß Fox so genau kannte, wie dies bei meiner Schwester nach mehrmonatlichem ununterbrochenen Zusammenleben mit der offenherzigen und freimütigen Amerikanerin selbstverständlich war, der konnte sich nicht darüber täuschen, was es zu bedeuten habe, wenn ein Mädchen, das bisher nur seinen Idealen: Freiheit und Gerechtigkeit, gelebt, deren Abgott die Menschheit gewesen und das keinem Manne gegenüber anderes Interesse gezeigt, als dasjenige für die Ideen, denen er diente — wenn dieses selbe Mädchen in Aufregung geriet, so oft es eines gewissen Mannes Schritte hörte, und im vertrauten Umgange mit meiner Schwester statt von der Herrlichkeit unserer Prinzipien mit Vorliebe von den Vorzügen dessen sprach, der hier in Edenthal der erste Diener dieser Prinzipien war. Und was meine Gefühle anlangt, so wußte Schwester Klara allzu genau, daß mir am Weibe bisher dessen Stellung in der menschlichen

Gesellschaft das einzig Interessante gewesen, als daß es ihr nicht wie Schuppen von den Augen hätte fallen sollen, als ich sie kürzlich, nachdem ich Miß Fox, die eben abseits mit etwas beschäftigt war, lange und andächtig betrachtet hatte, mit den Worten apostrophierte: „Ist nicht jede Bewegung dieses Mädchens Musik?"

Sie nahm uns daher beide einzeln beiseite und erklärte, daß wir uns heiraten müßten. Aber da kam sie hier und dort schlecht an. Miß Ellen wurde zwar auf diesen Antrag hin abwechselnd purpurrot und leichenblaß, erklärte aber sofort, lieber sterben zu wollen, als mich zu heiraten. „Würden diese übermütigen Männer, die uns Frauen allen Sinn für das Ideale, jede Fähigkeit rein sachlichen Strebens absprechen und als Sklavinnen unserer egoistischen Triebe betrachten, nicht triumphierend behaupten, daß meine vorgebliche Begeisterung für unser soziales Unternehmen nichts anderes gewesen, als Leidenschaft für einen Mann, daß ich nicht um einer Idee, sondern um dieses Mannes willen nach Afrika bis an den Äquator gelaufen? Nein, — ich liebe Deinen Bruder nicht — ich werde überhaupt niemals lieben und noch weniger heiraten!" Dieser heroischen Apostrophe folgte zwar ein Strom von Thränen, die jedoch — als Schwester Klara sie zu meinen Gunsten auslegen wollte — für Zeugen der Empörung ob des kränkenden Verdachtes ausgegeben wurden. Nicht viel anders machte ich es; als Klara mir auf den Kopf zusagte, ich sei in Miß Fox verliebt, lachte ich sie aus und erklärte die mir vorgehaltenen Symptome meiner Leidenschaft als bloße Zeichen psychologischen Interesses an einem weiblichen Geschöpfe, welches echter Begeisterung für abstrakte Ideen fähig sei.

Doch eine mütterliche Schwester, die einmal den Vorsatz gefaßt, ihren Bruder — und noch dazu an ihre Freundin — zu verheiraten, ist nicht so leicht aus dem Felde zu schlagen, am allerwenigsten, wenn sie so gute und mannigfache

114

Gründe hat, auf ihrem Willen zu beharren. Da es auf geradem Wege nicht ging, wählte sie einen krummen — keinen neuen, aber einen oft bewährten: sie machte uns beide eifersüchtig. Jedem von uns erzählte sie im Vertrauen, es sei nichts mit ihrem „dummen Plane", da der andere Teil nicht mehr frei wäre. Da sie mir gegenüber schlauerweise hinzufügte, sie habe ihr Projekt bloß ersonnen, um zugleich mit der jungen Frau in mein Haus ziehen und die ihr von rechtswegen gebührenden Mutterpflichten mir gegenüber neuerlich übernehmen zu können, so glaubte ich ihr um dieser offenbaren Wahrheit willen auch die Erfindung, daß Ellen einen Verlobten in Amerika zurückgelassen, welcher demnächst schon hier eintreffen werde. „Denke Dir nur, Ellen ist mit diesem Bekenntnisse erst herausgerückt, als ich ihr gleich Dir mit meiner Heiratsidee zusetzte. Es ist nur ein Glück, daß Du mein Junge Dir nichts aus der kleinen Duckmäuserin machst; das wäre jetzt eine schöne Bescherung, wenn Du Dir Ellen in den Kopf gesetzt hättest."

Ich erklärte mich mit dieser Wendung der Dinge höchlich zufrieden, hatte aber das Gefühl dabei, als ob mir ein Messer im Herzen umgewendet würde. Deutlich und klar stand jetzt plötzlich meine Liebe vor meinem inneren Auge, eine glühende grenzenlose Leidenschaft, wie sie nur der empfinden kann, dessen Herz 26 Jahre lang jungfräulich geblieben. Ich konnte hinfort — das ward mir zu unumstößlicher Gewißheit — noch leben und kämpfen — mich des Lebens und des Erkämpften freuen, nimmermehr! Aber war es denn auch gewiß und unabwendbar? Gab es denn keine Möglichkeit, diesen Verlobten, der seine Braut allen Gefahren einer abenteuerlichen Reise, allen Versuchungen der Schutzlosigkeit preisgab und der jetzt plötzlich hier auftauchen soll, um mir aus meinem Eden die Seligkeit zu rauben, gab es keine Möglichkeit, ihn aus dem Felde zu schlagen? Doch ist es überhaupt denkbar, daß

Ellen, diese Ellen, wie ich sie seit Monaten kenne, einen solchen Jammermenschen lieben würde? Hin zu ihr, mir Klarheit zu verschaffen, um jeden Preis!

Damit stürmte ich hinüber ins Nachbarhaus. Dort hatte inzwischen meine Schwester ein ähnlich Märchen auch Ellen erzählt. Sie habe sich nun einmal in den Kopf gesetzt gehabt, aus uns ein Paar zu machen, und daher in der Hoffnung, daß meine Werbung ihren (Ellens) Widerstand brechen würde, auch mir von ihrem Plane gesprochen, wäre, als auch ich mich weigerte, dringender geworden, und da hätte ich ihr endlich gestanden, mich hinter ihrem Rücken in Europa verlobt zu haben; die Braut werde mit dem nächsten Einwanderzuge hier eintreffen ... So weit war Klara gelangt, als mein Erscheinen ihre Erzählung unterbrach.

Totenbleich wankte Ellen auf mich zu; sie wollte sprechen, doch ihre Stimme versagte; erst meine halb angst-, halb zornerfüllten Fragen nach dem amerikanischen Bräutigam gaben ihr die Sprache wieder. Zugleich aber hatte sie auch den Schlüssel der Situation gefunden: daß ich sie liebe, daß meine Schwester uns beide getäuscht. Was weiter folgte, läßt sich leicht erraten. So kam es, daß Ellen meine Braut war, als Dr. Strahl in Edenthal anlangte — und dieses ist das dritte Ereignis, von welchem ich vorher noch erzählen wollte.

Ob das Entzücken, mit welchem ich das Weib meiner Liebe zum ersten Male ans Herz drückte, das größere gewesen oder jenes, mit welchem ich den Freund meiner Seele, den Abgott meines Geistes einführte in jenes irdische Paradies, zu welchem er uns den Weg gewiesen — das wage ich nicht zu entscheiden.

Als ich im Auge des verehrten Freundes beim Erschauen der Herrlichkeit unserer neuen Heimat und des kräftig pulsierenden fröhlichen Lebens, das sie bereits erfüllte, Thränen der Freude, in diesen aber die sichere Bürgschaft unmittelbar bevorstehenden Erfolges erblickte, da erfaßte mich zwar nicht jene überschwängliche, für die Brust, die ihr zum ersten Male sich öffnet, schier unerträgliche Wonne, wie wenige Tage zuvor, als die Geliebte mir in Küssen das Geheimnis ihres Herzens offenbarte; aber wenn einst mein Haar weiß und mein Nacken gebeugt sein wird, dürfte wohl die Erinnerung an jene bräutlichen Küsse mein Blut nicht mehr so siedendheiß durch die Adern jagen, wie heute, während der Gedanke an die Stunde, in der ich Hand in Hand mit dem Freunde die stolze und doch reine Freude empfand, den ersten, schwersten Schritt zur Erlösung unserer leidenden, enterbten Mitbrüder aus den Martern vieltausendjähriger Knechtschaft vollbracht zu haben, niemals seine beseligende Kraft einbüßen wird, so lange ich unter den Lebenden wandle und mein Geist nicht von Nacht umfangen ist.

Lange, lange stand der Meister auf den Höhen vor Edenthal, jede Einzelheit des entzückenden Bildes andächtig in sich aufnehmend; dann zu uns sich wendend, die wir ihn rings umgaben, fragte er, ob wir dem Lande, das unabsehbar nach allen Seiten sich ausdehnt und welches unsere Heimat werden solle, schon den Namen gegeben hätten. Als ich dies verneinte, mit dem Beifügen, daß ihm, der dem Gedanken Worte lieh, welcher uns hierher geführt, auch das Amt gebühre, das Wort für das Land zu finden, in welchem dieser Gedanke zuerst verwirklicht werden soll, da rief er: „Die Freiheit wird in diesem Lande ihre Geburtsstätte finden: *„Freiland"* wollen wir es nennen!"

Zweites Buch.

8. Kapitel.

Wir nehmen nunmehr den Faden der Erzählung dort auf,
wo ihn das Tagebuch Ney's verlassen.

Zugleich mit dem Vorsitzenden waren 3 Mitglieder des
dirigierenden Ausschusses in Edenthal eingetroffen; 5
andere folgten binnen wenigen Tagen mit der ersten
Wagenkarawane aus Mombas nach, so daß deren — Ney,
Johnston, und den auf dieser Beiden Vorschlag kooptierten
Demestre eingerechnet, in Freiland 12 anwesend waren. Da
es im ganzen derzeit 15 Ausschußmitglieder gab, so waren
ihrer noch drei zurückgeblieben und zwar je eins in
London, Triest und Mombas, wo sie bis auf Weiteres als
Bevollmächtigte des Ausschusses den abendländischen
Geschäften der Gesellschaft vorstehen sollten. Ihr Amt war
die Aufnahme neuer Mitglieder, die Einkassierung und
provisorische Verwaltung der einfließenden Gelder und die
Überwachung der Auswanderungen nach Edenthal.

Ihre Instruktion bezüglich der Aufnahme neuer
Mitglieder ging vorerst dahin, jeden sich darum
Bewerbenden aufzunehmen, sofern er kein rückfälliger
Verbrecher und des Lesens und Schreibens kundig wäre.
Erstere Einschränkung bedarf wohl keiner eingehenden
Motivierung. Wir hatten allerdings unbedingtes Vertrauen
in die veredelnden, weil das treibende Motiv der meisten
Laster beseitigenden Folgewirkungen unserer socialen
Reformen; wir waren vollkommen beruhigt darüber, daß
Freiland keine Verbrecher erzeugen und selbst durch Elend
und Unwissenheit da draußen zu Verbrechern Gewordene,
wenn nur irgend möglich, dem Laster entreißen werde; für
den Anfang aber wollten wir es vermeiden, von schlimmen
Elementen überschwemmt zu werden, und angesichts des
verzeihlichen Bestrebens einzelner Staaten, sich ihrer

rückfälligen Verbrecher in irgend welcher Weise zu entledigen, mußten wir von Anbeginn vorbauen.

Härter mag erscheinen, daß wir der Einwanderung von gänzlich Unwissenden eine Schranke zogen. Doch gerade das war ein notwendiges Erfordernis unseres Programms. Wir wollten das absolute, freie Selbstbestimmungsrecht des Individuums auch auf dem Gebiete der Arbeit an die Stelle des Jahrtausende hindurch geltenden Knechtschaftsverhältnisses setzen; wir wollten den unter der Botmäßigkeit der Brotherren stehenden Arbeiter zum selbständigen in freier Vereinbarung mit freien Genossen auf eigene Gefahr thätigen Produzenten umgestalten — es ist daher selbstverständlich, daß wir zu diesem unserem Werke blos solche Arbeiter gebrauchen konnten, die zum mindesten über die unterste Stufe der Brutalität und Unwissenheit hinaus waren. Daß wir damit gerade die Elendesten der Elenden zurückstießen, ist wahr; aber abgesehen davon, daß dem Unwissenden zumeist das klare Bewußtsein seines Unglücks und seiner Entwürdigung fehlt, seine Leiden daher in der Regel blos physischer und nicht auch moralischer Natur sind, wie die des mit Intelligenz gepaarten Elends, abgesehen davon durften wir uns auch durch weichliches Mitleid nicht dazu verleiten lassen, den Erfolg unseres Werkes zu gefährden. Der Unwissende muß beherrscht werden und da wir unsere Mitglieder nicht erst allmählich zu freien Produzenten erziehen, sondern unmittelbar in die freie Produktion einführen wollten, so *mußten* wir uns, wie gegen das Verbrechen, auch gegen die Unwissenheit schützen.

Sollte hinwieder geltend gemacht werden, daß Kenntnis des Lesens und Schreibens allein denn doch kein genügendes Kennzeichen jenes Ausmaßes von Bildung und Intelligenz sei, welches bei Menschen, die ihre Arbeit selber regieren sollen, vorausgesetzt werden müsse; so ist darauf zu erwidern, daß zu diesem Behufe allerdings ein sehr hoher

120

Grad der Intelligenz erforderlich ist, aber nicht bei allen, sondern bloß bei verhältnismäßig nicht sehr zahlreichen der solcherart sich selber organisierenden Arbeiter, während bei der Majorität jenes Mittelmaß von Geisteskräften und Geistesausbildung durchaus genügt, dessen es zu richtiger Erkenntnis des eigenen Interesses bedarf. Wenn hundert oder tausend Arbeiter sich zusammenthun, um für gemeinsame Rechnung und Gefahr zu arbeiten, so kann und muß nicht jeder derselben die Fähigkeiten zur Organisation und Leitung dieser gemeinsamen Produktion besitzen; dieses höhere Ausmaß von Intelligenz wird bloß bei einigen Wenigen unerläßlich sein, während es für die Majorität genügt, daß sie richtig beurteilen könne, was mit der gemeinsam zu betreibenden Produktion erzielt werden soll und kann und welche Eigenschaften Diejenigen besitzen müssen, in deren Hände die Wahrung dieses gemeinsamen Interesses gelegt wird. Gerade in diesem Punkte aber ist die Kenntnis der Schrift von ausschlaggebender Bedeutung, denn das gedruckte Wort allein ist es, welches den Menschen und sein Urteil unabhängig macht von den zufälligen Einflüssen der unmittelbaren Umgebung, seinen Verstand der Belehrung erst öffnet. Es wird sich später zeigen, in wie hohem Maße die ausgedehnteste, lediglich durch Schrift und Druck zu vermittelnde Öffentlichkeit aller Vorgänge auf dem Gebiete jeglicher produktiven Thätigkeit zum Gelingen unseres Werkes beitrug.

Es versteht sich von selbst, daß diese beiden Bedingungen für aufzunehmende Mitglieder auch bisher schon vom Ausschusse gefordert wurden, und zwar das zweitgenannte ursprünglich in ziemlich strenger Form. Da sich jedoch gezeigt hatte, daß das geistige Niveau der meisten Bewerber ein überraschend hohes war, indem der Hauptsache nach von den körperlich arbeitenden Klassen sich blos die Elite in ausgedehnterem Maße für unser Unternehmen interessierte, und da nunmehr, wo die Zahl der Mitglieder 20000 überschritten hatte, die mitunterlaufende Unwissenheit nicht mehr so gefährlich sein konnte, so begnügte sich der Ausschuß mit der Forderung, daß die Anmeldungen eigenhändig und schriftlich geschehen müßten.

Die Zahl der sich meldenden Mitglieder — es ist zu bemerken, daß Frauen und Kinder stets mitgerechnet sind — war in stetigem Wachstume begriffen, insbesondere seit Veröffentlichung der ersten Berichte über die am Kenia angelegte Kolonie. Als der Ausschuß sich unter Hinterlassung seiner Delegierten in Triest einschiffte, hatte der Mitgliederzuwachs 1200 in der Woche erreicht; drei Monate später war er auf 1800 wöchentlich gestiegen. Die Aufgabe der europäischen Bevollmächtigten war es nun, die neuen Mitglieder — gleichwie dies vorher schon mit den alten geschehen — sorgfältig nach Geschlecht, Alter und Beruf zu registrieren und mit jeder Schiffsgelegenheit die entsprechenden Listen nach Freiland zu expedieren; sie hatten den — nach wie vor unentgeltlich erfolgenden — Transport bis Mombas zu organisieren und zu überwachen und waren mit Vollmacht versehen, alle zu diesem Behufe erforderlichen Ausgaben, im Bedarfsfalle auch den Ankauf neuer Schiffe, gegen nachträgliche Verrechnung und Genehmigung zu bestreiten. Sache der Bevollmächtigten war es ferner, den sich zur Reise rüstenden Mitgliedern mit Rat und That an die Hand zu gehen; auch hatten sie Vollmacht, hilfsbedürftigen Genossen materiell beizuspringen. Die Mitgliederbeiträge zeigten ähnlich wachsende Tendenz, wie die Mitgliederzahl; es wuchs eben offenbar das Interesse und Verständnis für unser Unternehmen nicht blos in den arbeitenden, sondern auch in den besitzenden Klassen; der Wochenzufluß steigerte sich in der Zeit von Ende September bis Ende Dezember von rund 20,000 £ auf 30,000 £. Über diese Gelder war, nach Bestreitung der den Delegirten eingeräumten Kredite, dem Ausschusse die Verfügung vorbehalten, dessen

Vollzugsorgan übrigens auch in diesem Punkte bei allen in der alten Welt zu bestreitenden Auslagen die zurückgelassenen Delegierten waren.

Am 20. Oktober hielt der Ausschuß seine erste Sitzung in Edenthal, um über die geeignetesten Vollzugsmaßregeln zur Konstituierung jener freien Vergesellschaftungen schlüssig zu werden, deren Sache von da ab die Produktion in Freiland sein sollte. Die Ausschußsitzungen waren von jeher öffentlich gewesen, d. h. jedes Mitglied der Gesellschaft hatte Zutritt zu denselben und so sollte es auch fernerhin bleiben; eine bloß provisorisch eingeführte Neuerung dagegen war es, daß die Zuhörerschaft auch eingeladen wurde, an den Verhandlungen — allerdings nur mit beratender Stimme, teilzunehmen. Diese Maßregel hat die Bestimmung, in der Zwischenzeit, bis die Presse ihre informierende und kontrollierende Wirksamkeit beginnen konnte, deren Rolle zu übernehmen.

Die Grundlage des zur Durchführung gelangenden Organisationsplanes war schrankenlose Öffentlichkeit in Verbindung mit ebenso schrankenloser Freiheit der Bewegung. Jedermann in ganz Freiland mußte jederzeit wissen, nach welcherlei Produkten jeweilig der größere oder geringere Bedarf und in welchen Produktionszweigen jeweilig der größere oder geringere Ertrag vorhanden sei. Ebenso aber mußte Jedermann in Freiland jederzeit das Recht und die Macht haben, sich — soweit seine Fähigkeiten und Fertigkeiten reichen — den jeweilig rentabelsten Produktionszweigen zuzuwenden.

Die zu treffenden Maßnahmen hatten also zunächst diese zwei Punkte ins Auge zu fassen. Eine sorgfältige Statistik hatte in übersichtlicher, und was die Hauptsache ist, in denkbar raschester Weise jede Bewegung der Produktion auf der einen, des Consums auf der anderen Seite zu registrieren; ebenso galt es, die Preisbewegung aller Produkte zur allgemeinen Kenntnis zu bringen. Angesichts der entscheidenden Wichtigkeit dieser Veröffentlichungen mußte Vorsorge getroffen werden, daß Täuschungen oder unbeabsichtigte Irrungen bei denselben von vornherein ausgeschlossen seien — ein Problem, welches wie im Nachfolgenden gezeigt werden wird, in vollkommenster und doch einfachster Weise gelöst wurde.

Und damit nun die solcherart erlangte Kenntnis auch von Jedermann praktisch zum eigenen Vorteile ausgenutzt werden könne, was nur möglich ist, wenn Jedermann in die Lage versetzt wird, sich jenem seinen Fähigkeiten entsprechenden Arbeitszweige zuzuwenden, der jeweilig die höchste Rente bietet, mußte dafür gesorgt werden, daß Jedermann jederzeit in den Besitz der hierzu erforderlichen Produktionsmittel gelangen könne. Dieser Produktionsmittel giebt es zweierlei: Naturkräfte und Kapitalien. Ohne diese Beiden nützt die genaueste Kenntnis jener Arbeitszweige, nach deren Erzeugnissen gerade der dringendste Bedarf vorhanden ist und die deshalb die höchsten Erträge liefern, eben so wenig, als die vollendetste Geschicklichkeit in diesen Produktionen. Der Mensch kann seine Arbeitskraft nur verwerten, wenn er über die von der Natur gebotenen Stoffe und Kräfte, wie nicht minder über entsprechende Instrumente und Maschinen verfügt; und zwar muß er, um mit seinen Mitbewerbern konkurrieren zu können, Beides in gleich guter und vollkommener Beschaffenheit besitzen, wie diese. Man muß nicht bloß Boden zur Verfügung haben, um Weizen zu bauen, sondern auch gleich ergiebigen Weizenboden wie die anderen Weizenbauer, sonst wird man mit geringerem Nutzen, ja möglicherweise sogar mit Schaden arbeiten; und der Besitz des ergiebigsten Bodens wird die Arbeit noch nicht ermöglichen, oder doch nicht gleich ertragreich machen, wenn man die erforderlichen landwirtschaftlichen Geräte nicht, oder doch nicht in jener Vollkommenheit besitzt, wie die Konkurrenten.

Was nun die Kapitalien anlangt, so machte sich die freie Gesellschaft anheischig, sie Jedermann nach Wunsch zur Verfügung zu stellen, und zwar zinslos, gegen Rückzahlung in gewissen Fristen, deren Ausmaß je nach der Natur der beabsichtigten Anlagen in der Weise festgestellt wurde, daß die Abtragung aus den Produktionsergebnissen stattfand. Da die Arbeitsinstrumente und sonstigen kapitalistischen Arbeitsbehelfe in beliebigem Umfange und in beliebiger Qualität hergestellt werden können, so wäre damit der eine Teil des Problems gelöst gewesen.

Anders verhält sich die Sache mit den Naturkräften, als deren Repräsentanten wir den Boden, an den sie doch gebunden sind, gelten lassen wollen. Den Boden hat Niemand erzeugt, es hat also Niemand Eigentumsanspruch auf ihn und Jedermann hat das Recht, ihn zu benutzen; aber den Boden hat nicht bloß Niemand erzeugt, es kann ihn auch fernerhin Niemand erzeugen; Boden ist daher bloß in beschränkter Menge vorhanden und außerdem ist auch der vorhandene Boden nicht von gleicher Güte. Wie soll es nun trotzdem möglich sein, nicht bloß Jedermanns Anspruch auf Boden, sondern sogar auf gleich ertragreichen Boden zur Geltung zu bringen?

Um dies zu erklären, muß zunächst noch die dritte und in Wahrheit fundamentalste Voraussetzung der wirtschaftlichen Gerechtigkeit dargelegt werden. Wenn in deren Sinne jedem Arbeitenden der ungeschmälerte Ertrag der eigenen Arbeit zugesprochen wird, so ist dies nur insofern und unter der Voraussetzung wirklich gerecht, daß angenommen wird, der Arbeitende sei selber und ausschließlich der Erzeuger dieses ganzen Ertrages. Das war er aber nach der alten Wirtschaftsordnung mit nichten. Der Arbeitende erzeugte als solcher nur einen Teil des Produkts, während ein anderer Teil vom Arbeitgeber — derselbe sei nun Grundbesitzer, Kapitalist oder Unternehmer — hervorgebracht wurde. Ohne den organisatorischen, disciplinierenden Einfluß dieses Letzteren wäre die Mühe der Arbeitenden unfruchtbar, oder doch weit minder fruchtbar gewesen; der Arbeiter lieferte bisher stets nur die zusammenhanglose Kraft, während der ordnende Geist Sache des Arbeitgebers war.

Damit soll nicht gesagt sein, daß die größere geistige Kraft bisher ausnahmslos oder notwendiger Weise auf Seite des Letzteren sich befunden; auch die Techniker und Direktoren, die den großen Produktionsanstalten vorstehen, gehören dem Wesen nach zu den Lohnarbeitern und ganz im allgemeinen kann ohne weiteres zugegeben werden, daß die höhere Intelligenz in zahlreichen Fällen nicht bei den Arbeitgebern, sondern bei den Arbeitern sich gefunden haben mag. Trotzdem ist es der Arbeitgeber, dessen Verdienst überall dort, wo es galt, mehrere Arbeitende zu gemeinsamem Werke zu vereinigen und zu disciplinieren, diese Vereinigung und Disciplinierung gewesen. Für sich zu produzieren, vermochten die Arbeitenden bisher stets nur vereinzelt; sowie ihrer Mehrere unter einen Hut gebracht werden sollten, war ein „Herr" notwendig, ein Herr, der mit der Peitsche — dieselbe mag nun aus Riemen, oder aus den Paragraphen einer Fabrikordnung geflochten sein — die Widerstrebenden beisammenhält und *dafür* — nicht für seine höhere Intelligenz, den Ertrag der Arbeit einstreicht, den Arbeitenden, sie mögen nun dem Proletariate oder der sogenannten Intelligenz angehören, nur so viel einräumend, als zu ihrem Unterhalte erforderlich ist. Noch niemals bisher haben die Arbeitenden den Versuch gewagt, ohne Herrn, als freie eigenberechtigte Männer und nicht als Knechte — dabei aber mit vereinten Kräften zu produzieren. Die Benützung jener gewaltigen, den Ertrag der menschlichen Thätigkeit so unendlich vervielfältigenden Instrumente und Einrichtungen, die Wissenschaft und Erfindungsgeist der Menschheit an die Hand gegeben, setzt vereintes Wirken Vieler voraus, und dieses hat sich bisher

127

nur Hand in Hand mit der Knechtschaft bewerkstelligen lassen. Man spreche nicht von den Produktivassociationen eines Schulze-Delitzsch und Anderer; sie haben am Wesen der Knechtschaft nichts geändert, bloß der Name der Herren ist ein anderer geworden. Auch in diesen Associationen gibt es nach wie vor Arbeitgeber und Arbeiter; Ersteren gehört der Ertrag, Letztere erhalten Stall und gefüllte Futterraufe gleich den zweibeinigen Arbeitstieren des Einzelunternehmers oder der gewöhnlichen Aktiengesellschaft, deren Aktionäre zufällig keine Arbeiter sind. Damit die Arbeit frei und eigenberechtigt werde, müssen sich die Arbeitenden als solche, nicht aber als kleine Kapitalisten zusammenthun; sie dürfen keinen wie immer genannten oder gearteten Arbeitgeber über sich setzen, also auch keinen solchen, der aus einer Genossenschaft von Ihresgleichen besteht; sie müssen sich als Arbeitende und nur als solche organisieren, dann erst haben sie auch als solche Anspruch auf den vollen Arbeitsertrag. Und diese Organisation der Arbeit ohne jeglichen Rückstand des altererbten Herrschaftsverhältnisses irgend eines Arbeitgebers ist das Grundproblem der socialen Befreiung; ist dieses glücklich gelöst, so folgt alles Andere ganz von selbst.

Diese Organisation aber war mit nichten so schwierig, als auf den ersten Blick scheinen mag. Der Ausschuß ging von dem Grundsatze aus, daß die richtigen Organisationsformen freier Arbeit sich am besten durch das freie Zusammenwirken sämtlicher an dieser Organisation Beteiligten werde finden lassen. Besondere Schwierigkeiten vermochte er dabei nicht zu entdecken. Handelte es sich dabei doch dem Wesen nach um höchst einfache Dinge. Um z. B. ein Eisenwerk zu errichten, brauchten die Arbeiter den Gesamtmechanismus der Eisenfabrikation keineswegs sämtlich zu verstehen; was notthat, war bloß zweierlei: erstlich daß sie wußten, welcherlei Leute sie an die Spitze ihrer Fabrik zu stellen hätten und zweitens, daß sie diesen Leuten einerseits genügende Gewalt einräumten, um die Arbeit in Ordnung zu erhalten, anderseits aber auch sie genügend kontrollierten, um jederzeit das Heft über ihr Unternehmen in eigenen Händen zu behalten. Dabei konnten ohne Zweifel sehr ernste Fehler begangen werden; man konnte sich in der Organisation der leitenden sowohl als der überwachenden Organe, im Ausmaße der erteilten Vollmachten arg vergreifen; aber gerade die einmal bereits erwähnte, schrankenlose Öffentlichkeit aller Produktionsvorgänge, die von Gesamtheitswegen auch aus anderen Gründen gefordert werden mußte, erleichterte den Arbeiterschaften ihr Werk wesentlich, und da alle Genossen einer jeden Produktiv-Association im entscheidenden Punkte genau die gleichen Interessen hatten, und ihre gesammelte Aufmerksamkeit jederzeit auf diese Interessen gerichtet war, so lernten sie wunderbar rasch die gemachten Fehler verbessern, so daß schon nach wenigen Monaten der neue Apparat leidlich arbeitete und in merkwürdig kurzer Zeit einen hohen Grad von Vollkommenheit erreichte. Fleiß und Emsigkeit aller Genossen aber ließen von Anbeginn nichts zu wünschen übrig, was angesichts der vollkommen entfesselten Eigeninteressen, sowie der unablässigen gegenseitigen Anfeuerung und Kontrolle Gleichberechtigter und Gleichinteressierter eigentlich selbstverständlich ist.

Der Ausschuß arbeitete daher zum Gebrauche der Associationen zwar ein sogenanntes „Musterstatut" aus, jedoch keineswegs in der Meinung, daß dasselbe sich wirklich mustergiltig erweisen werde oder auch nur könne, sondern bloß um einen Anfang zu machen, den Genossenschaften gleichsam ein Formular zu bieten, das sie als Gerippe ihrer eigenen, durch Erfahrung allmählich entstehenden Organisationsentwürfe gebrauchen könnten. Thatsächlich war dieses „Musterstatut", anfangs von allen Genossenschaften beinahe unverändert angenommen, nach kaum einem Jahre überall so gründlich geändert und ergänzt, daß von seinen ursprünglichen Bestimmungen meist nur die leitenden Prinzipien übrig blieben. Diese aber waren die folgenden:

1. Der Beitritt in jede Association steht Jedermann frei, gleichviel ob er zugleich Mitglied anderer Associationen ist, oder nicht; auch kann Jedermann jede Association jederzeit verlassen.

2. Jedes Mitglied hat Anspruch auf einen, seiner Arbeitsleistung entsprechenden Anteil am Nettoertrage der Association.

3. Die Arbeitsleistung wird jedem Mitgliede im Verhältnisse der geleisteten Arbeitsstunden berechnet, mit der Maßgabe jedoch, daß älteren Mitgliedern für jedes Jahr, um welches sie der Gesellschaft länger angehören, als die später Beigetretenen, ein Präcipuum von x Procent eingeräumt ist. Ebenso kann für qualifizierte Arbeit im Wege freier Vereinbarung ein Präcipuum bedungen werden.

4. Die Arbeitsleistung der Vorsteher oder Direktoren wird im Wege einer, mit jedem Einzelnen derselben zu treffenden freien Vereinbarung, einer bestimmten Anzahl täglich geleisteter Arbeitsstunden gleichgesetzt.

5. Der gesellschaftliche Ertrag wird erst am Schlusse eines jeden Betriebsjahres berechnet und nach Abzug der Kapitalrückzahlungen und der an das freiländische Gemeinwesen zu leistenden Abgaben zur Verteilung gebracht. Inzwischen erhalten die Mitglieder Vorschüsse in der Höhe von x Procent des vorjährigen Reinertrags für jede geleistete oder angerechnete Arbeitsstunde.

6. Die Mitglieder haften für den Fall der Auflösung oder Liquidation der Association nach dem Verhältnisse ihrer Gewinnbeteiligung für die kontrahierten Darlehn, welche Haftung sich bezüglich der noch aushaftenden Beträge auch auf neueintretende Mitglieder überträgt. Auch erlischt mit dem Austritte eines Mitgliedes dessen Haftung für die schon

kontrahiert gewesenen Darlehn nicht. Dieser Haftbarkeit für die Schulden der Association entspricht im Falle der Auflösung oder Liquidation der Anspruch der haftenden Mitglieder an das vorhandene Vermögen.

7. Oberste Behörde der Association ist die Generalversammlung, in welcher jedes Mitglied das gleiche aktive und passive Wahlrecht ausübt. Die Generalversammlung faßt ihre Beschlüsse mit einfacher Stimmenmehrheit; zu Statutenänderungen und zur Auflösung und Liquidation der Association ist ¾ Majorität erforderlich.

8. Die Generalversammlung übt ihre Rechte entweder direkt als solche, oder durch ihre gewählten Funktionäre aus, die ihr jedoch verantwortlich sind.

9. Die Leitung der gesellschaftlichen Geschäfte ist einem Direktorium von x Mitgliedern übertragen, die von der Generalversammlung auf x Jahre gewählt werden, deren Bestallung jedoch jederzeit widerruflich ist. Die untergeordneten Funktionäre der Geschäftsleitung werden von den Direktoren ernannt; doch geschieht die Feststellung des Gehaltes dieser Funktionäre — bemessen in Arbeitsstunden — auf Vorschlag der Direktoren durch die Generalversammlung.

10. Die Generalversammlung wählt jährlich einen aus x Mitgliedern bestehenden Aufsichtsrat, der die Bücher sowie das Gebahren der Geschäftsleitung zu überwachen und darüber periodischen Bericht zu erstatten hat.

Es fällt sofort auf, daß in diesem Statut bloß für den Fall der Auflösung der Association (Absatz 6) von dem die Rede ist, was scheinbar doch als Hauptsache angesehen werden sollte, nämlich vom „Vermögen" der Associationen und von den Ansprüchen der Mitglieder an dieses Vermögen. Der Grund liegt aber darin, daß ein Vermögen der Association im gemeingebräuchlichen Sinne gar nicht existiert. Die Mitglieder besitzen allerdings das Nutznießungsrecht der vorhandenen Produktivkapitalien; da sie aber dieses Recht mit jedem beliebigen Neueintretenden jederzeit teilen und selber durch nichts anderes, als durch das Interesse am Ertrage ihrer Arbeit an die Association gebunden sein sollen, so darf es Vermögensinteressen bei den Associationen gar nicht geben, so lange dieselben im Betriebe sind. Und in der That ist ein — sei es auch noch so nützlicher — Gegenstand, den Jedermann benutzen kann, kein Vermögensbestandteil. Es giebt keine Eigentümer, bloß Nutznießer der Associationskapitalien. Und sollte darin vielleicht ein Widerspruch mit jener Bestimmung erblickt werden, wonach die dargeliehenen Produktivkapitalien von den Associationen zurückgezahlt werden müssen, so darf nicht übersehen werden, daß auch diese Kapitalrückzahlung — den bereits erwähnten Fall der Liquidation ausgenommen — von den Mitgliedern bloß in ihrer Eigenschaft als Nutznießer der Produktionsmittel geleistet wird. Da die Kapitalrückzahlungen von den Erträgen in Abzug gebracht, diese aber je nach der Arbeitsleistung unter die Mitglieder verteilt werden, so leistet eben auch jedes Mitglied Abzahlung je nach seiner Arbeitsleistung. Und wenn man noch genauer zusieht, so wird man finden, daß diese Abzahlungen in letzter Linie eigentlich von den Verbrauchern der von den Associationen erzeugten Güter getragen werden; sie bilden — selbstverständlich — einen Teil der Betriebskosten und müssen notwendigerweise im Preise des Produkts Deckung finden. Daß dies auch überall vollkommen geschehe, dafür sorgt mit unfehlbarer Sicherheit die freie Beweglichkeit der Arbeitskräfte. Eine Produktion, bei welcher diese Abzahlungen im Preise der Erzeugnisse nicht vollkommen Deckung gefunden hätten, wäre solange von Arbeitskräften teilweise verlassen worden, bis das sinkende Angebot die Preise entsprechend erhöht hätte. Ist hinwieder die Abzahlung geleistet, so entfällt dieser Bestandteil der Betriebskosten; die betreffenden

Gesellschaftskapitalien können als amortisiert angesehen werden und nunmehr sinken — wieder unter dem Einflusse der Freizügigkeit der Arbeitskräfte — die Preise des Produkts, so daß die Mitglieder der Association ebensowenig einen Sondervorteil aus der Benützung lastenloser Kapitalien ziehen, als sie früher einen Sondernachteil aus der Abtragung dieser Lasten hatten. Vorteil und Nachteil verteilt sich — immer Dank der freien Beweglichkeit der Arbeitskräfte — stets gleichmäßig auf die Gesamtheit aller Arbeitenden Freilands.

Man sieht, die Produktivkapitalien sind infolge dieser einfach und unfehlbar funktionierenden Einrichtung streng genommen ebenso herrenlos, als der Boden; sie gehören Jedermann und daher eigentlich Niemand. Die Gemeinschaft der Produzenten giebt sie her und benützt sie, beides genau nach Maßgabe der Arbeitsleistung jedes Einzelnen; und Zahlung für den gemachten Aufwand leistet die Gemeinschaft aller Konsumenten, abermals ein Jeder genau nach Maßgabe seines Konsums.

Daß mit der absoluten Freizügigkeit der Arbeit weder beabsichtigt, noch jemals erreicht wurde, daß der Ertrag überall das *absolut* gleiche Niveau einhielt, ist selbstverständlich. Abgesehen davon, daß ja die Ungleichheiten oft erst nachträglich, bei Gelegenheit der Bilanzabschlüsse, sich zeigen, also auch erst nachträglich durch Zu- und Abfluß von Arbeitskräften ausgeglichen werden können, giebt es eine nicht unerhebliche, dauernde, jeder Ausgleichung entrückte Verschiedenheit der Gewinne, die in der Verschiedenheit der mit den unterschiedlichen Arbeitszweigen verknüpften Anstrengungen und Unannehmlichkeiten ihre naturgemäße Begründung hat. Nur ist es allerdings in Freiland anders, als in der alten Welt, wo nur zu oft die Last der Arbeit im umgekehrten Verhältnisse steht zu ihrem Ertrage; bei uns müssen schwierige, lästige, unangenehme Arbeiten ausnahmslos höheren Gewinn abwerfen, als die leichteren, angenehmeren — sofern Letztere keine besonderen Fähigkeiten voraussetzen — sonst würde man Jene sofort verlassen und sich Diesen zuwenden. Außerdem ist auch das im 3. Absatze den älteren Mitgliedern eingeräumte Präcipuum — dasselbe schwankt bei verschiedenen Gesellschaften zwischen 1 und 3 Prozent per Jahr, summiert sich also bei längerer Arbeitszeit zu ganz respektabler Höhe und ist dazu bestimmt, die erprobten Arbeitsveteranen an das Unternehmen zu binden, — ein Hindernis absoluter Gewinnausgleichung selbst bei ganz gleichgearteten Associationen.

Einer kurzen Erläuterung bedarf Punkt 5 der Statuten. Für das erste Betriebsjahr war natürlich die Berechnung der den Associationsmitgliedern zu leistenden Gewinnvorschüsse in Prozenten des vorjährigen Reinertrags nicht möglich, und der Ausschuß schlug daher für dieses erste Jahr ein Fixum von 1 Shilling (1 Mark) per Stunde vor. Man wird vielleicht erstaunen über die — insbesondere unter Berücksichtigung der am Kenia herrschenden Preisverhältnisse — auffallende Höhe dieses Ansatzes und billig fragen, von wo der Ausschuß den Mut schöpfte, auf derartige Erträge zu hoffen, daß solche Gewinnanteile, und noch dazu „vorschußweise" ausbezahlt werden könnten. Es gehörte aber dazu keine besondere Kühnheit, vielmehr war dieser Ansatz in Wahrheit mit äußerster Vorsicht bemessen. Das Ergebnis der bis dahin in Gang gesetzten gesellschaftlichen Produktionen war nämlich thatsächlich ein wesentlich günstigeres gewesen. Die Körnerwirtschaft z. B. hatte bei einem Arbeitsaufwande von insgesamt 44,500 Arbeitsstunden einen Rohertrag von 42,000 Centnern verschiedener Sämereien ergeben. Deren Preis in Edenthal betrug derzeit im Durchschnitt allerdings nicht ganz 3 Schilling per Centner, da wir mehr davon erzeugen konnten, als wir brauchten, der Export über Mombas aber, der einstweilen noch recht primitiven

Transportmittel halber, keinen größeren Ertrag, als eben diese 3 Schilling ergab. Wir hatten also rund 6,000 Pfd. Sterling landwirtschaftlichen Rohertrag. An Produktionskosten hierfür waren zu berechnen: 400 Pfd. Sterling für Materialien, 300 Pfd. Sterling als Amortisation der investierten Kapitalien (Werkzeuge und Vieh), so daß 5300 Pfd. Sterling Netto-Gewinn verbleiben werden. Da zur Deckung all der gemeinnützigen Ausgaben, die im Sinne unseres Programms Sache des gesamten Gemeinwesens sind, und von denen später noch gesprochen werden soll, eine Abgabe von nicht weniger als 35 Prozent in Aussicht genommen war, so verblieben rund 3400 Pfd. Sterling als verfügbarer Gewinn. Repartiert man nun diesen auf die geleisteten 44,500 Arbeitsstunden, so berechnet sich die Arbeitsstunde mit 1,5 Schilling. Das war aber auch annähernd der Durchschnittsertrag der anderen bislang betriebenen Produktionen gewesen, soweit sich derselbe für die Vergangenheit, in welcher es einen regelmäßigen Markt für alle Waren am Kenia noch nicht gab, überhaupt feststellen ließ; so viel war mit größter Beruhigung anzunehmen, daß für den Fall, als wir den Preis jedes Arbeitsprodukts durch Angebot und Nachfrage hätten regulieren können, im Durchschnitt für jedes derselben mindestens jener Preis hätte bezahlt oder angerechnet werden müssen, der dem landwirtschaftlichen Ertrage entsprach. Denn Körnerfrüchte, zu 3 Schilling ab Edenthal gerechnet, hätten wir doch vorerst erzeugen und absetzen können, so weit unsere Arbeitskraft reichte; es hätte also in der hinter uns liegenden Betriebsperiode Jedermann mindestens 1,5 Schilling für eine Arbeitsstunde erwerben können. Der nächsten Betriebsepoche schon gingen wir aber — wie man bald sehen wird — mit wesentlich verbesserten Hülfsmitteln entgegen, es mußte also, von unvorhergesehenen Unglücksfällen abgesehen, die Ergiebigkeit unserer Arbeit sehr namhaft steigen, so daß, als wir 1 Schilling Vorschuß für die Arbeitsstunde beantragten, unsere Meinung dahin ging, kaum die Hälfte des wirklichen Verdienstes vorweg zahlen zu lassen — eine Voraussetzung, der die Erfahrung durchaus entsprach. In den späteren Betriebsepochen wurde es bei den meisten Associationen üblich, 90 Prozent des vorjährigen Reinertrages als zu bezahlenden Vorschuß zu bestimmen.

Die Honorierung der Direktoren anlangend, ist zu bemerken, daß dieselbe bei den verschiedenen Gesellschaften von Anbeginn höchst verschieden war. Wo zur Leitung keine ausnahmsweisen Kenntnisse und kein besonderer Scharfblick erforderlich war, begnügten sich die Vorsteher damit, daß ihre Mühewaltung einer Arbeitsleistung von täglich 8-10 Stunden gleichgesetzt wurde; es gab aber auch Direktoren, die bis zu 24 Stunden täglich angerechnet erhielten, was schon im ersten Jahre einem Jahresgehalt von ungefähr 850 £ entsprach. Den Funktionären minderen Grades wurden in der Regel zwischen 8 und 10 Arbeitsstunden angerechnet; die kontrollierenden Aufsichtsräte erhielten für ihre Funktion meist keinerlei Extravergütung.

Die den Associationen gewährten Kredite erreichten im ersten Betriebsjahre durchschnittlich 145 £ per Kopf der beteiligten Arbeiterschaft — und wenn nun die Frage auftaucht, von wo wir diese Beträge für die Gesammtzahl unserer Mitglieder aufbrachten, so ist die Antwort: eben durch die Mitglieder. Und zwar sind hier nicht blos die von den Mitgliedern anläßlich ihres Beitritts zur Internationalen freien Gesellschaft gezahlten freiwilligen Beiträge gemeint, denn diese waren in erster Reihe dem Transportdienste zwischen Triest und Freiland geweiht, und hätten, auch wenn sie allesammt zur Ausstattung unserer Associationen mit Kapitalien herbeigezogen worden wären, zu diesem Behufe nicht genügt; die im Laufe des ersten Jahres beanspruchten Kredite umfaßten die Gesamtsumme von nahezu 2 Millionen Pfd. Sterling, während die gleichzeitig eingelaufenen freiwilligen Beiträge nur unwesentlich 1,5 Mill. Pfd. Sterling überstiegen. Die hauptsächlichen Mittel, die wir zu obigen Krediten an unsere Mitglieder gebrauchten, lieferte uns einerseits das durch die verfügbaren Vorräte repräsentierte gesellschaftliche Vermögen, andererseits die von den Mitgliedern gezahlte Steuer.

Nicht unerwähnt darf hier bleiben, daß sich der Ausschuß für die ersten Jahre die Entscheidung über Ausmaß und Reihenfolge der zu gewährenden Kredite vorbehielt. Diese — wenn auch blos negative — Einmischung in die Betriebsverhältnisse der Associationen stand allerdings nicht im Einklange mit dem Prinzipe des unbedingten Selbstbestimmungsrechtes der Produzenten, war aber insolange unvermeidlich, als unser Gemeinwesen jene hohe Stufe der Ergiebigkeit der Arbeit noch nicht thatsächlich erreicht hatte, welche eben die Voraussetzung vollkommener Durchführung aller ihm zu Grunde liegenden Prinzipien ist. Späterhin, als die Ausrüstung mit auf der Höhe des technischen Fortschritts stehenden Produktionsmitteln der Hauptsache nach bei uns vollbracht war und es sich folglich nurmehr darum handelte, das Vorhandene fortlaufend zu ergänzen und zu verbessern, konnte niemals die Frage sein, ob die Überschüsse der laufenden Produktion auch genügen würden, selbst den weitestgehenden neu auftauchenden Kapitalansprüchen zu genügen. Anders zu Beginn, wo die Kapitalbedürfnisse unbegrenzt und die Hülfsmittel noch unentwickelt waren. Mehr, als es zu leisten vermochte, konnte das freie Gemeinwesen nicht bieten, und es mußte sich daher eine Auslese der zu bewilligenden Investionskredite vorbehalten. Dank der durch die freie Beweglichkeit der Arbeitskräfte sich geltend machenden durchgreifenden Interessensolidarität konnte dies geschehen, ohne daß damit auch nur vorübergehend eine gefährliche Bevorzugung oder Benachteiligung der verschiedenen Produzenten in ihren wesentlichen materiellen Interessen verknüpft gewesen wäre. Denn wenn — wie dies kaum zu vermeiden war — durch die gewährten oder verweigerten Kredite einzelne Produktionen begünstigt oder benachteiligt wurden, so hatte dies unmittelbar und selbstverständlich ein derartiges Zu- und Abströmen von Arbeitskraft zur Folge, daß die auf die gleichen Arbeitsleistungen entfallenden Erträge sich alsbald wieder ins Gleichgewicht setzten.

Doch wie gesagt, nur auf Ausmaß und Reihenfolge der zu gewährenden Kredite erstreckte sich diese in den ersten Jahren geübte Einmischung, nicht aber auf die Art der Verwendung derselben. Diesbezüglich wurde von Anbeginn das Prinzip der Selbstverantwortlichkeit der Produzenten zu vollständiger Durchführung gebracht. Da die Produzenten für die Rückzahlung der empfangenen Kapitalien aufzukommen hatten, so blieb es ihre Sache, für die nützliche Verwendung derselben Sorge zu tragen. Allerdings sind es — wie früher erwähnt — die Konsumenten, welche in letzter Linie die Kosten der gemachten Anlagen bezahlen; aber das thun sie selbstverständlich nur, wenn und insoweit diese Anlagen nützlich und notwendig sind. Hätte eine Association überflüssige oder schlechte Maschinen angeschafft, so wäre es ihr unmöglich gewesen, die für dieselben zu leistenden Abzahlungen auf die Käufer ihrer Erzeugnisse abzuwälzen, sie hätte durch solche Investionen ihren Gewinn nicht erhöht, sondern geschmälert, und man durfte es daher füglich dem Eigeninteresse der bei den Associationen Beteiligten überlassen, dafür Sorge zu tragen, daß derartige Kapitalvergeudung unterbleibe.

Wir kommen nun zu der Frage, wie es möglich war, das gleiche Anrecht Aller auf gleich ergiebigen Boden zur Wahrheit zu machen. — Auch dieses Problem löste sich in einfachster Weise durch die im Prinzipe der freien Vergesellschaftung enthaltene freie Beweglichkeit der Arbeitskräfte. Zwar gab es auch in Freiland besseren und minder guten Boden wie überall in der Welt; aber da dem besseren Boden mehr Arbeiter zuströmten, als dem schlechten und da einem bekannten ökonomischen Gesetze zufolge der Mehraufwand von Arbeitskraft auf gleicher Bodenfläche mit *verhältnismäßig sinkendem* Ertrage verknüpft ist, so entfiel für den einzelnen Arbeiter, respektive für die einzelne Arbeitsstunde auf bestem Boden kein höherer Reinertrag, als auf überhaupt noch in Arbeit genommenem schlechtesten.

Im Danaplateau z. B. konnten mit einem Arbeitsaufwande von 80 Stunden 120 Centner Weizen vom Hektar gewonnen werden, in Edenthal mit dem gleichen Arbeitsaufwande bloß 90 Centner. Die Bodenassociation im Danaplateau hatte daher, da der Centner Weizen 3⅛ Schilling galt und ⅛ Schilling zur Deckung aller Spesen ausreichte, am Schlusse des Jahres 4½ Schilling pro Arbeitsstunde als Gewinn und konnte von diesem nach Abzug der Steuer und der Kapitalrückzahlungen 2¾ Schilling zur Verteilung bringen. Die Mitglieder der Edenthal-Association dagegen erhielten bloß 2 Schilling pro Arbeitsstunde Gewinnanteil, und da nähere Untersuchung ergab, daß dieser Unterschied nicht in zufälligen Witterungsverschiedenheiten und auch nicht in minderer Arbeit, sondern in der Beschaffenheit des Bodens zu suchen sei, so war die Folge, daß im nächsten Jahre die neu eingewanderten Feldarbeiter mit Vorliebe den besseren Boden des Danaplateaus aufsuchten. Dort kamen jetzt durchschnittlich 105 Arbeitsstunden auf den Hektar, in Edenthal bloß 60; die mehraufgewendeten 25 Stunden ergaben aber auf Ersterem keinen Rohertrag von je 1½ Centner, wie im Durchschnitt die früher aufgewendeten 80 Stunden, sondern bloß einen solchen von knapp ¾ Centner, d. h. der Ertrag stieg nicht von 120 auf 157½ sondern bloß auf 138 Centner, sank also per geleisteter Arbeitsstunde auf 1,34 Centner, was zur Folge hatte, daß der Gewinn, ungeachtet der inzwischen wegen Verbesserung der Kommunikationsmittel eingetretenen namhaften Preissteigerung des Getreides, sich bloß auf 5 Schilling erhöhte, wovon 3 Schilling pro Stunde zur Verteilung gelangten. In Edenthal dagegen verminderte sich der Rohertrag durch den Entgang von 20 Arbeitsstunden per Hektar bloß um je 8 Centner; er betrug also jetzt für 60 Arbeitsstunden 82 Centner oder 1,27 Centner per Arbeitsstunde. Die Edenassociation zahlte also eine Kleinigkeit mehr als die von Dana und da zudem der Aufenthalt in Edenthal mit größeren Annehmlichkeiten verknüpft war, als der im Danaplateau, so wandte sich nun der Zuzug von Ackerbauern wieder insolange nach Edenthal, bis endlich — nach 2 ferneren Betriebsepochen — eine ungefähr fünfprocentige Gewinndifferenz zu Gunsten Danas hervortrat, bei welcher es dann, von kleinen Schwankungen abgesehen, auch sein Bewenden hatte.

Ebenso aber, wie das durch die Freizügigkeit der Arbeitskräfte verwirklichte Prinzip der Interessensolidarität Denjenigen, der thatsächlich schlechteren Boden bearbeitet, in den Mitgenuß der Vorteile besseren Bodens setzt, so partizipiert auch jeder, in welchem Produktionszweige immer Beschäftigte an allen wie immer gearteten Vorteile des besten Bodens und umgekehrt zieht auch der Bodenbebauer, wie überhaupt jeglicher Produzent, Gewinn aus sämmtlichen Produktionsvorteilen, die in welchem Arbeitszweige unseres Gemeinwesens immer erzielt werden, gerade so, als ob er bei demselben unmittelbar beteiligt wäre. *Alle* Produktionsmittel sind Gemeingut; über das Ausmaß des Nutzens, den ein jeglicher von uns von diesem gemeinsamen Eigentume ziehen mag, entscheidet nicht der Zufall des Besitzes — aber auch nicht die Fürsorge einer Alles bevormundenden kommunistischen Obrigkeit, sondern einzig die Fähigkeit und der Fleiß eines Jeden.

9. Kapitel.

Ausgedehnteste Öffentlichkeit aller wirtschaftlichen Vorgänge war — wie bereits erwähnt — die oberste Voraussetzung des richtigen Funktionierens der im Vorherigen geschilderten überaus einfachen Organisation, die in Wahrheit in nichts anderem, als in der Hinwegräumung aller, der freien Bethätigung von weisem Eigennutze geleiteter individueller Willkür im Wege stehenden Hindernisse bestand. Um so notwendiger war es, diese souveräne Willkür wohl zu beraten, dem Eigennutze alle Handhaben zu richtigem und raschem Erfassen seines wahren Vorteils zu bieten.

Kein wie immer geartetes Geschäftsgeheimnis! Das war gleichsam mit eines der Grundgesetze von Edenthal. Da draußen, wo der Kampf ums Dasein darin gipfelt, einander nicht blos auszubeuten und zu verknechten, sondern überdies wirtschaftlich zu vernichten, wo infolge der allgemeinen, aus Unterkonsum hervorgehenden Überproduktion konkurrieren gleichbedeutend ist mit: einander die Kunden abjagen; da draußen in der alten Welt wäre Preisgebung der Geschäftsgeheimnisse gleichbedeutend mit Preisgebung mühsam ergatterten, erlisteten Absatzes, also mit Untergang. Wo die ungeheure Mehrzahl der Menschen kein Anrecht auf steigende Produktionserträge besitzt, sondern sich — unbekümmert um die Ergiebigkeit der Arbeit — mit „Arbeitslohn", d. i. mit dem zur Lebensfristung Erforderlichen begnügen muß, dort kann es auch keine Verwendung für die Gesammterträge hochproduktiver Arbeit geben. Denn die wenigen Besitzenden können unmöglich die stetig wachsenden Überschüsse verzehren und ihr Bestreben, solche zu kapitalisieren, d. h. in Arbeitsinstrumente zu verwandeln, scheitert an der Unmöglichkeit der Verwendung von Produktionsmitteln, für deren Produkte es keine Verwendung giebt. Es herrscht also in der ausbeuterischen Welt ein stetiges Mißverhältnis zwischen Produktivkraft und Konsum, zwischen Angebot und Nachfrage, und die selbstverständliche Folge ist, daß der Absatz Gegenstand eines eben so stetigen und schonungslosen Kampfes zwischen den verschiedenen Produzenten ist. Nicht möglichst viel und gut zu erzeugen, sondern für einen möglichst großen Teil der eigenen Erzeugnisse einen Markt zu erobern, ist die vornehmste Sorge der ausbeuterischen Produzenten, und da dieser Absatzmarkt angesichts des oben klargelegten Mißverhältnisses stets nur auf Kosten anderer Produzenten erlangt und behauptet werden kann, so besteht hier notwendigerweise ein dauernder und unversöhnlicher Interessenkonflikt. Anders bei uns. Wir können des Absatzes jederzeit sicher sein, denn bei uns kann nicht mehr erzeugt werden, als gebraucht wird, da ja der gesamte Produktionsertrag dem Arbeitenden gehört und der Verbrauch, die Befriedigung irgendeines realen Bedürfnisses, die ausschließliche Triebfeder der Arbeit ist; bei uns kann also durch Preisgebung seiner Absatzquellen niemand um seine Kunden kommen, da ihm für die eventuell verlorenen notwendigerweise andere zufallen müßten.

Und welchen Anlaß hätte anderseits der Produzent da draußen, seine Erfahrungen Anderen mitzuteilen? Können sie von der erlangten Kenntnis überhaupt anderen Gebrauch machen, als einen auf seinen Nachteil abzielenden? Kann er die ihm ihrerseits mitgeteilte Kunde zu etwas anderem benützen, als wieder zu ihrer Schädigung? Läßt er den Anderen heran zur Teilnahme an seinem Geschäfte, wenn dieses das ertragreichere ist, oder läßt ihn Jener in das seine, wenn es sich umgekehrt verhält? Steigt die Nachfrage nach den Erzeugnissen eines Produzenten, so steht ihm der Arbeits-„Markt" offen, wo er stets Knechte in Hülle findet, die zur Arbeit bereit sind, ohne nach deren Ertrag zu fragen, sofern sie nur ihren „Lohn" erhalten. Also nicht einmal die Konsumenten sind da draußen an der Öffentlichkeit der Geschäftsführung interessiert, die übrigens, wie schon gesagt, ein Ding der Unmöglichkeit wäre. Ganz anders auch dies bei uns in Freiland. Wir lassen Jedermann teilnehmen an unseren Geschäftsvorteilen, können dafür aber auch teilnehmen an Jedermanns Geschäftsvorteilen, und wir *müssen* diese veröffentlichen, weil Mangels eines Marktes willen- und interesseloser Arbeiter, diese Veröffentlichung der einzige Weg ist, bei steigender Nachfrage entsprechende Arbeitskräfte heranzuziehen.

Und was die Hauptsache ist: während da draußen Niemand ein wirkliches Interesse daran hat, daß die Produktion Anderer sich hebe, ist bei uns Jedermann aufs lebhafteste dabei interessiert, daß Jedermann möglichst leicht und gut produziere. Denn die klassische Phrase von der Solidarität aller wirtschaftlichen Interessen ist zwar bei uns zur Wahrheit geworden, da draußen aber nichts anderes, als eine jener zahlreichen Selbsttäuschungen, aus denen sich die nationalökonomische Doktrin der ausbeuterischen Welt zusammengesetzt. *Allgemeine* Steigerung der Produktion, des Reichtums ist dort wo die alte Wirtschaftsordnung herrscht, ein Unding. Wo der Massenkonsum nicht zunehmen kann, dort können auch Produktion und Reichtum nicht wachsen, sondern nur verschoben werden, Ort und Eigner wechseln; um was die Produktion des Einen zunimmt, genau um das nämliche muß die irgendeines Anderen abnehmen — es sei denn, daß auch der Verbrauch einigermaßen gewachsen ist, was jedoch, wo die Massen ausgeschlossen sind vom Genusse wachsender Arbeitserträge, nur zufällig und keineswegs schritthaltend mit der gewachsenen Arbeitsergiebigkeit geschehen kann.

Bei uns in Freiland dagegen, wo die Produktion — angesichts der mit ihr naturnotwendig genau proportional wachsenden Konsumtionskraft — ins Ungemessene steigen kann und steigt, soweit nur unsere Fertigkeiten und Künste es gestatten, bei uns ist es das oberste, absoluteste Interesse der Gesamtheit, jedermanns Arbeitskraft verwertet zu sehen, wo jeweilig die höchsten Erträge für ihn zu erzielen sind, und niemand giebt es, der nicht Vorteil daraus zöge, wenn dies in möglichst vollkommener Weise überall geschieht. Der Einzelne oder die einzelnen Associationen, die vermöge unserer Organisation genötigt sind, einen zufällig erlangten Vorteil mit anderen zu teilen, erleiden durch dieses einzelne Faktum für sich betrachtet allerdings einen Gewinnentgang; aber unendlich größer ist für alle Fälle der Vorteil, den sie davon haben, daß Ähnliches überall geschieht, daß die Produktivität unablässig wächst, und ihr eigener Nutzen gebietet also, daß es überall — sohin selbstverständlich auch bei ihnen — geschehe. In wie ungeahnt hohem Maße dies der Fall ist, wird die fernere Geschichte von Freiland sattsam zeigen.

Über die zu ausgedehntester Öffentlichkeit der wirtschaftlichen Vorgänge abzielenden Maßnahmen ist folgendes zu sagen. Wir gehen von dem Grundsatze aus, daß die Gesamtheit sich so wenig als möglich hindernd oder anordnend, dagegen so viel als möglich orientierend und belehrend in das Thun und Lassen der Individuen zu mengen habe. Jedermann mag handeln, wie ihm beliebt, sofern er nur die Rechte anderer nicht kränkt; aber wie er immer handle, sein Thun muß vor jedermann offen daliegen. In Gemäßheit dieses Grundsatzes wurde schon in der alten Heimat bei Anmeldung des neuen Mitgliedes dessen wirtschaftliche Eignung festgestellt und die betreffenden Listen gelangten — wie einmal schon erwähnt — mit möglichster Beschleunigung an den Ausschuß. Dem lag weder müßige Neugier, noch polizeiliche

Bevormundungssucht zu Grunde, vielmehr wurden diese Daten ausschließlich zu Nutz und Frommen der Produktionsgenossenschaften sowohl als der Neuangemeldeten selber veröffentlicht. Die Folge davon war, daß Letztere in der Regel schon bei ihrer Ankunft am Kenia auf sie vorbereitete und eingerichtete Arbeitsstätten vorfanden, und zwar allemal diejenigen, an denen sie die jeweilig beste Verwertung ihrer Arbeitskraft fanden. Niemand zwang sie, sich diesen ohne ihr Zuthun getroffenen Vorbereitungen anzubequemen, aber da dieselben in denkbar bester Weise ihrem eigenen Vorteile dienten, so thaten sie es — von vereinzelten Ausnahmen abgesehen — mit der größten Freude.

Der zweite und wichtigste Gegenstand der Publikationen waren die Betriebsausweise der Produzenten — der Associationen sowohl als der — in geringer Zahl stets vorhandenen — Einzelproduzenten. Von ersteren, als den weitaus wichtigeren und überdies ihrer Natur nach schon zu sorgfältiger Buchführung genötigten, wurde sehr viel, in Wahrheit die Bloßlegung ihres gesamten Gebahrens verlangt. Rohertrag, Spesen, Reinertrag, Einkauf und Verkauf, Arbeitsleistung, Verwendung des Reinertrags, alles mußte fortlaufend veröffentlicht werden und zwar je nach der Beschaffenheit der betreffenden Daten einmal jährlich, anderes in kürzeren Abständen, der gemachte Arbeitsaufwand z. B. allwöchentlich. Von Seite der wenigen Einzelproduzenten begnügte man sich mit dem, was infolge der nunmehr zu beschreibenden Einrichtung auch ohne ihr Zuthun über sie bekannt wurde.

Einkauf und Verkauf aller erdenklichen Produkte und Handelsartikel Freilands war nämlich in großen Warenhallen und -lagern konzentriert, deren Leitung und Überwachung von Gesamtheitswegen geschah. Es war zwar niemand verboten, zu kaufen und zu verkaufen, wo ihm beliebte, diese öffentlichen Magazine boten aber so gewaltige

Vorteile, daß Jedermann, der sich nicht selber schädigen wollte, sie in Anspruch nahm. Gebühren für Einlagerung und Manipulation wurden nicht berechnet, da wir von der Anschauung ausgingen, daß es ganz gleichgültig sei, ob man in einem Lande, wo Jedermann einen seiner Produktion entsprechenden Verbrauch hat, diese Manipulationsgebühren von den Konsumenten als solchen, oder in Form eines minimalen Steuerzuschlages von ihnen in ihrer Eigenschaft als Produzenten einhebe. Als reiner Gewinn verblieb die Ersparnis aus der Vereinfachung des Verrechnungswesens.

Die oberste Verwaltung von Freiland war aber zugleich auch der Bankier der gesamten Bevölkerung. Nicht bloß jede Association, sondern Jedermann hatte sein Konto in den Büchern der Centralbank, diese besorgte die Inkassi und die Auszahlungen, von den Millionen Pfunden angefangen, die späterhin gar manche Genossenschaft im Inlande wie im Auslande zu fordern und zu entrichten hatte, bis hinab zu den auf die Arbeitsleistung des Einzelnen entfallenden Gewinnanteilen und dessen Kleider- oder Küchenrechnungen. Ein in Wahrheit „alles" umfassendes Clearingsystem ermöglichte die Durchführung dieser zahllosen Geld- und Kreditoperationen beinahe ohne jeden Aufwand wirklichen Geldes, lediglich durch Zu- und Abschreibungen in den Büchern. Niemand zahlte bar, sondern gab Anweisungen auf sein Konto bei der Centralbank, die ihm seine Forderungen gutschrieb, die Ausgaben zu seinen Lasten buchte und ihm allmonatlich mitteilte, mit welchem Betrage er bei ihr aktiv oder passiv sei. Denn auch die von Gesamtheitswegen gewährten, zu kapitalistischer Ausrüstung der Produktion dienenden, im vorigen Kapitel erwähnten Kredite gingen selbstverständlich durch die Bücher der Bank. Diese war solcherart über jede wie immer geartete geschäftliche Beziehung im ganzen Lande fortlaufend bis ins kleinste Detail unterrichtet. Sie wußte nicht bloß, wo und wie teuer die Produzenten ihre Vorräte und Rohstoffe einkaufen, ihre Erzeugnisse absetzen, sie kannte auch die Haushaltungsbilanz, das Einkommen und den Küchenzettel jeder Familie. Selbst der Kleinhandel konnte an der Allgegenwart dieser Kontrolle nichts ändern. Die meisten Lebensmittel und zahlreiche andere Bedarfsartikel wurden von diesen Geschäftszweig betreibenden Associationen den Kunden ins Haus gestellt; auch diesen konnte die Bank auf den Heller nachrechnen, wieviel sie verdient hätten, denn auch deren Einkäufe wie Verkäufe gingen durch die Bücher dieses Instituts. Die Konti der Bank aber mußten mit den Ausweisen des statistischen Amtes stimmen, und so besaßen denn alle Veröffentlichungen eine nicht bloß annähernd und schätzungsweise, sondern absolut sichere Grundlage; selbst wer es gewollt hätte, wäre schlechterdings außer stande gewesen, irgend etwas zu verheimlichen oder zu fälschen.

Diese allumfassende, automatisch sich ergebende Durchsichtigkeit der gesamten Produktions- und Erwerbsverhältnisse bot nun auch für die in Freiland eingehobenen Abgaben eine vollkommen verläßliche Grundlage. Grundsatz war, daß alle Ausgaben des Gemeinwesens von jedem Einzelnen genau nach Maßgabe seines Reineinkommens gedeckt werden sollen, und da es in Freiland anderes Einkommen als das von Arbeit nicht gab, dieses aber genau bekannt war, so machte die Verteilung der Abgaben nicht die geringsten Schwierigkeiten. Dieselben wurden ganz einfach schon bei Entstehung des Einkommens erfaßt, und zwar durch Vermittlung der Bank nicht bloß bei den Associationen, sondern auch bei den wenigen Einzelproduzenten. In Wahrheit hatte ja das Gemeinwesen durch seine Bank jegliches Einkommen früher in Händen als der Bezugsberechtigte selber, und es brauchte diesem daher die Abgabe bloß in Rechnung zu stellen, unter den Passiven zu buchen, und die Steuer war einkassiert.

Man betrachtete daher in Freiland diese Steuer gar nicht als Abzug vom Reineinkommen, sondern gleichsam als eine vom Bruttoertrage in Abrechnung kommende Auslage, etwa gleich den Betriebsspesen. Niemand empfand sie, trotz ihrer sehr bedeutenden Höhe, als Last, schon aus dem Grunde nicht, weil Jedermann wußte, daß der größte Teil derselben ihm oder den Seinen wieder zurückfließen werde, jeder Heller derselben aber ausschließlich gemeinnützigen Zwecken gewidmet sei, deren Früchte ihm mittelbar zu Gute kämen. Die Auffassung war also durchaus berechtigt, zwischen den durch Vermittlung der Gesamtheit und den im engeren Kreise vorgenommenen fruchtbringenden Ausgaben keinerlei Unterschied zu machen.

Diese Abgaben aber waren sehr hoch; sie betrugen im ersten Jahre 35 Prozent des Reinertrages und sanken niemals unter 30 Prozent, trotzdem das Einkommen, von welchem die Abgabe erhoben wurde, den gewaltigsten Aufschwung nahm. Denn die Aufgaben, welche sich das Gemeinwesen in Freiland gerade zu dem Zwecke gesteckt hatte, um diesen Aufschwung des Reichtums zu ermöglichen, waren sehr umfassend und beanspruchten die kolossalsten Beträge.

Die eine dieser Aufgaben war die Beistellung der zu Zwecken der Produktion erforderlichen Kapitalien. Doch mußte bloß im Anfang dieser Bedarf seinem ganzen Umfang nach aus der laufenden Steuer gedeckt werden, während späterhin die Rückzahlungen der Schuldner dem neuen Bedarfe teilweise die Wage hielten.

Eine stetig wachsende Ausgabenpost bildete das Erziehungswesen, welches Summen verschlang, von denen man außerhalb Freilands keine Vorstellung besitzt.

Ebenso beanspruchte das Kommunikationswesen einen in riesigen Dimensionen zunehmenden Aufwand und das nämliche gilt vom öffentlichen Bauwesen.

Die Hauptpost des freiländischen Ausgabenbudgets aber bildete der Titel „Versorgungswesen", unter welchem die

Ansprüche all jener zu verstehen sind, denen wegen thatsächlicher Arbeitsunfähigkeit, oder weil sie im Sinne unserer Grundsätze von Arbeit entbunden werden sollten, ein Recht auf auskömmlichen Unterhalt eingeräumt war. Zu diesen gehörten alle Frauen, alle Kinder, alle Männer über 60 Jahre und selbstverständlich alle Kranken oder Invaliden. Die Bezüge dieser verschiedenen Versorgungsberechtigten waren sämtlich so hoch bemessen, daß nicht bloß der dringenden Notdurft, sondern auch höheren Ansprüchen, wie sie nach dem jeweiligen Stande des allgemeinen Reichtums in Freiland gebräuchlich waren, Genüge geschah; zu diesem Behufe mußten sie derart berechnet sein, daß sie parallel mit dem Einkommen der arbeitenden Bevölkerung stiegen, waren daher nicht in festen Summen, sondern in Teilbeträgen vom Durchschnittseinkommen ausgeworfen. Der Jahr für Jahr erhobene, im Durchschnitt aller im Lande betriebenen Produktionen auf den einzelnen Produzenten entfallene Reinertrag war die Versorgungseinheit, und von dieser Einheit entfiel nun auf jede alleinstehende Jungfrau oder Witwe — sofern sie nicht das Lehreramt oder Krankenpflege ausübten und hierfür entsprechend bezahlt wurden — 30 Prozent; verheirateten sie sich, so sank ihr Anspruch auf 15 Prozent der Einheit; auf die drei ersten Kinder jedes Haushalts entfielen je 5 Prozent. Vater- und mutterlose Waisen wurden in öffentliche Verpflegung genommen und erforderten einen Aufwand von durchschnittlich 12 Prozent der Einheit. Männer über 60 Jahre und Kranke oder Invaliden erhielten 40 Prozent.

Es mag hier sofort bemerkt werden, daß diese sämtlichen Versorgungsbeträge nach außerfreiländischen Begriffen geradezu horrend zu nennen wären; schon im ersten Jahre betrug die Einheit 180 Pfd. Sterling, es bekam also eine Jungfrau oder Witwe 48 Pfd. Sterling, eine verheiratete Frau 24 Pfd. Sterling, eine Familie mit drei Kindern und Frau wieder 48 Pfd. Sterling, ein Greis oder Invalide 54 Pfd.

Sterling, was angesichts der bei uns damals herrschenden Preise mehr war, als die meisten europäischen Staaten ihren höchsten Funktionären oder deren Witwen und Waisen an Pension zahlen. Denn ein Zentner feines Mehl kostete in jenem ersten Jahre am Kenia 7 Shilling oder Mark, ein fetter Ochse 12 Shilling, Butter, Honig, das köstlichste Obst waren zu ähnlichen Preisen zu haben, Wohnung beanspruchte nicht mehr als höchstens 2 Pfd. Sterling im Jahr, kurzum mit ihren 48 Pfd. Sterling konnte bei uns eine ledige Frau in Überfluß leben und brauchte sich nichts Wesentliches von jenen Annehmlichkeiten und Vergnügungen zu versagen, die zu jener Zeit in Edenthal überhaupt erreichbar waren. Und späterhin, als die Preise in Freiland denn doch einigermaßen stiegen, eilte das Steigen der Arbeitserträge, d. i. also auch der Versorgungsbeträge dem gewaltig voran, so daß der in diesen gewährte Überfluß stets ausgesprochener wurde. Allein das lag eben in der Absicht des Volkes von Freiland. Warum? Davon wird an geeigneter Stelle noch die Rede sein, insbesondere auch davon, warum den Frauen ausnahmslos Versorgungsrecht zugesprochen wurde und warum bloß das Lehramt und die Krankenpflege als ihnen zugedachter Beruf erwähnt ist. Auch von den Ansprüchen der Kinder wird noch gesprochen werden. Hier sei nur konstatiert, daß die Deckung all dieser Ansprüche selbstverständlich stetig wachsende Summen erforderte.

Recht namhafte Ausgabeposten waren auch die für Statistik, Lagerhaus- und Bankwesen; indessen nahmen die Kosten dieser Verwaltungszweige — trotz ihres großen absoluten Wachstums — relativ, nämlich im Verhältnisse zu dem steuerbaren Einkommen, so rasch ab, daß sie schon nach wenigen Jahren auf einen minimalen Prozentsatz der Gesamtausgaben gesunken waren.

Dagegen kosteten Justiz, Polizei, Militär und Finanzverwaltung, die in anderen Ländern reichlich Neun-Zehnteile des Gesamtbudgets verschlingen, in Freiland nichts. Wir hatten keine Richter und Polizeiorgane, unsere Steuern flossen von selber ein und Soldaten kannten wir auch nicht. Nichtsdestoweniger wurde bei uns nicht gestohlen, geraubt oder gemordet, gab es keine Steuerrückstände und wehrlos waren wir, wie sich aus dem Späteren ergeben wird, keineswegs. Im übrigen mögen unsere Waffen- und Munitionsvorräte sowie unsere an die kriegerischen Massai gezahlten Subsidien immerhin als Surrogat für ein Militärbudget gelten. In Bezug auf das Justizwesen waren wir so arge Barbaren, daß wir nicht einmal einen Zivil- oder Kriminalkodex für nötig hielten, nebenbei bemerkt, einstweilen auch keinerlei geschriebenes Verfassungsrecht besaßen. Der Ausschuß, immer noch im Besitze der ihm im Haag erteilten Vollmacht, begnügte sich, alle seine Maßnahmen in öffentlichen Versammlungen darzulegen und die Zustimmung der Gemeine zu verlangen, die ihm auch einstimmig gewährt wurde. Zur Schlichtung etwa auftauchender Streitigkeiten unter den Mitgliedern wurden — einstweilen gleichfalls vom Ausschusse empfohlene — Schiedsrichter gewählt, die einzeln in mündlichem Verfahren nach bestem Wissen ihre Entscheidungen treffen sollten und von denen der Appell an das Schiedsrichter-Kollegium offen stand; sie hatten aber allesamt so gut wie nichts zu thun. Gegen Laster und deren gemeingefährliche Folgen maßten wir uns kein *Straf-*, sondern bloß ein *Schutz*recht an, und zwar erachteten wir die *Besserung* als das beste und wirksamste Schutzmittel. Da geistig und moralisch normal veranlagte Menschen in einem Gemeinwesen, welches alle berechtigten Interessen jedes seiner Mitglieder gleichmäßig berücksichtigt, sich unmöglich gewaltsam gegen fremdes Recht vergehen können, so betrachteten wir allenfallsige Verbrecher als geistig oder moralisch Kranke, deren Heilung eine Angelegenheit des öffentlichen Interesses sei. Sie wurden daher — je nach dem Grade ihrer Gemeingefährlichkeit — in

Beobachtung oder in Gewahrsam genommen und insolange geeigneter Behandlung unterzogen, als dies nach dem Urteile kompetenter Fachmänner im Interesse der allgemeinen Sicherheit rätlich erschien. Fachmänner im obigen Sinne waren aber nicht die Friedensrichter, welche bloß darüber zu entscheiden hatten, *ob* das verklagte Individuum dem Besserungsverfahren zu unterziehen sei, sondern besondere, zu diesem Behufe eigens erwählte Ärzte. Dem in Beobachtung oder Gewahrsam Genommenen stand es frei, an das *Kollegium* der vereinigten Ärzte und Friedensrichter zu appellieren und seine Sache vor demselben öffentlich zu vertreten, wenn er sich durch das Verfahren des ihm vorgesetzten Arztes gekränkt erachtete.

Die Anstellungen der sämtlichen Beamten für öffentliches Bauwesen, Kommunikationswesen, Statistik, Lagerhaus und Centralbank, Unterrichtswesen etc. gingen provisorisch vom Ausschusse aus. Die Gehalte wurden in Stundenäquivalenten angesetzt, gleich denen der genossenschaftlichen Funktionäre, und zwar betrugen diese Gehalte den Durchschnittswert von 1200 bis zu 5000 Arbeitsstunden jährlich, was im ersten Jahre schon 150 bis 600 Pfd. Sterling ausmachte. Die Bevollmächtigten in London, Triest und Mombas wurden mit je 800 Pfd. Sterling im Jahre bezahlt. Bemerkt muß hier werden, daß diese Delegierten bloß 2 Jahre lang auf ihrem auswärtigen Posten verharrten und dann Anspruch auf entsprechende Verwendung in Freiland hatten. Seinen eigenen Mitgliedern bestimmte der Ausschuß einen Gehalt von je 5000 Stundenäquivalenten.

Jedes Ausschußmitglied stand einem der 12 Verwaltungszweige vor, in welche die sämtlichen öffentlichen Geschäfte Freilands provisorisch geteilt wurden. Die Verwaltungszweige waren:

1. *Das Präsidium*

2. *Versorgungswesen*

3. *Unterricht*

4. *Kunst und Wissenschaft*

5. *Statistik*

6. *Straßenbau und Kommunikationsmittel*

7. *Post,* dazu später Telegraph

8. *Auswärtige Angelegenheiten*

9. *Lagerhaus*

10. *Centralbank*

11. *Gemeinnützige Unternehmungen*

12. *Sanitätswesen und Justiz.*

Hiermit wären in großen Zügen die für den Anfang in Freiland geltenden Verwaltungs- und Organisationsprinzipien geschildert. Dieselben bewährten sich allseitig aufs vortrefflichste. Die Bildung der Genossenschaften ging ohne den geringsten Anstand vor sich. Da die Mehrzahl der successive anlangenden Mitglieder gegenseitig einander fremd war, mußte man sich bei Besetzung der leitenden Stellen vorläufig auf die Empfehlungen des Ausschusses verlassen, begnügte sich deshalb auch zumeist mit provisorischen Wahlen, die jedoch ziemlich rasch durch definitive ersetzt werden konnten. Die schon vorgefundenen Produktionen: Landwirtschaft, Gartenkultur, Viehzucht, Mahlmühle, Sägmühle, Bierbrauerei, Kohlengruben und Eisenwerke, wurden nach Maßgabe des täglich mit den Mombas-Karawanen einlangenden Kräftezuwachses namhaft erweitert und mit wesentlichen Verbesserungen ausgestattet. Eine stattliche Zahl neuer Industrien reihte sich unmittelbar daran. Eine der ersten war eine — der Hauptsache nach schon fertig importierte und nur zu adjustierende Druckerei mit 2

Rotations- und 5 Schnellpressen, und gestützt auf diese eine täglich erscheinende Zeitung; diesen reihten sich in rascher Folge eine Maschinenfabrik, eine Glashütte, eine Ziegelei, eine Ölmühle, eine chemische Fabrik, eine Näh- und Schuhfabrik, eine Bautischlerei und eine Eisfabrik an. Am 1. Januar des neuen Jahres wurde der erste kleine Schraubendampfer für den Remorquierdienst im Edensee und Danaflusse vom Stapel gelassen, welchem die ihres ausgezeichneten Verdienstes halber außerordentlich rasch anwachsende Betriebs-Association in kurzen Intervallen zahlreiche andere und größere Lasten- und Personendampfer folgen ließ.

Gleichzeitig nahm auch der Ausschuß einen nicht unbedeutenden Teil der neu eintreffenden Kräfte für mehrere auf öffentliche Kosten zu bewerkstelligende Arbeiten und Einrichtungen in Anspruch; den dabei beschäftigten Arbeitern mußte selbstverständlich ein, der Durchschnittshöhe des allgemeinen Arbeitsertrages entsprechender — und wo es sich um besonders anstrengende Leistungen handelte, ein diesen Durchschnitt entsprechend übersteigender, Verdienst gesichert werden. Diese Arbeiten waren in erster Reihe die provisorischen Hausbauten für die neu eintreffenden Mitglieder. Dabei wurde daran festgehalten, daß jede Familie je ein eigenes Häuschen erhalte, während für die alleinstehenden Ankömmlinge mehrere große Hotels eingerichtet wurden. Die Familienhäuser waren der Größe nach verschieden — von 4 bis zu 10 Wohnräumen, jedes mit einem Garten von 1000 Quadratmeter Fläche ausgestattet. Jeder Ankömmling konnte ein ihm nach Größe und Lage passend erscheinendes wählen, selbstverständlich gegen je nach Belieben ratenweise oder sofortige Abzahlung. Solcher Häuschen mußten im Monatsdurchschnitt nicht weniger als 1500 fertiggestellt werden; sie waren aus starken Bohlen in doppelter Lage solid gefügt und der Bauaufwand stellte sich auf durchschnittlich 8½ Pfd. Sterling für jeden Wohnraum. Für die Benutzung der Hotelzimmer wurde eine zur Amortisation der Baukosten und Deckung der Regie genügende Wochengebühr von ½ Sh. berechnet.

Gleichzeitig mit diesen Wohnhäusern wurde der Bau von Schulen in Angriff genommen, und zwar mußte, da bis auf weiteres dem Eintreffen von 1000 bis 1200 Schulkindern im Monatsdurchschnitt entgegenzusehen war, fortlaufend für genügende Räume zu entsprechender Unterbringung dieser so rasch anwachsenden Menge Vorsorge getroffen werden. Selbstverständlich waren auch diese — gleich den Wohnhäusern — teils im Edenthale, teils auf dem Danaplateau errichteten Schulräume nur provisorische Barackenbauten, dabei aber licht, luftig und geräumig.

In der Lebensweise am Kenia hatte sich im übrigen einstweilen noch wenig verändert, mit Ausnahme des Umstandes, daß Edenthal, vor Eintreffen der ersten Wagenkarawane ein mäßiges Dorf, binnen wenigen Monaten zu einer mehr als 20000 Seelen zählenden ansehnlichen Stadt herangewachsen war. Auf dem Danaplateau, wo sich zuvor nur einige Hütten gefunden hatten, waren zwei ansehnliche Dörfer entstanden, das eine mit den Arbeiterschaften einiger Fabriken am Ostende, hart neben dem großen Wasserfalle, das andere, näher zu Edenthal gelegen, der Sitz einer Ackerbaukolonie. Gemeinsam war all diesen Bewohnern von Freiland ein ausgesprochener Zug sorgloser Fröhlichkeit und unverkennbaren Behagens. Die Lebensweise blieb, was die Wohnungs- und Kleidungsverhältnisse anlangt, noch sehr primitiv, dagegen herrschte in Speisen und Getränken Überfluß, ja Luxus. Mit den Mahlzeiten wurde es der Hauptsache nach so gehalten, wie einige Monate zuvor von den ersten Ankömmlingen; nur hatten die Frauen gar bald eine ganze Reihe neuer und sinnreicher Verwendungsarten der vielen köstlichen Landesprodukte herausgefunden. Das

Register der erreichbaren ästhetischen und geistigen Genüsse hatte vorerst keine sonderliche Bereicherung erfahren. Die Zeitung, eine von der Unterrichtsverwaltung angelegte Bibliothek, die beinahe Tag für Tag durch neueintreffende Bücherkisten bereichert wurde, zu Neujahr aber doch erst 18000 Bände zählte, die dem insbesondere während der heißen Mittagsstunden sehr lebhaften Lesebedürfnisse keineswegs voll genügen konnten, mehrere neue Sing- und Orchestervereine, Lese- oder Debattierzirkel und zwei Dutzend Klaviere — das war alles, was zu dem ursprünglich Vorhandenen gekommen war. Daneben wurde in den herrlichen Wäldern fleißig gejagt, Ausflüge nach nicht allzu schwierig erreichbaren Aussichtspunkten waren an der Tagesordnung — kurz man suchte sich das Leben so angenehm als möglich zu machen, ohne jedoch einstweilen große Abwechslung in das Programm der Vergnügungen und geistigen Genüsse bringen zu können. Das hinderte aber nicht, daß Glück und Zufriedenheit in jedem Hause herrschten.

Auch hinsichtlich der Arbeitseinteilung war im großen Ganzen das ursprünglich beobachtete System beibehalten worden. Die Männer arbeiteten meist zwischen 5 und 10 Uhr morgens und zwischen 4 und 6 Uhr abends; die Frauen — im Bedarfsfalle unterstützt von Eingeborenen — versahen inzwischen das Haus und die Kinder, sofern diese nicht in der Schule waren. Doch erachtete sich niemand gerade an diese Zeiteinteilung gebunden; jedermann arbeitete wann und so lange es ihm beliebte; auch hatten einige Associationen, deren Betrieb die gänzliche Unterbrechung der Arbeit während der Mittagszeit schwer vertrug, einen Turnus eingeführt, der während der heißen Tagesstunden dem Werke einige Hände sicherte. Da auch hierzu niemand gezwungen werden konnte, wurde es üblich, die lästigere Mittagsarbeit höher anzurechnen, als die zu der übrigen Tageszeit, wonach dann die

erforderlichen Freiwilligen sich fanden. Dasselbe gilt für die
in einzelnen Etablissements notwendige Nachtarbeit.

10. Kapitel.

Als das erste Jahr unseres Aufenthaltes am Kenia vergangen war, zählte Freiland 95000 Seelen, wovon 27000 arbeitsfähige Männer, die, zu 218 Associationen vereinigt, 87 verschiedene Gewerbe betrieben. Die letzte Ernte — es gibt nämlich hier zwei Ernten im Jahr, die eine nach der kleinen Regenzeit im Oktober, die andere nach der großen im Juni — hatte von 14500 Hektaren angebauten Ackerlandes nahezu 2 Millionen Centner Getreide getragen, die einen Wert von 300000 Pfd. Sterling repräsentierten und den dabei beschäftigten 10800 Arbeitern im Durchschnitt nahe an 2½ Schilling Gewinn für jede darangewendete Arbeitsstunde ergaben. Doch darf man nicht etwa glauben, daß diese sämtlichen Arbeiter ihre gesamte Zeit durch landwirtschaftliche Beschäftigung ausfüllten; das war blos während der Saat- und Erntetage der Fall gewesen, während in der ganzen übrigen Zeit stets zahlreiche Landbauer in den benachbarten industriellen Etablissements lohnende Verwendung ihrer im Ackerbau gerade überschüssigen Arbeitskraft fanden. Der Durchschnittsertrag der Industrien stellte sich um eine Kleinigkeit höher, als der der Landwirtschaft, und da im Mittel 40 Stunden wöchentlich gearbeitet wurde, so betrug der Wochenverdienst eines gewöhnlichen Handarbeiters von mäßigem Fleiße in dieser zweiten Jahreshälfte durchschnittlich 5¼ Pfd. Sterling.

Nächst der Landwirtschaft beanspruchte die Eisen- und Maschinenfabrikation die zahlreichsten Arbeitskräfte, ja, wenn man nicht die zeitweilig in Verwendung kommende Arbeiterzahl, sondern die überhaupt aufgewendeten Arbeitsstunden zum Maßstabe nimmt, so war diese Industrie der Landwirtschaft sogar stark voraus. Und dies ist nicht zum Verwundern, denn Maschinen verlangten und bestellten alle Associationen, um ihren Betrieb möglichst zu verbessern. In der alten Welt, wo Arbeitslohn und Arbeitsertrag grundverschiedene Dinge sind, besteht auch zwischen Rentabilität und theoretischer Vollkommenheit von Maschinen ein fundamentaler Unterschied. Um theoretisch brauchbar zu sein, muß eine Maschine bloß Arbeitskraft ersparen, d. h. die zu ihrer Herstellung und Betriebführung erforderliche Arbeit muß geringer sein, als die durch ihren Gebrauch zu ersparende. Der Dampfpflug z. B. ist dann eine theoretisch gute und nützliche Maschine, wenn die Fabrikation eines Dampfpfluges mit samt der Erzeugung des zu seiner Heizung erforderlichen Kohlenquantums weniger menschliche Arbeit verschlingt, als auf der anderen Seite beim Pflügen mit Dampf gegen das Pflügen mit Rindern gewonnen wird. Etwas anderes aber ist die Rentabilität einer Maschine — wohlverstanden außerhalb Freilands. Um rentabel zu sein, muß der Dampfpflug nicht Arbeitskraft, sondern Wert oder Geld ersparen, d. h. er muß weniger kosten, als die durch ihn ersparte Arbeitskraft gekostet hätte. Das ist aber da draußen mit nichten schon deshalb der Fall, weil die ersparte Arbeitskraft größer ist, als die zur Herstellung des Pfluges und der Kohle erforderliche. Denn während die Arbeit, die der verbesserte Pflug erspart, blos ihren „Lohn" erhält, muß bei dem gekauften Pfluge und der gekauften Kohle neben der zu ihrer Herstellung erforderlich gewesenen Arbeit auch noch der aus drei Bestandteilen bestehende „Gewinn", nämlich Grundrente, Kapitalzins und Unternehmerlohn, bezahlt werden. So kann es kommen, daß der Dampfpflug von seiner Entstehung bis zu seiner Abnützung 1 Million Arbeitsstunden erspart, selber aber mitsamt dem ganzen, zu seinem Betriebe erforderlichen Kohlenquantum bloß 100000 Arbeitsstunden verschluckt hätte — und dennoch höchst unrentabel ist, d. h. denjenigen, der gestützt auf die Sicherheit so riesiger Kraftersparnis ihn kaufen und benutzen wollte, den größten Schaden verursachte. Denn die Million ersparter Arbeitsstunden bedeutet eben nicht mehr, als eine Million ersparter Stunden*löhne*, also beispielsweise ersparte 10000 Pfd. Sterling, wenn der Arbeitslohn bloß 1 Pfund für 100 Arbeitsstunden beträgt. An den zur Herstellung des Pfluges und der Betriebsmittel erforderlichen 100000 Arbeitsstunden, die für sich allein allerdings bloß 1000 Pfd. Sterling beansprucht haben mögen, haftet aber außerdem noch die Rente, welche die Besitzer der Eisen- und Kohlengruben einheben, der Zins, der für die investierten Kapitalien gezahlt werden muß und schließlich der Gewinn der Eisenfabrikanten und Kohlenerzeuger; all dies kann unter Umständen mehr betragen, als die Differenz von 9000 Pfd. Sterling zwischen den hier und dort aufgewendeten Arbeitslöhnen, und wenn es der Fall ist, verliert der abendländische *Arbeitgeber* Geld daran, daß er eine Maschine kauft, die tausend Prozent Arbeit erspart. Ganz anders bei uns; die lebendige Arbeit, die der Dampfpflug *uns* erspart, ist Stunde für Stunde genau so viel wert, als die im Pfluge und in der Kohle steckende, bereits in Warenform verwandelte Arbeitszeit; denn in Freiland giebt es keinen Unterschied zwischen Arbeitsertrag und Arbeitslohn; in Freiland ist daher jede theoretisch brauchbare, d. i. jede wirklich Kraft ersparende Maschine zugleich notwendigerweise rentabel. Dies der Grund, warum in Freiland die Maschinenindustrie von so enormer, stetig zunehmender Bedeutung sein mußte. Die eine Hälfte unseres Volkes war damit beschäftigt, jene stählernen, von Dampf, Elektricität, Wasser, komprimierter oder verdünnter Luft in Bewegung gesetzten sinnreichen Werkzeuge herzustellen, mittels deren die andere Hälfte ihre Leistungsfähigkeit verhundertfachte, und notwendigerweise mußte sich daher bei uns in der Verwendung von Maschinenkraft eine Vielseitigkeit und Vollkommenheit entwickeln, von welcher man außerhalb der Grenzen unseres Landes keinerlei Vorstellung besitzt.

Die wichtigsten Einrichtungen, die noch vor Ablauf dieses ersten Jahres in Angriff genommen wurden, waren erstlich die Herstellung von Dampfpflügen und — vorläufig noch durch tierische Kraft bewegten — Säe- und Erntemaschinen, genügend zur Bearbeitung von 26000 Hektaren, die für die Oktoberernte unter den Pflug genommen werden sollten. Wir rechneten dabei, durch einmaligen Aufwand von 3½ Mill. Arbeitsstunden mindestens 3 Millionen Arbeitsstunden jährlich zu ersparen. Das wäre da draußen in der alten Welt für die solcherart überflüssig werdenden Arbeiter ein großes Unglück gewesen, ohne daß die Gesamtheit davon den geringsten Vorteil gehabt hätte; wir dagegen wußten für derart ersparte Arbeitsstunden vortreffliche Verwendung; sie wurden zu allerlei Veredlungsindustrien frei, für deren Produkte eben infolge der gewachsenen Ergiebigkeit der Arbeit die Abnehmer sofort gegeben waren.

Eine zweite, noch im Laufe des nächsten Jahres zu vollendende Arbeit war die Verbesserung der Kommunikationsmittel durch Ausbaggerung des Danaflusses von der Mahlmühle oberhalb des Edensees bis zum großen Wasserfall am Danaplateau, und durch Anlage einer das Danaplateau durchziehenden Eisenbahn. Daran sollten sich Seilbahnen auf einige der Keniavorberge zu Zwecken des Bergwerks- und Forstbetriebs schließen.

Daß alle bestehenden Industrien neuerlich vergrößert und eine stattliche Reihe neuer eingerichtet wurden, versteht sich von selbst. Erwähnt mag dabei werden, daß nur solche Fabriken in Edenthal oder am Oberlaufe des Dana angelegt wurden, die weder die Luft, noch das Wasser verdarben; die minder reinlichen Betriebe siedelten sich entweder am Ostende des Danaplateaus, hart am Wasserfalle, oder auch unterhalb desselben an. Später wurden Einrichtungen getroffen, die der Vergiftung der Wässer durch industrielle

Abfälle ganz im Allgemeinen ein Ende machten.

Die Stadt Edenthal war auf 48000 Seelen angewachsen und deckte mit ihren 10600 Häuschen und Gärten, ihren zahlreichen großen, wenn auch immer noch im Holzbarackenstil gehaltenen öffentlichen Bauten, mehr als 16 Quadratkilometer. Die zu riesiger Zahl angewachsenen Rinderherden wie nicht minder die Pferde, Esel, Kamele, Elefanten und die neu importierten Schweine und feinen Schafsorten übersiedelten zum größeren Teile nach dem Danaplateau.

Schon zu Beginn des zweiten Jahres hatten uns unsere europäischen Bevollmächtigten angezeigt, daß die bei ihnen einlaufenden Anmeldungen sich in gewaltigen Dimensionen vermehrten. Die in den Zeitungen veröffentlichten Berichte aus Freiland — es waren inzwischen Korrespondenten einiger der größten europäischen und amerikanischen Journale bei uns eingetroffen — hatten die Auswanderungslust selbstverständlich in hohem Grade entfacht und wenn nicht alle Anzeichen trogen, hatten wir uns für das zweite Jahr unseres Aufenthalts am Kenia auf einen Zuzug von mindestens dem doppelten, wahrscheinlich aber von dreifachem Umfange, wie im ersten Jahre, gefaßt zu machen. Es mußte also für Beschaffung der erforderlichen Kommunikationsmittel Vorsorge getroffen werden. Da zahlreiche der bemittelten neuen Mitglieder einstweilen die Schiffe fremder Gesellschaften gegen Zahlung benutzten, anstatt darauf zu warten, bis auf unseren Schiffen die Reihe an sie käme, so war das Dringendste, für Vermehrung der Fahrgelegenheiten von Mombas ab zu sorgen. Es wurden daher schleunigst 1000 neue Wagen nebst der entsprechenden Anzahl von Zugtieren gekauft und successive vom März ab in Betrieb gesetzt. Gleichzeitig aber kaufte unser Londoner Bevollmächtigter sechs und kurze Zeit darauf noch vier weitere Dampfer von 4000-10000 Tonnen Laderaum, die zu unseren Zwecken umgebaut, je

1000 bis 3000 Passagiere faßten. Mit Hülfe dieser neuen Dampfer wurde zunächst der Verkehr über Triest verstärkt; die größten Schiffe kamen an dieses, zum Transport über Suez für ganz Mitteleuropa günstigst gelegene Ausfallthor; daneben aber wurde zweimal in der Woche eine Fahrt ab Marseille und einmal im Monat eine Fahrt ab San Franzisko über den stillen Ocean eingerichtet. Nachdem noch für alle Fälle eine dritte Serie von 1000 Wagen bestellt worden war, erachteten wir uns den Anforderungen des bevorstehenden zweiten Jahres gegenüber ausreichend gerüstet.

So standen die Dinge, als Demestre mit der Erklärung vor den Ausschuß trat, daß die primitive Art der Beförderung von Mombas ab angesichts der voraussichtlich auch in Zukunft anhaltenden gewaltigen Einwanderung unmöglich genügen könne. Wir müßten sofort an den Bau einer Eisenbahn von Edenthal an die Küste denken.

Alles, was Demestre zur Begründung seines Vorschlages sagte, war so richtig und einleuchtend, daß derselbe ohne Debatte einhellig angenommen wurde, ja, daß sich Jedermann insgeheim wunderte, ihn nicht schon längst selber gemacht zu haben. Es handelte sich jetzt nurmehr darum, die Trace der zukünftigen Eisenbahn festzustellen. In erster Reihe stand der alte Weg, durch Kikuja ins Massailand, durch dieses, den Kilima östlich umgehend über Tawenta und Teita nach Mombas. Eine zweite, möglicherweise viel günstigere Trace, ließ sich zwei Längengrade weiter östlich, aber gleichfalls nach Süden gerichtet und in Mombas die Küste erreichend, durch Kikuja ins Land der Ukumbani und dort das Flußthal des Athi bis Teita verfolgend, denken. Diese Trace konnte günstigenfalls eine Distanzverkürzung von nahe an 200 Kilometern mit sich bringen. Die dritte, kürzeste Route an den Ocean aber wäre die in streng östlicher Richtung, den Dana verfolgend, durch die Gallaländer an die Wituküste gewesen; hier konnte eventuell nahezu die Hälfte der Distanz erspart werden, denn in der Luftlinie waren wir östlich keine 450 Kilometer vom Meere entfernt.

Diese drei Alternativlinien sollten also näher untersucht werden, so genau, als es binnen wenigen Monaten möglich wäre; denn länger als höchstens ein halbes Jahr sollte mit dem Beginne der Bauarbeiten nicht gezögert werden. Die Tracierung der alten Route, die er schon ziemlich genau kannte, behielt sich Demestre vor; nach dem Athi und dem Dana wurden zwei andere tüchtige Ingenieure, begleitet gleich Demestre von einem Stabe nicht minder tüchtiger Kollegen, entsendet. Außerdem aber mußten diese beiden letzteren Expeditionen, da sie noch gänzlich unbekannte Gebiete mit wahrscheinlich feindlichen Einwohnern zu durchziehen hatten, wehrhaft gemacht werden. Sie waren je 300 Mann stark und hatten außer entsprechenden Repetirgewehren auch einige Kriegselefanten, Kanonen und Raketen mit sich. Überdies waren alle drei Expeditionen von einer kleinen Schar Naturforscher — unter diesen hauptsächlich Geologen — begleitet. Anfangs Mai zogen diese Expeditionen aus; womöglich noch vor der kleinen Regenzeit — im August — sollten sie zurück sein.

11. Kapitel.

Die Haager Versammlung der „Internationalen freien Gesellschaft" hatte, wie man sich erinnern wird, dem Ausschusse Generalvollmacht für die Dauer von zwei Jahren erteilt. Am 20. Oktober lief diese Frist zu Ende, und bis dahin mußte sich die Gesellschaft eine neue, endgiltige Verfassung geben, eine frei durch das Volk von Freiland gewählte Behörde die bisherigen Vollmachten des Ausschusses übernehmen. Dieser berief daher schon für den 15. September eine constituierende Versammlung, und zwar, da die Zahl der Bewohner Freilands zu groß war, als daß allesamt zu einer Beratung hätten vereinigt werden können, indem er das Land in 500, der Einwohnerzahl nach gleiche Sektionen teilte und jede Sektion zur Wahl eines Abgeordneten aufforderte. Diese derart zustande gekommene Repräsentantenversammlung erklärte er sofort zur vorläufigen Trägerin der obersten souveränen Gewalt und forderte sie auf, das Weitere zu verfügen, es ihr anheim stellend, ob sie ihn bis zu Ausarbeitung der Verfassung noch vorläufig in Funktion belassen, oder irgend eine neue, sofort zu schaffende Behörde mit der Geschäftsführung von Freiland betrauen wolle. Die Versammlung entschied sich nach kurzer Debatte einstimmig für das Erstere und beauftragte überdies den Ausschuß, einen Verfassungsentwurf vorzulegen. Da ein solcher für alle Fälle bereits fertig ausgearbeitet war, so konnte dieser Forderung sofort willfahrt werden. Dr. Strahl legte den Verfassungsentwurf namens des Ausschusses „auf den Tisch des Hauses", dieses beschloß dessen Drucklegung und trat schon nach drei Tagen in die Beratung der neuen Verfassung. Auch diese Beratungen waren, angesichts der großen Einfachheit der vorgeschlagenen Grundgesetze und

167

Ausführungsbestimmungen nicht sehr langatmig und schon am 2. Oktober konnten diese, einhellig approbiert, als solche verkündet, und in ihrem Geiste die neue Verwaltung in Kraft gesetzt werden.

Die Grundgesetze lauteten:

1. Jeder Bewohner Freilands hat das gleiche unveräußerliche Anrecht auf den gesamten Boden und auf die von der Gesamtheit beigestellten Produktionsmittel.

2. Frauen, Kinder, Greise und Arbeitsunfähige haben Anspruch auf auskömmlichen, der Höhe des allgemeinen Reichtums billig entsprechenden Unterhalt.

3. Niemand kann, sofern er nicht in die Rechtssphäre eines Anderen greift, in der Bethätigung seines freien individuellen Willens gehindert werden.

4. Die öffentlichen Angelegenheiten werden nach den Entschließungen aller volljährigen (mehr als 20jährigen) Bewohner Freilands ohne Unterschied des Geschlechts verwaltet, die sämtlich in allen, das gemeine Wesen betreffenden Angelegenheiten das gleiche aktive und passive Stimm- und Wahlrecht besitzen.

5. Die beschließende sowohl als die ausübende Gewalt ist nach Geschäftszweigen geteilt und zwar in der Weise, daß die Gesamtheit der Stimmberechtigten für die hauptsächlichen öffentlichen Geschäftszweige gesonderte Vertreter wählt, die gesondert ihre Beschlüsse fassen und das Gebahren der den fraglichen Geschäftszweigen vorstehenden Verwaltungsorgane überwachen.

In diesen fünf Punkten ist das Um und Auf des öffentlichen Rechts von Freiland niedergelegt; alles weitere ist nichts anderes, als das selbstverständliche Ergebnis oder die nähere Ausführung derselben. So ergeben sich die Prinzipien, auf denen die Associationen sich aufbauten — Anrecht des Arbeiters am Ertrage, Verteilung desselben nach der Arbeitsleistung und freie Vereinbarung mit höherwertigen Arbeitskräften — naturgemäß und notwendigerweise aus dem ersten und dritten Grundgesetze. Da jedermann über sämtliche Arbeitsmittel verfügte, so konnte niemand sich gedrängt sehen, auf den Ertrag der eigenen Arbeit zu verzichten, und da niemand gezwungen werden konnte, seine höheren Fähigkeiten anderen zur Verfügung zu stellen, so mußten diese höheren Fähigkeiten, sofern man ihrer zur Leitung der Produktion bedurfte, im Wege freier Vereinbarung entsprechende Verwertung finden.

Mit Bezug auf das im zweiten Absatze ausgesprochene Versorgungsrecht der Frauen, Kinder, Greise und Arbeitsunfähigen ist zu bemerken, daß dieses im Sinne unserer Grundsätze als Ausfluß der Wahrheit angesehen wurde, daß der Reichtum des Kulturmenschen nicht Produkt seiner eigenen, individuellen Fähigkeiten, sondern das Ergebnis der geistigen Arbeit zahlloser vorangegangener Generationen sei, *deren Erbe dem Schwachen und Arbeitsunfähigen gerade so gebühre, wie dem Starken und Tüchtigen.* Alles, was wir genießen, verdanken wir nur zu unendlich geringem Teile unserer eigenen Intelligenz und Kraft; auf diese allein angewiesen, wären wir arme, in tiefstem, tierischem Elend vegetierende Wilde; die reiche Hinterlassenschaft unserer Vorfahren seit unvordenklicher Zeit ist es, von welcher wir zehren, der wir neunundneunzig Hundertteile all unserer Genüsse verdanken. Ist dem aber so — und kein Zurechnungsfähiger hat dies jemals in Abrede gestellt — dann haben all unsere Geschwister Anrecht auf Mitgenuß der Erbschaft. Daß diese Erbschaft ohne unsere, der Starken, Arbeit unfruchtbar wäre, ist allerdings richtig, und unbillig, ja thöricht und undurchführbar wäre daher das Verlangen der schwächeren Geschwister nach *gleicher* Teilung. Aber geschwisterlichen, nicht auf das bloße Erbarmen, sondern auf Anerkennung ihres Erbrechts gestützten Anteil des dem gemeinsamen Erbgute — und es sei immerhin bloß durch *unsere* Arbeit —

abgewonnenen reichen Ertrages können sie fordern; sie stehen uns nicht als bettelnde Fremdlinge, sondern als erbberechtigte Familiengenossen gegenüber. Und unser, der stärkeren Geschwister eigenes wohlverstandenes Interesse verlangt die rückhaltlose Anerkennung dieses guten Rechtes jedes Angehörigen der menschlichen Familie. Denn unser eigenes Glück kann nicht gedeihen, wenn wir Geschöpfe, die Unseresgleichen sind, entwürdigen, zu Not und Schmach verurteilen. Gesunder Egoismus verbietet uns, dem Elend und seinen Kindern, den Lastern, irgend einen Schlupfwinkel inmitten von Unseresgleichen offen zu halten. Frei und „edelgeboren", ein König und Herr dieses Planeten muß jeder sein, dessen Mutter ein menschliches Weib gewesen, sonst wird seine Not zu einem fressenden Geschwüre, welches um sich greifend den stolzen Bau auch unserer, der Starken, Herrlichkeit vergiftet.

So viel über das Versorgungsrecht im allgemeinen. Was aber speziell das den Frauen zugesprochene anlangt, so war bei diesem die fernere Erwägung maßgebend, daß das Weib seiner physischen und psychischen Beschaffenheit nach nicht zu aktivem Kampfe ums Dasein, sondern einerseits zu dessen Fortpflanzung, anderseits zu dessen Verschönerung und Veredlung bestimmt ist. So lange wir alle, oder doch die ungeheuere Mehrheit von uns allen, in unablässigem, jammervollem Kampfe mit des Lebens gemeinster, tierischer Notdurft uns quälten, konnte von Rücksicht auf die Schwäche und auf den Adel des Weibes keine Rede sein; die Schwäche konnte — gleich der jedes anderen Schwachen — nicht der Rechtstitel auf Schonung, sondern mußte zu einem Anreize der Unterjochung werden; der Adel des Weibes war geschändet — abermals gleich dem jedes rein menschlichen, wirklichen Adels. Eine Sklavin und ein käufliches Werkzeug der Lüste war das Weib ungezählte Jahrtausende hindurch — und die vielgerühmte Civilisation der letzten Jahrhunderte hatte daran dem Wesen nach nichts geändert. Auch unter den sogenannten Kulturnationen der Gegenwart blieb das Weib rechtlos, und was schrecklicher ist, es blieb, um sein Dasein zu fristen, angewiesen darauf, sich dem ersten Besten zu verkaufen, der um seiner Reize willen die Verpflichtung übernahm, es zu „versorgen". Diese von Recht und Sitte geheiligte Prostitution ist in ihren Wirkungen verheerender, als jene andere, ihr Wesen unverhüllt zur Schau tragende, die sich von ihr bloß dadurch unterscheidet, daß hier der schmähliche Handel nicht auf Lebenszeit, sondern für kürzere Frist geschlossen wird, für Jahre, Wochen, Stunden. Gemeinsam ist beiden, daß das süßeste, heiligste Kleinod der Menschheit, das Herz des Weibes, zum Gegenstande gemeinen Schachers, zu einem Mittel des Lebensunterhalts gemacht wird, und schrecklicher als die Prostitution der Straße ist die von Gesetz und Sitte geheiligte der Versorgungsehe, weil unter ihrem verpestenden Gifthauche nicht bloß Würde und Glück der jeweilig lebenden, sondern auch Saft und Mark der zukünftigen Geschlechter verdorren. Da die Liebe, jener geheiligte Instinkt, der bestimmt ist, das Weib in die Arme jenes Gatten zu führen, mit dem vereint es der kommenden Generation die tüchtigsten Mitglieder schenken könnte, zum Erwerbsmittel, dem einzigen das ihm offen stand, geworden, so mußte das Weib, um zu leben, sich — in sich aber die Zukunft der Rasse schänden.

Glück und Würde, wie das zukünftige Heil der Menschheit, erfordern daher im gleichen Maße, daß das Weib der entehrenden Notwendigkeit enthoben werde, im Gatten zugleich den Versorger, in der Ehe das einzige Rettungsmittel gegen materielle Not zu sehen. Aber auch gemeiner Arbeit darf das Weib nicht überwiesen werden. Auch das verbietet das Glück der jeweilig lebenden und die Tüchtigkeit der zukünftigen Generation in gleicher Weise. Die Gleichberechtigung des Weibes dadurch verwirklichen wollen, daß man ihm gestattet, im Broterwerb mit dem

Manne zu konkurrieren, ist eben so nutzlos als verderblich; nutzlos, weil dem weiblichen Geschlechte als Ganzes genommen eine solche Befugnis, von welcher es nur in Ausnahmefällen wirklichen Gebrauch machen kann, doch nicht hilft; verderblich, weil das Weib mit dem Manne hier nicht konkurrieren darf, ohne seinen edleren schöneren Aufgaben untreu zu werden. Und diese Aufgaben liegen nicht etwa in der Verfolgung von Küche und Wäschespinde, sondern in der Pflege des Schönen in der gegenwärtigen Generation einerseits und der geistigen wie körperlichen Entwickelung des Nachwuchses anderseits. Das Weib muß daher nicht bloß in seinem eigenen, sondern ebenso im Interesse des Mannes und insbesondere in jenem der zukünftigen Geschlechter dem Kampf um des Lebens Notdurft gänzlich entrückt werden; es darf kein Rad im Getriebe des Broterwerbs, es muß ein Juwel am Herzen der Menschheit sein. Nur eine „Arbeit" ist dem Weibe angemessen: die der Kindererziehung und allenfalls noch die Pflege von Kranken und Gebrechlichen. In der Schule und am Siechbett kann weibliche Zärtlichkeit und Vorsorge eine passende Vorschule für die Pflichten des späteren eigenen Hauses finden, und hier mag die alleinstehende Frau zugleich Erwerb suchen, sofern sie es wünscht. Als selbstverständlich darf gelten, daß im Sinne unserer Prinzipien jeder dem Weibe gegenüber geübte abwehrende Zwang durchaus verpönt war. *Verboten* war der Frau nicht, welches Gewerbe immer zu ergreifen, was denn in vereinzelten Fällen auch jederzeit geschah, insbesondere auf dem Gebiete der geistigen Berufe; aber die öffentliche Meinung in Freiland billigte dies eben auch nur in Ausnahmefällen, d. h. wenn hervorragende Fähigkeiten solches Thun rechtfertigten und es muß bemerkt werden, daß unsere Frauen in erster Reihe es waren, welche sich auf die Seite dieser öffentlichen Meinung stellten.

Daß der Versorgungsanspruch der Frauen um ein Vierteil

geringer bemessen wurde, als derjenige der Männer — die konstituierende Versammlung bestätigte nämlich nicht bloß das Prinzip, sondern auch das bereits mitgeteilte Ausmaß der verschiedenen Versorgungsrechte — hat nicht in einer Minderbewertung des weiblichen *Anspruches* seine Motivierung, sondern lediglich in der Thatsache, daß die *Bedürfnisse* des Weibes geringer sind, als die des Mannes. Wir gingen von der Ansicht aus, daß die Frau mit ihren dreißig Hundertteilen des durchschnittlichen Arbeitsertrages eines freiländischen Produzenten ebenso reichliches Auslangen finden werde, als ein versorgungsbedürftiger Mann mit seinen vierzig Hundertteilen; und die Erfahrung hat dies vollauf bestätigt.

Es hatte jedoch nicht bloß die alleinstehende Jungfrau oder Witwe, sondern auch die Ehefrau — wenn auch bloß den halben — Versorgungsanspruch. Das begründete sich dadurch, daß auch das verheiratete Weib nicht auf die Versorgung des Mannes angewiesen und dadurch in ein materielles Abhängigkeitsverhältnis zu diesem gebracht sein sollte. Da im Haushalte die Thätigkeit der Frau immerhin mit einem Teile ihres Eigenbedarfs zu veranschlagen ist, so bedurfte es, um dem Ehemanne die Versorgungslast abzunehmen, auch nur einer teilweisen Versorgung von Gesamtheitswegen. Mit dem beginnenden Kindersegen vermehrt sich die Familienlast neuerlich, und da diese abermals durch das Weib erwächst, so steigerten wir den Versorgungszuschuß insolange, bis er wieder die volle Höhe des Versorgungsanspruches der Frau, d. i. 30 Prozent erreichte.

Das vierte Grundgesetz, das allgemeine, auf volljährige Frauen ausgedehnte Stimmrecht, bedarf wohl keiner besonderen Erläuterung. Zu bemerken wäre hier nur, daß sich diese Bestimmung auch auf die in Freiland wohnenden Neger erstreckte, mit dem Beifügen jedoch, daß des Lesens und Schreibens Unkundige insofern von der thatsächlichen

Ausübung politischer Rechte ausgeschlossen waren, als alle Abstimmungen durch eigenhändig auszufüllende Stimmzettel vorgenommen wurden. Wir gaben uns übrigens redlich Mühe, unseren Negern nicht bloß das Lesen und Schreiben, sondern auch eine Reihe anderer Kenntnisse beizubringen, und da dies im allgemeinen von gutem Erfolge begleitet war, so nahmen unsere schwarzen Brüder allmählich an allen unseren Rechten teil.

Näherer Erklärung bedarf dagegen Punkt 5 der Grundrechte, wonach die Gemeine ihr Beschluß- und Kontrollrecht über alle öffentlichen Angelegenheiten nicht durch *eine*, sondern durch mehrere, nach Verwaltungszweigen geordnete Körperschaften ausübte, die von der Gemeine auch ebenso gesondert gewählt wurden. Dieser Bestimmung verdankt die Verwaltung von Freiland ihre geradezu erstaunliche Sachkenntnis, das öffentliche Leben Freilands seine nicht minder beispiellose Ruhe und das Fehlen aller tiefergehenden, leidenschaftlichen Parteiungen. In den Staaten Europas und Amerikas besteht bloß die vollziehende Gewalt aus Männern, die unter Rücksicht auf ihre Sachkenntnis und Befähigung für jenen Zweig des öffentlichen Dienstes ernannt, respektive gewählt sein *sollten*, dem vorzustehen ihres Amtes ist. Selbst das ist nur mit sehr großen Einschränkungen der Fall, ja insbesondere den sogenannten parlamentarischen Verfassungen Europas und Amerikas gegenüber muß mit Recht behauptet werden, daß sie gerade an die Spitze der verschiedenen Verwaltungszweige Männer stellen, die nur zu oft von den wichtigen Angelegenheiten, denen sie vorstehen sollen, sehr wenig verstehen. Die Versammlungen, aus deren Mitte und durch deren Willen parlamentarische Minister zur Macht gelangen, sind in der Regel gänzlich außer Stande, durchweg sachkundige Männer zu berufen, schon aus *dem* Grunde nicht, weil sie solche häufig gar nicht in ihrer Mitte besitzen. Damit soll nicht gesagt sein, daß nicht selbst parlamentarische Schönredner und Berufspolitiker in der Regel immer noch mehr von ihrem Amte verstehen, als jene Günstlinge der Macht und des blinden Glücks, die in nichtparlamentarischen Ländern das Ruder führen — aber Sachverständige sind sie nicht, können sie nicht immer sein. Doch wie gesagt, die Organe der Exekutive *sollten* es doch zum mindesten sein, es besteht die Fiktion, daß sie es seien, und ein Mann, der sich in irgend einem Fache rühmlich hervorthut, hat damit wenigstens einen — wenn auch thatsächlich ziemlich untergeordneten — Anspruch mehr, in diesem Fache Verwendung im öffentlichen Dienste zu finden. Für die *gesetzgebenden* Körperschaften des Abendlandes dagegen ist Sach- und Fachkenntnis nicht einmal prinzipiell ein Grund der Wahl. Die Männer, welche Gesetze erlassen und deren Ausübung zu kontrollieren haben, brauchen grundsätzlich von all den Angelegenheiten, auf welche sich diese Gesetze beziehen, nicht das Geringste zu verstehen. Das Vertrauen ihrer Wähler ist vom Grade dieses ihres Verständnisses in der Regel unabhängig, sie werden nicht als Fachmänner, sondern als *„gesinnungstüchtige"* Männer gewählt.

Das aber hat einen doppelten Übelstand im Gefolge; es macht zunächst den öffentlichen Dienst mehr als irgend eine Privatangelegenheit zum Spielballe menschlicher Unwissenheit und Unklugheit; das Wort Oxenstiernas: „Du weißt nicht, mein Sohn, mit wie wenig Verstand die Welt regiert wird", ist in weit höherem Maße, als allgemein geglaubt wird, ein wahres Wort; der durchschnittliche Grad von Klugheit und Sachkenntnis in zahlreichen öffentlichen Verwaltungszweigen der sogenannten civilisierten Welt, steht tief unter dem in den Privatgeschäften der nämlichen Länder gemeinhin anzutreffenden Durchschnittsniveau. Zum zweiten aber gestaltet diese, zugleich centralisierte und kenntnislose Organisation der öffentlichen

175

Verwaltungszweige das Parteigetriebe zu einem leidenschaftlichen und erbitterten Kampfe, in welchem stets alles an alles gesetzt werden muß und in welchem beinahe niemals sachliche Erwägungen, sondern stets nur die vorgefaßten politischen Meinungen entscheiden. Unablässiger Kampf, stete, leidenschaftliche Erregung ist also die zweite, notwendige Folge dieser verkehrten Einrichtung.

Eine Änderung derselben ist aber schlechthin unmöglich, so lange die geltende soziale Ordnung in Kraft bleibt. Denn solange dies der Fall ist, fährt das allgemeine Wohl noch immer besser, wenn die öffentlichen Angelegenheiten von Unwissenden, ohne Rücksicht auf ihre Fachkenntnis Gewählten, verwaltet und kontrolliert werden, als wenn Fachleute von Beruf die Macht erhielten, in Sachen ihres Faches namens der Gesamtheit zu handeln. Das Interesse dieser wirklichen Fachmänner ist nämlich in der ausbeuterischen Gesellschaft dem der großen Masse nicht bloß häufig, sondern in der Regel entgegengesetzt. Man denke sich einen europäischen oder amerikanischen Staat, in welchem die Fabrikanten über Fabrikation, die Landwirte über Bodenproduktion, die Eisenbahnleute über Transportwesen, und so fort die sachkundigen Vertreter jedes Interessen-Zweiges über das sie zunächst interessierende Gebiet Gesetze machen, ausführen und überwachen könnten! Da in der ausbeuterischen Gesellschaft der Kampf ums Dasein auf gegenseitige Unterdrückung und Verdrängung gerichtet ist, so müßten die Folgen einer solchen „Verfassung" für sie geradezu schrecklich sein, und in jenen, unter dem Sammelnamen der politischen Korruption bekannten Fällen, wo es vereinzelten Interessenkreisen gelang, ihren Willen dem der Gesamtheit unterzuschieben, überschritt auch thatsächlich die Schamlosigkeit der Ausbeutung alle Grenzen.

Anders in Freiland; bei uns giebt es keine dem

Gesamtinteresse entgegenstehenden oder auch nur nicht vollkommen mit diesem harmonierenden Sonderinteressen. Produzenten z. B., die in Freiland auf den Gedanken gerieten, ihren Gewinn dadurch zu erhöhen, daß sie den Import mit Zöllen belegten, müßten Blödsinnige sein; denn daß sie die Konsumenten zwängen, ihre Fabrikate höher zu bezahlen, würde ihnen nichts nützen — da sofort der Zufluß von Arbeitskraft ihren Gewinn wieder auf sein Durchschnittsniveau herabbrächte — dagegen würde ihnen allerdings schaden, daß sie allen andern Produzenten das Produzieren erschwert hätten, denn dadurch würde eben jenes Durchschnittsniveau der Gewinne, über welches sich ihr eigener niemals dauernd erheben kann, herabgedrückt worden sein. Und genau das nämliche gilt für alle unsere Interessenkreise. Dadurch, daß jeder derselben Jedem zugänglich ist, und daß Niemand das Recht und die Macht hat, einen irgendwo erwachsenden Vorteil für sich allein zu beanspruchen, sind wir in der glücklichen Lage, in allen Interessenfragen Jenen die Entscheidung anzuvertrauen, welche die *zunächst* Interessierten, also die Sachkundigsten sind. Dadurch aber gestalten sich Gesetzgebung und Verwaltung nicht bloß sachkundig im höchsten Grade, es verschwindet auch aus dem öffentlichen Leben jene leidenschaftliche Voreingenommenheit, die da draußen das charakteristische Merkmal des Parteigetriebes ist. Da überall wohlverstandenes gemeinsames Interesse und Vernunft entscheiden, so haben wir niemals Grund, uns zu erhitzen. Bei unseren Wahlen handelt es sich gar nicht darum, „einen Gesinnungsgenossen durchzubringen", sondern höchstens um Meinungsverschiedenheiten darüber, welcher der Kandidaten wohl der Erfahrenste, Klügste sein möge. Und da die Fähigkeiten eines Jeden unter uns wegen der Organisation unserer gesamten Arbeit auf die Dauer unmöglich verborgen bleiben können, so sind Irrtümer in diesem, für unser öffentliches Leben allein maßgebenden

Punkte kaum möglich.

Da die Konstituante die Zwölfteilung der Verwaltung beibehalten hatte, so gab es von da ab in Freiland neben den zwölf verschiedenen Exekutivbehörden — die in ihrem Wirkungskreise etwa mit den abendländischen Ministerien in Parallele zu stellen wären — zwölf verschiedene beratende, beschließende und überwachende, aus der allgemeinen Wahl hervorgegangene Versammlungen an Stelle der einheitlichen abendländischen Parlamente. Diese zwölf Versammlungen wurden sämtlich von der Gesamtheit aller Wähler gewählt, es hatte zum Mindesten jeder Wähler das Recht, bei allen Wahlen seine gleichgewichtige Stimme abzugeben; aber die Einteilung der Wahlkörper war verschieden, und die Wahlen fanden für jeden der zwölf Vertretungskörper gesondert statt; ein Teil derselben, nämlich die für die Geschäfte des Verwaltungspräsidiums und der Finanzen, für Versorgungswesen, Unterricht, Kunst und Wissenschaft, Sanitätswesen und Justiz, fand nach Wohnbezirken, die Wahlen in die anderen Vertretungskörper fanden nach Berufskategorien statt. Zu letzterem Zwecke waren die sämtlichen Einwohner Freilands je nach ihren Berufsgeschäften in zahlreiche größere oder geringere Wahlkörper geteilt, deren jeder, je nach der Zahl seiner Angehörigen einen oder mehrere Abgeordnete wählte; von ganz kleinen Berufsklassen waren je einige möglichst gleichartige zu je einem Wahlkörper zusammengelegt; die Zugehörigkeit zu den verschiedenen Wahlkörpern hing vom Belieben jedes Wählers ab, d. h. es konnte sich Jedermann — und ebenso selbstverständlich auch jede Frau — in eine ihm oder ihr genehme Berufsklasse eintragen lassen, und übte dann in dieser das Wahlrecht für die von diesen Klassen gewählten Vertretungskörper aus.

Die obersten Beamten der zwölf Verwaltungszweige wurden sodann je von den zwölf Vertretungskörpern ernannt; die Ernennung der anderen Beamten war Sache der

Verwaltungschefs. In allen wichtigeren Fällen hatten diese alle den Vertretungskörpern vorzulegenden Maßnahmen vorher gemeinsam untereinander zu beraten.

Die Beratungen der verschiedenen Vertretungskörper fanden in der Regel gesondert und meist auch in verschiedenen Sessionsperioden statt; einzelne derselben waren in Permanenz, andere traten bloß einigemal im Jahr für wenige Tage zusammen; auch die Mitgliederzahl dieser Fachparlamente war verschieden; das schwächste derselben, das für Statistik, bestand bloß aus 30 Mitgliedern, die vier zahlreichsten zählten je 120 Mitglieder. Wenn Angelegenheiten, die mehrere Vertretungskörper gemeinsam interessierten, zur Sprache kamen, so traten die betreffenden Körperschaften zu gemeinsamen Sitzungen zusammen. Kompetenzstreitigkeiten waren unmöglich, da der bloße von Seiten welches Vertretungskörpers immer ausgesprochene Wunsch, an den Beratungen irgend eines anderen Teil zu nehmen, dazu genügte, um die betreffende Angelegenheit zu einer gemeinsamen zu machen.

Das naturgemäße Ergebnis dieser Organisation war, daß jeder Bewohner Freilands bloß an jenen öffentlichen Angelegenheiten teilnahm, von denen er etwas verstand oder doch zu verstehen glaubte, und daß er in jedem Verwaltungszweige jenem Kandidaten seine Stimme gab, der seiner Meinung nach der berufenste und befähigteste gerade für den fraglichen Verwaltungszweig war, was wieder zu naturgemäßen — abendländischem Begriffe nach allerdings schier unglaublichen — Folge hatte, daß jeder öffentliche Verwaltungszweig von den sachverständigsten und berufensten Männern in ganz Freiland verwaltet wurde. Und dabei entwickelte sich sehr bald eine höchst eigentümliche Art politischer Ehre, die gleichfalls sehr verschieden war von der überall anderwärts geltenden. Gilt es da draußen für „gesinnungstüchtig," der einmal erwählten Partei unterschiedslos durch Dick und Dünn zu folgen, ihr seine Stimme und seinen Einfluß zu leihen, gleichviel ob man von der Sache, um die es sich gerade handelt, etwas versteht oder nicht, so verlangt die politische Ehre eines Bürgers von Freiland zwar noch viel entschiedener, daß er seine Aufmerksamkeit und seinen Eifer den öffentlichen Angelegenheiten widme; die öffentliche Meinung verübelt es ihm aber höchlich, wenn er — gleichviel aus welchen Rücksichten — sich in solche Angelegenheiten mengt, von denen er offenbar nichts versteht, so daß streng genommen schon vom Wähler verlangt wird, daß er in jenen Verwaltungszweigen, bei denen er das Gewicht seiner Stimme geltend macht, einigermaßen Fachmann sei. Die Wahlen befinden sich daher durchweg in sehr guter Hand, Beeinflussung der Wählerschaften durch phantastische Vorspiegelungen oder Versprechungen wären, selbst wenn versucht, niemals von Erfolg. Es giebt keinen Wähler, der für sämtliche zwölf Vertretungskörper wählen würde; speziell die Frauen halten sich mit verschwindenden Ausnahmen fern von allen Wahlen, die nach Berufsklassen vorgenommen wurden; dagegen beteiligen sie sich sehr lebhaft an den nach Wohnbezirken stattfindenden; speciell bei denen für Unterrichtswesen geben ihre Stimmen den Ausschlag. Auch ihr passives Wahlrecht kommt zur Geltung und in den Vertretungskörpern für Versorgungswesen, Kunst und Wissenschaft, Sanitätswesen und Justiz sitzen häufig, in dem für Unterricht stets mehrere Frauen. An der Exekutive beteiligen sie sich niemals. Der Vollständigkeit halber mag noch erwähnt werden, daß die gewählten Abgeordneten für ihre Thätigkeit bezahlt werden und zwar erhalten sie für jeden Tag der Sessionsdauer je acht Stundenäquivalente.

Nachdem die Verfassung von der Konstituante angenommen worden war, löste sich diese auf und es wurden sofort die Wahlen für die zwölf Vertretungskörper vorgenommen. Pünktlich am 20. Oktober traten diese zusammen und der Ausschuß legte in deren Hände seine Gewalten nieder. Die alten Ausschußmitglieder wurden jedoch als Chefs der verschiedenen Verwaltungszweige wiedergewählt, mit Ausnahme von Vieren, welche erklärten, kein öffentliches Amt mehr anzunehmen und an deren Stelle neue Männer traten. Die Regierung von Freiland war endgiltig konstituiert.

Inzwischen waren die drei zur Feststellung der geeignetsten Trace für eine Eisenbahn an die Küste entsendeten Expeditionen zurückgekehrt. Die eine derselben, die auf der kürzesten Route, im Danathale an die Wituküste, operiert hatte, war zwar auf keine ungewöhnlichen Terrainschwierigkeiten gestoßen und die Voraussicht, daß diese weitaus kürzeste Strecke sich als die technisch empfehlenswerteste erweisen werde, hatte sich bewährt; auch im übrigen hatte sich bis zu einer Entfernung von 200 Kilometern vom Kenia keinerlei ernstliche Schwierigkeit ergeben; aber von da ab bis an die Küste setzten die jenes Gebiet bewohnenden Gallastämme der Expedition einen so hartnäckigen und bösartigen Widerstand entgegen, daß die Feindseligkeiten zwei Monate lang kein Ende nahmen, zahlreiche Gefechte bestanden werden mußten, in denen sich die Gallas zwar stets schwere Züchtigungen holten, die aber doch nicht bewirken konnten, daß die Expedition anders, als in stetem Kriegszustande ihre doch durchaus friedliche Mission zu erfüllen vermochte. Der Eisenbahnbau durch jenes Gebiet hätte durch einen förmlichen Feldzug zur Pacifizierung oder Vertreibung der Galla eingeleitet werden müssen und wäre auch dann nur unter dauernder Kriegsbereitschaft zu vollenden gewesen. Diese Linie mußte also — vorläufig zum mindesten — fallen gelassen werden.

Nicht minder gewichtige Gründe sprachen gegen die Linie über Ukumbani längs des Athiflusses. Die Trace durch das Flußthal wäre zwar ohne sonderliche technische

Schwierigkeiten gewesen, aber sie durchzog, insbesondere in der zweiten Hälfte, ungesundes Sumpf- und Dschungelland, welches in nächster Zukunft nicht kulturfähig zu machen war. Entschied man sich dagegen für eine, das eigentliche Flußthal verlassende, die begleitenden Höhenzüge durchquerende Nebenvariante, so waren die technischen Verhältnisse nicht günstiger und die voraussichtlichen Baukosten nicht geringer, als bei der dritten Linie, der längs unserer alten Straße nach Mombas nämlich, die denn auch einhellig gewählt wurde. Zu ihren Gunsten sprach der gewichtige Umstand, daß sie befreundete Gebiete durchzog, die in nicht zu ferner Zukunft höchst wahrscheinlich von freiländischen Kolonisten zum Wohnplatze erkoren werden durften; daß sie die längste und kostspieligste von allen war, konnte daher, wenn der Kostenunterschied nicht allzusehr in die Wagschale fiel — was, wie sich zeigte, thatsächlich nicht der Fall war — nicht abhalten, ihr den Vorzug zu geben.

Der Bau wurde unverzüglich begonnen. Mächtige, neuartige Maschinen aller Art waren inzwischen in großer Zahl durch unsere freiländischen Maschinenfabriken konstruiert worden, und mit diesen ausgerüstet, griffen 5000 freiländische und 8000 Negerarbeiter das Werk an 18 Punkten zugleich an, wobei die 11 größeren und 32 kleineren Tunnels in einer Gesamtlänge von 38 Kilometern, die auf der Strecke vorkamen, und die jeder für sich ein eigenes Bauobjekt bildeten, gar nicht mitgezählt sind. Die Schienen — bestes Bessemermaterial — lieferten teils unsere eigenen Fabriken, teils — und zwar für die Strecke Mombas-Taweta — kamen sie aus Europa. Zwei Jahre nach Beginn des ersten Spatenstiches wurde die Teilstrecke Edenthal-Ngongo, drei Monate später die Strecke Mombas-Taweta und abermals ¾ Jahre später das Mittelstück Ngongo-Taweta dem Verkehr übergeben, so daß genau fünf Jahre, nachdem unsere Pioniere zum erstenmale den Boden von

Freiland betreten hatten, die erste Lokomotive, die den Tag zuvor noch die Brandung des indischen Oceans an die Ufer von Mombas schlagen gesehen, die Gletscher des Kenia mit gellendem Pfiff begrüßte.

Daß dieses gewaltige Werk in so kurzer Frist und mit verhältnismäßig so geringem Arbeitsaufwande vollendet werden konnte, verdankten wir unseren Maschinen, auf deren Rechnung es auch zu stellen ist, daß der Kostenaufwand sich innerhalb verhältnismäßig billiger Grenzen hielt, trotzdem wir unseren Arbeitern — selbstverständlich — Löhne zahlen mußten, wie sie wohl noch bei keinem Eisenbahnbaue jemals vorgekommen. Unsere freiländischen Eisenbahnbauer — sie hatten sich natürlich sofort zu einer Anzahl von Associationen zusammengethan — bezogen im ersten Baujahre einen Tagesverdienst von je 22 Sh., im dritten einen solchen von 28 Sh. — und arbeiteten dabei bloß je 7 Stunden täglich. Trotzdem kosteten die gesamten 1082 Kilometer, meist ziemlich schwieriger Gebirgsbahn, bloß 9½ Millionen Pfd. Sterling, d. i. nicht ganz 9000 Pfd. Sterling per Kilometer. Unsere 13000 Arbeiter leisteten eben mit ihren großartigen kraftersparenden Maschinen mehr, als 100000 gewöhnliche Arbeiter mit Haue, Krampe und Karren auszurichten vermocht hätten: und die Verwendung dieses kolossalen, mehr als 4 Millionen Pfd. Sterling verschlingenden „Kapitals" war „rentabel," gerade weil die Arbeit so hohen Lohn empfing.

Daß zugleich mit dieser — zweigeleisigen — Eisenbahn auch ein Telegraph zwischen Edenthal und Mombas gelegt wurde, ist selbstverständlich.

Während aber diese Arbeiten im Zuge waren, und die unaufhaltsam anwachsende Bevölkerung von Freiland in engere Berührung mit der alten Heimat trat, hatten sich in den Beziehungen zu unseren eingeborenen afrikanischen Nachbarn wichtige Veränderungen vollzogen, teils friedlicher, teils kriegerischer Natur, die von nicht minder bedeutsamem Einflusse auf den Entwickelungsgang unseres Gemeinwesens waren.

Zunächst hatten die Massai von Leikipia und aus dem Seengebiete zwischen Naiwascha und Baringo aus eigener Initiative und auf eigene Kosten, wenn auch unter Anleitung von ihnen erbetener freiländischer Ingenieure, eine gute, 380 Kilometer lange Fahrstraße durch ihr ganzes Gebiet vom Naiwaschasee erst nördlich und dann östlich durch Leikipia bis nach Edenthal gebaut. Sie erklärten, es gehe wider ihre Ehre und ihren Stolz, daß sie durch fremdes Gebiet von uns getrennt seien und wenn sie uns oder wir sie besuchen wollten, der einzige praktikable Weg über das Land der Wakikuja genommen werden müsse. So groß war der eifersüchtige Wunsch nach unmittelbarem Anschlusse an unser Gebiet, daß die Massai, als sie ein Teil der angeworbenen Wataweta-Straßenarbeiter irgend einer Mißhelligkeit halber während der besten Bauzeit plötzlich im Stiche ließ, selber zugriffen und abwechselnd in der Zahl von 3000 das Werk mit einer Energie förderten, die Niemand bei diesem noch vor kurzem so arbeitsscheuen Volke für möglich gehalten hätte. Wir beschlossen denn auch, diesen Beweis ungewöhnlicher Anhänglichkeit und Tüchtigkeit durch einen ebenso hervorragenden Akt der Anerkennung zu belohnen. Als die Massaistraße fertig war und eine aus den Ältesten und Führern aller Stämme bestehende Massaideputation auf derselben freude- und triumphstrahlend ihren Einzug in Edenthal hielt, wurde dieselbe mit großen Ehren empfangen, und mit Geschenken für das ganze Massaivolk bedacht, die dem Bauwerte der neuen Straße ungefähr gleichkamen.

Die damit bewerkstelligte innigere Verbindung mit den nördlichen und westlichen Massaistämmen brachte uns bald darauf in Berührung mit den am Ostufer des Ukerewe-Sees wohnenden Kawirondo. Diese, ein sehr zahlreicher und friedlich von Ackerbau und Viehzucht lebender Volksstamm, grenzten im Norden ihres Gebietes an Uganda, wo in den letzten Jahren mannigfache innere Kämpfe und Umwälzungen vor sich gegangen waren. Unähnlich den anderen Völkern, die wir bis dahin kennen gelernt und die sämtlich in unabhängigen, nur lose verbundenen kleinen Stämmen, meist unter freigewählten Häuptlingen mit geringem Einflusse lebten, waren die Wangwana (der Name für die Bewohner von Uganda) schon seit Jahrhunderten zu einem größeren, despotisch regierten Staate unter einem Kabaka oder Kaiser vereinigt. Ihr Reich, dessen Stammland sich längs des Nordufers des Ukerewe erstreckt, war von wechselndem Umfange, je nachdem die wilde Eroberungspolitik des jeweiligen Kabaka den umliegenden Völkerschaften gegenüber von größerem oder geringerem Erfolge begleitet war; stets aber blieb Uganda eine Geißel für alle Nachbarn, die unter den unaufhörlichen Beutezügen, Erpressungen und Grausamkeiten der Wangwana litten. Weite, fruchtbare Landstriche verödeten unter dieser Plage, und als vollends seit einer Reihe von Jahren der Kabaka es verstanden hatte, sich durch Vermittelung arabischer Händler in den Besitz einiger tausend — wenn auch recht miserabler — Gewehre und einiger Geschütze zu setzen, mit welch Letzteren er mangels geeigneter Munition allerdings wenig auszurichten vermochte, wuchs der Schrecken vor dem grausamen Raubstaate in riesigen Dimensionen. Gerade in die Zeit unserer Ankunft am Kenia war eine Epoche vorübergehender Ruhe gefallen, weil die Wangwana, durch innere Streitigkeiten allzusehr beschäftigt, ihren Nachbarn geringere Aufmerksamkeit schenken konnten. Nach des letzten Kabaka Tod machten sich dessen zahlreiche Söhne die Herrschaft in Kriegen streitig, die, mit bestialischer Wut geführt, das Land schrecklich verheerten, bis endlich einer der Prätendenten, der den Namen des durch seine unerhörte Grausamkeit wie durch sein Kriegsglück berühmten großen

Ahnen Suna führte, sich im Vorjahre durch Verräterei der Mehrzahl seiner Brüder entledigte. Von da ab konzentrierte sich die Macht mehr und mehr in dieses Kabaka Händen und sofort begannen auch die Überfälle und Brandschatzungen der benachbarten Stämme. Insbesondere richtete sich Sunas Zorn gegen die Kawirondo, weil diese einen seiner Brüder, der zu ihnen geflüchtet, ihm nicht ausgeliefert, sondern hatten entwischen lassen. Wiederholt waren einige tausend Wangwana in Kawirondo eingefallen, hatten Menschen und Vieh geraubt, die Dörfer angezündet, die Bananen umgehauen, die Ernten verwüstet und sich dabei unmenschliche Grausamkeit zu schulden kommen lassen. Die Kawirondo wandten sich in ihrer Not an die nördlichen Massaistämme um Hülfe. Es war die Kunde zu ihnen gedrungen, daß wir den Massai Gewehre und Pferde geschenkt hätten, und sie baten nun diese, ihnen eine Schar europäisch ausgerüsteter Krieger zur Bewachung ihrer Grenze gegen Uganda zu senden; als Lohn versprachen sie jedem ihnen zu Hülfe ziehenden Massaikrieger neben vollständiger reichlicher Verpflegung einen Ochsen monatlich, den Reitern zwei.

Weniger dieses Lohnes halber, als um ihrer Abenteuerlust zu genügen, sagten die Massai zu. 2500 El-Moran machten sich nach Kawirondo auf und bezogen dort — es war das im März des vierten Jahres von Freiland, an der Grenze gegen Uganda eine Reihe von Kantonnements.

Anfangs ging auch alles vortrefflich; die Wangwanaräuber wurden, wo sie sich zeigten, mit blutigen Köpfen heimgeschickt, auch wenn sie mit bedeutender Übermacht auftraten und es schien nach einigen Monaten fast, als ob man in Uganda, durch die empfangenen herben Lektionen gewitzigt, Kawirondo künftighin in Frieden zu lassen gedenke, denn es verlautete geraume Zeit nichts mehr von neuen Einfällen. Da plötzlich, wir waren in Freiland eben mit Einbringung der Oktoberernte beschäftigt, traf uns die erschütternde Kunde von einer schrecklichen Katastrophe, die über unsere Massaifreunde in Kawirondo hereingebrochen. Der Kabaka Suna hatte nur Ruhe gehalten, um zu einem größeren, vernichtenden Schlage auszuholen. Während die bisherigen Einfälle nach Kawirondo immer nur mit wenigen tausend Mann versucht worden waren, vereinigte er diesmal 30000 Mann, darunter 5000 Flintenträger, und überfiel mit diesen persönlich die ahnungslosen Kawirondo und Massai. Es gelang ihm, die 900 Mann mit 300 Pferden zählende Massaibesatzung eines Grenzlagers beinahe im Schlafe zu überfallen und bevor sie sich noch zu ernstem Widerstande zu sammeln vermochte, niederzumetzeln. Dadurch waren die Massai nicht bloß um mehr als ein Drittel ihrer Stärke reduziert, sondern außerdem in zwei zusammenhanglose Teile getrennt, denn das überfallene Lager lag gerade im Centrum ihres Grenzkordons. Statt nun aber schleunigst den Rückzug anzutreten und bestenfalls erst nach vollzogener Vereinigung ihrer getrennten Streitkräfte die Offensive zu ergreifen, ließ sich einer der Massaiführer, kaum daß er 500 Mann zusammengerafft hatte, in der Wut über den Untergang so vieler seiner Kameraden zu einem tollkühnen Angriffe auf die ungeheure Überzahl der Feinde verleiten, fiel dabei in einen Hinterhalt und wurde, nachdem er seine Patronen nur zu rasch verschossen hatte, mitsamt den Seinen, von denen nur wenige Mann entkamen, nach heldenmütigem Widerstande gleichfalls niedergemetzelt. Nur 1100-1200 Massai vermochte unser nunmehr das Oberkommando übernehmende Freund Mdango auf dem andern Flügel zu vereinen und mit diesen gelang es ihm auch, einen ziemlich geordneten Rückzug ins Innere von Kawirondo anzutreten, wenig verfolgt von Suna, dessen Hauptaugenmerk auf die Bergung der kolossalen Beute gerichtet war.

Noch am nämlichen Tage, an welchem uns Massai- und

Kawirondo-Eilboten diese Trauerkunde überbrachten, ging unser Ultimatum an Suna ab. Den Massai, die sich erboten hatten, ihre gesamten Krieger gegen Uganda zu senden, ließen wir sagen, 1000 Mann zu den noch in Kawirondo stehenden 1200 seien mehr als genug; diese 2200 Massai stellten wir unter freiländische Offiziere, nahmen aus unserer Mitte 900 Freiwillige, darunter 500 Reiter, dazu 12 Geschütze und 16 Raketen nebst 30 Elefanten, und schon am 24. Oktober brach Johnston, der Führer dieses Kriegszuges, unter Benutzung der Massaistraße nach Kawirondo auf.

Dort traf er rings um das — jetzt, wo es zu spät war, sehr vorsichtig verschanzte und bewachte — Lager der El-Moran ungezählte Tausende mit Speer und Bogen bewaffneter Kawirondo und Nangi, die er aber allesamt als unnützen Troß heimschickte. Am 10. November überschritt er die Ugandagrenze, sechs Tage später wurde Suna in einem kurzen Gefecht in der Nähe der Riponfälle total auf's Haupt geschlagen, sein 110000 Mann zählendes Heer in alle Winde zerstreut und er selbst nebst einigen tausend Mann seiner von Küstenarabern geführten, mit Flinten bewaffneten Leibgarde gefangen genommen.

Schon am zweiten Tage nach der Schlacht besetzten die Unseren Rubaga, die Hauptstadt von Uganda. Dort stellten sich in rascher Folge die sämtlichen Häuptlinge des Landes ein, bedingungslose Unterwerfung gelobend und bereit, jede ihnen auferlegte Forderung zu erfüllen. Johnston aber bot ihnen an, sie in den großen Bund all der bisher mit uns in Berührung getretenen eingeborenen Völker aufzunehmen, worauf die Wangwana selbstverständlich mit größter Freude eingingen. Die ihnen auferlegten Bedingungen waren: Freigebung aller Sklaven, friedliche Aufnahme freiländischer Kolonisten und Instruktoren und Ersatz alles den Kawirondo und Massai zugefügten Schadens. In letzterer Beziehung war übrigens das Wangwanavolk gar nicht in

Mitleidenschaft gezogen, denn die unermeßlichen Rinderherden ihres Kabaka, die uns als gute Beute in die Hände gefallen waren, genügten reichlich zu vollem Ersatz des in Kawirondo gemachten Raubes und als Buße für die getöteten Kawirondo- und Massaikrieger. Suna selber wurde als Gefangener abgeführt und am Naiwaschasee interniert.

Der fernere Verlauf der Ereignisse war dann ein friedlicher, nur von einem vereinzelten Empörungsversuche im Lande verbliebener Araber unterbrochener, welchen Versuch aber die Wangwana selber energisch und prompt unterdrückten, ohne daß unsere Intervention notwendig gewesen wäre. Allerdings trug eine gute Heerstraße, welche die Kawirondo und Nangi vom Ukerewe bis zum Anschlusse an die Massaistraße am Baringosee ausbauten, und eine an der Grenze zwischen Kawirondo und Uganda angesiedelte Massaikolonie von 3000 El-Moran einigermaßen dazu bei, die Wangwana in gehörigem Respekt zu erhalten. Doch genügte der Hauptsache nach seit der Schlacht an den Riponfällen der bloße Klang unseres Namens, uns auch in diesem Teile des äquatorialen Innerafrika Ruhe und Frieden zu gewährleisten. Rings um den Ukerewe, dessen Ufer seit unvordenklicher Zeit der Schauplatz grimmigen, erbarmungslosen Krieges Aller gegen Alle gewesen, stellten sich allmählich Gesittung und Menschlichkeit ein, und verhältnismäßig rasch entwickelte sich in deren Gefolge, selbst unter den bis dahin wildesten der umwohnenden Stämme, nicht unerheblicher Wohlstand.

Der Ukerewe ist, auch abgesehen von seiner Größe, unter den Riesenseen des centralen Afrika der bedeutsamste. Sein Spiegel deckt eine Fläche von circa 50000 Quadratkilometern, er ist also, außer dem Kaspisee, dem Aralsee und der großen nordamerikanischen Seegruppe, das größte Binnenwasser der Erde. Diese ganze das Königreich Bayern an Umfang übertreffende Wassermasse, deren Tiefe in gutem

Verhältnisse zu ihrer Flächenausdehnung steht, denn das Senkblei erreicht stellenweise erst bei 480 Metern den Grund, befindet sich in einer Höhe von 1350 Metern über dem Meeresniveau, d. i. 200 Meter über dem Gipfel des Brocken, des höchsten der Berge Mitteldeutschlands. Umrahmt aber wird dieser Hochsee meist von Gebirgszügen, die sich noch 500-1500 Meter über seinen Spiegel erheben, so daß das Klima seiner — ausnahmslos gesunden, von Sümpfen freien — Uferlandschaften überall gemildert, stellenweise geradezu arkadisch ist. Und dieser gewaltige, malerische, an vielen Stellen hochromantische See ist das Quellenbassin des heiligen Nil, der, ihn am äußersten Nordende über die Riponfälle verlassend, von hier aus dem 450 Meter tiefer gelegenen Albert Njanza zuströmt und von dort aus als weißer Nil seinen Lauf fortsetzt.

Schon zwei Monate nachdem wir uns in Kawirondo und Uganda festgesetzt, durchfurchte ein Schraubendampfer von 500 Tonnen die meeresgleichen Wogen des Ukerewe und vor Schluß des nächsten Jahres bestand unsere Seeflotille aus 5 Schiffen. Dieselben wurden überall an der Küste freundlich aufgenommen und der von ihnen entfachte lebhafte Handel erwies sich als eines der kräftigsten Beförderungsmittel rasch zunehmender Civilisation. Die Fruchtbarkeit der Uferlandschaften dieses herrlichen Sees ist geradezu grenzenlos; wenige hundert Quadratmeter gut bewässerten Bodens genügen, um alle Bedürfnisse einer noch so zahlreichen Familie zu decken, und als wir die Eingebornen erst einmal mit brauchbaren Geräten der Bodenkultur bekannt und vertraut gemacht hatten, war der überall erzeugte Überfluß der erlesensten Garten- und Feldfrüchte beispiellos. Merkwürdigerweise blieb das Wachstum der Bedürfnisse, insbesondere unter den am Westufer des Sees wohnenden Volksstämmen, lange Zeit hinter der Verbesserung der Produktionsmittel erheblich zurück. Diese einfachen Völkchen erzeugten beinahe ohne

Arbeitsaufwand, oft aus bloßer Neugierde nach der Wirksamkeit der zu ihnen gebrachten verbesserten Werkzeuge, wesentlich mehr als sie gebrauchten und da sie den Begriff des Grundeigentums nicht kannten, der unverwendbare Überfluß also bei ihnen nicht wie sonst unfraglich geschehen wäre, Massenelend erzeugen konnte, so wurde hier Jahre hindurch das Märchen vom Schlaraffenlande zur Wahrheit. Der Eigentumsbegriff verlor beinahe seinen ganzen Inhalt, Lebensmittel wurden wertlos, jedermann konnte sich davon nehmen so viel er mochte; durchreisende Fremde fanden überall gedeckten Tisch, kurzum, das goldene Zeitalter schien seinen Einzug am Ukerewe halten zu wollen. Indessen erwies sich diese gänzliche Bedürfnislosigkeit ebenso auch als Hindernis vermehrten Fortschritts und wir gaben uns daher — wenn auch nicht ganz ohne Bedauern — ernstliche Mühe, diesen paradiesischen Zustand insofern zu stören, als wir den Leutchen Geschmack an vermehrten Bedürfnissen beizubringen suchten, was langsam zwar, aber schließlich doch gelang. Erst zugleich mit diesen schlugen dann höhere Gesittung und geistige Kultur in jenem Erdenwinkel tiefere Wurzeln.

12. Kapitel.

Eine der Hauptaufgaben der freiländischen Verwaltung, zu deren Durchführung in der Regel die Ministerien für Kunst und Wissenschaft und für öffentliche Arbeiten einander die Hände reichten, war die gründliche Erforschung unserer neuen Heimat und zwar zunächst des engeren Keniagebietes, dann aber weiter ausgreifend auch aller benachbarten Landschaften, mit denen wir successive in stets engere Berührung traten. Das oro- und hydrographische System des ganzen Landes wurde festgestellt, Bodenbeschaffenheit und Klima genau untersucht und dabei sowohl der höhere wissenschaftliche, als der prosaische Nützlichkeitsstandpunkt gleichmäßig vor Augen gehalten. Ersteren anlangend kam zunächst eine genaue, wenn auch noch nicht alle Details umfassende Terrainkarte des ganzen Massai- und Kikujalandes zu stande; alle hervorragenden Berghöhen wurden genau vermessen und — der Keniagipfel nicht ausgenommen — erstiegen.

Der Ausblick vom Kenia ist großartig über alle Maßen, bietet aber — abgesehen vom Kenia und seinem Gletscher selber — wenig Abwechslung. Rings im Umkreise, so weit der Blick reichen mag, dehnt sich fruchtbarstes, üppigstes Land, durchzogen von zahllosen Flußläufen, die jedoch nirgend, mit Ausnahme einer etwa 5000 Quadratkilometer großen Bodenmulde im Nordwesten, zur Versumpfung des Bodens führen. Der hervorstechende Charakter des ganzen Gebietes ist der eines in zahlreichen Terrassen abfallenden, von mäßigen Bergrücken durchbrochenen Tafellandes. Erst von der obersten Terrasse ab beginnen die eigentlichen Vorberge des Kenia, die rings um das aus einem Gusse steil und unvermittelt aufsteigende eigentliche Keniamassiv einen

Gebirgsgürtel von verschiedener Breiten- und Höhenentwickelung schließen. Dieses Massiv trägt in einer Höhe von 5000 bis 5500 Metern eine Reihe riesiger Gletscherfelder, aus deren Mitte dann steil der Gipfel des Berges emporsteigt, in einiger Entfernung flankiert von einem noch steileren, kleinen Horne.

Durchaus verschiedenen Charakter zeigt die zweitwichtigste der zum Gebiete von Freiland gehörigen Gebirgsbildungen, nämlich die 70 Kilometer westlich vom Kenia in einer Längenausdehnung von reichlich 100 Kilometern und in einer Breite von durchschnittlich 20 Kilometern von Norden nach Süden streichende Aberdarebergkette. Die höchsten Gipfel dieses Gebirgszuges erreichen 4500 Meter Seehöhe, und während der Kenia überall das Gepräge des Großartigen zeigt, ist bestrickende Lieblichkeit der hervorstechende Charakterzug der Aberdarelandschaften. Zwar fehlt es auch hier nicht an Bergkolossen von überwältigendem Eindrucke, aber das Charakteristische sind die in reizvollster Abwechslung sich aneinanderschließenden romantischen, sanftgeschwungenen Berge und weiten Thäler, teils von üppigen, aber durchschnittlich nicht allzu dichten Wäldern, teils von smaragdenen, blumigen Wiesen bestanden, überall bespült von zahllosen kristallklaren Bächen und Flüssen, Seen und Teichen. Einem einzigen, herrlichen Parke gleicht dieses 2000 Quadratkilometer bedeckende Gebirgsland, von dessen Höhen aus gen Osten überall das überwältigende Schneemeer des Kenia, gen Westen die Smaragd- und Saphirflächen der großen Massaiseen — Naiwascha, Elmeteita und Nakuro — sichtbar sind. Und diese wunderliebliche Landschaft, die in sich alle Reize der Schweiz und Indiens vereinigt, birgt zugleich im Schoße ihrer Berge überschwengliche mineralische Schätze. Hier und nicht am Kenia, das hatten unsere Geologen bald festgestellt, war der zukünftige Sitz der freiländischen

Industrie, insbesondere der metallurgischen. Kohlenlager, die an Mächtigkeit und Güte den besten englischen mindestens ebenbürtig sind, Magneteisenstein mit einem Eisengehalte von 50 bis 70 Prozent, Kupfer, Blei, Wismut, Antimon, Schwefel in reichen Gängen, an der Westabdachung, gerade oberhalb des Salzsees von Nakuro, ein großes Steinsalzlager, und noch eine Menge anderer Schätze wurden in rascher Reihenfolge entdeckt und die bestgelegenen sofort in Ausbeutung genommen. Insbesondere die neueröffneten Kupferminen fanden unmittelbar bei Anlage des Telegraphen an die Küste umfassende Verwendung, die jedoch an Ausdehnung von derjenigen zu Zwecken elektrischer Kraftleitungen alsbald übertroffen wurde.

Denn am Kenia hatte sich inzwischen mancherlei verändert. Die Bevölkerung von Freiland war, da der Zuzug unaufhaltsam sich steigerte, schon gegen Schluß des vierten Jahres auf 780000 Seelen gestiegen. Ein großer Teil des Edenthals war zu einer einzigen, 102 Quadratkilometer bedeckenden und 58000 Wohnhäuser zählenden Villenstadt geworden, deren 270000 Einwohner dem Gartenbau, industriellen Gewerben oder geistiger Beschäftigung oblagen. Aber auch die auf 140000 Seelen angewachsene Bevölkerung des Danaplateaus betrieb neben der Kultur des dort noch verfügbaren Ackerlandes zum weitaus überwiegenden Teil gleichfalls verschiedenartige Industrieen, während die Landwirtschaft der Hauptsache nach hinabgerückt war in die jenseits der umgrenzenden Waldzone um 200 Meter tiefer gelegene Hochebene, die — mit mannigfaltigen Unterbrechungen allerdings — rings um den ganzen Gebirgsstock sich erstreckend, auf ihrem 8000 Quadratkilometer umfassenden fruchtbaren Boden bis auf weiteres genügenden Raum zur Ausdehnung bot.

Hier wurden zunächst 96000 Hektaren (960 Quadratkilometer) unter den Pflug genommen, nachdem sie zuvor — gleich allem Kulturboden in ganz Freiland — durch einen tüchtigen Balkenzaun gegen die Besuche lästigen Wildes geschützt worden waren. Kleineres Wild, welches durch Einhegung von den Saaten nicht fernzuhalten war, hielten die Hunde in Respekt, die, in großer Menge gezüchtet, darauf dressiert waren, diese Feldeinzäunungen und ebenso die Hürden des Viehs fleißig zu umkreisen. Dieser Schutz erwies sich gegen alles den Saaten nachstellende Getier als vollkommen ausreichend, die Affen etwa ausgenommen, unter die zeitweise geschossen werden mußte, wenn sie sich auf ihren nächtlichen Raubzügen durch noch so wütendes Gekläffe der vierbeinigen Wächter nicht vollständig verscheuchen ließen.

Zum Betriebe der in dieser Landwirtschaft in Gebrauch stehenden Maschinen wurde zwar vorläufig noch Dampfkraft verwendet; es war aber die Herstellung einer großartigen elektrischen Kraftanlage im Werke, die künftighin die Dampfmotoren überflüssig machen sollte. Die Triebkraft für die elektrischen Dynamos lieferte der Danafluß, der, verstärkt durch zwei mächtige Gebirgsbäche, die sich unterhalb des großen Wasserfalls mit ihm vereinen, am unteren Ende des Tafellandes, welches wir seiner Bestimmung entsprechend, Kornland genannt hatten, in einer Reihe gewaltiger Stromschnellen und Katarakte dem Tieflande zueilt. Und zwar wurde zu Zwecken der Betriebe von Kornland nicht etwa der große Wasserfall von 90 Meter Fallhöhe am Ausgange des Danaplateaus benutzt, sondern eben jene Stromschnellen und kleineren, aber zahlreichen Katarakte, von denen soeben die Rede gewesen. Diese ergeben insgesamt eine Fallhöhe von 265 Metern, und da der Fluß hier bereits gewaltige Wassermassen führt, so war durch entsprechende Kombination von Turbinen und elektrischen Kraftmaschinen ein Gesamteffekt von 5 bis 600000 Pferdekräften zu erzielen, weit mehr, als zur Bewirtschaftung des gesamten Bodens von Kornland selbst bei intensivster Kultur erforderlich sein konnte. Die für das nächste Jahr veranschlagten Kraftanlagen waren auf 40,000 indizierte Pferdekräfte berechnet. Gut isolierte, starke Kupferstränge sollten die von 20 riesigen Turbinen auf 200 Dynamomaschinen erzeugten elektrischen Ströme in die Wirtschaftsgebäude und über den zu bewirtschaftenden Boden leiten, wo die in diesen Strömen abgelagerte Kraft alle landwirtschaftlichen Arbeiten — vom Pflügen angefangen bis zum Dreschen, Reinigen und Transportieren des Getreides — zu vollbringen hatte. Denn auch ein Netz elektrischer Bahnen gehörte mit zum Systeme dieser landwirtschaftlichen Anlage.

Der große Danakatarakt aber mit seiner, auf 124000 indizierte Pferdekräfte berechneten Wasserkraft diente zunächst elektrischen Beleuchtungszwecken in Edenthal und in den am Danaplateau gelegenen Städten. Einstweilen genügten zu öffentlichen Beleuchtungszwecken 5000, auf 35 Meter hohen Masten angebrachte Kontaktlampen von je 2000 Kerzen Lichtstärke, die insgesamt 12000 Pferdekräfte erforderten; zur Beleuchtung der Wohnhäuser und einzelner, auch bei Nacht in Betrieb stehender Fabriketablissements standen 420000 Glühlampen in Verwendung, die 40000 Pferdekräfte beanspruchten, so daß insgesamt 52000 Pferdekräfte von den elektrischen Kraftmaschinen am großen Katarakte erzeugt werden mußten, die jedoch tagsüber auch zum Betriebe eines Eisenbahnnetzes von insgesamt 340 Kilometer Ausdehnung Verwendung fanden, welches die Hauptverkehrsadern und belebteren Straßenzüge im Danaplateau und in Edenthal durchzog. Bloß abends und nachts, wenn die Beleuchtung funktionierte, mußte der Eisenbahnbetrieb aus besonderen, einige tausend Pferdekraft abgebenden Dynamos gespeist werden. Im ganzen waren solcherart nahezu zwei Fünfteile der verfügbaren Gesamtkraft bis zum Schlusse des fünften Jahres von Freiland zur Ausnutzung gelangt; die noch erübrigenden drei Fünfteile blieben vorläufig noch unverwendet und bildeten die Reserve für zukünftige Verwendungsarten der gleichen Kraftquelle.

Ebenfalls in das vierte und fünfte Jahr Freilands fiel der Ausbau eines Kanalnetzes und mehrerer Wasserleitungen, für Edenthal sowohl als für das Danaplateau. Ersteres diente bloß zur Abfuhr der Meteorwässer in den Dana, während das Spülwasser und der Unrat durch ein System pneumatischer Aufsaugung vermittelst mächtiger Saugwerke in gußeisernen Röhren abgeleitet, dann desinfiziert und als Dünger verwertet wurden. Die Wasserleitungen wurden unter Benutzung der besten Hochgebirgsquellen mit einer Leistungsfähigkeit von vorläufig 1 Million Hektoliter täglich angelegt und sowohl zur Speisung zahlreicher öffentlicher Brunnen, als auch zur Einleitung in sämtliche Privathäuser benutzt. Durch Einbeziehung neuer Quellen war die Ergiebigkeit dieser Leitung in kurzer Frist zu verdoppeln und zu verdreifachen. Gleichzeitig waren alle Straßen makadamisiert worden, so daß nach jeder Richtung für die Reinlichkeit und Gesundheit der jungen Städte bestens vorgesorgt war.

Die Unterrichtsverwaltung hatte inzwischen nicht minder gewaltige Anstrengungen gemacht. Es hatte sich eine dahingehende öffentliche Meinung entwickelt, daß die Jugend von Freiland ohne Unterschied des Geschlechts und späteren Berufs einen Unterricht zu genießen habe, der mit Ausnahme der lateinischen und griechischen Sprachstudien demjenigen ungefähr entsprechen solle, der beispielsweise in den sechs ersten Gymnasialklassen Deutschlands erteilt wird. Zu diesem Behufe sollten Knaben wie Mädchen vom 6. bis 16. Jahre die Schule besuchen, wo sie nach Erledigung der Elementarkenntnisse in Sprachlehre, Litteraturgeschichte, Geschichte, Kulturgeschichte, Physik, Naturgeschichte, Geometrie und Algebra unterwiesen wurden.

Nicht minderes Gewicht als auf die geistige und moralische wurde auf die körperliche Ausbildung gelegt, ja es war Grundsatz in Freiland, daß letztere vorauszugehen habe, indem ein gesunder harmonisch entwickelter Körper die Voraussetzung eines gesunden, harmonisch entwickelten Geistes sei. Und auch bei der geistigen Ausbildung wurde weniger auf die Ansammlung von Kenntnissen, als auf die Anregung des jungen Geistes zu selbständigem Denken gesehen, daher nichts ängstlicher und sorgfältiger gemieden ward, als Überbürdung mit geistiger Arbeit. Kein Kind sollte — die häuslichen Repetitionen mit eingerechnet — länger als höchstens 6 Stunden täglich geistig beschäftigt sein; die Unterrichtsstunden für alle geistigen Lehrfächer waren daher auf 3 Stunden täglich beschränkt, während 2 andere Schulstunden täglich körperlichen Übungen — dem Turnen, Laufen, Tanzen, Schwimmen, Reiten, bei Knaben außerdem dem Fechten, Ringen und Schießen — gewidmet wurden. Ein fernerer Grundsatz des freiländischen Unterrichtswesens war, daß auch die Kinder so wenig wie die Erwachsenen zur Thätigkeit gezwungen werden sollten; einer zielbewußten, konsequenten und in ihren Mitteln nicht beschränkten Pädagogik — so meinten wir — könne es unmöglich schwer fallen, das lenkbare Kindergemüt zu freiwilliger und freudiger Erfüllung vernünftig bemessener Pflichten zu bringen. Und auch darin gab uns die Erfahrung Recht. Unsere Unterrichtsleitung mußte es sich zwar in hohem Grade angelegen sein lassen, den Unterricht anregend zu gestalten; nachdem ihr dies aber einmal gelungen war, lernten unsere Jungen und Mädchen in der halben Zeit doppelt so viel und gründlich, als ihre physisch und geistig mißhandelten europäischen Altersgenossen. Der Unterricht wurde — abermals aus Rücksichten der Gesundheit — so weit nur immer möglich im Freien erteilt. Die Schulhäuser waren daher sämtlich entweder inmitten großer Gärten oder am Waldessaum errichtet, und die naturwissenschaftlichen Disziplinen wurden regelmäßig, andere häufig, mit Ausflügen in die Umgebung in Verbindung gebracht. Dafür bot aber auch unsere Schuljugend ein anderes Bild, als wir es in der alten Heimat und insbesondere in deren Großstädten zu sehen gewohnt waren. Rosige, von Gesundheit, Kraft und Lebensfreude strotzende Gesichter und Gestalten, Selbstvertrauen und sichere Intelligenz aus jeder Miene, aus jeder Geberde hervorleuchtend — so traten unsere Kinder in den Ernst des Lebens ein.

Natürlich erforderte eine derartige Organisation des Unterrichts ein sehr zahlreiches und tüchtiges Lehrpersonal. In der That kam in Freiland durchschnittlich schon auf je 15 Schulkinder je eine Lehrkraft, und um die Auswahl unter den besten Intelligenzen des Landes zu haben, mußten hohe Gehalte gezahlt werden. Für die vier ersten Klassen — in denen überwiegend Mädchen oder junge Witwen unterrichteten — betrug der Jahresgehalt zwischen 1400 bis 1800, für die sechs anderen Klassen — in denen hinwieder die männlichen Lehrkräfte überwogen — 1800 bis 2400 Stundenäquivalente; im fünften Jahre der Gründung waren das, in Geld umgerechnet, Gehalte zwischen 350 und 600 Pfd. Sterling.

Aber auch mit seinem sehr umfangreichen Bedarfe an höheren Intelligenzen wollte Freiland auf eigenen Füßen stehen. Es wurde daher schon im dritten Jahre eine Hochschule errichtet, an welcher sämtliche Wissenszweige, die in Europa an Universitäten, Akademien und technischen Lehranstalten gelehrt werden, gesammelt vertreten waren. Alle Lehrfächer waren mit einer Freigebigkeit ausgestattet, von welcher man außerhalb Freilands kaum eine Vorstellung besitzt. Unsere Sternwarte, unsere Laboratorien und Sammlungen verfügten über geradezu unbegrenzte Mittel und kein Gehalt war zu hoch, um eine glänzende Lehrkraft heranzuziehen und festzuhalten. Das nämliche gilt von den technischen und nicht minder von den landwirtschaftlichen und merkantilistischen Lehrkanzeln und Lehrmitteln unserer Hochschule. Der Unterricht an dieser war in allen Fächern durchaus frei und, gleich demjenigen in den unteren Schulen, unentgeltlich. Im fünften Jahre der Gründung Freilands besuchten 7500 Hörer die Hochschule; die Zahl ihrer Lehrkanzeln war 215, ihr Jahresbudget hatte die Höhe von 2½ Millionen Pfd. Sterling erreicht und war andauernd in rapidem Wachstum begriffen.

Die Mittel zu all diesen gewaltigen Ausgaben lieferte überreichlich die vom Gesamteinkommen aller Produzenten erhobene prozentuelle Abgabe, denn dieses Gesamteinkommen wuchs unter dem verdoppelten Einflusse der Bevölkerungszunahme und der steigenden Arbeitsergiebigkeit in riesigem Maße. Als die Eisenbahn zur Küste fertig war und ihre Wirkung sich fühlbar zu machen begann, stieg der Wert des durchschnittlichen Ertrags einer Arbeitsstunde rasch auf 6 Sh., und da um diese Zeit — zu Ende des fünften Jahres von Freiland — 280000 Arbeiter im Tagesdurchschnitt während 6 Stunden, d. i. 1800 Stunden im Jahre produktiv beschäftigt waren, so bezifferte sich in jenem Jahre der Gesamtwert des Arbeitsertrages von Freiland auf 280000 × 1800 × 6 Sh., d. i. auf rund 150 Millionen Pfd. Sterling. Davon reservierte sich nun das Gemeinwesen eine Abgabe in der Höhe von 35 Prozent, d. i. in runder Summe 52½ Millionen Pfd. Sterling und dieses war die Quelle, aus welcher nach Abzug der zur Deckung der Versorgungsansprüche erforderlichen, allerdings die größere Hälfte beanspruchenden Beträge, die als wünschenswert erkannten Ausgaben bestritten wurden.

Ja, das Wachstum der Einnahmen war ein so gesichertes und hatte so bedeutenden Umfang erreicht, daß die Verwaltung von Freiland sich am Ende dieses fünften Jahres entschloß, den Vertretungskörpern, die zu diesem Behufe zu einer gemeinsamen Sitzung einberufen wurden, zwei Maßregeln von entscheidender Bedeutung vorzuschlagen: erstlich, die den Associationen einzuräumenden Kredite hinfort von der Zustimmung der Zentralbehörde unabhängig zu machen; und zum zweiten die sämtlichen, bis dahin von neueintretenden Mitgliedern freiwillig gezahlten Beiträge zurückzuerstatten und künftighin derlei Beiträge nicht mehr entgegenzunehmen.

Aus den im 8. Kapitel dargelegten Gründen waren bisher Umfang und Reihenfolge der Produktivkredite von der Entscheidung der Zentralverwaltung abhängig gewesen; jetzt, da die Ausrüstung mit kapitalistischen Arbeitsbehelfen und damit die Leistungsfähigkeit des Gemeinwesens eine genügend hohe Stufe erreicht hatte, wurde auch diese Schranke des freien Selbstbestimmungsrechtes für unnötig erachtet; die Associationen mochten fordern, was ihnen nützlich dünkte, die Kapitalkraft des Landes schien auch den umfangreichsten, irgend zu erwartenden Kreditansprüchen gewachsen. Und in der That erwies sich diese Zuversicht als wohlbegründet. In den diesem Beschlusse unmittelbar folgenden Jahren ereignete es sich zwar zu zwei verschiedenen Malen, daß infolge unvermittelt eintretender großartiger Kapitalbedürfnisse der zur Deckung derselben bestimmte Teil der öffentlichen Abgaben um einige Prozente über das normale Maß gesteigert werden mußte; das wurde jedoch angesichts des stetigen Wachstums aller Produktionserträge ohne die geringste Beschwerde ertragen und späterhin genügten die vom Gemeinwesen angelegten Reserven, um selbst dieses Element der Schwankung aus dem Verhältnisse zwischen Kapitalbedarf und öffentlichem Einkommen zu beseitigen.

Dagegen gab dieser Beschluß den Anstoß zu einem ganz merkwürdigen Versuche, die damit eingeräumte vollkommene Freiheit der Kreditgewährung zu einer großartigen gegen das Gemeinwesen gerichteten

Schwindelei zu mißbrauchen. In Amerika hatte sich ein Konsortium unternehmender „Geschäftsleute" gebildet, eigens zu dem Zwecke, die Vertrauensseligkeit von uns „dummen Freiländern" gehörig auszubeuten, und zwar in der Weise, daß unserer Zentralbank unter der Maske einer zu solchem Behufe zu gründenden beliebigen Association, eine möglichst große Summe entlockt werden sollte. 46 der geriebensten und skrupellosesten Yankees vereinigten sich zu diesem Feldzuge gegen unsere Taschen; wie sie es anstellten und was sie dabei erreichten, entnehmen wir am einfachsten der nachträglich zum Besten gegebenen Erzählung ihres damaligen Anführers, gegenwärtig ehrsamen Werkmeisters in der großen Salzsiederei am Nakuro-See:

„Wir waren also in Edenthal angelangt und beschlossen fürs erste, das Terrain genau zu sondieren, ehe wir an die Ausführung unseres Geschäftes schritten. Dabei bemerkten wir sofort zu unserer großen Genugthuung, daß Mißtrauen der Freiländer uns wenig zu schaffen machen werde. Das Gasthaus, in welchem wir abgestiegen, gab Alles auf Kredit, ohne daß man uns auch nur fragte, wer wir seien. Als ich dem Wirt gegenüber in väterlichem Tone bemerkte, solch unterschiedsloser Pump für jeden Hergelaufenen sei doch großer Leichtsinn, lachte mir der Wirt, will sagen der Direktor der Edenthaler Hotel-Association, ins Gesicht und meinte zuversichtlich, hier brenne Niemand durch, wer da sei, denke nicht daran, Freiland wieder zu verlassen. „Schon gut", dachte ich mir; fragte aber weiter, was die Hotel-Gesellschaft mache, wenn ein Gast nicht zahlen *könne*? „Unsinn", sagte der Direktor, „hier kann jeder zahlen, sowie er zu arbeiten anfängt". „Und wenn er nicht arbeiten kann?" „Dann erhält er Unterstützung vom Gemeinwesen." „Und wenn er nicht arbeiten will?" Da klopfte mir der Mann lächelnd auf die Schulter und meinte: „Nichtwollen hält bei uns nicht lange vor, verlaßt Euch darauf. Übrigens,

wenn Einer durchaus mit gesunden Gliedern faullenzen will
— Bett und gedeckten Tisch findet er bei uns trotzdem
allezeit. Macht Euch also wegen Berichtigung der Zeche in
keinem Fall Sorge; Ihr werdet zahlen wann Ihr könnt und
wollt."

„Machte auf uns einen ganz curiosen Eindruck, dieser
Direktor; wir sagten aber nichts, sondern beschlossen, den
Freiländern weiter auf den Zahn zu fühlen. Wir kamen in
die große Warenhalle und versuchten Kleider, Wäsche u.
dgl. auf Borg zu nehmen. Es ging vortrefflich. Die Verkäufer
— es waren, wie sich herausstellte, Kommis der Anstalt —
verlangten   zwar   eine   Zahlungsanweisung   an   die
Centralbank, als wir jedoch entgegneten, daß wir dort noch
kein Konto besäßen, meinten sie, das thäte auch nichts; sie
begnügten sich einstweilen mit schriftlicher Bestätigung der
Kaufsumme, welche die Bank ihnen seinerzeit, wenn wir
unser Konto hätten, schon gutschreiben werde. So ging's
überall. Mackay oder Gould kann in New-York nicht
bereitwilliger Kredit finden, als wir in Edenthal fanden.

„Nach einigen Tagen schon schritten wir an unsere
„Gründung". Mißtrauen war, wie gesagt, fürs erste nicht zu
besorgen, unangenehm blieb aber trotzdem, daß die
freiländischen Einrichtungen die Öffentlichkeit aller auf
Geschäfte   bezüglichen   Akte,   Daten   und   Umstände
verlangen. Wir wußten zwar, daß von Polizei oder
Gerichten nichts zu befürchten sei; was aber wollten wir
thun, wenn das freiländische Publikum der vorgeschützten
Gründung Geschmack abgewinnt und unserer Association
beizutreten wünscht? Wir konnten natürlich Kompagnons
nicht brauchen, sondern mußten hübsch unter uns bleiben,
sonst war unser ganzer Plan ins Wasser gefallen. Wir
forschten überall, ob es kein Mittel gäbe, die Zahl der
Teilnehmer zu begrenzen, hatten über diesen Gegenstand
eingehende   Besprechungen   mit   gutunterrichteten
Freiländern, beklagten uns über das himmelschreiende

Unrecht, daß wir gezwungen sein sollten, den Nutzen der ausgezeichneten „Idee", die wir gefaßt, hier mit aller Welt zu teilen, unsere Geschäftsgeheimnisse preiszugeben u. s. w.; es half aber alles nichts. Die Freiländer blieben in diesem Punkte verstockt und meinten, Niemand zwinge uns, unsere Geheimnisse preiszugeben, wenn wir selbe aus eigenen Kräften fruktifizieren wollten; wenn wir aber hierzu freiländischen Boden und freiländisches Kapital brauchten, so müsse selbstverständlich ganz Freiland wissen, worum es sich handelt. „Und wenn unser Geschäft nur eine kleine Anzahl von Arbeitern brauchen kann, wenn z. B. die Ware, die wir fabrizieren wollen, zwar großen Gewinn abwirft, aber doch nur beschränkten Absatz hat, müssen wir auch dann alle Welt beitreten lassen? „In diesem Fall" — so war die Antwort — werden freiländische Arbeiter nicht so dumm sein, sich Euch massenhaft aufzudrängen." „Schön!" rief ich mit verbissenem Zorn, „wenn aber doch mehr beitreten, als wir gerade brauchen können?" Doch auch darauf wußten die Leute eine Antwort; dann, so meinten sie, würden die zuviel Beigetretenen eben nachträglich austreten, oder wenn sie partout dabei blieben, so müßten wir alle die Arbeitszeit etwas einschränken, etwa einen Turnus einführen, oder dergleichen; an Gelegenheit, unsere dadurch frei werdende Zeit nützlich anderweitig zu verwerten, fehle es in Freiland nirgend.

„Was ließ sich da machen? Wir mußten unser Plänchen so einkleiden, daß den freiländischen Arbeitern ganz von selbst die Lust verginge, sich zu beteiligen. Aber auch allzu plump durfte anderseits die Sache nicht gemacht werden, sonst witterten die Leute am Ende doch Unrat, oder beteiligten sich vielleicht gar aus purer Menschenliebe, um unserer Thorheit mit gutem Rat zu Hilfe zu kommen. Schließlich einigten wir uns dahin, eine Nähnadelfabrik zu errichten; eine solche war nach der ganzen Geschäftslage offenbar unrentabel, der Plan klang aber doch nicht allzu abenteuerlich, um uns Neugierige an den Hals zu ziehen. Wir konstituierten uns also und hatten in der That die Genugthuung, vorläufig außer zwei Dummköpfen, welche die Nähnadelfabrikation aus irgend einem Grunde für ein gutes Geschäft halten mochten, und mit denen fertig zu werden, nicht allzu schwer fallen konnte, keine Genossen zu erhalten. Jetzt handelte es sich um die Festsetzung des Gründungskapitals, will sagen um die Höhe des bei der Centralbank zu fordernden Kredits. Natürlich hätten wir am liebsten gleich eine Million Pfd. Sterling verlangt; das ging aber nicht, da wir, wie gesagt, angeben mußten, wozu wir das Geld brauchten und eine Nähnadelfabrik für 48 Arbeiter doch unmöglich so viel verschlingen durfte, ohne uns sofort eine ganze Legion von Untersuchungsrichtern in Gestalt beitretender Arbeiter auf den Nacken zu setzen. Wir beschränkten uns also notgedrungen auf 130000 Pfd. Sterling, was zwar auch einiges Aufsehen erregte, von uns aber damit motiviert wurde, daß die neuartigen Maschinen, die wir anzuwenden gedächten, sehr teuer wären.

„Jetzt kam aber die Hauptsorge; wie sollten diese 130000 Pfd. Sterling oder doch der größte Teil derselben in unsere Taschen geleitet werden? Mich hatten unsere Jungens zum Direktor der „ersten Edenthaler Nähnadel-Fabriks-Association" gewählt und als solcher begab ich mich anderntags zu der Bank, um uns dort unser Konto eröffnen zu lassen und gleichzeitig alle erforderlichen Informationen einzuholen. Der Kassierer versicherte mir zwar auf Befragen, daß alle von mir angewiesenen Auszahlungen ohne weiteres durchgeführt werden sollten, als ich aber daraufhin um ein „kleines Akonto" von einigen tausend Pfunden bat, fragte er mich verwundert, was es damit solle. „Je nun, wir müssen doch gewisse kleine Zahlungen leisten." — „Unnötig", war die Antwort, „alle Zahlungen werden hier bei der Bank ausgeglichen." — „Ja, aber wovon soll denn ich mit meinen Leuten inzwischen, bis die Nähnadelfabrik zu arbeiten anfängt, leben?" fragte ich gereizt. „Nun, von Ihrer Arbeit bei anderen Unternehmungen, oder von Ihren Ersparnissen, wenn sie welche haben. Auch an Kredit wird es Ihnen nirgend fehlen — wir aber, die Centralbank — geben bloß Produktivkredite; was Sie verzehren, können wir Ihnen nicht vorstrecken."

„Da standen wir nun mit unserem Kredite von 130000 Pfd. Sterling und fingen an zu begreifen, daß derselbe doch nicht so leicht davonzutragen sei. Allerdings konnten wir bauen lassen und bestellen, so viel und was wir wollten. Was hatten wir aber davon, Geld auf unnütze Dinge auszugeben?

„Das ärgerlichste war, daß wir ehrlich zu arbeiten beginnen mußten, wollten wir das allgemeine Mißtrauen nicht doch schließlich gegen uns erwecken, und so traten wir denn verschiedenen Unternehmungen bei. Überwunden aber wollten wir uns noch immer nicht geben und nach reiflichem Nachdenken fiel mir folgendes als die allein mögliche Methode des von uns geplanten Schwindels ein. Die Centralbank vermittelt zwar alle Käufe und Verkäufe, hindert aber, wie ich bald herausbekam, den Käufer oder Besteller nicht im geringsten in der Wahl der ihm passend erscheinenden Güter. Wir hatten also das Recht, für unsere Nähnadelfabrik Maschinen in Europa oder Amerika bei beliebigen Fabrikanten zu bestellen, für welche dann die Centralbank Zahlung leisten würde. Wir mußten also bloß mit einer geeigneten europäischen oder amerikanischen Schwindelfirma in Verbindung treten und den zu erzielenden Nutzen mit dieser teilen, um schließlich doch eine recht ansehnliche Beute wegtragen zu können.

„Aber zugleich mit diesem Auskunftsmittel fiel mir auch ein, wie grenzenlos dumm es wäre, von demselben Gebrauch zu machen. Sehr viel, das leuchtete mir ein, war mit demselben nicht zu gewinnen; aber selbst wenn es möglich gewesen wäre, für jeden Einzelnen von uns ein

Vermögen herauszuschwindeln, hatte ich doch die Lust verloren, Freiland wieder zu verlassen. Die Rechnung stand für alle Fälle zu ungleich. Ich war in ehrlicher Arbeit ein Neuling und sonderliche Anstrengungen sagten meinem damaligen Geschmack nicht zu; trotzdem hatte ich es auf einen Tagesverdienst von 12 Shillingen gebracht, das sind 180 Pfd. Sterling im Jahr, mit denen sich hier mindestens so gut leben ließ, wie mit dem Doppelten in Amerika oder England; selbst wenn ich in der bisherigen Weise, gleichsam bloß, um mir die Langeweile zu kürzen, fortarbeitete, mußte sich dieses Einkommen sehr bald steigern, ich konnte hier schlimmstenfalls ein Leben führen, wie da draußen im Besitze einer Jahresrente von 400-500 Pfd. Sterling; auch nur annähernd so viel zu stehlen, war nun nicht die geringste Aussicht vorhanden. Doch wenn auch! Ich wäre doch nicht weggegangen. Erstlich weil es mir hier zu gut gefiel; der Umgang gleich und gleich mit anständigen Menschen hat etwas Lockendes selbst für Spitzbuben, wie ich damals einer war. Und dann — es kam mir damals komisch vor — begann ich mich meines Gaunertums zu schämen. Auch die Spitzbuben haben ihre Ehre. Da draußen, wo *Jeder* dem Nebenmanne das Fell über die Ohren zieht, wenn er nur kann, erachtete ich mich im Wesen nicht schlechter, als die sog. ehrlichen Leute; ich hielt mich nicht so genau an das Gesetz, als diese, das war aber auch der ganze Unterschied. Auf der Jagd nach dem lieben Nebenmenschen befinden sie sich da draußen Alle; daß ich ohne Jagdkarte zu jagen mir erlaubte, beschwerte mir das Gewissen nicht sonderlich, umsoweniger, da ich doch nur die Wahl hatte, zu jagen, oder gejagt zu werden. Hier aber jagte Niemand dem Nebenmenschen das Seine ab, hier mußte sich jeder Gauner selber gestehen, daß er schlechter sei, als die Anderen alle, und zwar ein schlechter Kerl ohne Not, aus purer Freude am Schlechten. Und wenn man dabei noch den Reiz der Gefahr gehabt hätte, der da draußen die Jagd mit einer gewissen Poesie umgiebt! aber auch davon keine Spur! Nicht einmal verfolgt hätten uns die Freiländer, wenn wir uns mit der erschwindelten Beute aus dem Staube gemacht hätten; sie hätten uns laufen lassen wie räudige Hunde. Nein, hier wollte und konnte ich kein Spitzbube sein. Ich rief die Genossen zusammen, um ihnen anzuzeigen, daß ich meine Würde als ihr Anführer niederlege, mich überhaupt von der Kompagnie lossage und es hier mit anständiger Arbeit versuchen wolle. Nicht einer war, der mir nicht zugestimmt hätte. Zwar mit der Arbeitslust sah es bei einigen noch windig aus, aber hier bleiben wollten sie Alle. Ein besonders zäher Kerl warf zwar die Frage auf, ob es, da wir doch einmal so hübsch beisammen seien, wie später wohl nicht wieder, nicht vielleicht doch ganz nett wäre, ein paar Tausend Pfund herauszuschwindeln und dann erst ehrliche Leute zu werden; aber schon bedurfte es des Hinweises auf die Haftpflicht der Associationsmitglieder für die von ihnen kontrahierten Kredite nicht, um den Vorschlag dieses Nachzüglers unserer ehemaligen Gaunerei zu beseitigen. Nicht bloß hier bleiben, sondern ehrlich werden wollten sie, diese hartgesottenen Schelme, die wenige Wochen früher ehrlich und dumm als gleichbedeutende Worte zu gebrauchen pflegten. So kam's, daß das feine Plänchen, an welchem die „smartesten fellows" von Neu-England ihren Witz erschöpft hatten, klanglos fallen gelassen wurde und wenn ich gut berichtet bin, so hat nachher keiner von uns 46 je zu ernstlicher Klage Anlaß gegeben."

Der zweite, vor die Gesamtvertretung von Freiland gebrachte Antrag — die Rückzahlung der bis dahin von den meisten Mitgliedern bei Gelegenheit ihres Eintrittes in die Gesellschaft geleisteten größeren oder geringeren Beiträge betreffend, bedeutete die Aufbringung einer Gesamtsumme von nicht weniger als 43 Millionen Pfd. Sterling. Nun hatte man allerdings den Mitgliedern jederzeit gesagt, daß die

Beiträge nicht rückzahlbar, sondern ein den gesellschaftlichen Zwecken gebrachtes Opfer seien; nichtsdestoweniger erachtete es die Verwaltung von Freiland der Billigkeit entsprechend, daß nunmehr, wo das neue Gemeinwesen eines solchen Opfers nicht mehr bedurfte, auf dasselbe für die Zukunft sowohl als für die Vergangenheit verzichtet werde. Die großmütigen Spender hatten zwar niemals aus ihrer den ärmeren Mitgliedern so reichlich geleisteten Hülfe irgendwelchen Rechtstitel auf besondere Anerkennung oder höhere Ehre abgeleitet, ja die meisten hatten es sich sogar verbeten, namentlich als Schenker angeführt zu werden; auch widersprach diese Hülfeleistung keineswegs den Prinzipien, auf denen das neue Gemeinwesen begründet war, ja im Sinne derselben durfte das Eintreten der Bemittelten für die Hülflosen gerad zu als eine Forderung des gesunden, vernünftigen Eigennutzes angesehen werden. Aber mit dem Momente, wo gerade infolge dieses so ausgiebig bethätigten vernünftigen Egoismus das Gemeinwesen kräftig genug wurde, um außergewöhnliche Hülfeleistungen entbehren und die vordem dargebrachten zurückerstatten zu können, erschien es uns wieder billig, daß dies auch sofort geschehe.

Auch dieser Antrag wurde debattelos einstimmig angenommen und sofort zur Ausführung gebracht. Den sämtlichen Beitragleistenden wurden die eingezahlten Beträge zurückerstattet, resp. in den Büchern der Centralbank gutgeschrieben, wo sie nach Gefallen über dieselben verfügen mochten.

Damit aber kann auch die zweite Epoche der Geschichte von Freiland als abgeschlossen betrachtet werden. Die Gründung des Gemeinwesens — die erste Epoche ausfüllend — vollzog sich gänzlich durch freiwillige Opfer einzelner seiner Mitglieder; in der zweiten Periode war diese Hülfeleistung, wenn auch nicht mehr durchaus notwendig, doch ein nützliches und wirksames Beförderungsmittel des raschen Wachstums gewesen; von jetzt ab wies die zu einem Riesen erstarkte freie Gemeinschaft jeden wie immer gearteten, nicht aus ihren regelmäßigen Hülfsquellen geschöpften Beistand ab, und die einst empfangene Unterstützung tausendfach vergeltend, war nun sie es, auf deren stets unerschöpflicher fließende Mittel Not und Elend, sie mochten sich in welchem Teile der bewohnten Erde immer zeigen, mit Sicherheit zählen durften.

Drittes Buch.

13. Kapitel.

Abermals sind zwanzig Jahre verflossen, fünfundzwanzig Jahre, seitdem unsere Pfadfinder den Kenia erreichten. Die Prinzipien, nach denen sich Freiland regiert und verwaltet, sind die gleichen geblieben und auch der Erfolg hat nicht gewechselt, nur daß das Wachstum von geistiger und materieller Kultur, von Einwohnerzahl und Reichtum sich in unablässig steigender Progression bewegte. Die Einwanderung, vermittelt durch 54 der größten Ozeandampfer von zusammen 495000 Registertonnen, hatte im letzten Jahre die Ziffer von 1152000 Köpfen erreicht. Um diesen, aus allen Weltteilen anlangenden Zuzug an den afrikanischen Küsten aufzunehmen und mit möglichster Beschleunigung in das Herz des Kontinents zu befördern, war das Eisenbahnnetz von Freiland an vier verschiedenen Punkten bis an den Ozean, resp. bis an die zum Ozean führenden fremden Anschlußbahnen vorgedrungen. Der eine dieser Schienenstränge ist der noch in der vorigen Epoche vollendete von Edenthal nach Mombas; diesem folgte vier Jahre später, nachdem die Pacifizierung der Gallasstämme gelungen war, die Eisenbahn im Danathale an die Wituküste; nach neun ferneren Jahren war ein — gleich allen freiländischen Hauptbahnen zweigeleisiger — Schienenstrang längs des ganzen Nilthales, vom Ukerewe und Albert-Njanza über die ägyptischen Äquatorialprovinzen, Dongola, den Sudan und Nubien bis zum Anschlusse an das ägyptische Bahnnetz fertig und solcherart die Verbindung der Mittelmeerküste mit Freiland bewerkstelligt; im Vorjahre endlich war der letzte Spatenstich der großen äquatorialen „Transversalbahn" gemacht worden, die von Uganda am Ukerewe ausgehend und den Nil bei dessen Austritt aus dem Albert-Njanza überbrückend, von hier den Aruwhimi und Kongo entlang den atlantischen Ozean erreichte. Wir besaßen also zwei direkte Schienenverbindungen mit dem indischen und je eine mit dem mittelländischen und atlantischen Meere. Die Mombaslinie war durch die weitaus kürzere Danabahn selbstverständlich in den Hintergrund gedrängt; die 580 Kilometer der letzteren durchflogen unsere Passagierzüge in 9 Stunden, während die Mombasstrecke, trotz ihrer inzwischen erfolgten Abkürzung durch die Athizweigbahn, nahezu die doppelte Zeit erforderte. Auf der Nilbahn waren von Alexandrien bis Edenthal 6452 Kilometer zu durchmessen, deren Betrieb von Assuan — der Grenze Oberägyptens — ab in unseren Händen war; die Reise beanspruchte hier — wegen des langsameren Betriebes auf der ägyptischen Linie — 6½ Tage; trotzdem war diese Route die meistbenutzte, da sie allen über das Mittelmeer gehenden Einwanderern, also allen europäischen und den meisten amerikanischen, die Reise nahezu um zwei Wochen verkürzte. Die im Einvernehmen mit dem Kongostaate, jedoch beinahe ausschließlich auf unsere Kosten ausgebaute und durchweg in freiländischem Betrieb stehende äquatoriale Transversalbahn endlich hatte eine Länge von 4874 Kilometern und auf ihr konnte man in nicht ganz 4 Tagen von der Kongomündung in Edenthal anlangen.

Edenthal, wie überhaupt das Keniagebiet, hatten schon seit langer Zeit aufgehört, den ganzen Zuzug der Einwanderer in sich aufzunehmen. Zwar die dichteste Menge der freiländischen Bevölkerung war noch immer in den Hochgebirgslandschaften zwischen dem Ukerewe und dem indischen Ozean zu suchen, der Sitz der obersten Verwaltung war nach wie vor in Edenthal, Freiland aber hatte seither seine Grenzen nach allen Seiten, insbesondere nach Westen zu mächtig ausgedehnt. Über ganz Massailand, Kawirondo und Uganda, rings um die Ufer des Ukerewe, Mwutan-Nzige und Albert-Njanza hatten sich freiländische Ansiedler ausgebreitet, so weit gesunde, hohe Lage und fruchtbarer Boden zu finden war. Im Südosten bilden die paradiesischen Gebirgslandschaften von Teita, im Norden die Höhenzüge zwischen dem Baringo und Ukerewe und den Gallaländern, im Westen die äußersten Ausläufer der am Albertsee beginnenden Mondberge, im Süden endlich die bis zum Tanganikasee streichenden Gebirgszüge die vorläufigen Grenzen unserer Ausbreitung, ein Gesamtareal von 1½ Millionen Quadratkilometern umfassend, welches jedoch nicht überall von kompakten Massen freiländischer Bevölkerung besiedelt ist, vielmehr unsere Kolonisten an vielen Stellen zerstreut unter den Eingeborenen sitzen, dieselben überall zu höherer, freier Kultur erziehend. Die Gesamtbevölkerung des derzeit unter freiländischem Einflusse stehenden Gebietes beträgt 42 Millionen Seelen, davon 26 Millionen Weiße und 16 Millionen schwarze oder braune Eingeborene. Von ersteren wohnen 12½ Millionen im Stammlande am Kenia und Aberdaregebirge; 1½ Millionen sind im übrigen Massailand, am Nordabhange des Kilima-Ndscharo und in Teita zerstreut; die Berge westlich und nördlich vom Baringosee haben eine weiße Bevölkerung von 2 Millionen; rings um den Ukerewe sitzen 3½ Millionen, in den Bergen zwischen diesem und dem Mwutan-Nzige und Albertsee 1½ Millionen, in den Mondgebirgen westlich vom Albert-Njanza 3 Millionen und endlich südlich von diesen beiden Seen bis zum Tanganika zerstreut 2 Millionen.

Die freiländische Produktion hat sich auf nahezu alle Bedarfsartikel des Kulturmenschen ausgedehnt, der hauptsächlichste Produktionszweig aber ist die Maschinenindustrie geblieben. Sie erzeugt vornehmlich für den inländischen Gebrauch, trotzdem ihre Leistungsfähigkeit schon seit Jahren die aller Maschinenfabriken der ganzen übrigen Welt zusammengenommen sehr wesentlich übertrifft; Freiland hat eben für mehr Maschinen Verwendung, als die ganze übrige Welt zusammengenommen, denn die Arbeit seiner Maschinen ersetzt ihm die Sklaven- oder Knechtesarbeit der Anderen und da unser — die civilisierten Neger gar nicht gerechnet — 26 Millionen „Arbeitgeber" sind, so brauchen wir sehr viel stählerne und eiserne Knechte, um unseren mit jedem Fortschritte unserer Kunstfertigkeit stetig Schritt haltenden Bedürfnissen zu genügen. Von unseren Maschinen also geht — mit Ausnahme einiger Specialitäten — verhältnismäßig wenig über unsere Grenzen; dafür arbeitet die Landwirtschaft überwiegend für den Export, ja es kann füglich behauptet werden, daß die Gesamtproduktion des freiländischen Körnerbaues für den Export verfügbar ist, da die zur Deckung des eigenen Bedarfs erforderlichen Mengen im Durchschnitt kaum so groß sind, als die auf unsere Märkte gelangenden Überschüsse der Negerproduktion. Im letzten Jahre waren 9 Millionen Hektaren Ackerland bestellt gewesen, die in zwei Ernten einen Ertrag von 2100 Millionen Zentner Körner- und sonstiger Feldfrüchte im Werte von rund 600 Millionen Pfd. Sterling ergaben. Zu diesem Getreidequantum kamen nun noch für 550 Millionen anderweitige Ausfuhrgüter, so daß der Gesamtexport 1150 Millionen Pfd. Sterling betrug. Unter den Importartikeln dagegen nimmt weitaus die erste Stelle der Posten: „Bücher und andere Drucksachen" ein, diesen zunächst folgen Kunst- und Luxusgegenstände. Von den, anderwärts als sogenannte Massenartikel des Außenhandels anzutreffenden Waren, zeigen die freiländischen Importlisten bloß Baumwollwaren, die im Lande selbst fast gar nicht erzeugt, im Gesamtbetrage von 57 Millionen Pfd. Sterling zur Einfuhr gelangten. Der Bücherimport — Zeitungen eingeschlossen — betrug im letzten Jahre 138 Millionen Pfd. Sterling — nicht unwesentlich mehr, als im gleichen Jahre die ganze übrige Welt für Bücher ausgegeben hatte. Und dabei darf man nicht etwa glauben, daß Freiland seinen Bücherbedarf gänzlich oder auch nur zum größeren Teile vom Auslande her gedeckt hätte; mehr als zweimal so viel, als an ausländische Verleger hatten im selben Jahre die freiländischen Leser an ihre einheimischen zu bezahlen; sie lesen eben zur Zeit, bei welcher wir angelangt sind, mehr als dreimal so viel, als das ganze Lesepublikum außerhalb Freilands.

Diese Ziffern schon lassen auf die Höhe des Reichtums schließen, zu welchem Freiland gediehen. In der That, der Gesamtwert der von 7½ Millionen Produzenten im letzten Jahre hervorgebrachten Erzeugnisse hatte den Betrag von nahezu 7 Milliarden Pfd. Sterling erreicht, wovon nach Abzug von 2½ Milliarden zur Deckung der Ausgaben des Gemeinwesens, 4½ Milliarden als Gewinn der Produzenten verblieben, aus welchem im Durchschnitt 600 Pfd. Sterling auf den einzelnen Arbeiter entfielen. Und dabei hatten wir im Mittel bloß 5 Stunden täglich oder 1500 Stunden im Jahre zu arbeiten gebraucht, so daß der durchschnittliche Nettowert der Arbeitsstunde 8 Schilling erreichte, kaum weniger, als in gar manchen Teilen Europas der durchschnittliche Wochenlohn gewöhnlicher Handarbeiter.

Die Preise fast aller Bedarfsartikel in ganz Freiland sind dabei immer noch wesentlich billiger, als sonst in einem Teile der civilisierten Welt. Ein Zentner Weizen kostet durchschnittlich 6 Schilling, ein Kilogramm Rindfleisch nicht ganz ½ Schilling, ein Hektoliter Lagerbier oder leichten Weines 10 Schilling, ein kompletter Anzug aus gutem Schafwollstoff 20-30 Schilling, ein Pferd vorzüglicher arabischer Vollblutzucht 15 Pfd. Sterling, eine gute Milchkuh 2 Pfd. Sterling u. s. w. Teuer sind bloß einige vom Ausland bezogene Luxusartikel, z. B. einige Weine und alle nur durch Handarbeit produzierbaren Dinge, deren es aber äußerst wenig giebt. Letztere werden sämtlich aus dem Auslande importiert, mit welchem in Handarbeit zu konkurrieren, einem Freiländer natürlich nicht in den Sinn kommen kann. Denn obwohl die harmonisch ausgebildeten, vollkräftigen und intelligenten Arbeiter unseres Landes auch an Kraft und Geschicklichkeit ihrer Muskeln den entnervten, ausgemergelten Knechten des Abendlandes sicherlich mindestens zwei- und dreifach überlegen sind, so vermögen sie doch nicht zu konkurrieren mit einer Arbeitskraft, die fünfzig- und hundertfach wohlfeiler ist, als die ihrige. Ihre Überlegenheit beginnt erst, wo sie den ausländischen Knechten aus Menschenfleisch und Bein ihre stählernen entgegenstellen können; mit diesen arbeiten sie dann billiger noch, als jene, denn diese von Dampf, Elektrizität und Wasser in Bewegung erhaltenen Sklaven sind noch genügsamer, als die Lohnarbeiter des „freien" Europa. Verlangen diese doch immerhin Kartoffeln zur Füllung ihres Magens und einige Lumpen zur Verhüllung ihrer Blöße, während Kohle oder ein Wasserstrahl den Hunger jener stillt und ein wenig Schmieröl hinreicht, um ihre Glieder geschmeidig zu erhalten.

Im übrigen bestätigt diese Überlegenheit Freilands im Maschinenwesen und die des Auslandes in Handarbeit bloß einen alten Erfahrungssatz, der deshalb nicht minder richtig ist, weil er der Erkenntnis der sogenannten „Kulturnationen" noch immer entgeht. Daß nur die verhältnismäßig reichen Nationen, d. h. jene, deren Massen verhältnismäßig am besten gestellt sind, zugleich eine unter starker Verwendung von Maschinenkraft betriebene Produktion besitzen, konnte selbst dem blödesten Auge auf die Dauer unmöglich entgehen, nur erklärte man sich dieses unleugbare Phänomen umgekehrt; man glaubte, daß das englische oder amerikanische Volk deshalb menschenwürdiger existiere, als z. B. das chinesische oder russische, weil es reicher sei und daß aus dem gleichen Grunde, weil nämlich die erforderlichen Kapitalien reichlicher vorhanden seien, dort mit Maschinenkraft, hier mit menschlicher Muskelkraft gearbeitet werde. Das läßt

217

allerdings die Hauptfrage, nämlich woher denn eigentlich diese Unterschiede des Reichtums rühren, unerledigt und schlägt anderseits den Thatsachen ganz ungeniert ins Antlitz, denn dem Chinesen oder Russen nützt alles ihm noch so freigebig und billig angebotene Kapital nichts; die Maschinenarbeit bleibt bei ihm unrentabel, so lange sich seine Lohnarbeiter mit einer Handvoll Reis oder mit halbverfaulten Kartoffeln und etwas Schnaps begnügen — aber es gehört einmal ins Kredo der orthodoxen Nationalökonomie und wird deshalb unbesehen geglaubt. Wer jedoch seine Augen nicht bloß dazu hat, um sie den Thatsachen gegenüber zu verschließen, seinen Verstand nicht bloß dazu, um einmal angenommene Vorurteile hartnäckig festzuhalten, der muß endlich begreifen, daß der Reichtum der Nationen nichts anderes ist, als ihr Besitz an Produktionsmitteln, daß dieser Reichtum groß oder gering ist, je nachdem zahlreiche und mächtige, oder wenige und kleinliche Produktionsmittel vorhanden sind und daß man viele oder geringfügige Produktionsmittel braucht, nach Maßgabe des großen oder geringen Verbrauches jener Dinge, die mittels dieser Produktionsmittel erzeugt werden sollen — also ausschließlich nach Maßgabe des großen oder geringen Konsums. Wo man wenig gebraucht, kann man wenig erzeugen, kann also auch wenig Instrumente der Erzeugung besitzen, *muß* also arm bleiben.

Auch der Außenhandel vermag daran nichts zu ändern; denn für die Dinge, die man ausführt, muß man doch irgend etwas — sei es nun ein Genußmittel, ein Arbeitsinstrument, bares Geld oder sonst ein Gut — wieder einführen, und für dieses eingeführte Etwas muß man Verwendung haben, was jedoch, wenn der Konsum fehlt, unmöglich ist, da in diesem Falle auch importierte so wenig als im Inlande erzeugte Dinge Verwendung finden können. Allenfalls könnte man noch jene Güter, die man erzeugt, ohne weder sie selber noch etwas anderes an ihrer Statt gebrauchen zu können, dem Auslande leihweise überlassen; aber das hängt wieder davon ab, ob das Ausland Verwendung für solche im Inlande unverwendbare Überschüsse hat, und da dies natürlich in der Regel ebenso wenig der Fall ist, so bleibt es ein für allemal dabei: Jedes Volk vermag nur so viel zu erzeugen, für wie viel es Verwendung hat und die Höhe seines Reichtums ist daher bedingt durch die Höhe seiner Bedürfnisse.

Natürlich ist hier nur von jenen Völkern die Rede, deren Kultur so weit vorgeschritten ist, daß der Verwendung hochentwickelter Arbeitsinstrumente nicht ihre Unwissenheit, sondern lediglich ihre socialpolitische Hülflosigkeit im Wege steht. Für diese aber gilt ihrem vollen Umfange noch die Wahrheit, daß sie arm sind lediglich aus dem Grunde, weil sie sich nicht satt essen *dürfen* und daß die Zunahme ihres Reichtums durch nichts anderes bedingt ist, als durch das Ausmaß der Energie, mit welcher die arbeitenden Klassen sich gegen ihr Elend aufbäumen. Die Engländer und Amerikaner *wollen* Fleisch essen, sie lassen ihren Arbeitslohn nicht so weit herabdrücken; das ist der einzige Grund, warum England und Amerika mehr Maschinen verwenden, als China und Rußland, wo sich das Volk mit Reis oder Kartoffeln begnügt; wir in Freiland aber haben es zuwege gebracht, unseren arbeitenden Klassen den Genuß des ganzen Ertrages ihrer Arbeit zu sichern, dieser Ertrag mag noch so hoch wachsen — was ist selbstverständlicher, als daß wir so viel Maschinen verwenden, als unsere Techniker nur immer zu ersinnen vermögen.

Nichts kann auf die Dauer der Wirksamkeit dieses obersten Gesetzes der Volkswirtschaft widerstehen. Die Produktion ist einzig um des Konsums Willen da und muß daher — das hätte man sich längst sagen sollen — in ihrem Maße sowohl als in der Art ihres Betriebes vom Ausmaße des Konsums abhängen. Und wenn morgen ein mutwilliger

Kobold all unseren Reichtum, all unsere Maschinen über Nacht nach irgend einem europäischen Lande versetzte, dabei aber diesem Lande unsere socialen Institutionen nicht mit als Angebinde brächte, so wäre dieses Land damit so gewiß nicht um eines Hellers Wert reicher als zuvor, als es gewiß ist, daß China nicht reicher würde, wenn man die Reichtümer Englands und Amerikas dahin versetzte, ohne den chinesischen Arbeitern mehr als abgebrühten Reis zur Nahrung und mehr als ein Lendentuch zur Kleidung zu gewähren. Gleichwie in diesem Falle die englischen und amerikanischen Maschinen in China sofort zu nutzlosem alten Eisen würden, ebenso erginge es in jenem Falle unseren Maschinen in Europa oder Amerika. Und gleichwie umgekehrt die Engländer und Amerikaner das ihnen durch Koboldstücke nach China verzauberte Maschinenkapital — beharrten ihre arbeitenden Klassen nur bei ihren derzeitigen Lebensgewohnheiten — sehr rasch wieder ersetzen und damit die frühere Stufe ihres Reichtums wieder erklommen haben würden, so könnte es auch uns nicht schwer fallen, zu wiederholen, was wir einmal vollbracht, nämlich uns neuerlich in den Besitz all jener Reichtümer zu setzen, die *unseren* Lebensgewohnheiten entsprechen. Denn diese letzteren, die socialen Einrichtungen Freilands, sind die wahre und einzige Quelle unseres Reichtums: daß wir sie *gebrauchen* können, ist der Seinsgrund unserer ganzen Maschinenkraft.

Diese Kraft aber, wir fassen hier überall unter dem Sammelbegriff Maschine alles zusammen, was einerseits kein freies Geschenk der Natur, sondern Erzeugnis menschlichen Fleißes, und anderseits dazu bestimmt ist, die Ergiebigkeit menschlicher Arbeit zu steigern — diese Kraft ist in Freiland zu kollosalen Dimensionen erwachsen. Unser Eisenbahnnetz — die oben genannten Linien umfassen bloß die vier großen, dem Außenhandel dienenden Bahnen — hat eine Gesamtausdehnung von 575000 Kilometer erreicht, wovon allerdings bloß 180000 Kilometer Hauptbahnen, während nahezu 400000 Kilometer landwirtschaftliche und industrielle Schienenanlagen sind. Unser Kanalsystem dient hauptsächlich Be- und Entwässerungszwecken und die Ausdehnung seines in unzähligen tausenden von Adern und Äderchen sich verzweigenden Netzes entzieht sich jeder Berechnung; schiffbar aber sind diese Kanäle in einer Länge von 57000 Kilometern. Außer den bereits erwähnten Passagierschiffen schwimmen auf allen Meeren nahezu 3000 unserer Frachtendampfer mit einem Laderaume von 15 Millionen Registertonnen; auf den Seen und Flüssen Afrikas besitzen wir 17800 größere und kleinere Dampfer von insgesamt 5½ Millionen Tonnen. Die motorische Kraft aber, die all diese Verkehrsmittel und die zahllosen Maschinen unserer Landwirtschaft und unserer Fabriken, unserer öffentlichen und privaten Anlagen, in Bewegung erhält, beträgt nicht weniger als 245 Millionen indizierter Pferdekräfte, d. i. reichlich das Doppelte der mechanischen Kraft, über welche derzeit die ganze übrige Welt verfügt. Es kommen sohin in Freiland nahezu 9½ Pferdekraft mechanischer Arbeitsenergie auf den Kopf der Bevölkerung, und da eine indizierte Pferdekraft die Leistungsfähigkeit von 12 bis 13 Männern entwickelt, so ist der Arbeitseffekt der nämliche, als ob jeder Freiländer Kopf für Kopf ungefähr 120 Sklaven zu seiner Verfügung hätte. Was Wunder, daß wir ein Herrendasein zu führen vermögen, trotzdem es in Freiland keine menschlichen Knechte gibt.

Der Wert jener ungeheuren Investitionen aller Art läßt sich angesichts der wunderbaren Durchsichtigkeit unseres ganzen wirtschaftlichen Getriebes auf Heller und Pfennig berechnen. Das freiländische Gemeinwesen als solches hat in den 25 Jahren seines Bestandes in runder Summe 11 Milliarden zu Investitionszwecken ausgegeben; der Aufwand durch Vermittlung der Associationen und einzelner Individuen (letztere allerdings bloß mit relativ

verschwindenden Ziffern vertreten) hatte 23 Milliarden —
alles Pfund Sterling — betragen, so daß die
Gesamtinvestitionen einen Reichtum von 34 Milliarden
repräsentieren, durchweg vorzüglich rentierendes Kapital,
trotzdem, oder richtiger gerade weil es keinen bestimmten
Herrn hat, denn eben diese Herrenlosigkeit der gesamten
Produktionskapitalien ist die Ursache, daß jede Arbeitskraft
sich jener Betriebsmittel bedienen kann, durch deren
Anwendung sie jeweilig die höchsten Erträge zu erzielen
vermag. Jeder Freiländer ist Mitbesitzer dieses ganzen
ungeheueren Reichtums, von welchem — den
unschätzbaren Wert des Kulturbodens gar nicht gerechnet
— auf den Kopf der Gesamtbevölkerung rund 1300 Pfd.
Sterl., auf die Familie rund 6000 Pfd. Sterl. entfallen. Wir
sind also in diesen 25 Jahren allesamt gewissermaßen ganz
behäbige „Kapitalisten" geworden; „Zinsen" trägt uns dieses
Kapital allerdings nicht, dafür aber verdanken wir ihm den
Arbeitsertrag von 7 Milliarden, der, umgerechnet auf die 26
Millionen Seelen Freilands, rund 270 Pfd. Sterl. per Kopf
ergibt.

Ehe wir jedoch einer Schilderung des auf Grundlage
dieser Fülle von Reichtum und Kraft sich entwickelnden
Lebens Freilands Raum geben, wird es notwendig sein, in
kurzen Zügen einen Abriß der freiländischen Geschichte
während der letzten 20 Jahre zu bieten.

Wir sind im vorigen Abschnitte bis zur Eröffnung der
ersten Schienenverbindung mit dem indischen Ozean auf
der einen Seite und bis zu dem Feldzuge gegen Uganda und
der damit beginnenden Besiedelung der Uferlandschaften des
Ukerewe anderseits gelangt. Die Aufmerksamkeit unserer
Forscher war von da ab zunächst auf das hochinteressante
Gebirgsland nördlich und nordwestlich vom Baringosee
gerichtet, wo insbesondere das Gebiet des nahezu 4300
Meter hohen, an der Grenze Ugandas gelegenen Elgon ihren
Eifer nach mehr als einer Richtung herausforderte. Hier war

ersichtlich ein großes, den Kenia- und Aberdarebergen an Fruchtbarkeit, klimatischen Vorzügen und landschaftlicher Schönheit ebenbürtiges Feld zukünftiger Besiedelung vorhanden. Die Aussicht vom Gipfel des Elgon übertraf sogar, was Mannigfaltigkeit der gebotenen Eindrücke anlangt, alles bisher Gesehene; im Südosten reichte der Blick bis zu der meerartig sich in unabsehbarer Ferne verlierenden Fläche des Ukerewe; im Norden ragten, 65 Kilometer entfernt, die mit ewigem Schnee bedeckten Gipfel des Lekakisera gen Himmel; im Osten streifte das Auge über mächtige Waldgebirge, während im Westen sich endlos das lachende Hügelland von Uganda erstreckte.

Doch unaufhaltsam weiter drangen unsere Pioniere; Platz war zwar noch im Überfluß an den alten Wohnsitzen vorhanden; aber der Forschungstrieb in Verbindung mit dem Zauber der Neuheit, der die ferner liegenden Landschaften umgab, lockte stets neue Scharen tiefer und tiefer hinein in den „dunklen Erdteil". Nachdem die Ufer des Ukerewe nichts Unbekanntes mehr boten, drangen unsere Pfadfinder in die Urwaldungen der Zwischenseegebirge gegen den Muta-Nzige und Albertsee. Hier stießen wir zum ersten Mal auf menschenfressende Stämme, deren Bändigung keine geringe Arbeit bot und auch keineswegs ganz ohne Blutvergießen abging. Am Albert-Njanza angelangt, dessen Ostufer meist kahl und unwirtlich sind, erblickte man von jenseits verführerisch die Mondberge, deren höchste, 4000 Meter überragende Gipfel in der kühlen Jahreszeit häufig eine Schneedecke zeigen und von deren malerisch gegen den See abfallenden Hängen zahlreiche Katarakte von ganz unglaublicher Fallhöhe und gewaltigem Wasserreichtum zur Tiefe stürzen, angenehme Rückschlüsse auf die Beschaffenheit ihrer Quellgebiete gestattend. Selbstverständlich blieben sie nicht lange unbesucht und der Ruf der neuen Wunder großartiger Naturpracht, die dort gefunden wurden, lenkte bald den Schritt vieler

Hunderttausende dahin. Auch dort gab es Kämpfe mit anthropophagen Stämmen, die zum Teil heute noch ihren schlimmen Gewohnheiten im Geheimen fröhnen. Von hier aus wandten sich die Pioniere mehr südwärts, überall die Gebirgszüge als Heerstraße benutzend. Vor sechs Jahren langten unsere ersten Vorposten am Tanganika an, wo sie mit Vorliebe die sich im Westen erhebenden Höhenzüge wählten, welche stellenweise den 900 Meter über dem Meere gelegenen Seespiegel um 1500 Meter überragen; jetzt sitzen schon Hunderttausende in den lieblichen Uferlandschaften dieses wenn auch nur zweitgrößten, so doch weitaus längsten der Äquatorialseen. Der Tanganika hat nicht ganz den halben Flächeninhalt des Ukerewe, er ist nirgends so breit, daß ein gutes Auge nicht die jenseitigen Uferberge zu sehen vermöchte; seine Länge aber beträgt 580 Kilometer, also ziemlich genau drei Vierteile derjenigen des adriatischen Meeres, und der schnellste von den 286 Dampfern, die ihn derzeit für unsere Rechnung befahren, braucht nahezu 24 Stunden, um von seinem Nordende zum Südende zu gelangen.

Jetzt war aber auch die Zeit gekommen, wo wir mehr und mehr mit europäischen, resp. unter europäischem Einfluß stehenden Kolonien in unmittelbare Berührung gerieten. Im Süden und Osten stießen wir auf deutsche und englische Interessensphären, im Nordosten teils direkt, teils indirekt auf französische und italienische, im Norden auf ägyptische, im Westen an den mächtig aufstrebenden Kongostaat. Dabei waren die sich ergebenden Wechselbeziehungen zwar überall von den besten, entgegenkommendsten Absichten geleitet, es tauchte aber doch eine Menge von Fragen auf, die nachgerade dringend einer endgültigen Lösung bedurften. Für die benachbarten Kolonien stellte sich nämlich der Übelstand heraus, daß sie nirgend die unmittelbare Nähe freiländischer Ansiedelungen auf die Dauer zu ertragen vermochten; ihre Bevölkerung wurde von uns angezogen, wie Eisenfeilstäbchen durch einen Magnet; wo sich eine freiländische Association in der Nähe etablierte, blieb von fremden Kolonien binnen kürzester Frist nichts übrig, als die verödeten Wohnstätten, die verlassenen Plantagen; die Kolonisten waren zu uns übersiedelt und Freiländer geworden. Dagegen konnten die fremden Regierungen nichts thun, wollten es wohl auch nicht, da doch das Interesse ihrer Unterthanen dabei wahrlich nicht schlecht fuhr; aber mit Rücksicht auf die Machtstellung ihrer betreffenden Länder mußte ihnen diese Unmöglichkeit, sich in unserer Nähe zu behaupten, unbequem werden und sie zum Nachdenken anregen.

Doch auch wir mußten die Frage in Erwägung ziehen, was denn geschehen werde, wenn freiländische Ansiedler irgendwo fremdes, einem abendländischen Volke gehöriges Gebiet betreten sollten. Bisher hatten wir dies absichtlich vermieden; auf die Dauer war es jedoch unvermeidlich. Was würde dann geschehen? Sollten wir, im Besitze der stärkeren Civilisationsform, vor der zurückgebliebenen zurückweichen? Konnten wir es, selbst wenn wir wollten? Freiland ist kein Staat im gemeingebräuchlichen Sinne des Wortes; sein Wesen liegt nicht in der Herrschaft über ein bestimmtes Territorium, sondern in seinen socialen Einrichtungen; diese sind an sich mit fremden Regierungsformen ganz gut vereinbar, und wir mußten im Interesse friedlichen Zusammenlebens mit unseren Nachbarn bestrebt sein, diesen Einrichtungen gesetzliche Anerkennung — zunächst in den benachbarten Kolonialgebieten — zu verschaffen.

Und nicht bloß auf dem afrikanischen Kontinente, sondern auch in den anderen Weltteilen häuften sich die einer Erledigung dringend bedürftigen „Fragen" zwischen uns und unterschiedlichen Regierungen. Wir mengten uns zwar grundsätzlich nicht in die politischen Angelegenheiten des Auslandes, aber für unser Recht und unsere Pflicht hielten wir es, aus der Fülle unseres Reichtums und unserer Macht unseren notleidenden Brüdern, in welchem Teile der bewohnten Erde immer, beizuspringen. Freiländisches Geld war überall zur Hand, wo es galt, irgend welche Not zu lindern, den Enterbten und Elenden in welchem Winkel der Erde immer gegen Ausbeutung Hülfe zu bringen. Unsere Anmeldebureaux und Schiffe standen jedermann zur unentgeltlichen Verfügung bereit, der sich aus dem Jammer der alten Weltordnung zu uns herüberretten wollte, und wir ließen es an Bemühungen nicht fehlen, die Segnungen unserer Einrichtungen unseren leidenden Mitbrüdern in stets ausgedehnterem Maße zugänglich zu machen. Das alles betrachteten wir, wie gesagt, als unsere Pflicht und unser Recht zugleich; wir waren daher nicht gesonnen, uns in der Ausübung dieser Mission durch den Einspruch ausländischer Machthaber beirren zu lassen. Damit aber gerieten wir — auf die Dauer ließ sich das unmöglich verkennen — mehr und mehr in Kollision mit den Anschauungen einzelner europäischer und asiatischer Regierungen. Zwar im demokratischen Westen Europas, in Amerika und Australien sprach die öffentliche Meinung zu mächtig zu unseren Gunsten, als daß von dorther irgendwelcher — und sei es auch bloß passiver — Widerstand unseren Bestrebungen gegenüber zu besorgen gewesen wäre; anders aber verhielt es sich in einzelnen Staaten des Ostens, und insbesondere seitdem unsere Mittel und mit diesen unsere propagandistische Thätigkeit die kolossalen Dimensionen der letzten Jahre erreicht hatten und eine stetige Zunahme voraussehen ließen, begann man sich hie und da ganz ernstlich mit der Frage zu beschäftigen, ob und durch Anwendung welcher Mittel es thunlich wäre, freiländischem Gelde und freiländischem Einflusse die Wege zu verlegen. Zwar scheuten einstweilen jene Regierungen noch den offenen Bruch mit uns, teils aus Rücksicht auf die auch bei ihnen sich geltend machende

226

öffentliche Meinung, teils aus Respekt vor den gewaltigen finanziellen Hülfsmitteln, über welche wir verfügten. Man wollte uns nicht gerne zu erklärten Feinden haben, aber man wollte freiländische Geldsendungen und deren Zwecke kontrollieren und die Auswanderung nach Freiland einschränken.

Wir waren nun durchaus nicht gewillt, derartigen Bestrebungen mit verschränkten Armen zuzusehen; das Recht, unseren geknechteten Mitmenschen beizuspringen oder ihnen die Zuflucht nach Freiland offen zu halten, waren wir fest entschlossen, zu verteidigen, so weit unsere Kräfte reichten, und Niemand in Freiland zweifelte daran, daß wir stark genug seien, um die Absperrungsgelüste der fremden Machthaber im Notfalle gewaltsam niederzuschlagen. Nur war man in Freiland ebenso einig darüber, daß zuvor jedes erdenkliche friedliche Mittel versucht werden müsse, ehe man an die Waffen appellieren dürfe. Und die Schwierigkeit einer unblutigen Einigung lag eben darin, daß ersichtlich im Punkte der Anschauungen über die kriegerische Stärke Freilands ein Gegensatz zwischen unserer freiländischen und der außerfreiländischen öffentlichen Meinung bestand; während wir — wie gesagt — der Überzeugung waren, jedem Militärstaate der Welt, ja selbst mehreren zugleich durchaus gewachsen zu sein, hielten uns insbesondere jene Regierungen, mit denen wir diesfalls zu thun hatten, für militärisch durchaus ohnmächtig. Wir mußten also darauf gefaßt sein, daß eine eventuell drohende Sprache unserer Bevollmächtigten gar nicht ernst genommen werden dürfte und daß gerade deshalb jeder Versuch, unseren Standpunkt energisch zu vertreten, nur durch einen thatsächlichen Krieg den erforderlichen Nachdruck erlangen könnte. Und ein Krieg war es denn auch, der unseren Standpunkt allenthalben im Auslande zur Geltung bringen sollte, nur allerdings nicht ein Krieg mit einer europäischen oder asiatischen, sondern ein solcher mit einer afrikanischen Großmacht, ein Krieg zudem, der mit den soeben erörterten Fragen höchstens indirekt etwas gemein hatte, trotzdem aber auch diese zur Entscheidung brachte.

Wie dies kam, darüber sollen die in den nachfolgenden Kapiteln mitgeteilten Briefe Aufschluß geben. Dieselben haben den Prinzen Carlo Falieri, einen jungen italienischen Diplomaten zum Verfasser, der nachmals nach Freiland übersiedelte, in jener Zeit jedoch, von welcher die Briefe handeln, im Auftrage seiner Regierung Edenthal aufsuchte. Zugleich werden diese Korrespondenzen ein lebhaftes Bild der freiländischen Zustände und der Lebensweise im fünfundzwanzigsten Jahre der Gründung bieten.

14. Kapitel.

Edenthal, den 12. Juli ..

Ich schreibe Dir diese Zeilen nach mehrmonatlichem Stillschweigen aus der Hauptstadt von Freiland, die mich und meinen Vater seit einigen Tagen beherbergt. Was uns ins Land der socialen Freiheit gebracht hat? Du weißt, oder weißt vielleicht auch nicht, daß meine Chefs auf Monte Citorio sich in letzter Zeit gegen den braunen Napoleon an der Ostküste Afrikas, den Negus Johannes V. von Abyssinien, keinen Rat mehr wissen, und da ihnen solcher von unseren guten Freunden in London und Paris, wo man sich in gleichen Nöten befindet, auch nicht erteilt werden kann, so einigten sich die drei westmächtlichen Kabinette schließlich dahin, gegen die gemeinsame afrikanische Krankheit ein afrikanisches Heilmittel zu suchen; diesem nachzuspüren sind wir nun hier, von seiten Englands die Herren Lord Elgin und Sir Bartelet, von seiten Frankreichs Mrs. Charles Delpart und Henri de Pons, von seiten unseres Italien Principe Falieri und dessen Sohn, meine Wenigkeit nämlich. Beauftragt sind wir insgesamt, den Freiländern nahezulegen, daß es in ihrem wie in unserem gemeinsamen Besten gelegen wäre, wenn sie ihr Land zum Kriegsschauplatze gegen Abyssinien hergeben wollten.

Der Negus nämlich, der uns Europäern, die wir Besitzungen an den afrikanischen Küsten des Roten Meeres und südlich der Straße von Bab-el-Mandeb unser eigen nennen, auch bisher schon viel zu schaffen machte und gelegentlich des letzten Krieges die verbündeten englisch-französisch-italienischen Armeen in Schach hielt, ja ohne die Intervention unserer Flotten denselben um ein kleines das Schicksal jenes ägyptischen Heeres bereitet hätte,

welches nach biblischen Berichten vor 3300 Jahren im Roten
Meere ertränkt wurde, der Negus, sage ich, hat den
fünfjährigen, für uns nicht gerade rühmlichen Frieden —
offenbar mit Hülfe gewisser guter Freunde in Europa —
dazu benützt, um seine auch vorher schon Achtung
gebietende Armee vollkommen nach abendländischem
Muster zu organisieren. Er besitzt jetzt 300000 Mann,
durchweg mit Waffen bester, modernster Konstruktion
versehen, eine vorzügliche Kavallerie von mindestens 40000
Köpfen, und eine Artillerie von 106 Batterien, die es, unseren
Militärbevollmächtigten zufolge, mit jeder europäischen an
Tüchtigkeit aufnehmen soll. Die Absichten aber, die
Johannes mit diesen für das arme Abyssinien geradezu
ungeheuerlichen Rüstungen verfolgt, können —
insbesondere nach den Erfahrungen des vergangenen
Lustrums — nicht zweifelhaft sein. Er will uns und den
Engländern die Küstenplätze am Roten Meere, den
Franzosen ihr Gebiet südlich von Bab-el-Mandeb
abnehmen. Unsere Küstenfestungen und Flotten werden
dies auf die Dauer nicht verhindern, falls es uns nicht
gelingt, die Abyssinier in offener Feldschlacht zu schlagen.
Wie aber Armeen, die der reorganisierten abyssinischen
gewachsen wären, an jenen unwirtlichen Küsten erhalten,
wie einen Feldzug mit dem Meere als einziger Rückzugslinie
gegen einen Feind wagen, dessen furchtbare Offensivkraft
wir auch bisher schon sattsam kennen gelernt haben? Und
doch muß dem Negus begegnet werden, koste es, was es
wolle, da mit dem Preisgeben der Küstenorte die Verbindung
mit Ostasien und dem seit den letzten zwei Dezennien in die
erste Linie des Welthandels gerückten Ostafrika für alle
europäischen Mächte verloren wäre. Ist uns doch nur zu
wohl bekannt, daß Johannes V. sich diesbezüglich mit den
weitestgehenden Plänen trägt. Heute schon werben seine
Agenten in Griechenland, Dalmatien und selbst in
Nordamerika Matrosen zu Tausenden, die offenbar bestimmt

sind, eine Kriegsflotte zu bemannen, sowie der Besitz der Küstenpunkte es den Abyssiniern ermöglicht, eine solche zu halten. Ob er diese Flotte im Auslande kaufen, oder selber bauen will, ist annoch ein Rätsel. Wäre ersteres der Fall, so könnte es den Nachforschungen der von dieser Zukunftsflotte bedrohten Mächte unmöglich entgehen; aber keine der bekannten Schiffswerften der Welt hat derzeit Kriegsfahrzeuge unbekannter Bestimmung in Bau. Soll die abyssinische Flotte aber am Roten Meere gebaut werden, erst nachdem dessen Küsten in abyssinische Gewalt geraten sind, wozu braucht der Negus jetzt schon die vielen Matrosen? Keineswegs ist dieses Geheimnis geeignet, über die Endabsichten Abyssiniens zu beruhigen — kurzum, man hat in London, Paris und Rom beschlossen, den Stier an den Hörnern zu fassen und gegen den ostafrikanischen Eroberer offensiv vorzugehen. Die drei Kabinette wollen gemeinsam ein Expeditionskorps von mindestens 300000 Mann ausrüsten, und mit diesem sofort nach Ablauf des fünfjährigen Friedens — das wäre also Ende September dieses Jahres — gegen Abyssinien vorgehen. Als Operationsbasis aber sind diesmal nicht unsere eigenen Küstenorte — sondern Freiland ausersehen. Dieses würde den verbündeten Armeen eine gesicherte Verpflegungs- und Rückzugslinie gewähren, und Aufgabe von uns Diplomaten ist es nun, die freiländische Verwaltung für dieses Projekt zu gewinnen. Wir verlangen nichts, als passive Mitwirkung, d. h. freien Durchzug für unsere Truppen. Ob unsere Instruktionen dahin gehen, diese passive Assistenz im Notfalle zu erzwingen, weiß ich nicht, denn nicht ich, bloß mein Vater ist eingeweiht in die letzten Hintergedanken der Leiter unserer auswärtigen Politik, und wenn meine bekannte Schwärmerei für dies Land der Socialisten unsere Regierung auch nicht hinderte, mich meinem Vater beizugeben, so vermute ich doch, daß mir die intimeren Geheimnisse unserer Diplomatie vorenthalten werden.

Du weißt also jetzt, Freund meiner Seele, *warum* wir nach Freiland reisten. Bist Du zu erfahren begierig, *wie* wir die Reise bewerkstelligten, so diene Dir, daß wir dazu von Brindisi bis Alexandrien den „Uranus", eines der Riesenschiffe benützten, die Freiland zum Zwecke des Post- und Passagierdienstes auf allen Meeren laufen läßt. Zugleich mit uns machten 2300 Einwanderer nach Freiland die Seereise, und wenn diesen die neue Heimat nur einen Teil dessen hält, was sie sich von ihr versprechen, so muß sie ein wahres Paradies sein. Mein Vater, der anfangs einige Bedenken hegte, sich einem freiländischen Dampfer anzuvertrauen, auf welchem keinerlei Überfahrtgebühr angenommen, dafür aber auch, wie männiglich bekannt ist, keinerlei Unterschiede in der Behandlung der Passagiere gemacht werden, gestand mir schon am zweiten Tage der Fahrt, daß er nicht bereue, meinem Drängen nachgegeben zu haben. Die Kabine, die wir erhielten, war nicht zu klein, komfortabel und von peinlichster Sauberkeit, Küche und Verpflegung ließen nichts zu wünschen übrig und — was uns am meisten wunderte — der Umgang mit den buntzusammengewürfelten Auswanderern erwies sich als keineswegs unangenehm. Zwar waren unter unseren 2300 Reisegenossen alle Stände und Berufsklassen, vom Gelehrten bis zum Handarbeiter, vertreten; allein auch die letzteren erwiesen sich von dem Bewußtsein, einer neuen Heimat entgegenzueilen, in welcher unbedingte Gleichberechtigung aller Menschen herrschen sollte, dermaßen gehoben, daß während der ganzen Fahrt keinerlei Roheit oder gemeine Ausschreitung vorkam.

In Alexandrien benützten wir den nächsten nach dem Sudan abgehenden Kurierzug, der jedoch bis Assuan, so lange nämlich ägyptische Kondukteure und Maschinisten ihn führten, von einem solchen wenig mehr als den Namen hatte. In Assuan nahm uns ein freiländischer Eisenbahnzug auf, und nunmehr ging es mit einer Accuratesse und

Raschheit vorwärts, wie man sie sonst nur in England oder Amerika antrifft. Mit raffiniertester Bequemlichkeit eingerichtete Schlaf-, Speise- und Konversationswagen führten uns in rasendem Fluge den Nil aufwärts, den Riesenstrom bis Dongola zweimal übersetzend. Charakteristisch ist, daß von Assuan ab keinerlei Fahrtaxe berechnet wurde. Die im Speisewagen oder auf den Stationen verzehrten Speisen und Getränke mußten zwar bezahlt werden — auf der Urania waren auch die Mahlzeiten unentgeltlich gewesen — die Beförderung aber besorgte das freiländische Gemeinwesen unentgeltlich zu Land wie zu Wasser.

Die Schilderung von Land und Leuten in Ägypten und dessen Dependenzen wirst Du mir erlassen; es hat sich zwar diesbezüglich im letzten Decennium, und insbesondere seit Vollendung der freiländischen Nilbahn einiges zum Besseren geändert; aber im großen Ganzen fand ich das Elend der Fellachen noch sehr arg und nur dem Grade, nicht dem Wesen nach verschieden von jenen Schilderungen, die den zahlreichen älteren Reiseberichten über diese Gegenden zu entnehmen sind. Ein durchaus anderes Bild bot sich dem Auge, sowie wir uns dem Albert-Njanza näherten und freiländisches Gebiet erreichten. Ich traute meinen Sinnen kaum, als ich am Morgen des fünften Tages der Eisenbahnreise erwachend, zum Waggonfenster hinausblickte und statt der bisherigen Landschaft von üppigen Gärten und lachenden Hainen anmutig unterbrochene endlose Fruchtfelder erblickte, aus deren Mitte elegante Villen, teils zerstreut, teils zu größeren Ortschaften vereinigt, hervorleuchteten. Als der Zug bald darauf in einer Station — sie hieß, ein freundliches Omen für uns Italiener, Garibaldi — hielt, sahen wir auch zum erstenmale Freiländer in ihrer eigentümlichen und, wie ich auf den ersten Blick erkannte, überaus zweckmäßig den Anforderungen des Klimas angepaßten, ebenso einfachen als kleidsamen Tracht.

Diese ist der antik griechischen sehr ähnlich, selbst die Sandalen an Stelle der Schuhe fehlten nicht, nur daß dieselben nicht auf bloßem Fuße, sondern über Strümpfe getragen werden. Die Kleider der Freiländerinnen sind zumeist farbenprächtiger, als jene der Männer, die jedoch auch keineswegs jene düsteren monotonen Tinten zur Schau tragen, wie die abendländische Männertracht. Insbesondere die freiländischen Jünglinge lieben heitere, helle Farben, die jüngeren Damen bevorzugen Weiß mit farbigen Ornamenten. Der Eindruck, den die Freiländer auf mich machten, war ein geradezu blendender. Strotzend von Kraft und Gesundheit, bewegten sie sich in heiterer Anmut unter den schattigen Bäumen des Bahnhofgartens, mit einer vornehmen Sicherheit des Benehmens, die mich anfangs glauben ließ, daß sich hier die Spitzen der ortsansässigen Gesellschaft Stelldichein gegeben hätten. Diese Meinung wurde noch verstärkt, als späterhin einige Freiländer den Zug bestiegen und ich aus den Gesprächen während der Weiterfahrt entnahm, daß deren Bildungsgrad durchaus dem äußeren Eindrucke entsprach; und doch waren es gewöhnliche Landleute, Ackerbauer und Gärtner mit ihren Frauen, Söhnen und Töchtern, mit denen wir es zu thun hatten.

Nicht minder überraschend war das Behagen der unter den Weißen zerstreut auftretenden und mit diesen unbefangen verkehrenden Neger. Deren Kleidung war zwar noch leichter und luftiger als die der Weißen — meist Baumwollzeuge an Stelle der von diesen ausschließlich benützten Schafwolle; im übrigen aber machten diese Eingeborenen den Eindruck durchaus civilisierter Menschen, und wie ich mich aus dem Gespräche mit einem der den Zug gleichfalls zur Weiterfahrt benützenden Neger überzeugen konnte, stand ihre Bildung auf einer ziemlich hohen Stufe, jedenfalls auf einer weit höheren, als die der

Landbevölkerung in den meisten Gegenden Europas. Der Schwarze, mit dem ich mich unterhielt, sprach ein fließendes, korrektes Englisch, hielt eine freiländische Zeitung, in welcher er während der Fahrt eifrig las und erwies sich nicht nur in den Angelegenheiten des eigenen Landes, sondern auch über europäische Verhältnisse sehr gut unterrichtet.

Gegen Mittag erreichten wir mit der Station Baker den Albert-See, genau an jener Stelle, wo ihm der weiße Nil entströmt. Hier erwartete mich eine sehr angenehme Überraschung. Du wirst Dich noch David Neys, jenes jungen freiländischen Bildhauers erinnern, mit welchem wir während des letzten Herbstes in Rom zusammentrafen, und an welchen insbesondere ich mich damals so innig anschloß, weil der herrliche Jüngling es mir durch den Adel seiner äußeren Erscheinung sowohl, als seiner Gesinnung angethan hatte. Was Du wahrscheinlich nicht weißt, ist, daß wir, nachdem David nach Abschluß seiner Kunststudien Rom und Europa verlassen hatte, wiederholt Briefe wechselten, so daß er von meiner bevorstehenden Ankunft genau unterrichtet war. Mein Freund hatte nun die dreißigstündige Reise von Edenthal, wo er bei seinen Eltern — sein Vater ist, wie Du weißt, einer der Regenten Freilands — wohnt, an den Albert-Njanza nicht gescheut, war mir bis Baker entgegen geeilt, und das erste, was ich, in die Station eingefahren, bemerkte, war sein liebes, mir freudig zulächelndes Antlitz. Er brachte meinem Vater und mir eine Einladung der Seinen, während unseres Aufenthaltes in Edenthal ihre Gäste zu sein. „Wenn Sie, Herr Herzog — sagte er — mit der Wohnung und Bewirtung, die Ihnen ein Bürger von Freiland zu bieten vermag, zufrieden sein wollen, würden Sie uns alle, insbesondere aber mich, dem damit das Glück ungestörten Beisammenseins mit Ihrem Sohne zu teil würde, zu höchstem Danke verpflichten. Den Glanz und die Pracht, an welche Sie daheim gewöhnt sind, werden Sie allerdings in unserem Hause vermissen, welches sich nur wenig von denen der einfachsten Arbeiter unseres Landes unterscheidet; aber diese Entbehrung wäre Ihnen überall in Freiland auferlegt, und ich glaube Ihnen versprechen zu können, daß Ihnen auch bei uns keinerlei wirkliche Bequemlichkeit fehlen wird." Zu meiner großen Genugthuung acceptierte mein Vater nach kurzem Besinnen dieses herzliche Anerbieten mit lebhaftem Danke.

Über das während der eineinhalbtägigen Fahrt vom Albert-See nach Edenthal Gesehene will ich mich für heute kurz fassen, da ja noch Gelegenheit sein wird, ausführlich darauf zurückzukommen, und schon dieser erste meiner freiländischen Reisebriefe ohnehin zu ungebührlichem Umfange anschwellen wird, wenn ich Dir über das mich zunächst Interessierende, die Lebensweise der Freiländer nämlich, auch nur oberflächlich Bericht abstatten will. Unser Kurierzug durchflog in rasender Eile die von Saatfeldern und Plantagen bedeckten Ebenen Unjoros und Hügellandschaften Ugandas, lief hierauf einige Stunden längs der Ufer des mächtig brandenden Ukerewe durch liebliches, einem einzigen Garten gleichendes Hügel- und Bergland; bei den Riponfällen den See verlassend, wandten wir uns in das wildromantische Gebirgsland des Elgon mit seinen zahllosen Herden und reichen Fabrikstädten, umkreisten den gärtenumsäumten Baringo-See und drangen durch Leikipia in die Alpenlandschaften des Kenia ein. Gegen 9 Uhr Abend des sechsten Tages der Eisenbahnreise erreichten wir endlich Edenthal.

Es war eine herrliche Mondnacht, als wir, den Bahnhof verlassend, die Stadt betraten; überdies glänzte diese im Scheine zahlloser mächtiger elektrischer Bogenlampen, so daß dem neugierig forschenden Blicke nichts entging. Selbst wenn ich es jetzt schon wollte, ich könnte Dir den Eindruck, den diese erste freiländische Stadt, deren Inneres wir betraten, auf mich machte, nicht im einzelnen schildern.

Denke Dir einen etwa hundert Quadratkilometer bedeckenden Feengarten, erfüllt von zehntausenden reizender, geschmackvoller Häuschen und hunderten märchenhaft prächtiger Paläste; dazu den berauschenden Duft aller erdenklichen Blumenarten und den Gesang zahlloser Nachtigallen — dieselben wurden in den ersten Jahren der Gründung des Gemeinwesens aus Europa und Asien importiert, haben sich aber seither unglaublich vermehrt — und fasse all' das in den Rahmen einer Landschaft, wie sie großartiger und pittoresker kein Teil der Erde aufweist — so kannst Du Dir, wenn Deine Phantasie lebendig ist, eine matte Vorstellung des Entzückens machen, mit welchem mich diese Wunderstadt erfüllte, und je länger ich sie kennen lerne, mehr und mehr erfüllt. Die Straßen und Plätze, durch die wir kamen, waren ziemlich menschenleer, doch versicherte uns David, daß rings um den Edensee allabendlich bis Mitternacht reges Leben flute. Und auch in zahlreichen Häusern, an denen wir vorbeifuhren, herrschte geräuschvolles, heiteres Treiben. Auf breiten, luftigen Terrassen und in den Gärten rings um dieselben saßen und lustwandelten die Bewohner, zu kleineren oder größeren Gesellschaften vereint; Becherklang, Musik, silberhelles Lachen schlugen an unser Ohr, kurzum, alles deutete darauf hin, daß hier die Abende fröhlichster Geselligkeit geweiht seien.

Nach ungefähr halbstündiger rascher Fahrt langten wir bei der so ziemlich im Centrum der Stadt, nicht weit vom Edensee gelegenen Behausung unserer Gastfreunde an. Die Familie Ney empfing uns in der herzlichsten, liebenswürdigsten Weise, trotzdem aber imponierte die sichere Würde ihres Benehmens selbst meinem stolzen Vater aufs Gründlichste. Insbesondere die Damen des Hauses glichen so sehr verkleideten Prinzessinnen, daß mein Vater sich sofort in den galanten Paladin von unerreichter Ritterlichkeit verwandelte, als welchen Du ihn von den

Hoffesten in Rom, London und Wien her kennst. Vater Ney verrät auf den ersten Blick den tiefen, an ernste Arbeit gewöhnten Denker, dem jedoch heitere Sicherheit des Benehmens keineswegs fehlt. Er dürfte, nach seiner sechsundzwanzigjährigen Thätigkeit im Dienste des freiländischen Gemeinwesens zu schließen, mindestens 50 Jahre zählen, seinem Äußeren nach aber würdest Du ihm keine 40 geben. Der jüngere der Söhne, Emanuel, Techniker von Beruf, ist Davids vollkommenes Ebenbild, nur etwas dunkler und kräftiger noch als dieser, der, wie Du wissen wirst, auch gerade kein Schwächling ist. Die Hausfrau, Ellen genannt, eine geborene Amerikanerin, die mir, Dank offenbar den Berichten meines David, sofort mit wahrhaft mütterlichem Wohlwollen begegnete, muß nach dem Alter ihrer Kinder zu schließen, etwa 45 Jahre zählen, macht indessen vermöge ihrer Jugendfrische mehr den Eindruck einer Schwester, als einer Mutter ihrer Kinder. Sie ist von blendender Schönheit, bezaubert aber insbesondere durch die Güte und Geisteshoheit, die ihren Zügen aufgeprägt sind. Als ihre Töchter stellte sie uns drei junge Damen im Alter zwischen 18 und 20 Jahren vor, von denen jedoch nur eine, Bertha genannt, ihr und den Söhnen ähnlich ist. Diese, das verjüngte Ebenbild ihrer Mutter, verwirrte mich geradezu durch den unsäglichen Reiz ihrer Erscheinung, glich aber so wenig den beiden anderen, Leonore und Klementine, daß ich mich einer Bemerkung hierüber vor David nicht enthalten konnte. „Diese zwei sind auch nicht blutsverwandt mit uns, sondern die Ziehtöchter meiner Mutter; was das zu bedeuten hat, erzähle ich Dir später", lautete die Antwort.

Da wir — wie Du begreiflich finden wirst — von der sechstägigen Eisenbahnreise trotz allen Comforts freiländischer Waggons ziemlich erschöpft waren, baten wir, nach kurzem Geplauder mit unseren herrlichen Wirten, um die Erlaubnis, uns in die uns bestimmten Gemächer zurückziehen zu dürfen. David machte unseren Führer. Nachdem wir von der geräumigen Gartenterrasse aus, auf welcher wir bis dahin geweilt hatten, einen mit einfachem, aber gediegenem Geschmack eingerichteten Gesellschaftsraum und einen stattlichen Speisesaal durchschritten hatten, an welchen sich, wie ich bemerkte, rechts ein großer als Bibliothek dienender Saal und links zwei kleinere Gemächer anschlossen, die, wie mir David auf Befragen mitteilte, seinen Eltern als Arbeitsstuben dienten; betraten wir eine zierliche Vorhalle, von welcher aus eine Treppe in das obere Stockwerk mit den Schlafräumen führte. Hier wies uns unser Führer zwei Schlafzimmer mit gemeinsamem Empfangzimmer an.

Dann ging es an eine kurze Erklärung der mannigfachen, zur Bequemlichkeit der Bewohner dienenden Einrichtungen. „Ein Druck auf diesen Knopf hier, rechter Hand neben dem Thürstock — demonstrierte David — bringt den elekrischen Lustre zum Brennen, ein gleicher dort neben dem Nachttischchen den Wandkandelaber oberhalb des Bettes. Hier das Telephon No. 1 ist ausschließlich dem Verkehr im Hause selbst und mit der benachbarten Wachtstube der „Association für persönliche Dienstleistungen" bestimmt; bloßes Klingeln — so, in diesem Rhythmus — bedeutet, daß sich Jemand aus der Wachtstube herbemühen möge; alle diese Knöpfe — sie sind durch die eigentümliche Kerbung kenntlich — hier und dort an den Wänden, da am Schreibtische und dort neben den Betten, stehen mit dieser Telephonklingel in Verbindung; Sie brauchen sich also aus dem Lehnstuhl, den Sie jetzt inne haben, nachts oder morgens aus dem Bette, in dem Sie ruhen, gar nicht zu erheben, wenn Sie ein Mitglied dieser allezeit dienstbereiten Gesellschaft zu sich citieren wollen. Jedes Telephon und jedes Läutewerk hat seine Nummer in der Wachtstube sowohl, als an einer Tafel im Vestibul, das wir soeben verlassen haben; längstens zwei Minuten, nachdem Sie geklingelt haben, steht der auf dem Flügelrad herbeigeeilte Abgesandte der Gesellschaft zu Ihren Diensten."

„Das ist eine wunderbare Einrichtung", bemerkte ich, „die Euch die Annehmlichkeit eines jeden Winkes gewärtigen Kammerdieners gewährt, ohne daß Ihr den Ärger mit in den Kauf nehmen müßtet, den uns Abendländern unsere Kammerdiener bereiten; nur dürfte dieser Luxus ziemlich kostspielig und deshalb nicht allgemein üblich sein."

„Die Kosten sind sehr bescheiden, gerade weil hier alle Welt Gebrauch von diesen öffentlichen Dienstleistungen macht", antwortete mein Freund. „Für je 600 bis 800 Häuser ist je eine derartige Wachtstube mit je drei Wachthabenden errichtet; es wird nun jede geforderte Dienstleistung nach der Zeit bezahlt, richtiger gesagt, angerechnet, und zwar, wie dies nun einmal bei uns üblich ist, nach Maßgabe des von unserer Centralbank am Schlusse jedes Bilanzjahres veröffentlichten Durchschnittswertes der Arbeitsstunde. Im abgelaufenen Jahre, wo der Stundenwert 8 Shilling betrug, mußten wir für je 3 Minuten — denn das ist die Einheit, nach welcher diese Gesellschaft rechnet — 40 Pfennige bezahlen; wer nun häufig klingelt und die Association stark in Atem erhält, auf den entfällt am Jahresschluß ein stärkerer, wer dies seltener thut, ein geringerer Beitrag: für alle Fälle aber muß die Association auf ihre Kosten, d. h. auf ihre Ausgaben kommen und auf den Verdienst für ihre 9 wachthabenden Mitglieder — denn die drei Wächter wechseln morgens, mittags und abends. Diese für je eine Wachtstube erforderliche Summe berechnete sich im Vorjahre mit rund 6000 Pfd. Sterling, und da beispielsweise die Zeitrechnungen der sämtlichen 720 Familien unseres Rayons nicht ganz zwei Dritteile dieser Summe ergeben hatten, so wurden die restlichen 2000 Pfd. Sterling nach Maßgabe des von jeder Familie gemachten Gebrauches nachgetragen. Unsere Familie hat verhältnismäßig geringen

Bedarf nach den guten Diensten dieser Wachtstuben; wir zahlten z. B. im Vorjahre alles in allem 6 Pfd. Sterling, nämlich 4 Pfd. Sterling direkte Zeittaxen und 2 Pfd. Sterling nachträglichen Zuschlag, denn wir hatten binnen Jahresfrist bloß zweihundertmal 3 Minuten der fraglichen Dienste bedurft."

„Warum" — so fragte mein Vater — „wird in Ihrem Hause verhältnismäßig weniger geklingelt, als anderwärts?"

„Weil unser Haushalt beständig zwei oder drei junge Damen beherbergt, die es sich zur angenehmen Pflicht machen, meinen Eltern all' jene persönlichen Dienste zu leisten, die sich mit der Würde wohlerzogener, gebildeter Frauenzimmer vertragen. Diese — seit einem Jahre auch von meiner Schwester unterstützten — Mädchen sind junge Freiländerinnen, wie man sie in jeder freiländischen Familie findet, wo die Hausfrau im Rufe besonderer Intelligenz und feiner Sitte steht — Sie entschuldigen, daß ich meine Mutter so ohne weiteres zu diesen Auserwählten zähle. Jedes junge Mädchen Freilands rechnet es sich zur besonderen Ehre und zu großem Vorteile an, in einem solchen Hause mindestens für ein Jahr Aufnahme zu erlangen, weil allgemein die Ansicht besteht, daß nichts den Geist und die Sitte heranwachsender weiblicher Geschöpfe mehr veredle, als möglichst intimer Umgang mit hervorragenden Frauen. Selbstverständlich ist, daß derartige junge Damen durchaus wie Kinder vom Hause angesehen und behandelt werden; aber sie leisten ihren Adoptiveltern auch durchweg die nämlichen Dienste, wie aufmerksame, liebevolle Töchter. Vater und Mutter können einen Wunsch kaum im Gedanken fassen, so ist er schon erraten und erfüllt."

„Ei, das ist ja ganz das Institut unserer königlichen Ehrenfräulein", meinte lächelnd mein Vater.

„Allerdings; und ich zweifle sehr, ob Ihr Königspaar so gut, und insbesondere ob es so zärtlich betraut ist, wie mein Elternpaar jederzeit von diesen Ziehtöchtern der Mutter, deren seit 18 Jahren — denn so alt ist diese Einrichtung in Freiland — nicht weniger als 24 durch unser Haus gegangen sind, die aber sämtlich heute noch in durchaus kindlichem Verhältnisse zu meinen Eltern und in geschwisterlichem zu uns stehen. Unsere gegenwärtigen Ziehschwestern Leonore und Klementine haben Sie soeben kennen gelernt."

„Sie sagten vorhin", nahm wieder mein Vater das Wort, „daß Ihr gesamtes Haus — also vier Damen und drei Herren — während eines ganzen Jahres bloß zweihundertmal 3 Minuten hindurch die durch diese Klingel citierten dienstbaren Geister in Anspruch genommen hätte; außerdem erwähnten Sie die Dienste der reizenden Ehrenfräulein — wer aber verrichtet jene gröberen Hantierungen, welche binnen 600 Minuten oder zehn Stunden jährlich kaum der Geist aus Aladins Lampe in einem Hause wie dieses hier zu vollbringen vermöchte. Sie haben, wie mir scheint, etwa zehn bis zwölf Wohnräume; das Estrich ist zwar aus Marmor — aber sie müssen doch gefegt werden. Ich sehe überall schwere Teppiche, wer reinigt diese? Mit einem Worte, wer verrichtet die gröbere Arbeit in diesem, wie der oberflächlichste Augenschein zeigt, mit peinlichster Sorgsamkeit instand gehaltenen, komfortabel eingerichteten Hause?"

Die nämliche Association, mit deren Wachtstube ich Sie soeben bekannt gemacht habe; nur brauchen wir nicht zu klingeln, um diese, zum regelmäßigen Bedarfe gehörigen Verrichtungen besorgen zu lassen, vielmehr geschieht dieses auf Grund eines vereinbarten Tarifs, ohne daß man sich fernerhin darum zu kümmern hätte, mit einer Pünktlichkeit, die nichts zu wünschen übrig läßt. Die Association besitzt Haus- und Stubenschlüssel der mit ihr in Akkord stehenden Häuser. Zeitlich morgens, wir schlafen meist noch alle, erscheinen geräuschlos ihre Sendlinge, nehmen die zu reinigenden Kleider — richtiger die zu wechselnden, denn wir Freiländer tragen niemals ein Kleidungsstück an zwei aufeinander folgenden Tagen — von den Orten, wo sie des Abends hinterlegt wurden, thun die gereinigten an die dazu bestimmte Stelle, bereiten die Bäder — denn in den meisten freiländischen Häusern hat jedes Familienglied sein besonderes Bad, das täglich genommen wird, es sei denn, daß man ein See- oder Flußbad vorzöge — reinigen die Vorräume und einen Teil der Stuben, entfernen die Teppiche und sind verschwunden, ohne daß man zumeist auch nur eine Ahnung ihrer Anwesenheit besitzt. Und zu all dem genügen wenige Minuten. Es wird nämlich fast durchweg mit Maschinen gearbeitet. Sehen Sie jenen kleinen Apparat dort hinten im Korridor? Das ist eine Wasserkraftmaschine, in Gang gebracht durch das Öffnen jenes Hahnes dort, der sie mit der großen, von den Keniakaskaden gespeisten Hochdruckleitung in Verbindung setzt. (In anderen Städten, wo Wasserdruck bis zu 35 Atmosphären nicht so leicht zu beschaffen ist, thun elektrische oder atmosphärische Kraftleitungen den nämlichen Dienst.) Hier die stählerne Welle in der mit dem zierlichen Gitter verdeckten Höhlung am Boden, und dort oben am Plafond die broncene, die dem Gestänge zum Aufhängen der Spiegel und Bilder zum Verwechseln ähnlich sieht — es sind alles Transmissionen, welche die Bewegung der Wassermaschine in jeden Raum des ganzen Hauses, von den Kellern angefangen bis zu den Gelassen unter dem Dache, übertragen. Und dort in jener Kammer findet sich eine Anzahl von Maschinen, deren Bedeutung ich Ihnen schwer erklären kann, wenn Sie sie nicht in Funktion sehen. Eine Reihe anderer Geräte führen die 3-4 Leute der Association bei ihren Besuchen mit sich, und wenn diese Maschinen mit dem Gestänge da oben oder da unten in Verbindung gebracht sind und der Hahn des Wassermotors geöffnet wird, so ist solch ein Raum im Handumdrehen gefegt, gewaschen, die schwerste Last an ihren Ort gebracht, kurz alles mit Zauberschnelle geräuschlos verrichtet, was Menschenhände nur langsam und meist mit unangenehmem Gepolter zuwege brächten.

„Einige Zeit später erscheinen die Arbeiter der Association neuerlich, um die noch übrigen Stuben zu reinigen, die früher entfernten Teppiche an ihren Ort zu geben, in Küche und Frühstückszimmer alles zum Frühstück Erforderliche herzurichten. Und so kommen und gehen diese Leute tagsüber mehrmals, so oft es eben vereinbart ist, um nach dem Rechten zu sehen. Alles geschieht unaufgefordert, unhörbar, mit Blitzesschnelle. Unser Haus gehört zu den größeren, unsere Einrichtung zu den besseren in Edenthal; die Association hat also in wenigen Häusern mehr zu thun, als bei uns; trotzdem rechnete sie uns für all' diese Dienste im Vorjahre nicht mehr als 180 Stunden an, für welche wir nach dem bereits erwähnten Tarife jenes Jahres 72 Pfd. Sterling zu zahlen hatten. Ich bezweifle, daß irgend ein Haus gleich dem unsrigen in Europa oder Amerika um das Doppelte und Dreifache dieses Betrages in gleich gutem Stande erhalten werden könnte. Und dabei haben wir statt mit den leidigen „Domestiken", mit intelligenten, höflichen, diensteifrigen Geschäftsleuten zu thun, die schon durch die Konkurrenz — denn wir haben in Edenthal sechs solche Associationen — genötigt sind, ihr Äußerstes zur Befriedigung der sie beschäftigenden Familien zu thun. Die Mitglieder dieser Associationen sind Gentleman, mit denen man füglich an der gleichen Tafel Platz nehmen kann, die sie soeben selber hergerichtet, und weder unsere zwei „Ehrenfräulein", noch meine Schwester, würden den geringsten Anstand nehmen, bei Tische mit anderen Gästen auch Mitgliedern der Association für persönliche Dienstleistungen aufzuwarten.

„Sie werden übrigens die Herren der Association heute noch kennen lernen, denn die unser Haus versorgenden Mitglieder werden sofort eintreffen, um sich mit peinlicher

Genauigkeit über jeden Ihrer speziellen Wünsche zu unterrichten. Sie dürfen nicht ungeduldig werden, wenn *Sie* dabei einem etwas umständlichen Verhöre unterzogen werden; es geschieht zu Ihrem Besten und nur dies eine Mal. Haben Sie einmal den keine Kleinigkeit übersehenden Fragen der Association Stand gehalten, so wird es Ihnen, so lange Sie in Freiland sind, gewiß nicht widerfahren, des morgens ein anderes als das gewünschte Kleid an der bezeichneten Stelle, Ihr Bad um einige Grade zu kalt oder zu warm, Ihr Bett nicht in der gewohnten Weise bereitet zu finden, oder was dergleichen kleine Ungehörigkeiten mehr sind, aus deren Vermeidung zu nicht geringem Teile das häusliche Behagen besteht.

„Mit der Association für persönliche Dienstleistungen wären wir fertig. Ich kann also mit der Erklärung unserer häuslichen Einrichtungen fortfahren. Hier dieses andere Telephon hat die auch in Europa gebräuchliche Bestimmung, mit dem Unterschiede allerdings, daß hierzulande Jedermann sein Telephon besitzt. Jene Schraube dort hat den Zweck die Kaltluftleitung zu öffnen, welche künstlich gekühlte und zugleich ein wenig ozonisierte Luft in jeden Raum leitet, falls die Hitze unangenehm werden sollte; da dieses ausnahmsweise — wenn nämlich in den heißen Monaten ein nächtliches Gewitter am Horizonte heraufzieht — auch des Nachts vorzukommen pflegt, so ist die Schraube vorsichtshalber in der Nähe des Bettes angebracht."

Ich teile Dir all' diese Details mit, weil ich glaube, daß sie Dich als Beweise dafür interessieren werden, wie wunderbar es diese Freiländer verstanden haben, unsere abendländischen Haussklaven durch ihre „eisernen Sklaven" zu ersetzen. Bemerken will ich nur noch, daß die „Association für persönliche Dienstleistungen" selbst meines Vaters weitgehenden Ansprüchen durchaus zu genügen vermochte; er versichert, im Hotel Bristol zu Paris keine bessere Bedienung gefunden zu haben.

Um Dich nicht zu ermüden, erlasse ich Dir die Schilderung des ersten und zweiten Frühstücks am nächsten Tage, und will Dir nur nach der Hauptmahlzeit, die um 6 Uhr genommen wird, den Mund wässern machen.

David gestand mir auf Befragen, daß man uns zu Ehren den sonst gebräuchlichen vier Gängen einen fünften zugelegt habe; aber nicht in der Mannigfaltigkeit, sondern in der Vorzüglichkeit der Gerichte, wie nicht minder in der Abwesenheit nicht zur Gesellschaft gehöriger und deshalb störender Dienerschaft bestand der Reiz des Mahles. Ohne Übertreibung kann ich versichern, selten so vorzügliche Bereitung, niemals zuvor aber so erlesenes Material vereinigt gesehen zu haben. Das Fleisch der auf den würzigen Hochalpen gemästeten jungen Ochsen und zahmen Antilopen hat nirgend anderwärts seines Gleichen; die Gemüse stellen die seltensten Schaustücke einer Pariser Ausstellung in den Schatten; insbesondere aber ist die Pracht und Mannigfaltigkeit seiner Frucht- und Obstsorten der Stolz Freilands. Und nun die mysteriöse Art des Servierens! Ein in der Wand des Speisegemachs angebrachter Schrank entwickelte aus seinem Innern eine scheinbar unerschöpfliche Reihe von Eßwaren. Zunächst entnahm Fräulein Bertha diesem Schrank eine Terrine, welche sie vorsichtig an den elfenbeinenen Henkeln anfassen mußte — als der Deckel gehoben wurde, präsentierte sich eine köstlich dampfende Suppe. Dann gab ein anderes Fach des gleichen Schrankes einen Fisch heraus — derselbe war kalt, als ob er frisch vom Eise gekommen wäre. Nun folgte — wieder aus einem anderen Fache — ein warmes Ragout, diesem ein ditto Braten mit mannigfaltigen Gemüsen und Salat — dann kam Eis mit Backwerk, Obst, Käse. Den Schluß bildete ein schwarzer Kaffee, der aber vor den Augen der Gäste bereitet wurde, nebst erlesenen Cigarren — alles gleich dem Biere und den Weinen freiländisches Gewächs und Fabrikat.

Dienerschaft war während der ganzen Mahlzeit nicht sichtbar; die drei reizenden Mädchen holten alles aus dem geheimnisvollen Schranke oder von einem in dessen Nachbarschaft befindlichen Serviertische.

Frau Ney machte jetzt den Cicerone. „Dieser Wandschrank" — erklärte sie — „ist zur einen Hälfte Eiskeller, d. h. von gekälteter Luft durchströmt, zur anderen Hälfte Herd, d. h. mit elektrischen Heizvorkehrungen ausgestattet; in der Mitte zwischen diesen beiden Extremen befindet sich — durch schlechtleitende Wände von beiden getrennt — eine neutrale Abteilung von gewöhnlicher Zimmertemperatur. Außerdem hat dieser Schrank die Eigenheit, sich nach zwei Seiten zu öffnen, hier herein in den Speisesaal, und hinaus in den Korridor. Während wir nun tafelten, brachte die „Speiseassociation" in rascher Reihenfolge die bei ihr bestellten Gerichte, teils vollkommen bereitet, teils, wie z. B. den Braten und einige Gemüse, fertig adjustiert, aber noch roh. Die fertigen Speisen wurden vom Korridor aus in die verschiedenen Fächer des Schrankes eingeschoben; Braten und Gemüse kochte ein Mitglied der Association in der rückwärts befindlichen Küche mit gleichfalls elektrischem Herde gar. Das ist übrigens nicht die gewöhnliche Ordnung; wenn wir allein sind, wird in der Regel auch das Geschäft des Garkochens hier am Schranke besorgt und zwar von meinen Töchtern; das nimmt bloß kurze Zeit in Anspruch und Küchendünste sind dabei niemals zu spüren, denn dieser Speiseschrank, der Herd- und Eiskeller zugleich ist, vereinigt damit auch noch die Eigenschaften eines guten Ventilators. Das Reinigen der Geräte ist Sache der Association, die übrigens, wenn es gewünscht wird, auch das Geschäft des Servierens bei Tisch übernimmt.

Der Kaffee wurde im Freien auf einer der Terrassen genommen; dann sangen die Damen zur Harfe und zum Klavier einige Lieder. Inzwischen machte uns Herr Ney mit den Familienverhältnissen der beiden Ziehtöchter seiner Frau bekannt. Die eine derselben — Leonore — ist eines Ackerbauers Kind aus Leikipia, die andere — Klementine — die Tochter eines seiner Departementchefs. Letzteres befremdete uns. „Warum" — so fragte ich — „verläßt diese zweite Dame das elterliche Haus, das doch auch ein vornehmes, hochgebildetes sein muß?" Herr Ney erklärte nun, daß die Ziehtöchter nicht sowohl das vornehme gebildete „Haus", sondern ausschließlich die gebildete, geistreiche *Frau* des Hauses suchen. Der Mann mag noch so berühmt und gelehrt sein, wenn die Hausfrau ein gewöhnliches Geschöpf ist, betritt niemals eine Ziehtochter ihre Schwelle. Diese Institution hat eben bloß den Zweck, den betreffenden Jungfrauen den Vorteil eines höheren Beispiels, eines veredelnden weiblichen Umganges, nicht aber den Glanz günstiger äußerer Verhältnisse zu gewähren, was, nebenbei bemerkt, angesichts der hier herrschenden Zustände auch keinen rechten Sinn hätte, da im großen Ganzen jede freiländische Familie dem Wesen nach auf gleichem Fuße lebt. Die Mutter Klementinens nun ist eine herzensgute brave Dame, aber schließlich doch nur eine tüchtige Hausfrau; „deshalb bat sie meine Ellen, die", so fügte er leuchtenden Auges hinzu, „den edelsten Frauen unseres an herrlichen Weibern so reichen Landes zugezählt wird, um die Gunst, sich ihrer Klementine für zwei Jahre anzunehmen."

Ich muß für heute schließen, denn Müdigkeit überwältigt mich, trotzdem ich Dir noch vielerlei über meine Erfahrungen sowohl innerhalb als außerhalb des Ney'schen Hauses zu erzählen hätte ....

15. Kapitel.

Edenthal, den 18. Juli.

Erst heute komme ich dazu, den vor Wochenfrist unterbrochenen Bericht über unsere hiesigen Erlebnisse wieder aufzunehmen. Begreiflich wirst Du finden, daß wir beide, mein Vater und ich, vor Begierde brannten, die Stadt zu besichtigen, welchen Wunsch erratend, uns Herr Ney schon am Morgen des ersten Tages einlud, unter seiner und seines Sohnes Führung eine Rundfahrt durch Edenthal zu unternehmen. Der Wagen warte schon.

Es war das ein leicht und elegant gebautes Gefährte auf stählernen, denen eines Velocipeds ähnlichen Rädern, mit zwei bequemen, für je zwei Personen ausreichenden Sitzen. Da wir beide Davids zum Einsteigen auffordernde Handbewegung mit betretenen Mienen aufnahmen und keine Anstalt machten, der Einladung Folge zu leisten, bemerkte dieser erst, daß wir die — Pferde vermißten. Er sah sich also bemüßigt, uns zu erklären, daß man hierzulande aus mancherlei Gründen im Wagenverkehr, insbesondere im städtischen, die animalische Zugkraft durch mechanische ersetzt habe. Das sei sicherer, reinlicher und nebenbei auch billiger. Der Lenker dieser Gefährte, einer Art Draisinen, dessen Platz rechts auf dem vorderen Sitze ist und dessen Amt keinerlei Kraftaufwand oder besondere Kunstfertigkeit erfordert, setzt durch einen leichten Druck nach abwärts auf eine zur rechten Hand angebrachte kleine Hebelstange den Wagen in Bewegung, und zwar in desto raschere, je stärker gedrückt wird; ein Druck nach aufwärts verlangsamt den Gang oder bringt das Gefährte zum Stillstand; das Ausweichen oder Umlenken nach rechts oder links wird durch entsprechende Drehbewegungen desselben Hebels hervorgebracht. Die Kraft, welche die Räder in Bewegung setzt, ist weder Dampf noch Elektricität, sondern die Elasticität einer Spiralfeder, die jedoch nicht fix mit dem Wagen verbunden, sondern nach Bedarf einzuschalten oder zu entfernen ist.

„Die oberhalb der vorderen Achse angebrachte, etwa ½ Meter lange und 20 Centimeter tiefe cylindrische Kapsel hier", so demonstrierte mein Freund — „ist zur Aufnahme der Spiralfeder bestimmt. Vor dem Gebrauche wird die Feder „aufgezogen", d. h. in Spannung gebracht und zwar in sehr hochgradige, ein Geschäft, welches Dampfmaschinen in den Ateliers der „Association für Transportwesen" besorgen, und solcherart einen entsprechenden Teil ihrer in Form von Dampfspannung vorhandenen Arbeitsenergie in die Form von Federnspannung umwandeln. Dieses in den Spiralen niedergelegte Quantum lebendiger Kraft genügt, um — durch einen sehr einfachen Mechanismus auf die Achse des Rades übertragen — ein solches Rad zehntausend Umdrehungen machen zu lassen, auch wenn der Wagen ziemlich schwer beladen ist, und da der Radumfang 2 Meter beträgt, so reicht der Kraftvorrat der Spirale zur Durchmessung eines Weges von 20 Kilometern hin. Die Schnelligkeit der Fortbewegung hängt einerseits von der Belastung des Wagens, anderseits von der mehr oder minder vollständigen Auslösung der Hemmvorrichtung — reguliert durch den Druck des oben erwähnten Hebels — ab; das zu erreichende Maximum bei mäßiger Belastung und gutem Wege beträgt bei diesen gewöhnlichen Draisinen 2½ Radumdrehungen, d. i. eine Fortbewegung um 5 Meter in der Sekunde oder 18 Kilometer in der Stunde: doch besitzen wir auch sogenannte Rennwagen, mit denen nahezu die doppelte Geschwindigkeit erreicht werden kann. Die Kraft der Spirale ist erschöpft, sowie das Rad seine 10000 Umdrehungen gemacht hat, was auch bei langsamerem Fahren binnen 1¼-1½ Stunden eintritt; es muß daher bei länger dauernden oder rascheren Fahrten für angemessene Reserven gesorgt werden, was in mannigfaltiger Weise geschieht. Zunächst kann man eine oder mehrere aufgezogene Spiralen — denn wenn die Hemmung geschlossen bleibt, bewahren dieselben Monate und Jahre lang ihre Spannung — für welche hinten im Wagen eigene Reservebehälter angebracht sind, auf die Fahrt mitnehmen. Da jedoch jede Spirale mindestens 35 Kilogramm wiegt, so hat auch diese Art Kraftverlängerung ihre Grenzen; außerdem ist das Auswechseln der Spiralen immerhin keine angenehme Arbeit; man zieht daher in der Regel die zweite Methode der Kraftverlängerung vor, die darin besteht, daß man nach Verlauf einer gewissen Zeit bei einer der zahlreichen, auch anderen Zwecken dienenden Stationshäuschen der Transportassociation, die sich auf allen belebteren Straßen finden und durch weithin sichtbare Flaggen kenntlich sind, Halt macht und die Spirale wechseln läßt. Jede Station besitzt jederzeit einen genügenden Vorrat gespannter Spiralen und so kann man jede beliebige Zeit hindurch umherkutschieren, ohne stecken zu bleiben, zumal wenn man die Vorsicht gebraucht, für den Fall des Übersehens einer notwendig gewordenen Auswechslung eine Reservespirale mit sich zu führen. Solche Auswechslungsstationen aber giebt es nicht bloß in und um Edenthal, sondern in und um alle Städte Freilands und außerdem auf allen belebteren Landstraßen, und da die unterschiedlichen Associationen des gleichen Geschäftszweiges im ganzen Lande so klug waren, überall Spiralen von genau den gleichen Maßen einzuführen, so kann man das ganze Land bereisen und mit einiger Bestimmtheit darauf rechnen, überall entsprechende Relais zu finden. Will man jedoch völlig sicher gehen, so kann man sich durch seine Association die Relaisspiralen für eine vorher angegebene Route eigens bestellen, in welch letzterem Falle auch nichts hindert, die großen Straßen zu verlassen und minder frequentierte Nebenwege einzuschlagen, sofern dieselben nur nicht allzuschlecht und steil sind, was aber angesichts der hohen Vollendung des freiländischen Straßennetzes nur bei ganz entlegenen Gebirgswegen zu besorgen ist. Unsere Familie hat solcherart vor zwei Jahren das ganze Aberdare- und Baringo-Gebiet bereist, dabei 1700 Kilometer zurückgelegt und zu der ganzen Reise in aller Bequemlichkeit bloß 14 Tage gebraucht."

Wir entschlossen uns endlich kopfschüttelnd, den automatischen Wagen zu besteigen. Mein Vater mit Herrn Ney nahm den ersten, ich mit David den zweiten Sitz ein; ein Druck Ney's auf den Leithebel, und geräuschlos setzte sich die Maschine in Bewegung, unserem ersten Ziele, dem Edensee zu. Dessen Ufer sind mit Ausnahme der Nordwestseite, wo in einer Ausdehnung von 5 Kilometern die Quais für den Waarenverkehr sich erstrecken, sämtlich von vierfachen Palmenreihen umsäumt und bestehen teils aus breiten, bis zum Wasserspiegel hinabreichenden Marmorstufen, teils aus in den See vorspringenden Molen, bedeckt von säulengetragenen Wandelbahnen. An letzteren landen die zahlreichen, den See nach allen Richtungen durchfurchenden Passagierdampfer, die jedoch, um die balsamische Luft nicht zu verderben, mit vollkommen funktionierenden Rauchverzehrern versehen sein müssen. Auch das mißtönige Pfeifen der Dampfventile ist in Edenthal verpönt. Denn der Edensee ist nur nebenbei Verkehrsstraße; seine hauptsächliche Bestimmung ist die eines gewaltigen Zier- und Lustteiches. Ein großer Teil der Ufer wird von den luxuriös ausgestatteten Badeanstalten eingenommen, die weit in den See hineinreichen und zu jeder Tageszeit von tausenden Badender benützt werden. Neben diesen, zumeist von schattigen Lusthainen umgebenen Bädern haben sich auch die sämtlichen Theater-, Opern- und Konzerthäuser Edenthals, im Ganzen 16 an der Zahl, angesiedelt, die wir jedoch einstweilen nur von außen in Augenschein nahmen. Unsere Gastfreunde machten uns darauf aufmerksam, daß der Edensee seine Hauptreize erst bei Monden- oder Elektrodenschein entfalte, und daher an einem der nächsten Abende von uns aufgesucht werden solle.

Wir wendeten den Wagen und bogen in eine der Radialstraßen, die vom See zu den halbkreisförmig das Edenthal umgrenzenden Höhen führen. Hier leuchtete uns sofort, wenn auch noch reichlich 3 Kilometer entfernt, ein Riesenbau entgegen, der selbst den dieses Anblicks Gewohnten stets aufs neue mit staunender Bewunderung erfüllen muß, uns Fremden aber geradezu die Sinne verwirrte. Er ist ebenso unerreicht an Größe, wie unvergleichlich an Ebenmaß und harmonischer Vollendung all seiner Bestandteile. Er macht gleichzeitig den Eindruck des überwältigend Majestätischen und des märchenhaft Lieblichen. Dieses, vor 5 Jahren vollendete Wunderwerk ist der Volkspalast von Freiland, der Sitz der zwölf obersten Verwaltungsbehörden und der zwölf Vertretungskörper. Er ist durchwegs aus weißem und gelbem Marmor gebaut, übertrifft an Flächenausdehnung den Vatikan, seine luftigen Kuppeln sind höher als der Petersdom; daß er mit einem Kostenaufwande von 9½ Millionen Pfd. Sterling hergestellt werden konnte, erklärt sich bloß dadurch, daß alle Baugewerke wie nicht minder die hervorragendsten Künstler des Landes sich dazu drängten, bei dem Baue irgendwie verwendet zu werden. Und — so belehrte mich David — das geschah nicht etwa aus patriotischer, sondern aus rein künstlerischer Begeisterung. Freiland ist reich genug, um sein Volkshaus wie hoch immer zu bezahlen; um den Bau billiger zu gestalten, hätte sich also Niemand in Aufregung versetzt; aber die aus dem Entwurfe hervorleuchtende eigenartige, überwältigende Schönheit des Werkes hatte es allen Künstlern angethan. Er erinnere sich noch der fieberhaften Erregung, mit der schon die Mitglieder jener Prüfungskommission, welche über die vorgelegten Bauentwürfe zu entscheiden hatte, allenthalben erzählten, es sei ein Plan eingelaufen, von einem bis dahin unbekannten jungen Architekten, der Unsagbares biete; eine neue Ära der Baukunst sei angebrochen, ein neuer Baustil erfunden, der an Adel der Form die besten griechischen, an Großartigkeit die gewaltigsten ägyptischen Denkmale erreiche. Und diese Begeisterung teilte sich allen mit, die den Entwurf sahen; die Konkurrenten — es waren deren nicht weniger als 84, denn in Edenthal wurde damals schon viel und schön gebaut — zogen ausnahmslos ihre Entwürfe zurück, und huldigten freiwillig dem neuaufgegangenen Stern am Kunsthimmel.

Wir waren sobald nicht dazu zu bewegen, uns der Besichtigung anderer Bauwerke zuzuwenden. Endlich, nachdem wir dreimal die Runde um den Volkspalast gemacht, willigten wir ein, demselben den Rücken zu kehren. Mit der Aufzählung der zahllosen Prachtbauten, an denen wir flüchtig vorbeirollten, will ich Dich verschonen; nur soviel lasse Dir sagen, daß die Mannigfaltigkeit und Großartigkeit der den unterschiedlichen wissenschaftlichen und künstlerischen Zwecken dienenden öffentlichen Anstalten auf mich durchaus verblüffend wirkte. Die Akademien, Museen, Laboratorien, Versuchsanstalten u. dergl. wollten gar kein Ende nehmen und allen sah man es auf den ersten Blick an, daß sie mit verschwenderischer Munifizenz ausgestattet seien.

Nachdem wir schon an zahllosen öffentlichen Gebäuden vorbeigefahren waren, deren Bestimmung mir zum Teil nur schwer begreiflich gemacht werden konnte, da unser „civilisiertes" Europa nichts ihnen Ähnliches besitzt — ich nenne Dir beispielsweise bloß das Institut für „animalische Zuchtversuche", welches den Zweck hat, durch Experiment und Beobachtung festzustellen, welchen Einfluß Erblichkeit, Lebensweise, Nahrung auf die Entwickelung des menschlichen Organismus äußern — fiel es mir auf, daß wir noch an keinem Spital vorbeigekommen. Da ich nun begierig war zu sehen, wie die weltberühmte freiländische Humanität, die seit Jahren mindestens die Hälfte aller Spitäler der Welt mit reichen Mitteln ausstattet, daheim im eigenen Lande sich der armen Kranken annehme, bat ich David, uns doch in ein solches zu führen. „Ich kann Dir ebensowenig ein Spital, als einen Kerker oder eine Kaserne in Edenthal zeigen, aus dem sehr einfachen Grunde, weil wir deren in ganz Freiland keines besitzen“, war dessen Antwort.

„„Den Mangel von Kerker und Kaserne lasse ich gelten; man weiß ja, daß Ihr Freiländer Euch ohne Kriminal- und Militärwesen behelft; aber — so meinte ich — Krankheiten muß es doch auch hier geben, diese haben doch mit Euren socialen Einrichtungen nichts zu thun!““

„Letzteres kann ich zwar nicht so unbedingt zugeben“, mengte sich hier Herr Ney ins Gespräch; „auch die Krankheiten haben unter dem Einflusse unserer socialen Institutionen abgenommen; aber verschwunden sind sie allerdings nicht; wir haben Kranke auch in Freiland — aber keine *armen* Kranken, weil wir eben keine Armen haben, weder kranke, noch gesunde. Wir besitzen daher auch nicht jene Sammelstellen des Massensiechtums, die man da draußen mit dem Namen „Spital“ bezeichnet. Anstalten, in denen sich Kranke unter besonderer Aufsicht gegen gute Bezahlung verpflegen lassen können, haben wir allerdings und sie werden insbesondere in Fällen schwierigerer chirurgischer Operationen häufig aufgesucht; aber das sind Privatanstalten und sie gleichen in ihrer Einrichtung wie in ihrem Gebaren durchwegs Ihren feinsten Sanatorien für „distinguierte Patienten“.“

Wir waren inzwischen des Fahrens müde geworden, was nach nahezu vierstündiger Rundfahrt trotz des sanften Ganges und der bequemen Einrichtung der Wagen erklärlich erscheint. Neys machten daher den Vorschlag, den automatischen Wagen heimzuschicken und den Rückweg zu Fuße anzutreten, was von uns gern angenommen wurde. Wir hielten vor einem der Stationshäuschen der Transportassociation, ließen dort das Gefährte zurück und durchschritten die schattigen Alleen, von denen jede Edenthaler Straße eingesäumt ist. Jetzt hatten wir Muße, die zierlichen Privathäuser näher zu betrachten, die zwar alle den eigentümlichen, halb an den maurischen, halb an den griechischen erinnernden Edenthaler Baustil zeigen, im übrigen aber weder an Größe noch an Ausstattung gleich sind. Den vornehmsten Reiz dieser Villen bilden deren wunderliebliche Gärten mit ihren erlesenen Bäumen, ihrer unglaublichen Blumenpracht, den weißen Marmorstatuen, Fontänen und den mannigfaltigen zahmen Tieren — insbesondere Äffchen, Papageien, Prachtfinken und allerlei Singvögeln — die sich in ihnen neben jauchzenden Kindern tummeln. Des weiteren überraschte uns die außerordentliche Reinlichkeit der Straßen, als deren Hauptgrund uns angegeben wurde, daß seit Erfindung der automatischen Wagen keinerlei Zugtiere in den Straßen freiländischer Städte Staub aufwühlen und Unrat hinterlassen.

„Giebt es also keinerlei Pferde hier?" fragte ich, worauf mir die Erklärung ward, daß deren allerdings und zwar in bedeutender Anzahl und von edelster Zucht vorhanden seien; dieselben würden jedoch nur außerhalb des eigentlichen Weichbildes der Stadt zu Promenaderitten durch die benachbarten Wiesen, Haine und Wälder benützt. „Das muß aber hierzulande ein sehr teurer Luxus sein", meinte ich. „Das Pferd selber und was es frißt, mag billig sein; aber da Menschenkraft in Freiland das teuerste von allen Dingen ist, so kann ich nicht begreifen, wie ein freiländischer Haushalt die Kosten eines Pferdewärters zu erschwingen vermag. Oder erhält diese Klasse Bediensteter hierzulande ausnahmsweise geringeren Lohn?"

„Letzteres wäre bei uns wohl kaum möglich", — antwortete lächelnd Herr Ney — „denn wer würde dann in Freiland Pferdewärter sein wollen? Wir müssen auch dem Stallpersonal denselben Durchschnittsverdienst gewähren, wie anderen Arbeitern, und wenn ich für die sieben Reitpferde, die ich zum Gebrauche meiner Familie in den Ställen der Transport-Association halte, ein Wartepersonal nach abendländischem Zuschnitt bezahlen wollte, so würden die Kosten mein gesamtes Einkommen überschreiten. Aber das Rätsel löst sich sehr einfach dadurch, daß auch die Arbeit im Pferdestall mit Hülfe von Maschinen verrichtet wird, derart, daß durchschnittlich ein Mann für je 50 Tiere vollkommen genügt. Sie schütteln ungläubig den Kopf? Wenn Sie gesehen haben werden, binnen wie wenigen Minuten unsere durch mechanische Kraft in Rotation versetzten riesigen cylinderförmigen Bürsten ein Pferd spiegelblank putzen; binnen welch kurzer Zeit unsere Kehrmaschinen und Wasserleitungen den größten Stall von Mist und jeglicher Unreinlichkeit säubern; wie das Futter den Tieren automatisch zugeteilt wird: so dürfte Ihnen nicht bloß das, sondern ebenso die Thatsache einleuchten, daß in Freiland auch die „Stallknechte" gebildete Gentlemen sind, Geschäftsleute so ehrenwert und geachtet, wie alle anderen".

Unter solchen Gesprächen waren wir daheim angelangt, wo ein ausgiebiger Imbiß genommen ward und einige Geschäfte Erledigung fanden. Nach dem bereits letzthin geschilderten Diner fuhren wir mit unseren Gastfreunden abermals zum Edensee und besuchten zunächst die große Oper, wo an diesem Tage das Werk eines freiländischen Kompositeurs gegeben wurde. Dasselbe war uns nicht neu, da es eines jener zahlreichen freiländischen Tonwerke ist, die auch im Auslande großen Anklang finden und häufig aufgeführt werden. Dagegen überraschte uns die eigenartige

— allen freiländischen Theatern gemeinsame — Anordnung des Zuschauerraums. Die Sitzreihen bauen sich amphitheatralisch bis zu bedeutender Höhe auf; das Dach ruht auf Säulen, durch welche die äußere Luft frei hereinstreichen kann. Bis zu 10000 Personen finden solcherart in den größeren dieser Theater bequem Platz, ohne daß jemals Hitze oder verdorbene Luft sich in denselben ansammeln könnte.

Die Darstellung war eine vorzügliche, die Ausstattung in jeder Beziehung glänzend; trotzdem waren die Preise der — durch keinerlei Rangordnung unterschiedenen — Plätze nach abendländischen Begriffen lächerlich mäßig. Der Sitz kostete einen halben Schilling — doch wohlverstanden bloß hier, in der großen Oper; die anderen Theater sind alle noch wesentlich wohlfeiler. Unternehmer sind überall die städtischen Kommunen, als deren Angestellte die ausübenden Künstler sowohl als das Regiepersonal fungieren; als ökonomischer Grundsatz gilt dabei allgemein, daß die Kosten des Baues und Unterhalts der Gebäude vom allgemeinen Kommunalbudget zu tragen seien, und daß die Eintrittspreise bloß die Gehalte und Tantiemen des angestellten Personals und die Ausstattung zu decken haben.

Von David erfuhr ich, daß Edenthal außer der großen Oper noch eine Spieloper und vier Schauspielhäuser besitze, ferner drei Konzerthäuser, in denen allabendlich Orchester-, Kammermusik und Chöre sich hören ließen. Als freiländische Specialität aber nannte er mir fünf verschiedene „Lehrtheater", in denen astronomische, archäologische, geologische, paläontologische, physikalische, geschichtliche, geographische, naturgeschichtliche, kurz alle erdenklichen wissenschaftlichen Vorträge mit dem umfassendsten Aufwande plastischer Darstellungskunst den Hörern vorgeführt werden. Die Vorträge sind von den geistreichsten Gelehrten verfaßt, von den gewandtesten Rednern vorgetragen, von den tüchtigsten Ingenieuren und Dekorateuren in Scene gesetzt. Diese Art Theater seien die besuchtesten; in der Regel genügen die vorhandenen Plätze nicht, so daß die Kommune kürzlich zwei neue derartige Darstellungshäuser bauen ließ, die binnen wenigen Monaten eröffnet werden dürften. Die Großartigkeit dieser Vorführungen, die ich an den nächsten Abenden kennen lernte, ist in der That staunenerregend und wenn auch die Jugend bei den meisten derselben den größeren Teil des Auditoriums stellt, so werden dieselben doch von Erwachsenen sehr fleißig besucht.

Nach dem Theater mieteten Neys am Ufer eine der zahllosen dort von einer Association bereit gehaltenen Gondeln mit mechanischer Triebkraft (von elastischen Federn getriebene Propellerschrauben) und wir steuerten in den See hinaus. Derselbe war von gewaltigen, rings am Ufer in beträchtlicher Höhe angebrachten elektrischen Reflektoren taghell erleuchtet und es stand uns heute ein ganz besonderer Genuß bevor, denn Walter, der berühmteste Liederkomponist Freilands, ließ an diesem Abend eine neue Kantate durch die Mitglieder des Edenthaler Choralvereins zur ersten Aufführung bringen. Dieser Verein, welcher zu seinen allwöchentlichen Vorträgen in der Regel den Edensee als Schauplatz wählt, verfügt zu solchen Zwecken über mehrere der großartigsten Prachtbarken, deren bisweilen geradezu märchenhafte Ausstattung durch freiwillige Beiträge seiner zahlreichen Mitglieder und Verehrer gedeckt wird.

War es die Wirkung der ganz eigenartigen Scenerie, war es die Schönheit des Tonstückes an sich — der Effekt, den die Kantate auf mich machte, war ein überwältigender. Als wir uns auf den Heimweg machten, gestand ich David, daß mir niemals zuvor die gleichsam transcendentale Gewalt der Töne so deutlich geworden, wie während dieser Vorstellung am See; ich hatte durchaus den Eindruck, als ob der

Weltgeist in diesen Klängen zu meiner Seele spräche und als ob diese auch ganz genau seine Sprache verstünde und nur unvermögend sei, dieselbe in gewöhnliches Italienisch oder Englisch zu übersetzen. Zugleich aber äußerte ich mein Erstaunen darüber, daß ein so junges Gemeinwesen, wie das freiländische, in allen Kunstarten Anerkennenswertes, in zweien aber, in Architektur und Tonkunst, den besten Vorbildern aller Zeiten Ebenbürtiges leiste.

Frau Ney gab hierüber ihre Meinung dahin ab, daß dies die schlechthin notwendige Konsequenz der Gesamtrichtung des freiländischen Geistes sei. Wo fröhlicher Lebensgenuß mit ruhiger Muße sich paarten, dort müßten die Künste gedeihen, die ja in Wahrheit nichts anderes seien, als Produkte des Reichtums und edler Muße. Und daß gerade Architektur und Musik den Anfang der Kunstblüte machten, lasse sich ganz ungezwungen erklären. Erstere mußte durch die, dem neuartigen großartigen Gemeinwesen entsprungenen Bedürfnisse in erster Reihe mächtig angeregt werden; auch der Einfluß der gewaltigen und doch lieblichen Natur des Landes sei hier unverkennbar. Die Musik dagegen sei die unmittelbarste aller Kunstformen, diejenige, deren sich der Genius der Menschheit stets in erster Reihe bediene, wenn eine neue Ära künstlerischen Schaffens durch neue Arten des Fühlens und Denkens eingeleitet worden sei.

„Bei dem so überaus regen Sinne Ihres Volkes für das Schöne" — so wandte sich mein Vater an Frau Ney — „nimmt es mich nur Wunder, daß zum Schmucke der schönsten Zierde Freilands, seiner königlich gearteten Frauen nämlich, so wenig aufgewendet wird. Zwar die Tracht ist kleidsam, und nirgend bisher habe ich noch so erlesenen Geschmack in der Wahl der geeignetsten Formen und Farben getroffen; aber eigentliches Geschmeide sieht man nicht. Hie und da Goldreifen im Haar, da und dort goldene oder silberne Spangen an den Kleidern, das ist alles;

Edelsteine und Perlen scheinen bei den hiesigen Damen verpönt zu sein. Woran liegt das?"

„Der Grund liegt darin" — so antwortete Frau Ney — „daß uns Freiländern jene ausschließliche Triebfeder fehlt, die den anderen Völkern die Geschmeide eigentlich begehrenswert macht. Eitelkeit ist auch hierzulande heimisch, unter Männern sowohl als Frauen; aber sie findet in der Schaustellung von sogenannten „Kostbarkeiten", deren alleiniger Vorzug vor ähnlichen Dingen lediglich darin besteht, daß sie teuer sind, kein Genüge. Glauben Sie wirklich, daß es die *Schönheit* der Diamanten ist, was gar manche unserer bedauernswerten Schwestern da draußen Glück und Ehre in die Schanze schlagen läßt, um in den Besitz solch glitzernder Steinchen zu gelangen? Warum stieße dann dasselbe Weib, welches sich um echter Steine willen verkaufte, unechte, die es in Wahrheit von jenen gar nicht zu unterscheiden vermag, achtlos beiseite? Und zweifeln Sie daran, daß auch der echte Diamant sofort zum unbeachteten Kiesel würde, den keine „Dame von Geschmack" fernerhin eines Blickes würdigte, sowie dieser Stein aus irgend einem Grunde seinen hohen Preis verlöre? Die Geschmeide gefallen also nicht, weil sie schön, sondern weil sie kostbar sind. Sie schmeicheln der Eitelkeit nicht durch ihren Glanz, sondern durch das Bewußtsein, welches sie in ihrem Eigner erwecken, in diesen unscheinbaren Dingerchen den Extrakt so und so vieler Menschenleben zu besitzen. „„Seht her, hier an meinem Halse trage ich einen Talisman, um den Hunderte von Knechten Jahre lang ihr bestes Mark vergeuden mußten und dessen Gewalt auch Euch, die Ihr die netten Dingerchen ehrfurchtsvoll anstaunt, mir als Sklaven zu Füßen legen, allen meinen Launen dienstbar machen könnte! Seht her, ich bin mehr als Ihr, ich bin die Herrin, die auf nichtigen Tand vergeuden kann, wonach Ihr vergeblich giert um Euren Hunger zu stillen!"" Das etwa ist's, was das Diamantenkollier aller Welt verkündet, und *darum* hat seine Besitzerin vielleicht sich und andere verraten, elend gemacht, um es als ihr Eigen um den Nacken schlingen zu können. Denn beachten Sie wohl, das Geschmeide schmückt nur, wenn es Eigentum des Trägers ist; entliehenes Geschmeide zu tragen ist ignobel, gilt als unanständig, und mit Recht, denn entliehenes Geschmeide lügt, es ist eine Krone, die ihrem Träger den Schein einer Macht verleihen soll, die er in Wahrheit nicht besitzt.

„Die Macht nun, deren legitimen Anspruch das Geschmeide zur Schau tragen soll, die Macht über fremdes Leben und fremde Leiber existiert in Freiland nicht. Zwar wer einen Diamanten von beispielsweise 600 Pfund Wert besäße, der hätte damit auch hierzulande das Verfügungsrecht über einjährigen Ertrag menschlicher Arbeit; aber wer ihn deshalb erwürbe und zur Schau trüge, würde sich damit — angesichts unserer Institutionen — doch nur lächerlich machen; denn *seine eigene Arbeit* wäre es, deren Ertrag er solcherart festlegte, gleich gegen gleich müßte er mit Jedem, dessen Arbeit er sich um den Stein dienstbar machen wollte, tauschen und statt ehrfurchtsvollen Staunens könnte er bloß bedauerndes Mitleid erwecken, Mitleid darüber, daß er sich bessere Genüsse versagt, oder nutzlose Anstrengungen auferlegt, um den albernen Kiesel zu erwerben. Es wäre das gleichsam, als ob der Besitzer des Diamanten aller Welt verkünden wollte; „„Seht her, während Ihr genosset oder ruhtet, habe ich gedarbt und gearbeitet, um den Tand zu gewinnen““! Nicht der Mächtigere, der Thörichtere wäre er in Jedermanns Augen — der Stein, dessen fascinierende Kraft an die Vorstellung geknüpft ist, daß sein Besitzer zu den Herren der Erde gehöre, die über fremde Arbeit verfügen und *deshalb* sich den Scherz erlauben dürfen, das Produkt so großen Schweißes in nutzlosen Sächelchen anzulegen — der Stein kann für ihn keinen Reiz mehr haben. Wer ihn in

Freiland kauft, der gliche Jenem, der sein Leben an den Besitz einer Krone setzt, die aufgehört hat, das Symbol der Herrschaft zu sein."

„Sie sprechen also dem Geschmeide alle wirklich schmückende Kraft ab? Sie leugnen, daß Perlen oder Diamanten geeignet sind, die Reize eines schönen Körpers noch wesentlich hervorzuheben?" entgegnete mein Vater.

„Das thue ich allerdings", war die Antwort. „Nicht daß ich die dekorative Wirkung an sich überall bestreiten wollte; nur leugne ich, daß sich nicht genau der nämliche, ja in der Regel ein weit besserer Effekt durch andere Mittel auch erreichen läßt. Im allgemeinen aber schmückt der, seiner ganzen Beschaffenheit nach gar nicht zum menschlichen Körper passende Tand durchaus nicht, entstellt vielmehr in neunundneunzig unter hundert Fällen den stolzen Besitzer. Daß ein diamantengeschmücktes Weib Euch Herren da draußen besser gefällt, als ein blumengeschmücktes, hat genau den nämlichen Grund, aus welchem Euch — Ihr mögt noch so starre Republikaner sein — eine Königin schöner erscheinen wird, als ihre vor dem Richterstuhle unbefangener Ästhetik vielleicht schöneren Rivalinnen. Ein gewisses Etwas, ein eigentümlicher Zauber umschwebt sie — der Zauber — Sie entschuldigen das harte Wort — des Knechtsinnes; dieser, nicht Euer ästhetisches Urteil ist es, was Euch weismacht, das Diadem verleihe höheren Reiz, als der Kranz von Rosen; lasset die Rose zum Symbol der Herrschaft werden, dessen sich nur Königinnen bedienen dürfen, und Ihr werdet jetzt ohne Zweifel finden, daß die Rosen es sind, die wahre Majestät zur Geltung bringen."

„Eitel sind wir Freiländerinnen deshalb doch. Wir wollen nicht bloß schön sein, sondern auch schön erscheinen und die Männer bestärken uns nach Kräften in diesem Bestreben; nur bitte ich wohl im Auge zu behalten: wir wollen nicht prunken, sondern gefallen. Deshalb sind Kleid und Zierat einer Freiländerin nie Selbstzweck, sondern Mittel zum

Zwecke. Eine richtige Modedame in Europa entstellt sich oft in der greulichsten Weise, weil es ihr weniger auf den Effekt ihrer Person, als auf den ihrer Kleider, ihres Putzes ankommt; sie wählt nicht das Gewand, welches ihre persönlichen Reize am günstigsten hervorhebt, sondern das kostbarste, welches ihre Mittel ihr gestatten. Wir halten es anders; schon unsere eigenen ästhetischen Anschauungen bewahren uns vor der Thorheit, einem Kleiderkünstler zu Liebe andere Gewänder anzulegen, als jene, von welchen wir vermuten oder wissen, daß sie unsere Gestalt am vorteilhaftesten zur Geltung bringen. Außerdem aber steht uns diesbezüglich jederzeit der Rat künstlerisch gebildeter Männer zur Seite. Kein hervorragender Maler verschmäht es, jungen Damen Aufschluß über die passendste Wahl ihrer Toilette zu gewähren, ja es werden besondere Vorträge über diesen wichtigen Punkt gehalten. Natürlich kann es eine strenge Mode bei uns nicht geben, da Zusammenstellung, Faltenwurf und Farbe der Kleidung durchweg der Individualität der Trägerin angepaßt sind; daß Hagere und Wohlbeleibte, Große und Kleine, Blonde und Brünette, Imposante und Niedliche, sich nach der gleichen Schablone tragen sollten, gälte hier zu Lande als Gipfel der Abgeschmacktheit. Ebenso lächerlich aber fände es eine Freiländerin, die gefallen will, mutete man ihr zu, ein Kleid, eine Haartracht, die sie als für sich passend einmal erprobt, zu wechseln, bloß aus dem Grunde, weil man sie in dieser Tracht schon zu oft gesehen. Wir begreifen es nicht, daß man, um zu gefallen, am besten thue, sich möglichst mannigfaltig zu entstellen; insbesondere aber halten wir, darin abermals unterstützt von unseren Männern, zähe fest an dem Glauben, daß die menschliche Gestalt durch das Kleid zwar bedeckt und verhüllt, aber nicht verzerrt werden dürfe."

Wir erklärten galant, diese Toiletteprinzipien durchaus zu billigen. Die Wahrheit ist, daß der an die Excentricitäten abendländischer Moden gewohnte Fremde in Freiland angelangt, die nach künstlerischen Grundsätzen zusammengestellte hiesige Frauentracht anfangs etwas zu einfach, dann aber die Rückkehr zu den abendländischen Zerrbildern schlechterdings unerträglich findet. Du wirst Dich erinnern, daß David uns in Rom versicherte, die europäischen Moden machten ihm genau den nämlichen Eindruck, wie die der afrikanischen Wilden; nach kaum einwöchentlichem Aufenthalte hier beginne ich diese Auffassung zu teilen.

Doch ich sehe, daß ich abermals schließen muß, ohne meinen Bericht erschöpft zu haben. Mit dem Versprechen, das Versäumte nachzuholen

Dein .....

.....

16. Kapitel.

Ich konnte mein Versprechen, Dir bald zu schreiben, nicht halten, weil die vergangene Woche einer Reihe kürzerer oder längerer Ausflüge gewidmet war, die ich mit David teils zu Pferde oder mittels automatischer Draisinen in die unmittelbare Umgebung Edenthals und der benachbarten Danastadt, teils mit der Eisenbahn bis an die Ufer des Ukerewe unternahm. Ich lernte solcherart eine ziemliche Anzahl freiländischer Städte und ebenso mehrere zerstreute Industrie- und Ackerbaukolonien kennen. Ich sah die lieblichen, in schattigen Wäldern eingebetteten Orte des Aberdaregebirges mit ihrer gewaltigen Metallindustrie; Naiwaschacity, das Emporium der Lederindustrieen und des Fleischexports, dessen Villenreihen den ganzen Naiwaschasee in einer Längenausdehnung von 64 Kilometern umrahmen; die Ansiedelungen in den Bergen nördlich vom Baringosee mit ihren zahllosen Herden edler Pferde, Rinder, Schweine, Schafe, zahmer Elefanten, Büffel, Zebras, mit ihren Gold- und Silberbergwerken, und Ripon, das Centrum der Mühlenindustrie und des Ukerwehandels. In allen Städten fand ich dem Wesen nach die nämlichen Einrichtungen wie in Edenthal; elektrische Eisenbahnen in den Hauptstraßen, elektrische Beleuchtung und Beheizung, Bibliotheken, Theater u. s. w. Was mich jedoch zumeist überraschte, war, daß auch die ländlichen Ansiedelungen mit sehr geringen Ausnahmen eines hochentwickelten städtischen Comforts nicht entbehrten. Elektrische Bahnen zogen auch an ihnen vorüber und setzten sie mit den Hauptverkehrslinien in Verbindung; wo nur 5-6 Villen — denn der Villenstil herrscht ausnahmslos durch ganz

Freiland — nebeneinander standen, fanden sich elektrische Beleuchtung und Beheizung; Telegraph und Telephon fehlten selbst dem entlegensten Gebirgsthale nicht, ebenso keinem Hause das Bad; und wo einige hundert Villen in nicht gar zu großer Entfernung zerstreut lagen, war sicherlich ein Theater für sie gebaut, in welchem abwechselnd Schauspiele, Concerte, Vorträge abgehalten wurden. An Schulen gab es allenthalben Überfluß, und wo irgend ein Ansiedler sich allzu einsam angebaut hatte, als daß die Kinder eine in der Nähe gelegene Schule hätten besuchen können, dort waren diese bei befreundeten Familien untergebracht, denn der Jugendunterricht darf in Freiland unter keinen Umständen leiden.

Daß ich die Gelegenheit nicht versäumte, mir das freiländische Volk an seiner Arbeit — auf dem Felde und in der Fabrik — zu betrachten, ist selbstverständlich. Hier wurde mir die Größe Freilands erst offenbar. Ungeheuer, überwältigend war, was ich allenthalben sah. Von der Großartigkeit der maschinellen Einrichtungen, von der unermeßlichen Kraftfülle, welche die gebändigten Elemente hier dem Menschen zur Verfügung stellen, kann sich der Abendländer ebensowenig eine Vorstellung machen, als von dem raffinierten, ich möchte fast sagen aristokratischen Komfort, mit welchem die Arbeit überall umgeben ist. Keine schmutzige, aufreibende Handlangung verrichtet der Mensch; die sinnreichsten Apparate entheben ihn jedes wirklich unangenehmen Geschäftes; er hat der Hauptsache nach bloß seine unermüdlichen eisernen Sklaven zu überwachen. Und nicht einmal durch ihr Klappern, Stöhnen und Rasseln dürfen diese überall geschäftigen Diener das Ohr ihrer Herren beleidigen. Ich bewegte mich in den Stampfwerken von Leikipia, die den mineralischen Dünger für die dortige Bodenassociation bereiten, zwischen Steinzermalmern von tausenden Centnern Stoßkraft, und kein lästiges Geräusch war zu hören, kein Atom Staub zu sehen. Ich durchschritt Eisenwerke, in denen Stahlhämmer bis zu 3000 Tonnen Fallgewicht verwendet werden; die gleiche Ruhe herrschte in den lichten freundlichen Fabriksälen, kein Ruß auf Händen oder Gesichtern der Arbeiter störte den Eindruck, daß man es mit Gentlemen zu thun habe, die sich dazu herbeilassen, die Schmiedearbeit der Elemente zu überwachen. Ich sah auf den Feldern ackern und säen — wieder dieselbe Erscheinung des Herrn der Schöpfung, der durch den Druck eines Fingers die Riesen „Dampf" oder „Elektricität" nach seinem Willen lenkt, wohin und wozu es ihm nützlich dünkt. Ich war *unter* der Erde in den Kohlengruben und in den Eisenminen; auch dort fand ich es nicht anders: keinen Schmutz, keine aufreibende Plage für den Menschen, der in vornehmer Ruhe zusieht, wie seine gehorsamen Geschöpfe aus Stahl und Eisen für ihn schaffen ohne zu ermüden und zu murren, von ihm nichts anderes verlangend, als daß er sie lenke.

Während der nämlichen Ausflüge lernte ich auch eine Reihe besonderer in Freiland üblicher Vergnügungen näher kennen; ich besuchte mit David die mannigfaltigen entzückenden Aussichtspunkte des Kenia und der Aberdareberge, auf denen es allsonntäglich Gesang und Tanz der jungen Leute gibt, gewürzt in der Regel durch eine Überraschung, welche die Vergnügungskomitees — eine ständige Institution in jedem freiländischen Orte — zur Feier eines beliebigen Anlasses veranstalten. Mir waren die Eisfeste auf dem großen Eislaufteiche am Keniagletscher das Überraschendste. Dort hatten vor fünf Jahren die vereinigten Vergnügungskomitees von Edenthal, Danastadt und Oberleikipia ein 2400 Hektaren messendes, 4250 Meter über dem Meeresspiegel gelegenes Plateau in einen Teich verwandeln lassen, der von den Wässern der unmittelbar daran grenzenden großen Eisfelder gespeist wird. Von Ende Mai bis Mitte August gibt es nun in dieser Höhe stets sehr empfindliche Nachtfröste, die das ohnehin dem Gefrierpunkte nahe Gletscherwasser des Teiches sehr rasch in eine solide Eisbahn verwandeln. Nachdem hierauf dieser großartige Eislaufplatz seinem ganzen Umfange nach mit luxuriösen heizbaren Warte-, Toilette und Speise-Sälen umgeben, des ferneren mittels einer leistungsfähigen Zahnradbahn mit dem Fuße des Berges in Verbindung gebracht worden war, übergaben die vereinigten Komitees ihr Werk der Öffentlichkeit zur unentgeltlichen Benutzung. Die, wie sich denken läßt, sehr beträchtlichen Anlagekosten waren mit Leichtigkeit im Wege freiwilliger Subskriptionen aufgebracht worden, und ebenso decken sich die Erfordernisse der Instandhaltung überreichlich durch freiwillige Beiträge der zahlreichen Besucher. Denn die ganze kühle Jahreszeit hindurch ist die Riesenfläche des Eisteiches von Schlittschuhläufern und insbesondere von Schlittschuhläuferinnen nicht bloß aus der Umgebung des Kenia auf hundert Kilometer in der Runde, sondern aus allen Teilen Freilands bedeckt. Selbst von den Gestaden des indischen Ozeans und der großen Seen kommen Freunde und Freundinnen dieses gesunden Sports hierher, um an den zeitweilig veranstalteten glänzenden Eisfesten teilzunehmen. Gegenwärtig beschäftigt man sich mit dem Plane, unmittelbar am Eislaufplatze ein großartiges Hotel zu errichten, das besonders ausdauernden Verehrern dieser ebenso graziösen als gesunden Leibesübung Gelegenheit geben soll, in 4200 Meter Seehöhe zu übernachten. Des ferneren hat die große Beliebtheit des Kenia-Eisteiches den Anlaß gegeben, auch am Kilima-Ndscharo, und zwar dort in einer noch um 500 Meter höheren Lage ein ähnliches Unternehmen ins Werk zu setzen, welches gegenwärtig seiner Vollendung nahe ist; ein drittes, in den Mondbergen am Albertsee, hat einstweilen das Versuchsstadium nicht überschritten, da dem dortigen Komitee die Auffindung eines zu solchem Zwecke genügend hoch gelegenen und

dabei ausreichend großen Platzes bisher nicht recht
gelungen sein soll.

Mehr als all' diese Vergnügungseinrichtungen aber erregte die ungetrübte, im besten Sinne des Wortes kindliche Lust und Fröhlichkeit meine Bewunderung, mit denen nicht bloß diese Veranstaltungen, sondern das ganze Leben in Freiland genossen werden. Man gewinnt durchaus den Eindruck, als ob die Sorge hierzulande unbekannt wäre. Jene unbefangene Heiterkeit, die bei uns in Europa der beneidenswerte Vorzug bloß der ersten Jugendjahre ist, thront hier auf jeder Stirne, strahlt aus Jedermanns Auge. Durchwandere welches civilisierte Land der Welt immer, Du wirst selten, ja ich möchte fast behaupten niemals, einen Erwachsenen finden, auf dessen Antlitz behagliches Glück, ungetrübter Lebensgenuß zu lesen wäre; mit sorgenschweren, meist sogar kummervollen Mienen hasten oder schleichen bei uns daheim die Menschen aneinander vorüber, und zeigt sich irgendwo wirkliche, nicht bloß erkünstelte Fröhlichkeit, so ist es beinahe ausnahmslos die der Gedankenlosigkeit. Glücklich sind bei uns höchstens die „Armen an Geist"; die Reflexion scheint uns nur gegeben, um über des Lebens Not und Qual nachzudenken. Hier zum erstenmale finde ich Menschengesichter, die den Stempel bewußten Denkens und unbefangenen Glückes zugleich zur Schau tragen. Und dieses Schauspiel allgemein glücklicher Zufriedenheit ist für mich erhebender als alles, was wir hier zu sehen bekamen; freier und wohliger atmet die Brust; es ist, als ob ich zum erstenmale aus der beängstigenden Atmosphäre eines mit erstickenden Dünsten geschwängerten Kerkers hinausgelangt wäre in die freie Natur, wo balsamische reine Lüfte mich umfächeln. „Woher kommt Euch allen, allen dieser Abglanz sonniger Heiterkeit?" fragte ich David.

„Sie ist das naturgemäße Ergebnis der heiteren Sorglosigkeit, in der wir alle leben", war seine Antwort. „Denn es scheint nicht bloß, es ist wirklich an dem, daß die Sorge hierzulande unbekannt ist, zum mindesten jene

272

häßlichste, erniedrigendste aller Sorgen, die um das tägliche Brot. Nicht daß wir reicher sind, und auch nicht, daß wir es alle sind, ist diesbezüglich das Entscheidende, sondern daß wir, und zwar wohlverstanden jeder Einzelne unter uns, die absolute Sicherheit besitzen, es stets zu bleiben. Hier *kann* niemand verarmen, denn unveräußerlich ist ihm sein Anteil am unermeßlichen Vermögen der Gesamtheit. Heiter und lachend liegt das „Morgen" vor uns; es kann uns nichts Schlimmes bringen, denn Gewähr und Sicherheit für das Wohlergehen auch des Letzten unter uns ist eine Macht, so stark und dauerhaft, wie der Bestand unserer Rasse auf diesem Planeten, die Macht des menschlichen Fortschritts. Wir gleichen in diesem Punkte wirklich den Kindern, denen Schirm und Hort des elterlichen Hauses jede materielle Sorge fernhält."

„Und befürchtet Ihr nicht" — so warf ich ein — „daß diese Sorglosigkeit schließlich gerade dem ein Ende bereiten wird, worauf sie sich stützt, dem Fortschritte nämlich? Bisher zum mindesten waren noch stets Not und Sorge die besten Triebfedern menschlicher Betriebsamkeit; erlahmen diese beiden, hat die quälende Angst um das Morgen ihr Ende, so wird auch der Fortschritt erlahmen, Stillstand, dann Rückschritt werden ihm folgen und zugleich mit der dadurch notwendigerweise eintretenden Verarmung werden auch Not und Sorge wieder ihren Einzug halten. Daß bisher unter Euch nichts von alledem zu bemerken ist, muß ich zugeben; aber es kann mich dies nicht beruhigen. Denn einstweilen genießt Ihr in Freiland noch die Früchte des Fortschritts Anderer. Was unter Not und Qual ungezählter Jahrtausende ersonnen und erfunden wurde, unter Not und Qual ungezählter Millionen außerhalb der Grenzen Eures Landes auch heute noch ersonnen und erfunden wird, das ist's, was Euer Glück einstweilen ermöglicht. Wie aber dann, wenn dereinst — was Ihr ja offenbar anstrebt — die *ganze* Menschheit sich zu Euren Prinzipien bekehrt? Glaubt Ihr, daß die Not gänzlich von der Erdoberfläche verschwinden kann, ohne den Fortschritt mit sich zu nehmen?"

„Das glauben wir nicht bloß" — war seine Antwort — „wir wissen es, und jedermann, der unbeirrt durch überkommene Vorurteile die Thatsachen prüft, muß unsere Erkenntnis teilen. Kampf ums Dasein ist das unerbittliche Gebot, an welches die Natur den Fortschritt, ja die Existenz jeglichen lebenden Wesens geknüpft hat — das begreifen wir besser, als irgend jemand da draußen. Aber daß dieser Kampf gerade durch den Hunger gestachelt werden muß, leugnen wir, und ebenso, daß er notwendigerweise als ein gegenseitiger Kampf der Individuen der nämlichen Art aufzufassen ist. Auch wir kämpfen den Kampf ums Dasein, denn mühe- und arbeitslos fällt auch uns der Genuß nicht in den Schoß. Aber nicht *gegeneinander*, sondern *miteinander* stehen wir in unserem Streben, und gerade deshalb ist uns der Erfolg desselben niemals zweifelhaft. Wir könnten uns, wenn auf das Beispiel des in der Tierwelt herrschenden Kampfes verwiesen wird, darauf berufen, daß der Mensch, dem andere Kampfmittel zu Gebote stehen, als seinen niedriger stehenden animalischen Vettern, den Entwickelungskampf auch in anderer Weise auszutragen vermöchte, als diese; aber das wäre eine ebenso schlechte, als überflüssige Ausflucht. Denn in Wahrheit verhält sich die Sache umgekehrt; Not und materielle Sorge sind — von höchst vereinzelten Ausnahmen abgesehen — keine natürlichen Kampfmittel im Mitbewerbe ums Dasein; die weitaus überwiegende Mehrzahl aller Tiere leidet niemals Mangel, sorgt niemals und in keinerlei wie immer gearteter Form um das Morgen, und ist trotzdem von Uranfang aller Dinge dem großen ausnahmslosen Gesetze des Fortschritts unterworfen gewesen. Am allerwenigsten aber ist im Tierreiche gegenseitiger Kampf der Angehörigen der nämlichen Art die Regel; die Individuen der gleichen Art leben friedlich und der Hauptsache nach kampflos untereinander, ihre Waffen sind nach außen gekehrt, gegen andersgeartete Feinde. Gegen den Löwen und den Panther ficht die Gazelle den Daseinskampf durch Wachsamkeit und Schnelligkeit, nicht gegen ihresgleichen; gegen die Gazelle und den Büffel, Löwe und Panther den ihrigen durch List und Stärke, nicht aber gegen Mit-Löwen und Mit-Panther. Der Kampf unter uns und gegen uns selber war und ist unser, der menschlichen Rasse, Privilegium gewesen. Entsprungen aber ist dies traurige Privilegium allerdings einer Kulturnotwendigkeit; um uns zu dem zu entwickeln, was wir geworden sind, mußten wir von der Natur mehr verlangen, als sie freiwillig zu bieten in der Lage ist; um es zu erlangen, blieb lange Jahrtausende hindurch kein anderer Ausweg, als das zur Befriedigung unserer höheren Bedürfnisse Erforderliche uns gegenseitig abzujagen und abzupressen. Und dadurch erst gestaltete sich die Not zu einem Kampfmittel im menschlichen Daseinskampfe. Also wohlgemerkt, daß der Mensch gegen den Menschen kämpfte, und daß in diesem Kampfe die materielle Sorge den empfindlichsten Stachel bildete, war und ist nicht die einfache Übertragung eines in der ganzen belebten Natur geltenden Gesetzes auf die menschliche Gesellschaft, sondern eine ausnahmsweise Verzerrung dieses großen Naturgesetzes unter dem Einflusse einer menschlichen Entwickelungsphase. Wir litten Not, nicht weil die Natur es durchaus so verlangt, sondern weil wir uns gegenseitig beraubten, und wir beraubten uns gegenseitig, weil mit der beginnenden Kultur ein Mißverhältnis unserer Bedürfnisse und unserer natürlichen Mittel zur Befriedigung derselben entstand. Jetzt aber hat die bis zur Herrschaft über die Naturkräfte gediehene Kultur dieses Mißverhältnis wieder ausgeglichen; um Überfluß und Muße zu genießen, müssen wir uns fürderhin nicht mehr gegenseitig ausbeuten, und wenn nunmehr der Kampf des Menschen gegen den Menschen, und damit zugleich die materielle Not ihr Ende finden, so bedeutet das nicht die Abwendung von den natürlichen Formen des Daseinskampfes, sondern in Wahrheit Rückkehr zu denselben. Nicht der Kampf ist damit zu Ende, sondern bloß die unnatürliche Form desselben. In ihrem Ringen, sich über die rein tierische Natur zu erheben, geriet die Menschheit in einen Jahrtausende währenden Widerstreit mit der Natur selber, und dieser Widerstreit war die Quelle all der unsäglichen Marter und Pein, der Verbrechen und Scheußlichkeiten, deren ununterbrochene Kette die Geschichte unserer ganzen Rasse ist, von den ersten Anfängen ihrer beginnenden Kultur bis zur Gegenwart. Jetzt aber ist der schreckliche Widerstreit durch den glorreichsten Sieg beendet, wir sind geworden, was wir Jahrtausende hindurch erstrebten, ein Geschlecht, das der Natur Überfluß und Muße für alle seine Angehörigen abzugewinnen vermag und gerade durch diese wiedererlangte Harmonie unserer Bedürfnisse und Bedürfnisbefriedigungsmittel haben wir den Einklang mit der Natur wieder hergestellt. Unterworfen bleiben wir ihrem unwandelbaren Gesetze des Kampfes ums Dasein, aber wir werden diesen Kampf hinfort in der nämlichen Weise führen, wie alle anderen Naturwesen, nach außen, nicht nach innen gegen die Genossen der eigenen Art, und entledigt des Stachels materieller Not."

„Was aber" — so fragte ich — „soll hinfort den Menschen zu ferneren Kämpfen im Dienste des Fortschritts anspornen, wenn die Not ihren Stachel verloren hat?"

„Sonderbare Frage! Sie zeigt so recht deutlich, wie schwer es ist, Dinge zu sehen, die jenen Anschauungen widersprechen, die wir mit der Muttermilch eingesogen haben und die wir als Grundpfeiler der Ordnung und Gesittung anzusehen uns gewöhnt haben, auch wenn diese Anschauungen den offenbarsten Thatsachen aufs augenscheinlichste widersprechen. Als ob jemals Not die ausschließliche, oder auch nur die vornehmste Triebfeder

276

menschlichen Fortschrittes gewesen wäre! Der Widerstreit zur Natur, in welchen das Mißverhältnis zwischen Kulturbedürfnissen und Kulturkräften die Menschheit in den Jahrtausenden des Übergangs von Barbarei zu wirklich menschenwürdiger Kultur brachte, hatte zwar zur Folge, daß der Kampf ums Dasein neben seinen natürlichen auch widernatürliche, der tiefinnersten Eigenart der meisten Naturwesen Hohn sprechende Formen annahm; doch zur Alleinherrschaft gelangten diese niemals, ja die Natur erwies sich in der Regel doch mächtiger, als die ihr widerstrebenden Menschensatzungen, und alle Epochen der Kulturgeschichte hindurch haben wir die besten Errungenschaften des menschlichen Geistes nicht der Not, sondern jenen anderen Impulsen zu verdanken, die unserer Rasse eigentümlich sind und bleiben werden, so lange sie als herrschende die Erde bevölkert. Dreimal blind, wer dies nicht sehen will! Die großen Denker, Erfinder und Entdecker aller Zeiten und aller Nationen, sie wurden nicht durch Hunger angespornt, ja man kann in der Mehrzahl der Fälle behaupten, daß sie sannen und dachten, forschten und fanden, nicht *weil*, sondern *trotzdem* sie hungerten. „Doch" — so könnte man einwenden — „das waren eben die wenigen Erlesenen unseres Geschlechts; die große Masse der Alltagsmenschen aber kann nur durch gemeinen, prosaischen Hunger angespornt werden, nach besten Kräften zu gebrauchen, was jene fanden und ersannen." Wer so urteilt, geht abermals von einem höchst merkwürdigen Übersehen aus. Welche Voreingenommenheit gehört dazu, sich der Thatsache zu verschließen, daß es gerade die Besitzenden sind, die Nichthungernden, die am emsigsten vorwärts streben. Der Hunger ist zwar ein Stachel zur Arbeit, aber ein entnervender, verderblicher, und wer triumphierend auf jene Elenden weist, die thatsächlich nur durch bitterste Not zur Thätigkeit angespornt werden können und sofort wieder in träge Apathie versinken, sowie der nagendste

Hunger gestillt ist, der vergißt, daß es eben das Elend ist, was Schuld an dieser Entartung trägt. Der Kulturmensch, der höhere Bedürfnisse einmal kennen gelernt, wird desto emsiger deren Befriedigung anstreben, je weniger ihm entwürdigende Not die Spannkraft des Geistes und Körpers gebrochen hat und je zweifelloser der Erfolg seines Strebens ist. Denn nicht in der hoffnungslosen Not, sondern im vernünftigen, auf ein sicheres Ziel fröhlich zusteuernden Eigennutze muß jeder Unbefangene den wirksamsten Sporn der Betriebsamkeit erkennen. Diesen Eigennutz aber hat *unsere* sociale Ordnung — weit entfernt, ihn abzustumpfen — in Wahrheit erst zu voller Entfaltung gebracht. Du kannst also vollkommen beruhigt darüber sein: was Du bisher bei uns wahrzunehmen Gelegenheit hattest, daß wir nämlich an Erfindungskraft und geistiger Regsamkeit den anderen Nationen voranschreiten, es ist kein zufälliges Ergebnis irgendwelcher vorübergehender Einflüsse, sondern die notwendige Konsequenz unserer Institutionen, und jedes Volk, welches diese letztere nachahmt, wird die gleichen Konsequenzen verspüren. So wenig als wir der quälenden Not bedürfen, um Erfindungen und Verbesserungen zu ersinnen, welche die Menge und Mannigfaltigkeit unserer materiellen wie geistigen Genüsse zu vermehren geeignet sind, ebensowenig wird bei irgend einem anderen Volke der Fortschritt aus dem Grunde erlahmen, weil dieses Volk gleich uns in die glückliche Lage gerät, die Früchte des Fortschritts zu genießen."

Ich konnte mich nicht enthalten dem gleich einem begeisterten Seher sprechenden Freunde um den Hals zu fallen. „Wenn ich es bei Lichte betrachte" — erklärte ich — „so läuft die gegenteilige Auffassung darauf hinaus, als ob der Fortschritt nur dort gedeihen könne, wo er der Hauptsache nach nutzlos ist. Denn der fundamentale Unterschied zwischen Euch Freiländern und uns anderen liegt doch darin, daß Ihr die Früchte jeden Fortschritts genießet, während wir mit demselben eigentlich bloß in das Danaidenfaß der Überproduktion schöpfen. Niemand bezweifelt, daß Stuart Mill Recht hatte, als er beklagte, daß alle Entdeckungen und Erfindungen bisher nicht vermochten, die Plage und Not auch nur *eines* arbeitenden Menschen zu lindern; welch schrecklicher Wahnsinn jedoch, zu glauben, daß gerade *das* notwendig sei, damit fernerhin entdeckt und erfunden werde!"

„Doch, um wieder auf unseren Ausgangspunkt zurückzukommen", fuhr ich fort, „so ist mir mit alledem die geradezu wunderbare, herzerquickende Heiterkeit, die alles hier in diesem Lande der Glücklichen atmet, noch immer nicht ganz erklärlich. Not und materielle Sorge sind hier unbekannt, zugegeben. Aber es gibt ja auch außerhalb Freilands Hunderttausende und Millionen, die jeder drückenden Sorge enthoben sind; warum fehlt diesen die wirkliche Heiterkeit? Vergleiche doch einmal unsere beiderseitigen Väter. Der meinige ist unstreitig der reichere, und doch, welch' tiefe Furchen hat die Sorge in seine Stirn gegraben, welch' herben Zug schmerzlicher Reflexion um seine Mundwinkel; und welch' froher Glanz ewiger Jugend leuchtet aus jedem Zuge Deines Vaters. Ich möchte beinahe vermuten, daß die Luft, die man in diesem Lande atmet, sehr wesentlich mit im Spiele ist; denn die Falten und Furchen in Vaters Zügen, von denen ich soeben sprach, haben sich schon in den zwei Wochen unseres Aufenthaltes hier merklich geglättet, und ich selber fühle mich heiterer, glücklicher als jemals zuvor."

„Du hast", entgegnete mir David, „das Wichtigste vergessen, den Einfluß des Gesamtgefühls auf das Gefühl des Einzelnen. Der Mensch ist ein geselliges Wesen, das seine Gedanken und Empfindungen nur zum Teile dem eigenen Kopfe und dem eigenen Herzen entnimmt, während ein anderer, nicht minder wichtiger Teil, ich möchte sagen die Grundstimmung, die den individuellen Geistes- und

Gemütsregungen Farbe und Inhalt verleiht, in der jeweilig existierenden Gesamtgesellschaft ihren Ursprung hat. Jeder Einzelne steht mit seinen Mitlebenden nicht bloß äußerlich, sondern ebenso auch innerlich in unlöslicher Berührung; er glaubt zu denken, zu fühlen und zu handeln, bloß wie seine Individualität es erheischt, fühlt, denkt und handelt aber der Hauptsache nach unter dem unentrinnbaren Banne einer alle Köpfe, Herzen und Handlungen umschlingenden Zeitströmung. Der aufgeklärte, humane Freidenker der Gegenwart hätte — wäre er drei Jahrhunderte früher geboren worden, um der kleinlichsten, ihm heute lächerlich erscheinenden Glaubensdifferenzen willen Andersdenkende mit demselben grimmigen Hasse verfolgt, wie dazumal alle anderen Lebenden auch; und hätte er noch um einige Jahrhunderte früher, etwa unter den heidnischen Sachsen zur Zeit Karls des Großen das Sonnenlicht gesehen, so wären ihm Menschenopfer so wenig ein Greuel gewesen, als den andern Verehrern der Göttin Hertha. Derselbe Mann aber, welcher als heidnischer Sachse in den Wäldern der Weser und Elbe aufgewachsen, Ruhm und Preis darin gefunden hätte, das Blut geschlachteter Gefangener vom Herthastein gen Himmel dampfen zu lassen, wäre dazumal schon von unüberwindlichem Grauen vor solchem Thun geschüttelt worden, wenn ihn — begabt mit genau den nämlichen individuellen Anlagen — der Zufall im kaiserlichen Byzanz, statt unter germanischen Barbaren hätte geboren werden lassen; hier dagegen hätte er skrupellos Lug und Verrat geübt, während er — im übrigen vom Wirbel bis zur Zehe derselbe Mann — umgeben von den trotzigen Germanenhelden, solch weichlicher Laster ganz und gar unfähig geblieben wäre. Da dem aber so ist, da die Tugenden und Laster, die Gedanken und Gefühle jener unserer Zeitgenossen, in deren Mitte wir geboren und erzogen worden, die Grundstimmung unseres eigenen Wesens bilden, so ist es schlechterdings unmöglich, daß der

Angehörige einer von wahnsinnigster Angst vor dem Hunger bis ins innerste Mark gerüttelten Gesellschaft, jemals in ungetrübter Sorglosigkeit seines Lebens sich freue. Wo die ungeheure Mehrzahl der Zeitgenossen niemals weiß, was der morgige Tag bringen mag, ob eine fernere Fristung des jammervollen Daseins oder den völligen wirtschaftlichen Untergang, unter dem Obwalten einer socialen Ordnung, die den eigenen Erfolg im Daseinskampfe davon abhängig macht, daß es uns gelinge, dem gierig nach unserem Brote lechzenden, gleich uns von fiebernder Angst gerüttelten Konkurrenten sein Brot aus den Zähnen zu reißen; in einer Gesellschaft, wo jedermann jedermanns Feind ist, von wirklich heiterem Lebensgenusse zu sprechen, ist der Gipfel des Unsinns. Kein individueller Reichtum gewährt Schutz gegen den zermalmenden Jammer der Gesamtheit aller Mitlebenden. Dem hundertfachen Millionär, der nicht den hundertsten Teil der Zinsen seiner Zinsen in Wirklichkeit verzehren kann, ihm greift das schreckliche Hungergespenst mit ebenso scharfen Krallen ins Gemüt, wie dem elendesten der Elenden, der obdachlos, frierend und hungernd durch die Straßen Eurer Großstädte irrt. Der Unterschied zwischen beiden liegt nicht im Hirn und im Herzen, sondern lediglich in den Magennerven; der zweite empfindet auch physisch, was der erste bloß seelisch und geistig empfindet. Die seelischen und geistigen Leiden aber sind die dauernden und deshalb wirksameren. Betrachtet ihn doch, Eueren vom wahnwitzigen Hungerfieber besessenen Krösus, wie er atemlos nach immer neuem und neuem Erwerbe hastet, wie er sich und der Seinen Glück und Ehre, Genuß und Frieden dem Götzen schlachtet, von welchem er sich Hilfe in der allgemeinen Not erwartet, dem Götzen des Mammons. Denn nicht besitzt er seinen Reichtum, er ist von ihm besessen. Besitz auf Besitz will er häufen, vermeinend, daß er hoch oben auf dem schwindelnden Gipfel zahlloser Millionen Sicherheit erlangen könnte gegen das Meer von Elend, das ihn grauenerregend rings umbrandet; ja, so verblendet ist der Thor, daß er nicht einmal bemerkt, wie nur dieser Ozean des allgemeinen Elends es ist, was ihm Grauen einjagt, vielmehr des traurigen Wahnes lebt, seine Angst werde sich mindern, wenn nur der Abgrund da unten noch tiefer und schauerlicher sich abhebt von seinem schwindelnden Sitze da oben. Und man glaube nicht etwa, daß unter dieser abergläubischen Angst vor dem Hunger bloß die Thorheit Einzelner gemeint sei. Das ganze Zeitalter ist davon besessen, und gerade die besten Naturen am meisten. Denn je empfänglicher Kopf und Herz sind, zu desto schrankenloserer Vorherrschaft gelangt das Gemeingefühl der allgemeinen Not dem vorübergehenden individuellen Behagen gegenüber; bloß vollkommen kaltherzige Egoisten oder vollendete Idioten machen hie und da eine Ausnahme; bloß sie können sich, unbeirrt durch das Hungergespenst, welches die Millionen ihrer Brüder würgt, mit wirklichem Behagen ihres Reichtums freuen.

„Das ist's, o mein Karlo, was Euch allen den hippokratischen Leidenszug ins Antlitz prägt; Ihr könnt Euch unbefangenem Lebensgenusse nimmermehr hingeben, so lange Ihr inmitten einer Atmosphäre des Elends, des Jammers und der Angst atmet. Und das ist's auch, dieses Gemeingefühl, welches jeden Menschen mit seiner Umgebung verbindet, was Euch hier, kaum angelangt inmitten einer Gesellschaft, der dieses Elend, dieser Jammer, diese Angst gänzlich unbekannt sind, zu jener Heiterkeit des Denkens und Empfindens erwachen läßt, die jedem gesunden Naturwesen ureigentümlich ist. Und vollends wir, die wir seit einem Menschenalter uns inmitten dieser, des Elends sowohl als der Furcht vor dem Elend entledigten Gesellschaft bewegen, wir haben die düstere Auffassung des Menschenschicksals, von welcher auch wir befangen waren, solange die alte Welt mit ihrem selbstauferlegten Martyrium uns umfing, beinahe vollständig überwunden. Ich gebrauche das einschränkende „beinahe" für diejenigen unter uns, die erst im Mannesalter Freiländer geworden sind. Wir jüngeren, die wir hier im Lande geboren und aufgewachsen sind, ohne das Elend jemals gesehen zu haben, unterscheiden uns in diesem Punkte nicht unerheblich von den älteren, die in ihrer Jugend das Medusenhaupt der Knechtschaft von Angesicht zu Angesicht geschaut. Fünfundzwanzig Jahre sind es her, daß mein Vater und meine Mutter, die beide unter den ersten hier am Kenia anlangten, der Stickluft des Massenelends, der Entwürdigung des Menschen durch den Menschen entrückt sind; aber die Erinnerung des Entsetzlichen, das sie vorher miterlebt, dessen Teilnehmer sie gewesen, ohne es hindern zu können, sie wird bis zu ihrem Ende nicht gänzlich aus ihrem Gemüte schwinden und nimmermehr kann jene göttergleiche Ruhe und Heiterkeit völlig von ihrem Herzen Besitz ergreifen, die das selbstverständliche Erbteil ihrer Kinder ist, an deren Händen niemals Schweiß und Mark geknechteter Menschen haftete, die um zu genießen, niemals die Früchte fremder Arbeit sich aneigneten, niemals vor der grausamen Alternative standen, Hammer oder Ambos im Daseinskampfe zu sein."

Damit schloß David für diesmal seine Belehrungen und ich will es ihm nachthun.

17. Kapitel.

Edenthal, 2. August.

Längst schon hatte mich die Frage der hiesigen Jugenderziehung in hohem Maße interessiert; der vorgestrige Tag nun war dem Studium dieses Gegenstandes gewidmet. Zunächst besuchte ich in Davids Gesellschaft einen der zahlreichen Kindergärten, die in Edenthal ziemlich gleichmäßig über die Stadt verteilt sind. In einer teils aus sonnigen Grasmatten, teils aus schattigen Baumpflanzungen gebildeten Anlage tummelten sich hier unter der Leitung zweier Mädchen im Alter von 18-20 Jahren und einer jungen Witwe etwa 50 Bübchen und Mädchen im Alter zwischen 4 und 6 Jahren. Es wurde gesungen, getanzt, allerlei Possen getrieben, dazwischen Bilderbücher besehen und erklärt, Märchen abwechselnd mit belehrenden Geschichten erzählt, Spiele gespielt, die gleicherweise teils bloßer Unterhaltung, teils der Belehrung dienten. Unter dem kleinen Volke, das sich königlich amüsierte, war ein ziemlich starkes Kommen und Gehen; die eine Mutter brachte ihre Sprößlinge herbei, eine andere holte die ihrigen ab. Im allgemeinen ziehen es nämlich die freiländischen Mütter vor, ihre Kinder um sich zu haben; nur wenn sie das Haus verlassen, um einen Besuch zu machen oder etwas zu besorgen, werden die Kleinen dem nächsten Kindergarten übergeben und bei der Heimkehr wieder abgeholt — es sei denn, daß das junge Volk selber darum bettelt, dortgelassen resp. dahin gebracht zu werden, und die Mutter den Bitten zu willfahren geneigt ist. Doch das sind wie gesagt Ausnahmefälle; in der Regel tummeln sich die Kinder daheim unter den Augen der Eltern, und die Leitung der ersten Erziehung ist insbesondere Sache der

Mutter. Belehrung darüber, wie diese am besten anzustellen sei, braucht eine freiländische Frau selten; im Bedarfsfalle ist übrigens der benachbarte Kindergarten, später das Pädagogium zur Hand, wo guter Rat jederzeit geholt werden kann. Als Thatsache wurde mir mitgeteilt, daß jedes in Freiland aufgewachsene sechsjährige Kind des Lesens, Kopfrechnens und einer ganz artigen Summe nützlichen Wissens kundig sei, ohne bis dahin ein anderes als ein Bilderbuch gesehen zu haben.

Nach dem Kindergarten kam die Elementarschule an die Reihe. Auch diese Schulen sind möglichst gleichförmig über Edenthal zerstreut und liegen gleicherweise in größeren Gärten. Sie sind vierklassig, und der Unterricht wird Mädchen und Knaben gemeinsam erteilt. Das Lehramt liegt durchweg in Händen junger Mädchen und Frauen; nur Turnen und Schwimmen der Knaben leiten männliche Lehrer. Die beiden letzteren Übungen beanspruchen bei Knaben und Mädchen täglich je eine Stunde; mindestens dreimal wöchentlich werden unter Leitung je einer Lehrerin von jeder Klasse mehrstündige Ausflüge in die benachbarten Wälder und Berge unternommen, bei denen allerlei Anschauungsunterricht getrieben wird. Ich beobachtete die Zöglinge beim Buche und am Turnplatz, in der Schwimmschule und auf den Bergen und hatte dabei Gelegenheit, mich zu überzeugen, daß die Kinder mindestens so viel und so systematisches Wissen besaßen, als europäische Altersgenossen, dabei sich aber auf Reck und Barren, Kletterstange und Hängeseil bewegten wie die Eichhörnchen, im Wasser schwammen wie die Fische, und nach dreistündigem Marsche über Berg und Thal so munter umhersprangen wie die Rehe.

Hierauf besuchten wir die Mittelschulen, in denen Knaben und Mädchen gesondert vom 10. bis 16. Jahre unterrichtet wurden, erstere durch männliche, letztere teilweise durch weibliche Lehrkräfte. Hier war den Leibesübungen mannigfaltigster Art noch weit größere Beachtung geschenkt, und um den hierfür erforderlichen Raum zu gewinnen, befanden sich diese Schulen im Umkreise der Stadt, in der Nachbarschaft der diese umgebenden Wälder. Ich hatte Gelegenheit, die Ausdauer, Kraft und Grazie der Knaben und Mädchen im Turnen, Laufen, Springen, Tanzen und Reiten zu bewundern, die ersteren überdies bei ihren Ring-, Fecht- und Schießübungen zu sehen. Einige Gänge auf Stoßdegen und Säbel mit verschiedenen der jungen Leute belehrten mich zu meinem Erstaunen, daß dieselben mir nicht bloß ebenbürtig, sondern in manchen Punkten überlegen seien, obwohl Dir bekannt ist, daß ich zu den besseren Fechtern unseres in dieser Kunst so vielgepriesenen Italien gehöre. Die beim Ringen und Turnen hervortretende Muskulatur der halbwüchsigen Recken erregte in nicht minderem Grade meine Bewunderung, als die spielende Leichtigkeit, mit welcher dieselben ein Pferd im vollen Galopp einholten und sich auf dessen Rücken schwangen. Besonders überrascht aber war ich von der Sicherheit, mit welcher die Knaben ihre Schußwaffen handhaben. Auf 500 Meter Distanz wurde die kaum tellergroße Scheibe selten verfehlt, und nicht wenige der jungen Schützen sandten Kugel auf Kugel ins Schwarze. Alles in allem machten insbesondere die obersten Klassen dieser Mittelschulen dem Äußeren der Zöglinge nach zu urteilen den Eindruck einer Schar erlesener junger Athleten; dabei erwiesen sich jedoch diese Athleten auch in allen Wissenszweigen wohlbewandert, die an den besten europäischen Mittelschulen getrieben werden.

Bis dahin ist, wie ich erfuhr, der Unterricht für alle Kinder Freilands der gleiche, mit dem alleinigen Unterschiede, daß bei den Mädchen etwas geringerer Nachdruck auf die Leibesübungen, dafür desto größerer auf musikalische Ausbildung gelegt wird. Von da ab jedoch trennen sich die Berufe. Die jungen Mädchen bleiben entweder im elterlichen

Hause, um sich dort in jenen Künsten und Wissenszweigen, zu denen sie bis dahin den Grundstein gelegt, weiter auszubilden, oder sie ziehen als Ziehtöchter zu gleichem Zwecke in das Haus irgend einer als hochgebildet und geistreich bekannten Frau. Ein anderer Teil bezieht die pädagogischen Lehranstalten, um sich für das Lehramt auszubilden, hört einen Kursus über Krankenpflege oder über Ästhetik, Kunstgeschichte u. dergl.

Die Knaben dagegen zerstreuen sich insgesamt in die verschiedenen höheren Lehranstalten. Die Mehrzahl besucht die gewerblichen und geschäftlichen Fachschulen, in denen ein oder zwei Jahre hindurch wissenschaftliche und praktische Anleitung zu den verschiedenartigsten Geschäfts- und Produktionsarten erteilt wird. Durch eine dieser Fachschulen geht jeder freiländische Arbeiter, er mag späterhin als Landbauer, als Spinner, als Bergmann oder in welcher Eigenschaft immer seinen Verdienst suchen. Dabei wird ein doppelter Zweck verfolgt: erstens der, jeden Arbeiter ohne Unterschied in den Zusammenhang des ganzen Getriebes seiner Produktion einzuweihen und zweitens, ihn in den Stand zu setzen, seinen Erwerb nach Wahl auch in mehreren Produktionszweigen zu suchen. Der simple Spinner, der nichts anderes zu thun hat, als den Gang seiner Spindeln zu überwachen, weiß hier zu Lande auch über die Einrichtung und den Betrieb der ganzen Spinnerei, über Bezugsquellen und Absatzgebiete einigen Bescheid, was zur Folge hat, daß solch ein Arbeiter, wenn es gilt die Leiter seiner Association zu wählen, seine Stimme mit einer Sachkenntnis abgiebt, die Mißgriffe bei der Auslese der geeignetsten Persönlichkeiten nahezu unmöglich macht. Zum zweiten aber ist dieser einfache Spinner in Freiland kein Automat, dessen Wissen und Können mit den Handgriffen und Kenntnissen seines engeren Faches erschöpft wäre; er ist jedenfalls noch in einem oder einigen anderen Erwerbszweigen zu Hause und das hat wieder zur

Folge, daß unser Mann jede in diesem anderen Erwerbszweige sich zeigende günstige Konjunktur sofort ausnutzen, die Spinnmaschine mit dem Pfluge, mit dem Hammer oder mit der Drehbank, wohl auch mit dem Schreibpulte oder der Rechentafel zu vertauschen in der Lage ist, wodurch eben jenes wundervolle Gleichgewicht der verschiedenartigsten Einkommenszweige ermöglicht wird, welches die Grundlage der socialen Ordnung des Landes ist.

Junge Leute, die Beruf zu höherer geistiger Thätigkeit in sich verspüren, wenden sich den eigentlichen Hochschulen zu, in denen Freilands Professoren, höhere Verwaltungsbeamte, Ärzte, Techniker u. s. w. ausgebildet werden, oder den mit großartigen Mitteln ausgestatteten verschiedenartigen Kunstakademien, aus denen die Architekten, Bildhauer, Maler, Musiker des Landes hervorgehen. Doch auch in allen diesen Unterrichtsanstalten wird fortlaufend neben der geistigen auf die körperliche Fortbildung der größte Nachdruck gelegt. Die gewerblichen und kaufmännischen Fachschulen haben ihre Turn-, Ring- und Reitbahnen, ihre Schieß- und Fechtplätze so gut wie die Hochschulen und Akademien, und da die Jünglinge, welche hier ihre Fortbildung suchen, nicht so unmittelbar unter dem Einflusse ihrer Lehrer stehen, wie die Knaben der Mittelschulen, so ist durch das Institut der öffentlichen Gau- und Landesübungen dafür gesorgt, ihren Eifer für körperliche Ausbildung nicht erlahmen zu lassen. Alle Jünglinge zwischen dem vollendeten 16. und 22. Jahre sind nämlich je nach ihrem Wohnsitze in Tausendschaften geteilt, die unter selbstgewählten Führern allmonatlich Übungen halten, bei denen sie ihre körperlichen Kräfte und Fähigkeiten erproben. Einmal im Jahre findet in jedem der 48 Distrikte, in welche zu Verwaltungs-Zwecken ganz Freiland geteilt ist, vor einem Preisrichterkollegium, welches aus den Siegern früherer Jahre gebildet wird, eine große Preisübung statt, bei welcher erstlich von jeder Tausendschaft gestellte Champions — es sind das natürlich die tüchtigsten Recken, über die jede Tausendschaft verfügt — als Einzel-Fechter, -Schützen, -Reiter, -Ringer und -Läufer sich messen; sodann kämpfen die Tausendschaften als solche, d. h. in Gesamtübungen um verschiedene Preise. Die Sieger bei diesen Gauübungen bewerben sich dann bei dem wenige Wochen später in einem zu solchen Zwecken besonders eingerichteten Thale des Aberdaregebirges stattfindenden Landesfeste um die Ehre der Meisterschaft für ganz Freiland und man versicherte mir, daß kein griechischer Jüngling aus der Blütezeit von Hellas in heißerem Bemühen um den Ölzweig bei den Isthmischen Spielen warb, als die freiländischen Jünglinge um die Ehrenpreise bei diesen Aberdarespielen, obwohl auch hier die Preise in nichts anderem, als in schlichten Blätterkronen, daneben aber allerdings in dem vom Indischen Ocean bis zu den Mondbergen und vom Tanganika bis zum Baringosee wiederhallenden Ruhmesfanfaren und in dem begeisterten Jubel jenes Gaues und jener Stadt bestehen, die so glücklich sind, die Sieger die Ihren zu nennen. Hunderttausende strömen aus allen Landesteilen zu diesen Preisübungen zusammen und die Mutterstadt der Sieger, insbesondere die der siegenden Tausendschaft, empfängt ausnahmslos die heimkehrenden Jünglinge mit einer Reihe der erlesensten Feste.

Ich konnte mich, als mir dies berichtet wurde, der Bemerkung nicht enthalten, daß mir solcher Enthusiasmus aus Anlaß eines bloßen Spieles denn doch übertrieben erscheine; insbesondere äußerte ich darüber mein Erstaunen, daß Freiland, die Heimat der socialen Gerechtigkeit, sich für Leistungen zu begeistern vermöge, die im kriegerischen Hellas von besonderem Werte erscheinen mochten, hier aber, wo alles unverbrüchlichen

Frieden atmet, keine andere Bedeutung haben könnten, als die einer harmlosen Leibesübung.

„Sehr richtig" — bemerkte David — „nur daß die Tüchtigkeit in diesen harmlosen Leibesübungen es eben ist, was uns Freiländern die Unverbrüchlichkeit des Friedens verbürgt, dessen wir uns zu erfreuen haben. Wir besitzen keinerlei militärische Einrichtungen und wären, wenn wir uns nicht auf unsere Überlegenheiten in allem, was körperliche Kraft und Gewandtheit betrifft, verlassen könnten, die leichte Beute jedes Militärstaates, dem es nach unseren Reichtümern gelüstete."

„Du glaubst doch nicht etwa" — rief ich nicht ohne ein sarkastisches Lächeln — „mit euern fechtenden und schießenden Knaben und mit den Siegern eurer Isthmischen Spiele einer großen Militärmacht gewachsen zu sein, die es wirklich auf Euch abgesehen haben sollte? Meines Erachtens liegt Euer Schutz in der gegenseitigen Eifersucht der europäischen Staaten, die eine solche Beute keinem einzelnen gönnt, und mehr noch in der weiten Entfernung, dem Meere und den Bergen, die Euch so gefährliche Besuche vom Leibe halten. Für alle Fälle aber glaube ich, daß einige militärische Vorsorge, etwa die Aufstellung einer tüchtigen Miliz und insbesondere eine starke Flotte, deren Kosten doch bei Eurem Reichtume gar nicht in Betracht kämen, sehr heilsam wäre."

„Wir sind anderer Ansicht" — erklärte David. „Nicht unsere Kampfspiele, wohl aber die überlegene körperliche Tüchtigkeit, die in ihnen zu Tage tritt, sichern uns unseres Dafürhaltens vollkommen gegen jeden, selbst den mächtigsten Feind, der gegen unsere harmonisch ausgebildeten, im Gebrauche jeglicher Waffe bis zur höchsten Vollendung geübten Jünglinge und Männer doch nichts anderes ins Feld stellen könnte, als verkommene, ihre Waffen kaum notdürftig handhabende Proletarier. Wir glauben, daß es im Kriege weniger auf die Anzahl der

Schüsse, als auf die Anzahl der Treffer, weniger auf die Masse, als auf die Leistungsfähigkeit der Kämpfenden ankommt. Wenn Du gleich mir Zeuge gewesen wärest, in welcher Weise bei dem vorjährigen Landesfeste die siegende Tausendschaft ihren Preis herausschoß, so würdest Du vielleicht zugeben, daß eine Truppe, die aus solchen, oder doch annähernd solchen Schützen gebildet wäre, keine europäische Armee zu fürchten brauchte."

„Wie wollt Ihr Euch aber gegen die Kanonen europäischer Armeen verteidigen?" fragte ich.

„Ei, eben auch durch Kanonen", entgegnete David. „Da wir nun einmal mit diesen Einrichtungen den Doppelzweck verfolgen, den Eifer für körperliche Ausbildung zu fördern und zugleich Sicherheit gegen feindliche Angriffe zu erlangen, so nehmen unter unseren Schießübungen auch solche mit Kanonen des verschiedensten Kalibers einen ausgedehnten Platz ein. Und zwar geschieht auch das schon von der Schule aus. Von der vierten Mittelklasse an werden jene Knaben, die sich auf den anderen Gebieten hervorgethan haben, zu Geschützübungen herangezogen — was sich, nebenbei bemerkt, als ganz besonderer Ansporn des Fleißes bewährt hat. Daß Du diese Geschütze nicht zu Gesicht bekamst, hat seinen Grund darin, daß der Schießplatz für dieselben ziemlich weit außerhalb des Bannkreises der Stadt liegt, was um so notwendiger ist, als sich unter diesen Übungskanonen Ungetüme bis zu 200 Tonnen Gewicht befinden, deren Donner nur schlecht zur idyllischen Ruhe unseres Edenthals passen würde. Die Jünglinge aber werden mit diesem artigen Spielzeug so vertraut und zahlreiche bringen es nach eingehenderen ballistischen Studien zu so großer Vollendung in Handhabung desselben, daß sie sich meines Erachtens auch auf diesem Gebiete europäischen Gegnern ebenso überlegen erweisen würden, wie auf demjenigen des Schützenwesens. Genau dasselbe gilt von unseren Reitern. Kurzum, wir haben keine Armee, aber unsere Jünglinge und Männer handhaben alle Waffen, deren eine Armee bedarf, unendlich vollkommener, als die Soldaten welcher Armee immer, und da überdies zu Zwecken der großen Preisspiele auch eine Organisation geschaffen ist, kraft deren aus der Mitte 2½ Millionen waffengeübter Jünglinge und Männer, welche Freiland zur Stunde besitzt, die gewandtesten und tüchtigsten 2-300000 jederzeit verfügbar sind, so meinen wir, daß es uns ein Leichtes wäre, die größte Invasionsarmee abzuwehren — eine Gefahr, die wir jedoch im Ernste keineswegs besorgen, denn wir bezweifeln, daß irgend ein europäisches Volk dazu zu haben wäre, uns anzugreifen. Gegen uns gesammelte Gewehre und Kanonen dürften sich, auch ohne daß wir etwas dazu thun, sehr rasch wider diejenigen kehren, die Feindseliges gegen uns sinnen."

Dem stimmte ich zu. Wir besprachen hierauf noch einige andere Gegenstände der Jugenderziehung, bei welcher Gelegenheit die Rede auf das freiländische Erbrecht kam.

„Dürfte ich Dich fragen, wie Ihr es mit dem Erbrecht im allgemeinen und mit dem Erbrecht an liegendem Besitz im besonderen haltet. Denn hier, im Eigentum an Häusern, scheint mir eine Klippe zu liegen, an welcher Eure allgemeinen Prinzipien über Grundbesitz Schiffbruch leiden können. Eine der Grundlagen Eurer Organisation ist doch, daß Grund und Boden niemand eigentümlich gehören dürfe; Häuser aber stehen — wenn ich recht unterrichtet bin — im Privateigentum. Wie vereinbart sich das?"

„Jedermann", so antwortete David, „verfügt für den Todesfall wie im Leben vollkommen frei über sein gesamtes Eigentum. Die Testierfreiheit ist eine unbedingte, nur ist dabei zu beachten, daß unter den Ehegatten vollständige Gütergemeinschaft besteht, woraus hervorgeht, daß nur der überlebende Teil über das gemeinsame Vermögen letztwillig verfügen kann. Das Eigentum am Hause jedoch kann nicht geteilt werden und ebensowenig ist es gestattet, auf einem

Haus- resp. Gartengrunde mehr als *ein* Wohnhaus zu errichten. Schließlich darf das Wohnhaus nur vom Eigentümer bewohnt, nicht aber vermietet werden. Geschieht von diesen drei Dingen eines, wird überhaupt der Hausgrund zu irgend einem anderen Zwecke, als zu Errichtung der Wohnstätte des Eigentümers verwendet, so trifft den Zuwiderhandelnden zwar keinerlei besondere Strafe und es wird auch keinerlei besonderer Zwang gegen ihn geübt, die unmittelbare Folge aber ist der Verlust des ausschließlichen Nutzungsanspruchs am Hausgrunde. Die Baufläche wird damit zu Boden gewöhnlicher Art, an welchem es kein Sonderrecht giebt, an welches jedermann das gleiche ungeteilte Anrecht hat. Denn nach unseren Anschauungen giebt es überhaupt kein Eigentum am Boden, also auch nicht am Baugrund des Hauses, und das Recht, solchen Boden abzusondern und für sich allein zu benutzen, ist lediglich ein zu bestimmten Zwecken eingeräumtes Nutznießungsrecht. Gleichwie z. B. der Eisenbahnreisende ein Anrecht auf den Platz hat, den er zuerst occupierte, jedoch nur zu dem Zwecke, um darauf zu sitzen, nicht aber, um dort seine Gepäckstücke abzuladen oder um ihn gegen Entgelt an Andere zu überlassen; so habe ich das Recht, den Platz auf Erden, auf welchem ich mein Heim gründen will, durch bloße Occupation für mich zu reservieren, und Niemand darf sich auf meinem Baugrunde neben mir ansiedeln, so wenig, als es ihm gestattet ist, auf der Eisenbahn neben mir auf meinem Sitze Platz zu nehmen, auch wenn im Notfalle Raum für zwei vorhanden wäre. Aber es liegt auch nicht in meinem Belieben, auf meinem Polster guten Freunden ein Plätzchen neben mir einzuräumen, denn die Mitreisenden brauchen sich die dadurch für sie erwachsenden Unbequemlichkeiten nicht gefallen zu lassen; sie können dagegen protestieren, daß die Beine und Ellbogen meines Sitzpartners ihnen zu nahe kommen und daß der nur für eine bestimmte

Personenzahl berechnete Luftraum des Wagens durch meine Eigenmacht zahlreicheren Lungen zugeteilt werde. Ebenso brauchen es sich meine Hausnachbarn nicht gefallen zu lassen, daß ihnen meine Mauern und Dachfirste zu nahe an den Leib rücken und daß ich eigenmächtig den Luftraum einer Stadt dichter fülle, als dem allgemeinen Übereinkommen entspricht.

„Nun habe ich aber in Ausübung meines mir auf eine bestimmte Bodenparzelle eingeräumten Nutzungsrechtes diese Parzelle untrennbar mit einem Dinge verbunden, auf welches mir nicht bloß Nutzungs-, sondern Eigentumsrecht zusteht, dem Hause nämlich. Daraus ziehen wir die Konsequenz, daß mein Nutzungsrecht auf denjenigen übergeht, dem ich — sei es entgeltlich oder unentgeltlich — das Eigentumsrecht an meinem Hause überlasse. Ich kann daher mein Haus verkaufen, vererben, verschenken, ohne daß ich daran durch den Umstand gehindert würde, daß mir am Baugrunde des Hauses kein Eigentum zusteht.“

18. Kapitel.

Gestern besichtigten wir in Begleitung der beiden englischen Geschäftsträger die freiländische Centralbank, deren allumfassendes und gerade wegen dieser seiner Allgemeinheit verhältnismäßig so überaus einfaches Clearingsystem die höchste Bewunderung der sachverständigen beiden Herren erntete. Die Erkenntnis, mit wie verschwindend geringen Barbeträgen sich hier die Ausgleichung des gesamten riesigen Umsatzes vollzog, regte Lord Elgin zu der Frage an, wozu Freiland überhaupt das Gold als Wertmesser beibehalte; er sprach die Meinung aus, es wäre, da man ohnehin die wichtigsten Leistungen nach dem Werte der Arbeitszeit berechne, das Einfachste, diese Rechnungsmethode zu verallgemeinern, d. h. die Arbeitsstunde als Wertmesser, als Geldeinheit zu gebrauchen. Dies würde — so glaube er — auch der gesamten socialen Ordnung Freilands weit besser entsprechen, in welcher doch die Arbeit Quelle und Grundlage allen Wertes sei.

„Das ist", entgegnete der Direktor des Instituts, Herr Clark, „eine von Fremden wiederholt schon geteilte Anschauung, sie beruht aber lediglich auf einer Verwechslung des *Wertmaßes* mit der *Quelle* des *Einkommens*. Wir in Freiland haben der Arbeit das Recht auf den ganzen mit ihrer Hülfe hervorgebrachten Ertrag gesichert; wir begründen dies aber nicht durch die unwahre Behauptung, daß Arbeit die einzige Quelle des Wertes dieser Erträge sei, sondern dadurch, daß wir behaupten, der Arbeitende habe auch auf jene anderweitigen Faktoren, nämlich Kapital und Naturstoffe oder -Kräfte, die zur Wertbildung erforderlich sind, den gleichen Anspruch wie auf seine Arbeitskraft selber. Doch das nur nebenbei. Selbst wenn Arbeit die einzige Wert*quelle* und der einzige Wert*bestandteil* wäre, ist sie doch der denkbar schlechteste Wert*maßstab*, denn sie ist unter allen Dingen, die überhaupt Wert besitzen, jenes, dessen Wert den größten Veränderungen ausgesetzt ist. Mit jedem Fortschritte menschlicher Kunstfertigkeit und Betriebsamkeit wächst ihr Wert, d. h. ein Arbeitstag oder eine Arbeitsstunde setzt sich fortlaufend in eine größere Menge aller erdenklichen anderen Werte um. Daß der Wert des Arbeitsproduktes verschieden ist, je nachdem die Arbeitskraft gut oder schlecht ausgerüstet, gut oder schlecht angewendet wird, kann gar keinem Zweifel unterliegen und wurde auch niemals ernstlich in Zweifel gezogen. Nun ist bei uns in Freiland allerdings *alle* Arbeitskraft möglichst gut ausgerüstet und verwendet, weil eben die vollkommene und schrankenlose Freiheit, sich der jeweilig besten, d. h. die höchsten Werte erzeugenden Arbeitsgelegenheit zuzuwenden, diese wenn auch nicht absolute, so doch relative Gleichartigkeit zuwege bringt; aber damit sie zuwege gebracht werde, ist eben ein fester und verläßlicher Maßstab erst recht vonnöten, an welchem der Wert der durch Arbeit erzeugten Dinge gemessen werden kann. Daß die auf Schuhwaren und auf Gespinste, auf Getreide und auf Eisenwaren gewendete Arbeit bei uns gleichwertig ist, zeigt sich ja erst dadurch, daß die in der gleichen Zeit erzeugten Schuhe, Gespinste, Körnerfrüchte und Eisenwaren gleichen Wert besitzen, welch letzteren Umstand aber nimmermehr die Vergleichung mit der aufgewendeten Arbeitszeit, sondern bloß die mit einer an sich wertbeständigen Sache anzeigen kann. Würden wir die in gleicher Zeit erzeugten Dinge schon deshalb allein für gleichwertig halten, weil sie eben in gleicher Zeit erzeugt sind, so würden wir sehr bald dahin gelangen, Schuhe zu erzeugen, die Niemand braucht, dafür aber Mangel an Gespinst zu leiden, und wir könnten unbekümmert um die Überfülle von Eisenwaren deren Erzeugung steigern, während vielleicht alle verfügbaren Hände erforderlich wären, um empfindlichem Getreidemangel abzuhelfen. Mit dem Arbeitstage als Wertmaß vermöchte — wenn er aus anderen Gründen nicht unmöglich wäre — nur der Kommunismus zu wirtschaften, der die Herstellung des richtigen Wechselverhältnisses zwischen Angebot und Nachfrage nicht dem freien Verkehre überläßt, sondern von Obrigkeitswegen bewerkstelligt, dies aber selbstverständlich nur in der Weise zu Wege bringt, daß er Niemand fragt, was er genießen und was er arbeiten will, vielmehr Genuß und Arbeit Jedermann von Obrigkeitswegen vorschreibt.

„Wir in Freiland dagegen, die wir das Gegenteil des Kommunismus, nämlich absolute individuelle Freiheit, verwirklicht haben, wir brauchen notwendiger als irgendwer ein möglichst genaues, verläßliches Wertmaß, das ist ein solches, dessen Tauschkraft allen anderen Dingen gegenüber möglichst geringen Abweichungen und Schwankungen ausgesetzt ist. Dieses möglichst beste, möglichst wertkonstante Maß nun hat die Kulturwelt mit Recht seit jeher im Golde erblickt. Diese Thatsache ist nicht etwa das Ergebnis irgend einer geheimnisvollen Eigenschaft dieses Metalles, sondern das seiner hochgradigen Dauerbarkeit, in deren Folge im Laufe der Jahrhunderte und Jahrtausende Goldmengen aufgestapelt und der Nachfrage zur Verfügung gehalten wurden, im Vergleiche zu welchen die gewaltigsten Veränderungen der jeweiligen Produktion gar nicht in die Wagschale fallen. Während eine gute oder schlechte Weizenernte von ausschlaggebender Bedeutung für den jeweiligen Weizenwert ist, weil die alten Weizenvorräte im Verhältnis zum Ergebnisse der neuen Ernte nur von nebensächlicher Bedeutung sind, bleibt der Goldwert von noch so großen Schwankungen selbst mehrerer Produktionsjahre verhältnismäßig unberührt, weil die alten Goldvorräte für alle Fälle ganz außerordentlich größer sind, als das Ergebnis selbst der reichsten Ausbeute eines einzelnen Jahres. Alle Goldminen der Welt könnten mit einem Schlage vollständig versiegen, ohne daß dies auf die Menge des verfügbaren Goldes sofort von sonderlichem Einflusse wäre, während eine einzige allgemeine Getreidemißernte fürchterlichsten Getreidemangel zur sofortigen und unvermeidlichen Folge hätte. Dies also ist der Grund, warum Gold der bestmögliche, wenn auch keineswegs ein absolut guter Wertmaßstab ist. Die Arbeitszeit aber wäre unter allen denkbaren der schlechteste Wertmaßstab, denn weder sind zwei gleiche Arbeitszeiten notwendig wertgleich, noch behält die Arbeitszeit im allgemeinen unveränderten Wert, vielmehr wächst ihre Tauschkraft allen anderen Dingen gegenüber mit jedem zur Geltung gelangenden Fortschritte der Arbeitsmethoden."

Wir waren alle überzeugt; nur konnte Lord Elgin die Bemerkung nicht unterdrücken, daß die Freiländer denn doch eine Reihe von Leistungen nach Arbeitsäquivalenten berechneten. Sofort erhielt er aber von meinem Vater die treffende Antwort, daß dies nach allem bisher Gehörten nur dort geschehe, wo eine mit der Steigerung des Wertes der Arbeit parallel laufende Erhöhung einer Zahlung geradezu beabsichtigt sei. Gehalte und Versorgungsansprüche *sollen* steigen, wenn der Ertrag von Arbeit und damit der allgemeine Verbrauch steige, und zwar genau im selben Maße, wie diese, und nur weil dies beabsichtigt ist, kann man sie nach Arbeitsäquivalenten bemessen.

Herr Clark machte uns jetzt darauf aufmerksam, welch' weitgehende, alles durchdringende Offenheit und Übersichtlichkeit zufolge der durch die Bank geübten Klarstellung aller Verkehrs- und Erwerbsverhältnisse in allen pekuniären Angelegenheiten Freilands herrsche. Niemand kann weder sich noch andere über seine Mittel täuschen und eine der in socialer Beziehung wichtigsten

Folgen davon ist, daß es Niemand beifällt, durch ungehörigen Aufwand glänzen zu wollen. Die Verschwendung entspringt nur zu häufig dem Bestreben, sich in den Augen der Welt als reicher darzustellen, als man thatsächlich ist; ein solcher Versuch könnte hier zu Lande nur Lächeln erwecken. Doch auch wer aus übertriebenem Hange zu Luxus mehr ausgeben wollte, als er einnimmt, vermöchte dies nicht, da die Bank zu solchen Zwecken natürlich keine Kredite gewährt, und ohne diese der Verschwender geradezu auf die Mildthätigkeit seiner Mitbürger angewiesen wäre, um seinem Hange zu fröhnen. Die Höhe aller Einnahmen und Ausgaben liegt klar zu Tage, alle Welt weiß, was jedermann hat und woher er es hat. Und da es zudem jedermann freisteht, jeden beliebigen Erwerbszweig zu ergreifen, so können Unterschiede des Einkommens auch Niemandes Neid erwecken.

Nun warf aber Lord Elgin die Frage auf, ob sich aus den bei Feststellung von Honoraren unterschiedlicher Art, z. B. von Beamtengehalten, unvermeidlichen Willkür keinerlei Widerspruch zu dem sonst geltenden Prinzipe der unbeschränkten freien Berufswahl und dem gerade aus dieser Freiheit hervorgehenden Gleichgewichte der verschiedenen Arbeitserträge ergebe. „Wenn der Ertrag aus Wollenweberei aus irgendwelchem Grunde höher ist, als der aus Getreidebau, so werden neue Arbeitskräfte insolange zur Weberei übergehen, bis der beiderseitige Ertrag sich ins Gleichgewicht gesetzt hat; sollte sich etwa ein dauernder Mehrertrag bei einem dieser beiden Produktionszweige zeigen, so kann dies angesichts Ihrer Institutionen offenbar nur daher rühren, daß die Arbeit in diesem ertragreicheren die unangenehmere, anstrengendere, eventuell auch die höhere, seltenere Kenntnisse oder Fähigkeiten erfordernde ist; Niemand kann sich über die geringste Benachteiligung beklagen und insofern ist die im Wege der Freiheit hergestellte Harmonie geradezu bewunderungswürdig.

Aber sowie es sich um Ernennungen und Gehalte handelt, muß doch diese Gleichheit aufhören. Sie als Chef eines Verwaltungszweiges verdienen 1400, Ihr Nachbar Handarbeiter bloß 600 Pfund; woher wissen Sie, daß letzterer sich darob nicht benachteiligt fühlt?"

„Wenn Sie, Mylord", — meinte lächelnd Herr Clark — „darunter verstehen, woher ich wisse, ob sich mein Nachbar nicht dadurch *von der Natur* benachteiligt fühlt, daß er außer stande ist, gleich mir 1400 Pfund jährlich zu verdienen, so muß ich Ihnen antworten, daß ich darüber thatsächlich bloß Vermutungen, aber keine sichere Wissenschaft besitze; wenn Sie aber meinen, daß dieser mein Nachbar oder sonst jemand in Freiland in diesem meinem höheren Gehalte einen mir durch behördliche Willkür oder Gunst der Wähler zugewendeten, möglicherweise auch überflüssigen Vorteil erblicken könnte, so kann ich dies entschieden bestreiten. Denn mein Gehalt ist in letzter Auflösung gerade so das Ergebnis der freien Konkurrenz, wie der Arbeitsertrag meines fraglichen Nachbars. Ob ich der richtige Mann auf meinem Posten sei, darüber entscheidet allerdings die freie, durch keinerlei automatisch wirkende Einrichtung zu ersetzende oder zu kontrollierende Meinung jener Körperschaften, von denen meine Wahl abhängt; mit welchem Gehalte jedoch mein Amt bedacht werden muß, damit geeignete, oder sagen wir als geeignet geltende Männer für dasselbe sich finden, das regelt sich genau nach den nämlichen automatischen Gesetzen, wie der Arbeitsertrag eines Webers oder Landbauers. Und zwar gilt dies vom Gehalte des jüngsten Postbeamten angefangen bis hinauf zu uns Chefs der freiländischen Verwaltungszweige. Die Ernennungen hängen überall vom freien Ermessen der Vorgesetzten oder der Wahlkollegien ab; aber diese Vorgesetzten und Wahlkollegien müssen die Gehalte so bestimmen, daß jederzeit eine genügende Anzahl geeignet befundener Bewerber vorhanden sei. Natürlich kann es dabei auf ein Pfund mehr oder weniger im Jahre nicht ankommen; es gilt als Grundsatz, daß die Gehalte stets so bemessen sein müssen, daß eher ein kleiner Überfluß als ein Mangel an Bewerbern sich einstelle; aber wenn der Überfluß ein gewisses Maß übersteigt, so reduziert man eben die Gehalte, während bei drohendem Mangel an Bewerbern mit Gehalterhöhungen vorgegangen würde. Als selbstverständlich will ich hier bloß einschalten, daß unter abgewiesenen Bewerbern in Freiland nicht brotlose Aspiranten zu verstehen sind; Ernennung oder Ablehnung sind niemals Existenz-, sondern bloß Neigungs-, allenfalls auch Eitelkeitsfragen. Ebenso verläßt man ein Amt, wenn anderwärts lohnendere oder angenehmere Beschäftigung winkt. Die Staatsämter werden auch nicht in jedem Dienstzweige gleich hoch bezahlt; besonders anstrengende, oder besondere Kenntnisse verlangende Arbeit setzt auch hier höheren Ertrag voraus, gerade wie bei den unterschiedlichen Gewerben. Und während der Arbeitsertrag gewöhnlicher Handarbeit das Richtmaß der niederen Beamtengehalte ist, wirken die Honorare der unterschiedlichen Associationsleiter bestimmend auf die Gehalte der oberen Stellen zurück. Dabei hat sich die auch bei Ihnen gemachte Erfahrung wiederholt, daß der Reiz mit öffentlicher Thätigkeit verbundener Stellungen die Gehalte von Verwaltungsbeamten, Professoren u. dergl. nicht unerheblich unter das Niveau jener Bezüge hinabdrückt, welche in den leitenden Stellen der Associationen zu erlangen sind. Im allgemeinen macht sich mit steigender Intelligenz ein *verhältnismäßiges* — beileibe kein absolutes — Sinken der obersten Gehalte überall geltend. Aber während die Direktoren einzelner großer Associationen noch immer bis zu 5000 Stundenwerte im Jahre beziehen, erhalten die obersten Chefs der freiländischen Centralverwaltung derzeit nur mehr 3600, und auch das nur, weil die Parlamente der von uns unablässig beantragten Ermäßigung der oberen

Gehalte ebenso unablässig zähen Widerstand entgegensetzen und sich nur zögernd und widerwillig dazu verstehen. Um gerecht zu sein, muß man übrigens hinzufügen, daß sich bei den Associationen das nämliche Spiel wiederholt. Die Direktoren würden sich mit weit geringeren Gehalten begnügen, und von oben ausgehende Anträge auf Gehaltsreduktion sind, insbesondere in den letzten zehn Jahren, seitdem der Wert der Stundenäquivalente so sehr gestiegen ist, in den meisten Generalversammlungen geradezu stehende Formeln geworden. Ich wiederhole, daß diese Reduktion immer nur verhältnismäßig, d. h. mit Bezug auf den Ansatz in Stundenäquivalenten zu verstehen ist; der Wert der Arbeitsstunde hat sich binnen 20 Jahren vervierfacht; wer also, wie z. B. wir öffentlichen Verwaltungschefs, um 28 Procent weniger Stundenwerte erhält, als ursprünglich, dessen Einkommen hat sich, in Geld berechnet, doch nahezu verdreifacht. Die Associationen aber wollen in der Regel auch von einer so verstandenen Gehaltermäßigung nichts wissen. Sie besorgen, daß trotz aller von ihren Direktoren an den Tag gelegten Geneigtheit, sich mit geringeren Bezügen zu begnügen, denn doch der eine oder andere sich von einer konkurrierenden, höhere Bezüge zahlenden Gesellschaft ihnen werde abspenstig machen lassen, und da thatsächlich angesichts der Riesensummen, die solch eine große Association im Jahre umsetzt, einige hundert Pfund auf oder ab gar nicht der Rede wert sind, so geht es bei den Associationen mit der Gehaltsreduktion nur langsam vorwärts. Trotzdem gleicht sich der Abstand zwischen höchstem und geringstem Verdienste durchweg immer mehr aus, da wir in Folge der steigenden allgemeinen Bildung dem Gleichgewichte zwischen Angebot und Nachfrage auch in den höheren, besondere Fähigkeiten voraussetzenden Berufen stets näher kommen. Sollte dies Gleichgewicht dereinst vollkommen erreicht werden, was mit der Ausdehnung unserer Institutionen auf die gesamte Menschheit und dem damit verknüpften gänzlichen Verschwinden ungebildeter Massen unzweifelhaft stattfinden dürfte, so ist es unsere Meinung, daß auch die Unterschiede der Gehalte gänzlich verschwinden, oder doch auf ein Minimum sinken werden."

Lord Elgin dankte für diese Aufklärung. Jetzt aber trat Sir Bartelet mit einer weitaus wichtigeren Frage hervor. „Was mir bei Besichtigung des bewältigenden Getriebes Ihrer Centralbank neuerlich und ganz besonders aufgefallen ist", meinte er, „und worüber ich mir noch immer keine volle Rechenschaft zu geben vermag, das ist die Frage, wie es ohne Willkür und kommunistische Einrichtungen möglich ist, Kapitalien und zwar so ungeheure Kapitalien, wie sie bei Ihnen erforderlich sind, aufzubringen, ohne daß Kapitalzins gezahlt oder berechnet wird. Daß der Zins die notwendige und gerechte Belohnung des Kapitalisten für die „Entbehrungen" sei, die er sich auferlegte, glaube ich zwar nicht; aber ich hielt ihn für den Tribut, den man dem Sparer dafür zahlen müsse, daß seine freiwillige Sparsamkeit die Gesellschaft der Notwendigkeit ungerechten Sparzwanges enthebt, der sonst von Obrigkeitswegen ausgeübt werden müßte. Was ich nun endlich wissen möchte, wäre eine genaue Darlegung der Gründe, die Sie veranlaßten, den Kapitalzins zu verbieten. Oder teilen Sie in Freiland die Ansicht, daß es Unrecht sei, dem Sparer einen Anteil an den Früchten seiner Sparsamkeit zu gönnen?"

„Diese Ansicht teilen wir nicht", war des Direktors Antwort. „Aber zunächst muß ich konstatieren, daß Sie von einer ganz falschen Voraussetzung ausgehen. Wir *verbieten* den Kapitalzins ebenso wenig, als wir den Gewinn des Arbeitgebers oder die Grundrente „verbieten". Diese drei Einkommenzweige existieren hier zu Lande bloß aus dem Grunde nicht, weil Niemand in der Notlage ist, sie bezahlen zu müssen. Niemand wird Sie hindern, wenn Sie hier eine

Fabrik eröffnen und zu deren Betrieb Lohnarbeiter anwerben wollen; nur allerdings müßten Sie diesen erstlich mindestens so viel bieten, als durchschnittlich in Freiland die Arbeit trägt, und zum zweiten würde es trotzdem fraglich sein, ob Sie überhaupt Leute fänden, die sich Ihrem Kommando unterordnen. Ähnlich verhält es sich mit der Grundrente. Bei uns ist der Boden — sofern er nicht zu Wohnstätten, sondern als Produktionsmittel dient — gänzlich herrenlos, frei gleich der Luft; er gehört weder Einzelnen, noch Vielen; Jedermann, der Boden bebauen will, steht es frei, dies zu thun, wo ihm beliebt, und seinen Anteil am Ertrage einzuheimsen. Damit entfällt natürlich alle Grundrente, die nichts anderes ist, als der Herrenzins für die Benutzung des Bodens; aber ein „Verbot" wird man hier vergeblich suchen. Darin, daß ich kein Recht habe, anderen etwas zu verbieten, liegt doch wahrlich kein Verbot; man kann nicht einmal sagen, daß mir „verboten" ist, etwas zu verbieten; mag ich es doch immerhin thun, Niemand wird mich hindern, nur auslachen wird mich alle Welt, genau so auslachen, als ob ich den Leuten das Atmen verbieten wollte, behauptend, die atmosphärische Luft sei mein Eigentum. Wo die Macht zur Durchsetzung solcher Prätensionen fehlt, braucht Niemand dieselben zu verbieten; sie dürfen nur nicht künstlich hervorgerufen und unterstützt werden, dann unterbleiben sie ganz von selbst. Diese Macht aber besitzt in Freiland Niemand, weil hier Niemand dazu gebraucht wird, den Boden mit Beschlag zu belegen, damit er bebaut werden könne. Das Zaubermittel aber, welches uns dazu verhalf, herrenlosen Boden zu kultivieren, ohne uns darob in die Haare zu geraten, ist das nämliche, welches uns auch zur Produktion ohne Arbeitgeber befähigte: die freie Association.

„Ebenso wenig aber verbieten wir den Kapitalzins. Niemand wird Sie in Freiland hindern, so hohe Kapitalzinsen zu fordern, als Ihnen nur immer beliebt; nur werden Sie allerdings Niemand finden, der sie Ihnen zahlt, weil Jedermann zinsloses Kapital in Hülle zur Verfügung steht. Nun fragen Sie aber, ob in dieser Verfügung über die Ersparnisse der Gesamtheit zu Gunsten der Kapitalbedürftigen kein Unrecht liege? Ob das nicht Kommunismus sei? Und zugeben will ich, daß hier die Sache nicht so einfach liegt, wie bei Unternehmergewinn und Grundrente. Der Kapitalzins wird nämlich für eine wirkliche greifbare Leistung entrichtet, die sich von derjenigen des Arbeitgebers und Grundrentners sehr wesentlich unterscheidet. Während nämlich die wirtschaftliche Leistung der beiden Letzteren in nichts anderem, als in der Geltendmachung eines Herrschaftsverhältnisses besteht, welches überflüssig wird in dem Momente, wo sich die arbeitenden Massen aus erzwungen gehorchenden Knechten in frei vergesellschaftete Männer verwandelt haben, bietet der Kapitalist dem Arbeiter ein Instrument, welches unter allen Umständen dessen Thätigkeit befruchtet. Und während ohne weiteres ersichtlich ist, daß mit der Etablierung der wirtschaftlichen Freiheit Arbeitgeber und Grundrentner nicht bloß überflüssig, sondern geradezu gegenstandlos werden, könnte bezüglich des Kapitalisten, des Besitzers von Ersparnissen, sogar behauptet werden, daß gerade die freie Gesellschaft in unendlich höherem Maße auf ihn angewiesen sei, als die geknechtete, weil sie viel mehr Kapital verwenden könne und müsse, als diese. Die zur Aufbringung der Kapitalien dienenden Abgaben werden nun gleichmäßig auf alle Produzenten verteilt; der Kapitalbedarf dagegen ist ein sehr ungleicher; wie kamen wir nun dazu, aus den Abgaben von Leuten, die vielleicht wenig Kapital brauchen, die Produktion anderer auszustatten, die zufällig starken Kapitalbedarf haben? Welchen Vorteil boten wir ersteren für die ihnen aufgenötigte Sparsamkeit?

„Und doch liegt die Antwort nahe genug. *In der*

ausbeuterischen Gesellschaft hat allerdings der Gläubiger nicht den geringsten Vorteil von der, kraft seiner Ersparnisse durch den Schuldner bewerkstelligten Verbesserung der Produktion; in der auf socialer Freiheit und Gerechtigkeit beruhenden dagegen genau den nämlichen wie dieser. Wo — wie bei uns — jeder Produktionsvorteil sich gleichmäßig auf Alle verteilen muß, erledigt sich die Frage nach dem Anteil des Sparers am Nutzen seines Kapitals ganz von selbst. Der Maschinenschlosser oder Weber, dessen Abgabe beispielsweise zur Anschaffung oder Vervollkommnung landwirtschaftlicher Maschinen verwendet wird, hat davon — bei uns — genau den nämlichen Vorteil wie der betreffende Landwirt, denn Dank unseren Institutionen überträgt sich die in welcher Produktion immer erzielte Ertragssteigerung mittelbar auf alle Produktionsorte und Produktionsarten.

„Sollte man aber fragen, mit welchem Rechte ein den Kommunismus verwerfendes, auf freier Selbstbestimmung des Individuums gegründetes Gemeinwesen seine Mitglieder überhaupt zur Sparsamkeit zwingen könne, so ist die Antwort, daß solcher Zwang in Wahrheit gar nicht geübt wird. Die Abgabe, aus welcher die Kapitalisation bestritten wird, zahlt doch Jedermann nur nach Maßgabe seiner Arbeitsleistung. Zur Arbeit wird nun Niemand gezwungen; so weit er aber thatsächlich arbeitet, nimmt er ja die Kapitalien selbst in Anspruch; es wird von ihm nur verlangt und zwar genau proportional verlangt, was er selber gebraucht; der Gerechtigkeit sowohl als dem Selbstbestimmungsrechte geschieht also in jedem Punkte volles Genüge.

„Sie sehen, es gilt vom Kapitalzinse genau das nämliche, was bezüglich des Unternehmergewinnes und der Grundrente steht: die erlangte Fähigkeit der Association enthebt den Arbeitenden der Notwendigkeit, unter welchem Titel immer irgend einen Teil des Ertrages seiner Produktion an dritte Personen abzutreten. Der Zins verschwindet ganz von selbst, wie Gewinn und Rente, aus dem allein entscheidenden Grunde, weil der frei vergesellschaftete Arbeiter sein eigener Kapitalist so gut, wie sein eigener Arbeitgeber und Grundherr wird. Oder wenn man so will: *Zins, Gewinn und Rente bleiben, sie verlieren nur ihr vom Arbeitslohne losgelöstes Sonderdasein; sie verschmelzen mit diesem zum einigen und unteilbaren Arbeitsertrage.*"

Und damit gute Nacht für heute.

19. Kapitel.

Die Mitteilungen und Aufklärungen des Direktors der freiländischen Centralbank beschäftigten meinen Vater und mich noch lange aufs lebhafteste. Da dieser zu den Intimen des Ney'schen Hauses zählende hohe Funktionär für den nächsten Tag dort speiste, so bewegte sich das Tischgespräch um verwandte Themata. Zunächst wurde von meinem Vater die Frage aufgeworfen, in welcher Weise das freiländische Gemeinwesen der Gefahr von *Krisen* begegnet, die seines Erachtens hier viel verhängnisvoller sein müßten als irgend anderwärts.

„Krisen welcher Art immer — war die Antwort — müßten allerdings den ganzen Komplex der freiländischen Institutionen geradezu in die Luft sprengen; aber sie sind hierzulande eben unmöglich, die Quelle, aus welcher sie anderwärts entspringen, ist verschüttet. Denn die Ursache aller Krisen, sie mögen nun Produktions- oder Kapitalkrisen heißen, liegt einzig in der Überproduktion, d. h. in dem Mißverhältnisse zwischen Produktiv- und Konsumtionskraft und dieses Mißverhältnis existiert bei uns nicht. Allerdings behaupteten auch in der alten, ausbeuterischen Welt die Nationalökonomen, es gebe gar keine wirkliche Überproduktion, d. h. keine allgemeine Unverwendbarkeit von Produkten, denn, so führten sie aus, der Mensch arbeitet nur, sofern ihn irgend ein Bedürfnis dazu antreibt und es ist daher der Natur der Sache nach ausgeschlossen, daß jemals mehr Güter erzeugt, als gebraucht werden könnten. Das ist auch, unter einer Voraussetzung, auf die ich sofort zu sprechen kommen werde, vollkommen richtig. Jedermann will das, was er erzeugt, zur Deckung irgend eines Bedarfs gebrauchen; er will sein Produkt entweder selber verwenden oder gegen das Erzeugnis eines anderen Produzenten austauschen; was dieses andere Erzeugnis sei, ist gleichgültig, irgend ein Produkt ist es jedenfalls, und es sollte daher niemals die Frage sein, ob überhaupt, sondern allemal nur, welche Art von Produkten gerade gesucht wird. Nehmen wir an, die Weizenproduktion habe eine Verbesserung erfahren, so ist es allerdings möglich, daß damit der Weizenbedarf noch immer nicht, oder doch nicht gerade im Verhältnisse der gebotenen Möglichkeit der Produktionssteigerung wachse, denn daß die Weizenproduzenten ihren Mehrertrag gerade zu Mehrgebrauch von Weizen benutzen werden, ist allerdings nicht notwendig; aber dann sollte, so scheint es, die Nachfrage nach etwas anderem entsprechend zunehmen, z. B. nach Kleidern oder nach Werkzeugen, und wenn man dies nur allemal rechtzeitig vorher wüßte und die Produktion darauf einrichten könnte, so sollte es niemals eine Störung des Tauschverhältnisses der einzelnen Güterarten geben. Also nicht aus einem Zuviel von Produkten im allgemeinen, nicht aus einem Mißverhältnisse zwischen Produktivkraft und Verbrauch schlechthin, sondern aus vorübergehenden Störungen des richtigen Verhältnisses zwischen den einzelnen Produktionen erklärt die orthodoxe Doktrin die Krisen, indem sie noch hinzufügt, daß angesichts des in der ganzen Welt herrschenden Elends von mangelndem Bedarf zu reden, geradezu widersinnig sei.

„Bei dieser, im übrigen schlechthin unanfechtbaren Gedankenkette, ist nur *Eines* vergessen worden, nämlich die Grundeinrichtung der gesamten ausbeuterischen Gesellschaft. Allerdings ist es ein grauenerregender Widersinn, angesichts des grenzenlosen Elends von allgemein mangelndem Bedarfe reden zu müssen; wo aber die ungeheure Majorität der Menschen kein Anrecht auf die

Früchte ihrer Arbeit besitzt, da erlangt dieser Widersinn eine fürchterliche Bedeutung. Was nützt es dem darbenden Arbeiter, daß er ganz vortreffliche und überaus dringende Verwendung für jene Produkte wüßte, die er hervorgebracht, wenn diese nicht ihm gehören? Bleiben wir bei dem Beispiel mit der durch verbesserte Kulturmethoden gesteigerten Weizenproduktion. Wenn es die landwirtschaftlichen Arbeiter wären, denen das Verfügungsrecht über das mehr erzeugte Getreide zustünde, so würden sie allerdings mehr oder feineres Brot essen, also einen Teil des Mehrprodukts selber verzehren; mit einem anderen Teile würden sie verstärkte Nachfrage nach Kleidern, mit einem dritten Teile ebenso verstärkte Nachfrage nach Werkzeugen hervorrufen, die ja notwendig wären, um das Mehr an Getreide und Kleidungsstoffen zu erzeugen. Hier würde es sich wirklich bloß darum handeln, das richtige Verhältnis zwischen Weizen-, Kleider- und Werkzeugproduktion, welches durch eine, lediglich bei Weizen eintretende Vermehrung allerdings gestört wäre, wieder herzustellen, und vermehrte Produktion, gesteigerter Wohlstand für Alle, wäre nach vorübergehenden Schwankungen die unvermeidliche Folge. Da aber der Mehrertrag von Weizenproduktion nicht den Arbeitern gehört, da diese für alle Fälle nur das zur Fristung ihres Lebens Erforderliche erhalten, so können sie infolge des auf ihrem Produktionsgebiete eingetretenen Fortschritts weder mehr Getreide, noch mehr Kleidungsstücke verbrauchen, und da dies nicht der Fall ist, so kann auch kein verstärkter Bedarf nach Werkzeugen zur Erzeugung von Weizen und Geweben entstehen."

„Aber — so wendete ich ein — damit, daß den Arbeitern der Mehrertrag der Produktion vorenthalten bleibt, ist doch dieser Mehrertrag nicht herrenlos; er gehört den Arbeitgebern und diese sind doch auch Menschen, die ihren Gewinn zur Deckung irgend eines Bedürfnisses verwenden wollen; die Arbeitgeber werden ihren Gebrauch steigern, und abermals — so sollte man meinen — wird es unmöglich sein, daß ein allgemeines Mißverhältnis zwischen Angebot und Nachfrage einträte. Nur werden es allerdings andere Bedarfsartikel sein, auf welche sich die Produktion werfen muß, um das gestörte Gleichgewicht der einzelnen Arbeitszweige herzustellen. Gehörte der Mehrertrag den Arbeitern, so würde man mehr Getreide, ordinäre Gewebe und Werkzeuge brauchen; da er den wenigen Arbeitgebern gehört, so wird sich die Nachfrage bloß bei feinen Leckerbissen, Spitzen, Equipagen und bei Werkzeugen steigern, die zur Erzeugung dieser Luxuswaren erforderlich sind.“

„Vortrefflich!“ mengte sich hier David in das Gespräch, „nur daß die Arbeitgeber keineswegs gewillt sind, die Überschüsse, welche ihnen der Mehrertrag ihrer Produktion liefert, in sonderlichem Maße zur Steigerung ihres Luxuskonsums zu verwenden, sondern der Hauptsache nach kapitalisieren, d. h. den Mehrertrag in Werkzeugen der Produktion anlegen wollen. Ja, unter Umständen ist der „Arbeitgeber“, wie wir gestern schon gehört, gar kein Mensch, der menschliche Bedürfnisse besitzt, sondern ein Popanz, der nichts genießt und alles kapitalisiert.“

„Desto besser!“ meinte ich, „desto rascher kann der Reichtum zunehmen, denn rasch wachsende Kapitalien bedeuten rasch wachsende Produktion und diese ist an sich gleichbedeutend mit rasch wachsendem Reichtume.“

„Herrlich!“ rief David. „Also weil die arbeitenden Massen ihren Konsum nicht steigern können, die Arbeitgeber den ihrigen nicht entsprechend steigern wollen, weil man demnach von keinerlei menschlichen Bedarfsartikeln mehr gebrauchen kann, als zuvor, so benützt man die überschüssige Produktivkraft zur Vermehrung der Produktionsmittel. D. h. mit anderen Worten: Niemand braucht mehr Getreide — folglich bauen wir neue Pflüge; niemand braucht mehr Gewebe — folglich errichten wir neue Spinnereien und Webereien! Ermissest du noch nicht den Gipfel des Unsinnes, zu welchem Eure Doktrin führt?"

Ich glaube, Luigi, Du wirst gleich mir zugeben, daß sich gegen dieses ebenso einfache als überzeugende Raisonnement schlechterdings nichts einwenden ließ. Eine Wirtschaftsordnung, die den Produkten des menschlichen Fleißes und Erfindungsgeistes die einzige Verwendung, der sie in letzter Linie alle dienen, nämlich die bessere Befriedigung irgendwelcher menschlicher Bedürfnisse, abschneidet und sich dann wundert, daß dieselben nicht verwendet werden können, ist thatsächlich an der Grenze des Blödsinns angelangt. Und daß die Dinge bei uns in Europa und Amerika wirklich so liegen, muß schließlich jedermann einleuchten.

„Aber was geschieht — um des Himmels willen — mit der solcherart bei uns unverwendbar gewordenen Produktivkraft?" fragte ich weiter. „Wir sind der Hauptsache nach in Künsten, Wissenschaften und technischen Fertigkeiten so vorgeschritten, als Ihr in Freiland; ich muß also glauben, daß wir, besäßen wir nur Verwendung für alle Erträge unserer Produktion, so reich, oder doch annähernd so reich sein könnten, wie Ihr. Nun besitzen wir aber thatsächlich lange nicht den zehnten Teil Eures Reichtums und trotzdem wird bei uns ungefähr doppelt so angestrengt gearbeitet, als hier. Denn wenn auch bei Euch alles arbeitet, während es bei uns einige Müssiggänger gibt, die lediglich von fremder Arbeit leben, so fällt dies doch angesichts des Umstandes, daß unsere arbeitenden Massen acht bis zehn Stunden und darüber ins

Joch gespannt sind, während hier durchschnittlich bloß fünf Stunden lang gearbeitet wird, gar nicht ins Gewicht. Es gibt bei uns zahlreiche Millionen feiernder Arbeiter, allerdings; aber auch das wird überreichlich aufgewogen durch Weiber- und Kinderarbeit, die Ihr nicht kennt; wo also — ich wiederhole es — liegt der unermeßliche Unterschied in der Ausnutzung unserer und Eurer Produktivkräfte?"

„In der *Ausrüstung* der Arbeitskräfte", war die Antwort. „Wir Freiländer arbeiten weniger angestrengt als Ihr, aber wir benutzen dazu alle Behelfe der Wissenschaft und Technik in vollstem Umfange, während Ihr dies nur ausnahmsweise und nirgends so vollkommen als wir, vermögt. Alle Erfindungen und Entdeckungen der großen Geister der Menschheit sind Euch so gut bekannt, als uns; in allgemeinem Gebrauche aber stehen sie nur bei uns. Da Euch Eure herrlichen socialen Einrichtungen den Genuß jener Dinge verwehren, zu deren erleichterter Erzeugung doch all jene Erfindung einzig dienen — nun so bedient Ihr Euch ihrer eben nicht, oder doch nur entsprechend jenem geringen Maße, in welchem Eure Einrichtungen Euch den Genuß zumessen."

Selbst mein Vater war von dieser vernichtenden Beleuchtung eines Systems, das als höchsten Ausfluß ewiger Weisheit zu verehren er von jeher gewöhnt gewesen, aufs tiefste erschüttert. „Unglaublich! Schrecklich!" murmelte er, nur mir verständlich.

Herr Clark aber fuhr fort: „Bei uns hingegen ist der Lehrsatz der sog. klassischen Ökonomie, daß ein allgemeines Zuviel an Produkten unmöglich sei, allerdings zur Wahrheit geworden, denn in Freiland decken sich Konsum und Produktivität thatsächlich aufs vollkommenste. Hier könnte es also wirklich bloß geschehen, daß vorübergehend zu viel von *einzelnen* Dingen erzeugt, d. h. daß das Gleichgewicht der verschiedenen Produktionsarten zeitweilig gestört würde. Doch auch diese, an sich geringfügige Gefahr brauchen wir nicht zu fürchten. Der durch unsere Einrichtungen bewerkstelligte innige Zusammenhang aller Produktionsinteressen gewährleistet von vornherein das Gleichgewicht aller Produktionserträge. Genauer besehen ist ganz Freiland eine einzige große Produktionsgenossenschaft, deren einzelne Mitglieder unabhängig von einander sind in allen Dingen, in einem Punkte jedoch zusammenhängen, im Ertrage ihrer Arbeit nämlich. Gerade weil jedermann arbeiten kann wo und was ihm beliebt, jedermanns Arbeit aber in dem einen Zwecke der Erzielung möglichst hohen Nutzens zusammenläuft, so ist es, von vorübergehenden nebensächlichen Irrungen abgesehen, anders gar nicht möglich, als daß der bei gleicher Arbeit erzielbare Nutzen überall der gleiche sei. Alle unsere Einrichtungen gipfeln in diesem *einen* Punkte. Anfangs, so lange unser Gemeinwesen noch im Werden begriffen war, kam es vor, daß ziemlich bedeutende Ungleichheiten erst nachträglich ausgeglichen werden konnten; die Produzenten wußten oft erst nach Abschluß der Jahresbilanzen, was sie und was andere verdient hatten. Das ist ein längst überwundenes Stadium der Kindheit; heute weiß jeder Freiländer bis auf geringfügige, durch unvorhergesehene kleinere Zufälle herbeigeführte Abweichungen ganz genau, was er und alle anderen nicht bloß verdient haben, sondern was sie aller Voraussicht nach in nächster Zukunft verdienen werden; er wartet nicht erst, bis Ungleichheiten eingetreten sind, um sie dann auszugleichen, sondern er sorgt dafür, daß Ungleichheiten gar nicht eintreten. Da unsere Statistik jederzeit mit untrüglicher Sicherheit angibt, was in jedem Produktionszweige jeweilig erzeugt wird und der Bedarf sowohl, als dessen Einfluß auf die Preise überall aus sorgfältiger Beobachtung früherer Jahre genau bekannt ist, so läßt sich die Rentabilität nicht bloß jedes

Produktionszweiges, sondern jedes einzelnen Etablissements so verläßlich vorherberechnen, daß namhaftere Irrtümer nur im Falle elementarer Katastrophen möglich sind. Ereignen sich solche, nun dann greift eben die wechselseitige Versicherung helfend ein; im übrigen giebt es hierzulande nicht bloß keine Krisen, sondern nicht einmal sonderliche Ertragsschwankungen der verschiedenen Produktionen. Unser statistisches Amt veröffentlicht ununterbrochen genaue Zusammenstellungen, aus denen jederzeit zu ersehen ist, wo in nächster Zukunft Bedarf, wo Überfluß an Arbeitskraft herrschen wird; nach diesen Ausweisen richtet sich unser Arbeiternachwuchs und das genügt, von höchst seltenen Ausnahmen abgesehen, vollkommen zur Erhaltung des Gleichgewichts der Erträge. Daß da oder dort ein neueingerichtetes Etablissement verunglückt, kommt manchmal, insbesondere bei der Minenindustrie vor. Aber dieses Verunglücken darf man sich nicht etwa als Bankerott vorstellen — wie sollen Unternehmer bankerottieren, die weder Grundrente, noch Kapitalzins, noch Arbeitslohn zu bezahlen haben und denen für alle Fälle ihre hochwertige Arbeitskraft bleibt — sondern schlimmstenfalls als getäuschte Erwartung. Und verliert in einem ganz besonderen Falle das Gemeinwesen oder irgend eine Association durch den vorzeitigen Tod eines Schuldners wirklich die dargeliehene Summe — was kann das angesichts der gefahrlos umgesetzten Riesensummen unseres Verkehrs zu bedeuten haben? Sollte man zur Deckung solcher Verluste ein Delcredere einheben, es würde kaum Tausendteile eines Prozents betragen und wäre die seinetwegen verspritzte Tinte nicht wert."

„Und stören auswärtige Katastrophen nicht zeitweilig den ruhigen Gleichgang Ihrer freiländischen Produktion? Werden Ihre Märkte nicht durch ausländische Überproduktion mit Waren überflutet, für die entsprechende Verwendung fehlt?" fragte ich.

„Daß die durch die anarchische Gestaltung der ausbeuterischen Produktionsverhältnisse so häufig eintretenden heftigen Preisschwankungen der Welthandelsgüter nicht auch für uns mit empfindlichen Unannehmlichkeiten verknüpft wären, kann allerdings nicht behauptet werden. Wir sehen uns dadurch nur zu oft genötigt, einzelne Produktionen einzuschränken und die damit frei werdenden Arbeitskräfte anderer Erzeugungsarten zuzuwenden, ohne daß ein wirklicher Wechsel in den Produktionskosten oder in den Bedarfsverhältnissen dies begründen würde. Thatsächlich sind diese fremden, plötzlichen und unberechenbaren Einflüsse bisweilen Schuld daran, daß zur Erhaltung des Gleichgewichts der Erträge wirkliche Auswanderung von Arbeitskräften aus einer Produktion in die andere notwendig wird, während zu Ausgleichung der aus natürlichen Gründen eintretenden Verschiebungen des Angebots und der Nachfrage fast immer die planmäßige Zu- oder Ableitung des Arbeiternachwuchses genügt. Eine tiefergehende Erschütterung unserer Erwerbsverhältnisse aber vermögen auch diese sprunghaften ausländischen Ereignisse nicht herbeizuführen. Gleichwie es unmöglich ist, eine Flüssigkeit, die jedem Drucke oder Stoße nachgibt und ausweicht, aus dem Gleichgewichte zu bringen, so kann auch unsere Wirtschaft, gerade wegen ihrer absoluten freien Beweglichkeit, nie ihr Gleichgewicht verlieren. In unnütze, störende Bewegung mag sie gebracht werden, aber die natürliche Schwerkraft stellt sofort das Gleichmaß aller Verhältnisse wieder her."

Nach beendeter Mahlzeit lud uns Herr Ney ein, ihn in den Volkspalast zu begleiten, wo heute das Fachparlament für öffentliche Arbeiten eine Nachtsitzung halten werde, um über ein von ihm vorgelegtes großes Kanalprojekt sich schlüssig zu machen. Er glaube, daß der Gegenstand auch uns interessieren werde. Wir nahmen mit Dank an.

Das Fachparlament für öffentliche Arbeiten besteht aus 120 Mitgliedern; die meisten derselben sind, wie mir David, der mit von der Partie war, erklärte, Direktoren großer Associationen, insbesondere der das Baugewerbe betreibenden; doch sitzen auch Professoren technischer Hochschulen und andere Fachmänner in demselben. Laien, die von öffentlichen Arbeiten nichts verstehen, giebt es in dieser Körperschaft nicht, und ohne weiteres kann behauptet werden, daß dieselbe die Blüte und Quintessenz des technischen Wissens und Könnens von ganz Freiland in sich schließt.

Das Projekt, welches gegenwärtig vorlag, war vor Jahresfrist seitens der Direktoren der Wasser- und Hochbau-Associationen von Edenthal, Nordbaringo, Ripon und Strahlstadt, in Verbindung mit zwei Professoren der technischen Hochschule von Ripon angeregt worden. Es handelte sich bei demselben um nichts geringeres, als um die Herstellung einer für Schiffe bis zu 2000 Tonnen fahrbaren Wasserstraße vom Tanganika über den Muta-Nzige und Albert-Njanza unter Benutzung des Nillaufes bis an das Mittelländische Meer einerseits und von der Kongomündung den Kongo aufwärts über den Aruwhimi in den Albertsee, von dort unter Benützung einiger kleinerer Ströme über den Baringosee an den Unterlauf des Dana und von hier an den indischen Ocean. Es waren das also zwei Wasserwege, deren einer die großen centralafrikanischen Seen mit dem Mittelmeere, der andere, quer durch den ganzen Weltteil, den atlantischen mit dem indischen Ocean verbinden sollte. Da ein Teil der zu diesem Behufe erforderlichen gewaltigen Arbeiten auf fremdem Gebiete — dem des Kongostaates und Ägyptens — durchgeführt werden mußte, so waren Verträge mit diesen Staaten abgeschlossen worden, die Freiland alle notwendigen Rechte einräumten. Die Bereitwilligkeit der fremden Regierungen, auf die Wünsche der Edenthaler

Verwaltung einzugehen, wird man begreiflich finden, wenn man erwägt, daß Freiland keinerlei Gebühr für die Benutzung seiner Kanäle einzuheben, den Nachbarn also ein freies Geschenk mit seinen kolossalen Arbeiten zu machen gedachte. Im Zusammenhange mit diesem Projekte stand auch das auf Erwerbung des Suez-Kanals, der zu doppelter Breite und Tiefe ausgebaggert und dem Verkehre gleichfalls zu unentgeltlicher Benutzung übergeben werden sollte. Die englische Regierung, welcher der größte Teil der Kanalaktien gehörte, war den Freiländern mit weitgehender Liberalität entgegengekommen; sie überließ ihnen ihre Aktien zu einem sehr mäßigen Preise, so daß diese es nur mit den kleineren Aktionären zu thun hatten, welche allerdings die Situation weidlich auszunützen verstanden. Die britische Regierung verlangte Sicherheit für die unantastbare Neutralität des Kanals und förderte im übrigen das Unternehmen nach Kräften.

Die präliminierten Kosten waren die folgenden:

Süd-Nordkanal (Gesamtlänge 6250 Kilometer)	385 Mill. Pfund,
Ost-Westkanal (Gesamtlänge 5460 Kilometer)	412 Mill. Pfund,
Suez-Kanal (für Ankauf und Erweiterung)	280 Mill. Pfund.
Zusammen	1077 Mill. Pfund.

Die Bauzeit war mit 6 Jahren in Aussicht genommen, so daß im Jahresdurchschnitt rund 180 Millionen erforderlich schienen. Nach den bisherigen Erfahrungen glaubte die freiländische Verwaltung darauf rechnen zu dürfen, daß die jährlichen Gesamteinkünfte des Landes sich im Laufe der nächsten sechs Jahre von 7 Milliarden — ihrem vorjährigen Stande — successive auf mindestens 10½ Milliarden steigern und 8½ Milliarden im Durchschnitte der sechs Jahre betragen würden; der Bauaufwand beanspruchte also bloß 2⅛ Prozent des zu erwartenden Nationaleinkommens und konnte gedeckt werden, ohne daß eine Erhöhung der auf dieses Einkommen gelegten öffentlichen Abgaben über ihr normales Maß erforderlich gewesen wäre. Dem Kostenvoranschlage waren die detaillierten Baupläne beigelegt, desgleichen eine Rentabilitätsberechnung, nach welcher die Kanäle schon im ersten Jahre ihrer Inbetriebsetzung eine voraussichtliche Transportkostenersparnis von 32 Millionen Pfund im Gefolge haben, also schon dadurch allein und unter Berücksichtigung der voraussichtlichen Frachtenzunahme in ungefähr 30 Jahren sich bezahlt machen würden; außerdem aber sollten diese künstlichen Wasserstraßen teilweise auch als Be- und Entwässerungskanäle dienen und der hieraus sich ergebende Nutzen war mit 45 Millionen Pfund im Jahresdurchschnitte berechnet, so daß die Kosten der sämtlichen Anlagen binnen längstens 14 Jahren getilgt sein mußten, wobei überall bloß der auf Freiland entfallende, nicht aber der dem Auslande mit eingeräumte Nutzen in Rechnung gestellt war.

Da die sämtlichen Vorlagen schon seit einigen Wochen in Händen des Fachparlamentes und von diesem sorgfältig studiert worden waren, so ging dasselbe unmittelbar in die Beratung derselben ein. Prinzipieller Widerspruch wurde von keiner Seite erhoben; die Verhandlung bewegte sich der Hauptsache nach bloß um zwei Fragen: erstlich, ob es nicht möglich wäre, die Bauzeit zu verkürzen, zweitens, ob nicht eine gleichfalls tracierte und mit allen Detailplänen vorgelegte Alternativlinie der von der Verwaltung empfohlenen vorzuziehen wäre. In ersterer Beziehung stellte sich heraus, daß durch ein von gewiegten Fachmännern vorgeschlagenes, ganz neues System der Baggerung thatsächlich ein halbes Jahr Bauzeit erspart werden könnte;

es wurde also beschlossen, dem entsprechend vorzugehen; bezüglich der zu wählenden Trace dagegen entschied sich die Versammlung infolge der von Herrn Ney geltend gemachten Gründe einstimmig für den Plan der Centralverwaltung. Die ganze Debatte währte keine drei Stunden; nach Verlauf derselben hatte die Verwaltung die Ermächtigung, 1077 Millionen Pfund Sterling, etwas mehr als die Anlagekosten sämtlicher Kanäle der übrigen civilisierten Welt betragen, binnen 5½ Jahren zu dem Zwecke auszugeben, damit Oceandampfer den afrikanischen Kontinent von Ost nach West durchqueren, aus dem Mittelmeere bis 10 Breitengrade südlich vom Äquator eindringen und den Weg vom Mittelmeere ins rote Meer gebührenfrei und ohne jeden Aufenthalt zurücklegen könnten.

Ich war von all dem geradezu konsterniert. „Wenn ich mir nicht vorgenommen hätte, das Wort ‚unmöglich' hier aus meinem Wörtervorrate zu streichen, so würde ich es jetzt anwenden", meinte ich auf dem Heimwege Herrn Ney gegenüber. Bemerken will ich noch, daß in den freiländischen Parlamenten alle Vorlagen auch unter das anwesende Publikum verteilt werden, so daß ich Gelegenheit gehabt hatte, die Details des soeben zur Annahme gelangten Projektes oberflächlich einzusehen. Du weißt, daß ich von derlei Dingen Einiges verstehe und so war ich denn in der Lage, den Plänen zu entnehmen, daß die beiden Binnenschiffahrtkanäle mehrere Wasserscheiden passieren. Eine dieser Wasserscheiden kenne ich nun zufällig ziemlich genau, da wir sie teils auf unserer Reise, teils bei unseren Ausflügen erst kürzlich passiert hatten; sie erhebt sich meiner Schätzung nach mindestens 500 Meter über die Kanalsohle; ich fragte nun Herrn Ney, ob er denn wirklich mit einem Wasserwege für Zweitausendtonnen-Schiffe 500 Meter auf- und abwärts klimmen wolle; das sei doch bau- und betriebstechnisch gleich unausführbar.

„Natürlich!" gab dieser lächelnd zu. „Wenn Sie jedoch die Detailpläne genauer einsehen wollen, so werden Sie finden, daß wir solche Wasserscheiden nicht vermittels zahlreicher Schleußen *übersteigen*, sondern vermittels eines oder mehrerer Tunnels *unterfahren*."

Jetzt blickte ich ihn aber erst recht ungläubig an und auch mein Vater machte ein nicht minder erstauntes Gesicht.

„Was finden Sie daran gar so merkwürdiges, meine werten Gäste? Warum soll bei Kanälen unpraktisch sein, was bei Eisenbahnen, die doch immer noch viel leichter *über* Berg und Thal zu führen wären, schon so lange und in so ausgedehntem Maße geübt wird?" fragte Herr Ney. „Unsere Kanaltunnels sind sehr teuer, das gebe ich Ihnen zu; da sie uns aber beim Betriebe das kostbarste von allen Dingen, d. i. menschliche Arbeit, ersparen, so sind sie für unsere Verhältnisse überaus praktisch. Zudem hatten wir ja in zahlreichen Fällen keine andere Wahl, als die Kanäle fallen zu lassen, oder Tunnels zu bauen. Die Wasserscheide, von der Sie sprachen, ist gar nicht die bedeutendste von allen; unser größter Durchbruch — er verknüpft das Flußgebiet des Ukerewe mit dem des Indischen Oceans — geht in einer Länge von 17 Kilometern 1200 Meter unter der Wasserscheide, und alles in allem haben wir in diesem neuen Projekte nicht weniger als 132 Kilometer Tunnelbauten. Dieselben sind übrigens durchaus nichts ganz neues; auch in Frankreich giebt es — wie Sie wissen — einige, wenn auch sehr kurze Wassertunnels; wir besitzen deren schon in unserem alten Kanalsysteme mehrere ganz respektable, nur können sie sich allerdings weder an Längenentwicklung noch an Mächtigkeit mit diesen neuen vergleichen, auf denen große Oceanfahrer — mit zurückgelegten Masten natürlich — durch die Eingeweide ganzer Gebirgszüge hindurchdampfen werden. Das kostet Riesensummen, aber bedenken Sie doch, daß jede Stunde Zeitgewinn eines freiländischen Matrosen heute schon ihre 8 Schilling wert ist und von Jahr zu Jahr an Wert gewinnt."

„Unbegreiflich aber bleibt mir trotz alledem die Raschheit, ich möchte fast sagen die Nonchalance, mit welcher diese Milliarde Ihnen votiert wurde, als handle es sich um die nächstbeste Kleinigkeit", meinte mein Vater. „Ich will der Ehrenhaftigkeit sämtlicher Mitglieder Ihres Fachparlamentes für öffentliche Bauten beileibe nicht nahe treten; aber verschweigen kann ich nicht, daß mir die ganze Versammlung den Eindruck machte, als verspräche sie sich den größten persönlichen Vorteil aus der möglichst raschen und großartigen Durchführung des Werkes."

„Dieser Eindruck war auch ganz der richtige", gab Herr Ney zur Antwort. „Doch bitte ich hinzuzufügen, daß jeder Bewohner Freilands genau den nämlichen persönlichen Gewinn aus der Verwirklichung dieses Kanalprojekts ziehen muß und wird. Nur weil dem so ist, weil bei uns jene Solidarität der Interessen Wahrheit ist, von welcher man außerhalb Freilands fälschlich spricht, nur deshalb können wir so ungeheure Summen für jede Anlage ausgeben, von welcher nachzuweisen ist, daß ihr Nutzen den Kostenaufwand überragt. Wird bei Ihnen ein Kanal gebaut, der die Ertragsfähigkeit weiter Landstrecken erhöht, so dociert Ihre Schulökonomie zwar auch, daß er den Wohlstand Aller befördere; richtig ist dies aber nur für die Besitzer der betreffenden Grundstücke, während den großen Massen der Bevölkerung solch ein Kanal nicht das geringste nützt, den Besitzern anderer, konkurrierender Grundstücke vielleicht geradezu schadet. Die Ermäßigung der Getreidepreise — so behaupten Ihre Staatswirte — komme den nichtbesitzenden Massen zu statten; sie vergessen dabei die Kleinigkeit, daß der ‚Arbeitslohn' sich auf die Dauer nicht zu behaupten pflegt, wenn die Getreidepreise sinken. Dem steht allerdings als Trost auf der andren Seite gegenüber, daß die nichtbesitzenden Massen auch durch die Abgabenerhöhung, welche solche öffentliche Bauten beanspruchen, nicht dauernd geschädigt werden können; denn wer nicht mehr Lohn bezieht, als zur Lebensfristung notwendig ist, dem kann auf die Dauer auch nicht viel entzogen werden; ihm auferlegte Abgaben müssen also in letzter Linie auf den Arbeitgeber oder den Consumenten abgewälzt werden. Der Streit um solche Anlagen ist daher bei Ihnen zu Hause ein Interessenkonflikt, einzelner Grundeigentümer und Arbeitgeber, von denen ein Teil gewinnt, während andere leer ausgehen oder geradezu geschädigt werden. Bei uns dagegen ist jedermann gleichmäßig nach Maßgabe seiner Arbeitsleistung am Nutzen fruchtbringender Investitionen interessiert, und da ebenso jedermann gleichmäßig nach Maßgabe seiner Arbeitsleistungen zur Kostendeckung herangezogen wird, so ist hier ein Interessenkonflikt, oder auch nur eine Unverhältnismäßigkeit des Vorteils schlechterdings ausgeschlossen. 7 Millionen Hektaren Landes werden durch die neuen Kanäle aus Sümpfen in fruchtbaren Ackerboden verwandelt werden; wer wird den Vorteil davon haben, wenn dieser jungfräuliche, dicht an so vortrefflicher Wasserstraße gelegene Boden um etliche Pfd. Sterling pro Hektar jährlich mehr trägt, als anderer? Nun offenbar jedermann in Freiland und zwar jedermann gleichmäßig, er mag Landbauer, Industrieller, Professor oder Beamter sein. Wer zieht Gewinn aus der Ermäßigung der Frachten? Etwa bloß die Associationen und Arbeiter, welche die neuen Wasserstraßen zum Transporte thatsächlich benutzen? Keineswegs; denn jeden Vorteil, welchen sie solcherart erlangen, müssen sie, Dank der unbeschränkten Beweglichkeit unserer Arbeitskräfte, mit jedermann in ganz Freiland teilen. Wir überlassen daher mit der größten Seelenruhe die Entscheidung über derlei Fragen jenen, die dabei am unmittelbarsten interessiert sind. Diese wissen am besten, was ihnen nützt, und da ihr Nutzen sich vollkommen mit jedermanns Nutzen deckt, so steht ihnen jedermanns, d. h. des Gemeinwesens, Kasse so weit und frei geöffnet, wie nur immer ihre eigene. Mögen sie nur hineingreifen — je tiefer, desto besser! Wir haben nicht zu untersuchen, *wem* die Investition nützt, sondern bloß, *ob* sie überhaupt nützlich ist, d. h. Arbeitskraft erspart."

„Wunderbar, aber wahr!" mußte mein Vater zugeben. „Da dem aber so ist, da hierzulande wirklich die vollkommenste Interessensolidarität besteht, so ist mir hinwieder unerklärlich, warum sie die Rückzahlung jener Kapitalien verlangen, die das Gemeinwesen den einzelnen Associationen vorstreckt."

„Weil das Gegenteil der Kommunismus mit allen seinen unvermeidlichen Konsequenzen wäre", war die Antwort. „Der eventuelle Vorteil aus derartiger unentgeltlicher Kapitalzuwendung käme zwar auch hier Allen gleichmäßig zugute, wer aber könnte in diesem Falle dafür einstehen, *ob* solche Kapitalanlagen vorteilhaft oder schädlich wären. Denn vorteilhaft ist eine Kapitalanlage doch nur in dem Falle, wenn mit deren Hilfe mehr Arbeit erspart wird, als die Herstellung der Kapitalien selber kostet. Eine Maschine, die mehr Arbeit fordert, als hereinbringt, ist schädlich. Derzeit nun sind wir gegen solche Vergeudung, zum mindesten gegen absichtliche Vergeudung von Kapitalien gesichert. Das Gemeinwesen sowohl, als die Einzelnen können sich in ihren Berechnungen täuschen, sie können eine Anlage für rentabel halten, die sich nachträglich als unrentabel erweist, d. h. die auf ihre Herstellung verwendete Arbeit nicht hereinbringt; die *Absicht* bei allen Anlagen jedoch kann immer nur auf Kraftersparnisse gerichtet sein, denn das Gemeinwesen sowohl als die Einzelnen müssen ein jeder seine Anlagen bezahlen. Wenn aber das Gemeinwesen auch für die Kapitalanlagen der Einzelnen, respektive der Associationen, aufzukommen hätte, dann läge für die einzelne Association kein Grund vor, nicht auch solche Einrichtungen zu fordern, die weniger Kraft ersparen, als zu ihrer Herstellung beanspruchen; die notwendige Ergänzung dieser Liberalität des Gemeinwesens wäre daher, daß sich dieses ein Recht der Überwachung und Bevormundung den Kapitalbedürftigen gegenüber herausnähme, welches mit Freiheit und Fortschritt unvereinbar wäre. Alles Gefühl der Selbstverantwortung ginge verloren, das Gemeinwesen müßte sich in Verhältnisse mengen, denen es nicht gewachsen ist, und Verluste wären trotz aller beengenden Willkür von Oben unvermeidlich."

„Das ist wieder so einleuchtend und einfach, als nur immer möglich", meinte mein Vater. „Ich erbitte mir aber für einen ferneren Punkt nähere Erklärung. Kraft der bei Ihnen herrschenden Interessensolidarität nimmt jedermann an den Vorteilen aller wo immer eintretenden Verbesserungen teil; dies geschieht in der Weise, daß jedermann das Recht hat, einen minderergiebigen Produktionszweig oder Produktionsort mit einem sich ergiebiger erweisenden zu vertauschen. Welches Interesse hat also der *einzelne* Produzent, respektive die *einzelne* Association, Verbesserungen einzuführen, da es doch viel einfacher, bequemer und gefahrloser erscheinen muß, Andere vorangehen zu lassen und sich ihnen erst anzuschließen, wenn der Erfolg gesichert ist? Nun sehe ich aber, daß es ihren Associationen an Regsamkeit und Unternehmungsgeist keineswegs fehlt; wie erklärt sich dies? was veranlaßt Ihre Produzenten, sich Gefahren — sie mögen noch so gering sein — auszusetzen, wenn der damit erreichte Gewinn so rasch mit aller Welt geteilt werden muß?"

„Sie übersehen erstlich", entgegnete Herr Ney, „daß die Höhe des zu erzielenden Gewinnes denn doch nicht der alleinige Beweggrund ist, von welchem sich arbeitende Menschen, insbesondere aber unsere freiländischen Arbeiter, leiten lassen. Der Ehrgeiz, das Etablissement, an welchem man beteiligt ist, an der Spitze und nicht im Nachtrabe aller anderen einherschreiten zu sehen, darf bei intelligenten, von starkem Gemeingeiste beseelten Menschen nicht eben unterschätzt werden. Aber abgesehen davon, bitte ich Sie zu bedenken, daß die an den Associationen Beteiligten auch sehr lebhafte *materielle* Interessen am Gedeihen gerade ihrer speciellen Unternehmung haben. Freiländische Arbeiter besitzen ausnahmslos recht behagliche, ja luxuriöse Heimstätten — naturgemäß meist in der Nähe der von ihnen gewählten Arbeitsstätten; sie sind in Gefahr, dieselben verlassen zu müssen, falls ihr Unternehmen sich nicht auf gleicher Höhe mit anderen erhält. Zum zweiten genießen die älteren, d. h. durch längere Zeit bei einem Unternehmen beteiligten Arbeiter ein stetig wachsendes Präcipium; ihre Arbeitszeit wird ihnen um einige Prozente höher angerechnet, als den Neueintretenden. Die Mitglieder jeder Association müssen also trotz aller Interessensolidarität sehr lebhaft darauf bedacht sein, daß ihr Etablissement nicht überflügelt werde, und da das Risiko neuer Verbesserungen ein verschwindend geringes ist, so regt sich der Erfindungs- und Unternehmungsgeist nirgends in der Welt so kühn und mächtig, wie bei uns. Die Associationen wetteifern aufs lebhafteste um den Vorrang, nur daß dies allerdings ein friedlicher Wettbewerb, kein ingrimmiger, auf gegenseitige Schädigung abzielender Konkurrenzkampf ist."

Es war inzwischen sehr spät geworden; mein Vater und ich hätten allerdings gerne noch längere Zeit den hochinteressanten Aufklärungen unseres freundlichen Wirtes gelauscht; doch wir durften die Liebenswürdigkeit unserer Gastfreunde nicht mißbrauchen und so trennten wir uns — was mir denn auch Anlaß giebt, von Dir, mein Luigi, für heute Abschied zu nehmen.

20. Kapitel.

Edenthal, den 16. August.

Du äußerst in Deinem letzten Briefe einige Verwunderung darüber, daß unser Gastfreund aus seinem bloß 1440 Pfund betragenden Gehalte als Regent von Freiland einen Hausstand gleich dem Dir beschriebenen zu führen, eine elegante Villa mit zwölf Wohnräumen zu bewohnen, feine Küche zu führen, Wagen und Reitpferde zu halten, kurzum einen Luxus zu treiben vermöge, den sich bei uns daheim nur die Reichsten gönnen dürfen. Die Erklärung liegt darin, daß Dank der wunderbaren Organisation von Arbeit und Verkehr hier eben alles fabelhaft billig ist, ja zahlreiche Dinge, die in Europa und Amerika recht viel Geld verschlingen, den freiländischen Haushalt überhaupt nicht belasten, da sie vom Gemeinwesen unentgeltlich beigestellt werden und ihre Deckung schon in den vom Reineinkommen vorweg abgezogenen Steuern finden. So erscheinen z. B. bei den Reisekosten die Fahrpreise auf Eisenbahnen und Dampfschiffen auch nicht mit einem Heller, da, wie Du schon aus meinen früheren Briefen entnommen haben kannst, das freiländische Gemeinwesen den Personentransport unentgeltlich besorgt. Das Gleiche gilt, wie ich ebenfalls schon erwähnt zu haben glaube, bei allen Telegraphen, Telephonanstalten, Briefpost, elektrischer Beleuchtung, mechanischer Kraftabgabe u. dergl. Beim Frachtentransporte zu Lande und Wasser dagegen läßt sich die freiländische Verwaltung die Selbstkosten ersetzen. Bemerken will ich bei diesem Anlasse noch, daß beinahe jede freiländische Familie durchschnittlich zwei Monate des Jahres auf Reisen wendet, die meist den wundervollen und mannigfaltigen Naturschönheiten des eigenen Landes gelten, teils auch — dies jedoch seltener — bis ins entfernte Ausland sich erstrecken. Jeder Freiländer nimmt alljährlich mindestens sechs, bisweilen aber auch zehn Wochen Urlaub von allen Geschäften und sucht während dieser Zeit Erholung, Vergnügen und Belehrung als Tourist. Insbesondere in den Hochlanden des Kilima-Ndscharo, Kenia und Elgon, des Aberdare und Mondgebirges, sowie an den Gestaden der sämtlichen großen Seen wimmelt es mit Ausnahme der beiden Regenepochen jederzeit von fahrenden, reitenden, wandernden, rudernden und segelnden Männern, Frauen und Kindern, die in vollen Zügen jegliche Lust des Reisens genießen.

Überhaupt gehört sinnige, herzliche Freude an der Natur und ihren Schönheiten zu den charakteristischen Eigenschaften der Freiländer. Sie sind eben allesamt Eigentümer ihres gesamten Landes, und inniges Behagen an diesem ihrem köstlichsten Eigentum tritt überall zu Tage. So halte ich es z. B. für bezeichnend, daß nirgend in Freiland Bäche und Flüsse durch Abfallwässer vergiftet, nirgend malerische Berghänge durch wahllos angebrachte Steinbrüche verunstaltet werden, oder sonst ein Frevel gegen die landschaftliche Schönheit zu rügen ist. Warum auch sollten diese selbstherrlichen Arbeiter um geringer Ersparnisse willen — die sie zudem sehr bald mit aller Welt teilen müßten — sich selber eines so wesentlichen Genusses berauben, wie es eine möglichst gesunde und schöne Landschaft ist? Natürlich kommt diese verständige Pflege aller landschaftlichen Reize auch den Reisenden zu gute. Allenthalben sind Straßen sowohl als Eisenbahnen von mehrfachen Alleen prächtiger Palmen eingesäumt, deren schlanke astlose Stämme nirgend die Aussicht behindern, während ihre dichten Kronen erquickenden Schatten gewähren. Man hat infolge dieser ebenso einfachen als wirksamen Einrichtung beim Reisen hier unter dem Äquator von Hitze und Staub weit weniger zu leiden, als im

„gemäßigten" Europa, wo während der Sommermonate eine mehrstündige Eisenbahn- oder Wagenfahrt häufig zur Tortur wird. An allen schön und romantisch gelegenen Punkten haben die zahlreichen, mit den gewaltigsten Mitteln arbeitenden Hôtel- und Vergnügungsassociationen sowohl riesige Gasthöfe als eine Menge kleiner Villen angelegt, in denen die Touristen und Sommerfrischler je nach Laune und Geschmack für Stunden, Tage, Wochen oder Monate gemeinsam zu Hunderten und Tausenden oder allein in ländlicher Zurückgezogenheit Unterkunft und allen erdenklichen Comfort finden.

Wunderst Du Dich schon über den Luxus im Neyschen Hause, was wirst Du erst sagen, wenn ich Dir erzähle, daß hierzulande dem Wesen nach jeder einfache Arbeiter so lebt, wie unsere Gastfreunde. Die Villen haben einige Wohnräume weniger, die Möbel sind einfacher, statt eigene Reitpferde in den Ställen der Transportassociation zu halten, werden Mietpferde benützt, auf Kunstgegenstände, Bücher und zu wohlthätigen Zwecken wird weniger ausgegeben, das ist aber auch der ganze Unterschied. Da ist z. B. unser Nachbar Moro. Derselbe, ein gewöhnlicher Werkführer der Edenthaler Farbwarenassociation, gehört samt seiner reizenden Frau zu den Intimen des Neyschen Hauses, und wir haben schon einigemale vortrefflich in seinem netten und komfortabel eingerichteten 7 Wohnräume enthaltenden Heim gespeist. Ja selbst die „Ziehtöchter" fehlen — nebenbei bemerkt — in seinem Hause nicht, denn auch seine Gattin genießt — und, wie ich hinzufügen will, nicht mit Unrecht — den Ruf einer hervorragenden Geistes- und Herzensbildung, und die Ziehtöchter suchen, wie Du weißt, nicht das große Haus, sondern die bedeutende Frau auf. Und sollte Dir besonders auffallend erscheinen, daß solch ein Phönix von Frau Gattin eines gewöhnlichen Fabrikarbeiters ist, so bedenke, daß freiländische Arbeiter etwas anderes sind, als europäische. Gediegene

Mittelschulbildung genießt hier alle Welt, und daß ein junger Mann Handwerker und nicht Lehrer, Arzt, Ingenieur oder dergl. wird, hat darin seinen Grund, daß er eben keinerlei *hervorragende* geistige Fähigkeiten in sich entdeckt oder vermutet. Denn hierzulande kann sich den geistigen Berufszweigen nur ein geistig hervorragend Befähigter mit Aussicht auf Erfolg zuwenden, da der Minderbefähigte angesichts der Konkurrenz *aller* wirklich Befähigten unmöglich aufzukommen vermag. Bei uns da draußen, wo nur eine verschwindende Minderzahl die materiellen Mittel zum Studium hat, gewährt diese Mittellosigkeit einer ungeheuern Mehrzahl auch den Dummköpfen unter den Bemittelten ein Privilegium. Die Reichen können eben nicht alle talentiert sein — so wenig als die Armen alle es sind; da wir aber trotzdem unseren Bedarf an geistigen Arbeitern — von Ausnahmen, die ja überall vorkommen, muß dabei natürlich abgesehen werden — bloß aus der kleinen Menge von Söhnen reicher Familien decken, so kommen bei uns — günstig gerechnet — auf je einen fähigen Studierenden zehn Unfähige, von welchen Zehnen aber, da wir mit dem einen Fähigen natürlich nicht den ganzen Bedarf decken können, höchstens die zwei oder drei Allerdümmsten Schiffbruch leiden. Hier dagegen, wo Jedermann die Mittel zum Studium hat, giebt es selbstverständlich unendlich mehr befähigte Studierende, folglich brauchen die Freiländer bei Deckung ihres geistigen Bedarfes lange nicht so tief zu greifen, als wir. Ihre Tüchtigsten sind nicht notwendig tüchtiger, als die unsrigen, aber unsere Unfähigsten — unter den Studierenden — sind viel, viel unfähiger, als ihre überhaupt noch möglichen Unfähigsten. Was bei uns noch mittelgut wäre, ist hier schon lange aussichtslos. Freund Moro z. B. hätte es in Europa oder Amerika vielleicht auch zu keiner „Leuchte der Wissenschaft" oder „Zierde des Barreau" gebracht, doch ein ganz annehmbarer Durchschnittslehrer,

Advokat oder Beamter wäre er immerhin geworden. Hier aber mußte er — nach absolvierten Mittelschulen — gewissenhafter mit seinen geistigen Fähigkeiten zu Rate zu gehen und gelangte dabei zu dem Resultate, daß es ersprießlicher für ihn sei, ein tüchtiger Fabrikwerkführer, als ein mittelmäßiger Lehrer oder Beamter zu werden. Und er konnte diesem Ratschlage strenger — vielleicht allzustrenger — Selbstprüfung Folge geben, ohne sich gesellschaftlich zu degradieren, denn in Freiland schändet Handarbeit wirklich nicht, zum Unterschiede von Europa und Amerika, wo dies zwar auch behauptet wird, jedoch lediglich eine der vielen konventionellen Lügen ist, mit denen wir uns selber hinters Licht zu führen versuchen. Arbeit ist bei uns — trotz aller demokratischen Redensarten — ganz im Allgemeinen eine Schande, denn der Arbeitende ist ein höriger Mann, ein ausgebeuteter Knecht, er hat einen Herrn über sich, der ihn kommandiert, für sich ausnützt gleich dem arbeitenden Tiere — keine Moraltheorie der Welt wird die Ehre des Knechtes der des Herrn gleichsetzen. Hier aber ist das anders. Um dies voll zu ermessen, brauchst Du bloß einmal gesellige Vereinigungen in Freiland besucht zu haben. Zwar liegt es in der Natur der Sache, daß Personen des gleichen Interessenkreises sich zunächst aufsuchen und anziehen, doch darf dies beileibe nicht so aufgefaßt werden, als ob damit auch nur im entferntesten eine Sonderung verschiedener Gesellschaftsschichten nach Berufen verbunden wäre. Das allgemeine Bildungsniveau ist ein so hohes, das Interesse an den erhabensten Problemen der Menschheit auch unter den Handarbeitern so verbreitet, daß Gelehrte, Künstler, hohe Beamte die mannigfaltigsten geistigen und gemütlichen Berührungspunkte auch mit Fabrik- oder Feldarbeitern finden.

Dies ist umsomehr der Fall, als eigentlich eine Scheidung von Kopf- und Handarbeitern sich hierzulande gar nicht streng durchführen läßt. Der Handarbeiter von heute kann morgen durch die Wahl seiner Genossen Betriebsleiter, also Kopfarbeiter werden, und umgekehrt gibt es unter den Handarbeitern ungezählte Tausende, die ursprünglich einen anderen Beruf gewählt und die für diesen erforderlichen höheren Studien absolviert hatten, dann aber — sei es, weil ihre geistigen Fähigkeiten sich als nicht vollkommen ausreichend erwiesen, sei es, weil ihre Geschmacksrichtung wechselte — die Feder mit dem Werkzeug vertauschten. So hat z. B. ein anderer Hausfreund der Familie Ney sein mehrere Jahre hindurch zu allgemeiner Zufriedenheit verwaltetes Amt als Arzt niedergelegt und sich der Gärtnerei gewidmet, weil er fand, daß dieser ruhige Beruf ihn weniger von seinem Lieblingsstudium, der Astronomie abziehe, als die ärztliche Thätigkeit. Um sich als Astronom zu ernähren, dazu reichten seine Kenntnisse und Fähigkeiten nicht aus, und da ihm einigemal widerfahren war, von interessanten Beobachtungen zu plötzlich des Nachts erkrankten Kindern abberufen zu werden, so zog er es vor, seinen Haushalt durch den Ertrag von Gartenarbeit zu decken und des Nachts ungestört seinen lieben Sternen nachzuspüren. Ein anderer Mann, den ich hier kennen gelernt, vertauschte seine Carrière als Bankbeamter mit der Maschinenschlosserei, lediglich weil ihm auf die Dauer die sitzende Thätigkeit nicht behagte; er wäre wiederholt schon von den Mitgliedern seiner Association in die Oberleitung gewählt worden, lehnte aber stets ab, da seine Abneigung gegen Bureauarbeiten noch immer nicht überwunden ist. Insbesondere aber ist die Zahl derjenigen sehr groß, die irgendwelche Handarbeit mit Kopfarbeit verbinden. So allgemein verbreitet ist in Freiland die Abneigung gegen *ausschließliche* Kopfarbeit, daß sich die sämtlichen höheren Berufe, ja sogar die öffentlichen Ämter darauf einrichten mußten, ihren Angehörigen zeitweilig körperliche Berufsthätigkeit zu gestatten. Die Buchhalter und Korrespondenten der Associationen sowohl als der

dieselben niemals anerkennen, sondern sich in ihrem Umgange lediglich von persönlichen Eigenschaften bestimmen lassen. Die geistreichste, liebenswürdigste Frau ist es, deren Freundschaft von ihnen am eifrigsten gesucht wird, gleichviel, welche Stellung der Gatte einnehmen mag. Du begreifst also, daß Frau Moro ihren Mann wählen konnte, ohne sich in der hiesigen „Gesellschaft" das Geringste zu vergeben.

Da wir gerade mit diesem Thema beschäftigt sind, laß mich die Gelegenheit benützen, einige Worte über das Wesen der hiesigen Geselligkeit nachzutragen. Dieselbe ist überaus lebhaft; die bekannten Familien versammeln sich beinahe jeden Abend in zwanglosen Cirkeln, in denen geplaudert, musiciert, vom jungen Volke wohl auch getanzt wird. Soweit wäre dabei nichts besonderes; ihren ganz eigentümlichen, dem Fremden anfangs schier unbegreiflichen Reiz aber erhält diese Geselligkeit durch den sie durchwehenden Ton höchster Freiheit im Vereine mit reinstem Adel und tadelloser Feinheit. Nachdem ich sie einigemale gekostet, dürstete ich förmlich nach den Freuden dieser Zusammenkünfte, ohne mir anfangs Rechenschaft geben zu können über die Natur des Zaubers, den sie auf mich übten. Schließlich bin ich zu der Überzeugung gelangt, daß es in erster Linie jene Atmosphäre wahrer Menschenliebe sein müsse, die in Freiland alles umfängt, was hier den geselligen Verkehr zu einem so genußreichen gestaltet.

Europäische Gesellschaften sind im Grunde doch nichts anderes, als Maskeraden, bei denen alle Welt sich gegenseitig belügt; Zusammenkünfte von Feinden, die das Böse, das sie sich gegenseitig wünschen, unter höflichen Grimassen zu verbergen suchen, ohne jedoch dadurch irgendwen ernstlich zu täuschen. Und dies ist in einer ausbeuterischen Gesellschaft anders gar nicht möglich, denn in dieser ist Interessengegensatz die Regel, wahre Interessensolidarität eine höchst seltene und bloß zufällige Ausnahme; seinen Nebenmenschen wirklich zu lieben, ist bei uns eine Tugend, zu deren Übung ein nicht gerade alltägliches Maß von Selbstverleugnung gehört, und Jedermann weiß daher, daß neun Zehnteile dieser verbindlich grinsenden Masken sofort in bitterem Hasse über einander herfallen würden, wenn die angeborene und anerzogene Dressur der wohlanständigen Sitte sie auch nur einen Moment im Stiche ließe. Man hat also inmitten solcher Gesellschaften stets ein Gefühl, welches etwa dem der unterschiedlichen Bestien gleichen mag, welche in den Menagerien zum Ergötzen des schaulustigen Publikums in einen gemeinsamen Käfig gesperrt, sich wohl oder übel miteinander vertragen müssen. Der Unterschied liegt bloß darin, daß die Dressur von uns zweibeinigen Tigern, Panthern, Luchsen, Wölfen, Bären und Hyänen vollkommener ist, als die unserer vierbeinigen Ebenbilder; diese umschleichen einander, ingrimmig knurrend, ihre Rauf- und Mordlust sichtlich nur mühsam unter scheuen Seitenblicken auf die Peitsche des Tierbändigers unterdrückend; während wir den im Herzen lauernden bösen Willen höchstens dem aufmerksamen Beobachter durch ein tückisches Blinzeln des Auges oder sonst eine kaum zu bemerkende Kleinigkeit verraten. Ja, so mächtig ist die Dressur von uns zweibeinigen Raubtieren, daß wir uns durch dieselbe zeitweilig selber täuschen lassen; die Hyäne unter uns hat Momente, wo sie allen Ernstes glaubt, ihr verbindliches Grinsen dem Tiger gegenüber sei ehrlich gemeint, und wo der Tiger sich einbildet, hinter seinem leisen Knurren verberge sich eitel Liebe und Freundschaft mit seinen Mitbestien. Aber das sind eben nur vorübergehende Momente holden Selbstbetrugs, und im allgemeinen wird man der Empfindung nicht ledig, sich unter natürlichen Feinden zu befinden, die nur äußerer Zwang hindert, uns des lieben Futters halber an die Kehle zu springen. Die Freiländer dagegen sehen sich unter wahren, aufrichtigen Freunden, wenn sie unter Menschen sind. Sie haben einander nichts zu verbergen, sie wollen einander weder übervorteilen, noch gegenseitig ausnützen. Wetteifer findet allerdings auch unter ihnen statt, aber dieser kann das Gefühl kameradschaftlichen Wohlwollens nicht beeinträchtigen, da der Erfolg des Siegers allemal auch dem Besiegten gute Früchte trägt. Harmlose Offenheit, ein geradezu kindliches Sichgehenlassen ist daher allenthalben unter ihnen heimisch und das in Verbindung mit der heiteren Lebensanschauung und geistigen Vielseitigkeit ist es, was der hiesigen Geselligkeit so wunderbaren Reiz verleiht.

Doch jetzt laß mich fortfahren in meinen Berichten über unsere hiesigen Erlebnisse. Gestern sahen wir hier den ersten — Betrunkenen. Wir — d. h. mein Vater und ich — hatten in Begleitung Davids nach dem Diner eine kleine Promenade am Edensee gemacht, an dessen Ufern bekanntlich die meisten der Edenthaler Hotels gelegen sind; eben als wir wieder heimkehren wollten, begegnete uns ein Trunkener, der wankend auf uns zukam und lallend nach einem der Gasthöfe fragte. Es war sichtlich ein erst kürzlich eingetroffener Einwanderer. David bat uns, die wenigen Schritte nach Hause allein zurückzulegen, nahm den Betrunkenen unter den Arm und führte ihn nach seinem Gasthofe; ich schloß mich diesem Liebeswerke an, während mein Vater heimkehrte. Als auch wir anlangten, fanden wir ihn im lebhaftesten Gespräche mit Frau Ney über dieses kleine Abenteuer. „Denke nur," rief er mir zu, „Madame behauptet, wir könnten uns rühmen, einer der in diesem Lande seltensten Sehenswürdigkeiten begegnet zu sein; sie ihrerseits habe während der 25 Jahre ihres Aufenthalts in Freiland bloß drei Trunkene bemerkt, und sie sei überzeugt, daß Edenthal zur Stunde sicherlich keinen zweiten Menschen in seinen Mauern beherberge, der jemals bis zur Sinnlosigkeit tränke! Ihr Freiländer" — so wandte er sich nun an David — „seid doch sicherlich keine Temperenzler; Euer Bier und Palmwein ist vorzüglich, Euere Weine lassen nichts zu wünschen übrig, und Ihr scheint mir nicht die Leute, diese guten Dinge bloß zum Gebrauche etwaiger Gäste in Bereitschaft zu halten; sollte es Euch also wirklich niemals widerfahren, daß Ihr ein klein wenig über den Durst tränket?"

„Und doch ist dem so, wie meine Mutter sagt. Wir trinken gern einen guten Tropfen und gönnen uns einen solchen nicht gerade selten; auch will ich nicht leugnen, daß bei festlichen Gelegenheiten die Begeisterung des Weines hie und da in ziemlich hellen Flammen emporschlägt; ein sinnlos trunkener Freiländer gehört aber trotzdem zu den allerseltensten Erscheinungen. Wenn Sie das gar so sehr Wunder nimmt, so werfen Sie sich doch die Frage auf, ob denn in Europa und Amerika gesittete und gebildete Menschen sich zu betrinken pflegen. Das geschieht, wie ich weiß, auch bei Ihnen bloß in den seltensten Fällen, obwohl dort die öffentliche Meinung in diesem Punkte minder streng ist, als hierzulande. In Freiland aber gibt es keinen Pöbel, der im Rausche Vergessenheit seines Elendes suchen müßte, und das Beispiel dieses Pöbels kann daher auch nicht dazu dienen, an den Anblick dieses erniedrigendsten aller Laster zu gewöhnen."

„Daß ihr Freiländer gegen dieses Laster gefeit seid, nimmt uns auch nicht gar so sehr Wunder," entgegnete mein Vater. „Aber ihre verehrte Mama erklärte uns, daß auch unter den Eingewanderten Trunkenbolde so rar sind, wie weiße Raben. Nun ist mir nicht bekannt, daß an den Grenzen Ihres Landes Mäßigkeitsapostel Wache halten; die Einwanderer gehören zum Teil jedenfalls solchen Rassen und Klassen an, die in ihrer alten Heimat dem Trunke — und zwar dem Trunke in seiner häßlichsten Bedeutung — keineswegs abgeneigt sind; was veranlaßt diese Leute hier, sich solcher Enthaltsamkeit zu befleißigen?"

„Zunächst der Wegfall jener Gründe, die in Europa und Amerika zum Trunke verleiten. Ich habe mich gelegentlich meiner europäischen Studienreise, die nicht bloß der Kunst, sondern auch dem Leben Ihres Landes gewidmet war, in den Höhlen der Armut umgesehen und dort Verhältnisse gefunden, die es geradezu wunderbar erscheinen ließen, wenn die inmitten derselben Lebenden nicht in der Schnapsflasche Vergessenheit ihrer Marter, ihrer Schmach, ihrer Entwürdigung gesucht hätten. Ich sah Menschen, die zu zwanzig und dreißig — alle Altersklassen und Geschlechter bunt durcheinander gewürfelt — in *einem* Gemache schliefen, welches gerade nur soviel Raum bot, daß die Insassen dichtgedrängt auf der eklen, den Boden bedeckenden Streu Unterkunft fanden; Menschen, die tagsüber kein anderes Heim hatten, als den Fabriksaal — oder die Schenke. Und das waren nicht etwa brotlose, sondern in regelmäßiger Arbeit stehende Leute, und nicht vereinzelte Ausnahmen, sondern Typen der Arbeiterschaft großer Landstriche. Daß solche Menschen in viehischer Betäubung Rettung suchen gegen die Erinnerungen ihrer Entbehrungen, der Schande ihrer Weiber und Töchter, daß sie das Bewußtsein ihrer Menschenwürde verlieren, das hat mich niemals in Erstaunen und noch weniger in Entrüstung versetzt; diese beiden Gefühle kehrten sich bloß gegen den Unverstand, der solchen Jammer ruhig gewähren läßt, als wäre er in Wahrheit der Ausfluß eines unwandelbaren Naturgesetzes. Und eben so natürlich finde ich, daß diese selben Menschen hier, wo sie ihre Würde und ihr Recht zurückerlangt haben, wo ihnen sorglose, schöne Lebensfreude allenthalben entgegenlacht, zugleich mit dem Elend auch das Laster des Elends abstreifen. Diese neuen Ankömmlinge stürzen sich alle mit wollüstiger Gier in den Umgang mit uns; sie können es meist gar nicht erwarten, ganz und vollständig unseresgleichen zu werden; je elender, entwürdigter sie zuvor gewesen, desto grenzenloser ist ihr

Entzücken, ihr Dankgefühl, sich hier von Jedermann als Seinesgleichen betrachtet zu sehen; um keinen Preis würden sie der Achtung ihrer neuen Genossen verlustig werden, und da diese den Trunk allgemein meiden, so trinken sie eben auch nicht."

„Du hast uns erklärt, warum Ihr keine Trunkenbolde hierzulande habet" — nahm nunmehr ich das Wort. „Aber noch um vieles wunderbarer erscheint mir, daß Euer Grundsatz, jedem Arbeitsunfähigen — er mag es aus welchem Grunde immer sein — einen Versorgungsanspruch einzuräumen, Euch nicht mit Krüppeln und Greisen sonder Zahl überflutet. Oder gibt es irgendwelche, uns noch unbekannte Einrichtungen, welche Euch gegen solche Gäste schützen? Und in welcher Weise erwehrt Ihr Euch, ohne peinlich inquisitorische Kontrolle, jener Trägen, die das Versorgungsrecht der wirklich Arbeitsunfähigen erschleichen wollen, um dem Müssiggange fröhnen zu können? Werden hinsichtlich der Versorgungsansprüche vielleicht Unterschiede zwischen Einheimischen und Eingewanderten gemacht, und was ist zur Geltendmachung eines solchen Anspruches vonnöten?"

„Hinsichtlich der Versorgungsansprüche wird keinerlei Unterschied gemacht, und zu deren Geltendmachung genügt das Krankheitszeugnis eines unserer Ärzte, oder der Ausweis des zurückgelegten 60. Jahres. Bei Ausstellung der Krankheitsatteste wird prinzipiell mit der größten Liberalität vorgegangen, ja es hat Jedermann das Recht, für den Fall, daß ihm der eine Arzt das Zeugnis verweigern sollte, sich nach Belieben einen anderen auszusuchen, da wir es grundsätzlich vorziehen, lieber zehn träge Simulanten zu füttern, als einen wirklich Kranken abzuweisen. Trotzdem gibt es bei uns ebensowenig fremde, als einheimische Müssiggänger von Beruf. Auch hier erweist sich der Einfluß unserer Institutionen als genügend mächtig, um alle derartigen Gelüste im Keime zu ersticken. Beachte vor allem, daß der Neueingewanderte den obersten Ehrgeiz hat, Unseresgleichen zu werden, sich uns anzuschließen; zu diesem Behufe muß er, ist er anders gesund und kräftig, an unseren Geschäften teilnehmen. Der kennt die menschliche Natur schlecht, der da glaubt, Proletarier, die sich noch einen Rest von Menschenwürde gerettet, würden, wenn sie Gelegenheit haben, als gleichberechtigte, selbstherrliche Männer in blühende, mächtige Geschäfte einzutreten, darauf verzichten und es vorziehen, sich von Gesamtheitswegen füttern zu lassen. Die Ankömmlinge *wollen* an allem teilnehmen, was hierzulande zu erlangen und zu leisten ist; es bedarf in neunundneunzig unter hundert Fällen keines anderen Anreizes zur Arbeit für sie. Jene Wenigen aber, denen dieser Sporn nicht genügt, finden sich, ist erst einmal die erste Zeit des Schauens und Hörens vorbei, sehr rasch durch Langeweile und Vereinsamung genötigt, irgend eine fruchtbare Thätigkeit zu wählen. Wir haben hier kein Wirtshausleben im abendländischen Sinne, keine Geselligkeit gewohnheitsmäßiger Müssiggänger; man *muß* hier eben arbeiten, um sich behaglich zu fühlen, und so arbeitet denn Alles, was arbeitsfähig ist. Die verstockteste Trägheit und Indolenz kann höchstens durch einige Wochen dem Zauber des Gedankens Stand halten, daß man, um den Ersten des Landes als Seinesgleichen die Hand schütteln zu dürfen, keines anderen Ehren- und Machttitels bedürfe, als einiger ehrlicher Arbeit. Kräftige, gesunde Müssiggänger sind also auch unter den Eingewanderten geradezu verschwindende Ausnahmen, die wir resigniert als eine Art geistiger Krankheitsfälle über uns ergehen lassen. Darben aber dürfen bei uns auch diese Trägen nicht. Sie erhalten, ohne daß ihnen ein besonderes Recht eingeräumt wird, alles, was sie brauchen und zwar nach europäischen Begriffen überreichlich.

„Was nun die Frage anlangt, ob das Institut der Versorgungsrechte nicht geradezu alles ins Land locke, was die übrige Welt an körperlich und geistig Invaliden, an Krüppeln und Greisen besitze, so kann ich darauf nur antworten, daß Freiland Jedermann unwiderstehlich anlockt, der nähere Kunde von seinen Einrichtungen erhalten hat, und daß daher das Verhältnis zwischen arbeitstüchtigen und arbeitsuntüchtigen Einwanderern lediglich davon abhängt, ob solche Kunde leichter und rascher zu ersteren oder zu letzteren gelangt. Wir weisen niemand zurück und befördern den lahmen Krüppel ebenso unentgeltlich in unser Land, wie den rüstigsten Arbeiter; aber es liegt in der Natur der Sache, daß die Tüchtigsten, Regsamsten sich in stärkerer Zahl melden, als die Armen an Geist und Körper.

„Auf der Forderung, daß jeder Einwanderer des Lesens und Schreibens kundig sein müsse, um all' unserer Rechte teilhaftig zu werden, bestehen wir seit Gründung des Gemeinwesens. Freiheit und Gleichberechtigung setzen ein gewisses Ausmaß von Kenntnissen voraus, welche wir niemand erlassen *können*. Freilich bliebe uns der Ausweg, die Unwissenden zu bevormunden; aber damit wäre den Behörden ein Wirkungskreis eingeräumt, den wir für unvereinbar mit wahrer Freiheit halten, und wir behandeln daher Einwanderer, die Analphabeten sind, als Fremdlinge, oder wenn man so will, als Gäste, die nach Möglichkeit zu fördern jedermanns Menschenpflicht ist, die in materieller Beziehung, sofern sie sich leistungsfähig erweisen, den Einheimischen gegenüber keineswegs verkürzt werden, die jedoch keinerlei politisches Recht auszuüben vermögen."

„Wie aber", so fragte mein Vater, „konstatieren Sie diese geistige Beschaffenheit Ihrer unwissenden Landesgenossen? Existiert zu diesem Behufe eine besondere Behörde, und ergeben sich keine Unzukömmlichkeiten bei solcher Inquisition?"

„Wir inquirieren nicht, und keine Behörde kümmert sich um das Wissen der Leute. Anfänglich übten wir, um nicht von fremder Unwissenheit überflutet zu werden, die Vorsicht, Analphabeten von der unentgeltlichen Beförderung nach Freiland auszuschließen; wir haben vor 19 Jahren auch das fallen gelassen. Jedermann, ohne jegliche Ausnahme, wird seither unentgeltlich bis an jeden ihm beliebigen Punkt Freilands befördert; niemand befragt ihn auch hier um den Stand seines Wissens; es steht ihm frei, von allen unseren Einrichtungen vollen Gebrauch zu machen, alle unsere Rechte auszuüben — nur muß er dies in derselben Weise thun, wie wir — und das ist dem Analphabeten eben unmöglich. Wohin er sich wenden mag, bei der Centralbank, bei allen Associationen, in allen Wahlbureaus, muß er lesen, schreiben — und zwar der Natur der Sache nach meist mit Verstand schreiben — sich in Gedrucktem und Geschriebenem zurechtfinden, kurz, ein gewisses Maß von Bildung haben, welches wir ihm nicht erlassen könnten, auch wenn wir wollten."

„Dann ist aber", meinte mein Vater, „Ihre berühmte Gleichberechtigung doch nur für einigermaßen gebildete Leute vorhanden?"

„Selbstverständlich" — erklärte nun Frau Ney. „Oder glauben Sie wirklich, daß vollkommen Unwissende die Fähigkeit besitzen, sich selber zu regieren? Jawohl, wirkliche Freiheit und Gleichberechtigung hat einen gewissen Grad von Civilisation zur unerläßlichen Voraussetzung. Die Freiheit und Gleichberechtigung der Armut und Barbarei, diese allerdings lassen sich auch von unwissenden Horden ins Werk setzen; Reichtum und Muße aber sind Produkte hoher Kunst und Kultur, sie können nur von wirklichen Kulturmenschen genossen werden. Wer die Menschen frei und reich machen will, der muß ihnen zuvor Wissen beibringen — das liegt nun einmal in der Natur der Sache, und nicht unsere, sondern Euere Schuld ist es, daß so Viele Eurer Volksgenossen zur Freiheit erst noch erzogen werden müssen."

„Da haben Sie abermals Recht", seufzte mein Vater. „Nun, und welche Erfahrungen machen Sie mit diesen eingewanderten Analphabeten?"

„Die Erfahrung, daß diese Ausschließung von vollkommener Gleichberechtigung, gerade weil sie mit keinerlei materieller Benachteiligung verknüpft ist, als schlechthin unwiderstehlicher Antrieb zu möglichst raschem Nachholen des in der alten Heimat Versäumten wirkt. Wir haben zu Nutz und Frommen solcher Einwanderer besondere Schulen für Erwachsene eingerichtet; auch Nachbarn und gute Freunde nehmen sich ihrer an und die Leute lernen mit geradezu rührendem Eifer. Sie begnügen sich keineswegs mit der mechanischen Aneignung jenes Ausmaßes von Kenntnissen, dessen sie zu Ausübung aller freiländischen Rechte gerade bedürfen, sondern sind redlich bemüht, sich möglichst vollständiges Wissen zu erwerben, und es sind wenige Fälle bekannt, wo aus solchen Einwanderern in kurzer Zeit nicht ganz gebildete Menschen geworden wären."

„Und was schließlich die hier wirklich als Invaliden anlangenden Einwanderer betrifft", nahm jetzt wieder David das Wort, „so üben wir diesen gegenüber die Versorgungspflicht in der nämlichen Weise, als ob sie in freiländischen Werkstätten alt und schwach geworden wären. Eine merkliche Belastung unseres Budgets haben wir davon nicht verspürt. Charakteristisch ist übrigens, daß die invaliden Eingewanderten meist nur unvollständigen Gebrauch von dem ihnen eingeräumten Versorgungsrechte machen; diese Bedauernswerten gewöhnen sich in der Regel nur allmählich an das sich ihnen hier bietende Ausmaß höherer Genüsse, und sie wissen daher anfangs keine Verwendung für den auf sie einstürmenden Reichtum."

„Jetzt bitte ich Sie, noch *ein* Bedenken zu zerstreuen, wie mir scheint, das wichtigste. — Was ist's mit Verbrechern, gegen deren Einwanderung Sie doch auch nicht geschützt sind? Erscheint mir schon höchst merkwürdig, daß Sie ohne Polizei und Strafeinrichtungen mit den Millionen Ihrer freiländischen Bevölkerung auskommen, so kann ich vollends nicht begreifen, wie Sie mit jenen Strolchen und Verbrechern fertig werden wollen, welche durch die ihnen hier winkende Milde, die auch den Verbrecher nicht strafen, bloß bessern will, doch angelockt werden sollten, wie Wespen vom Honig. Nun haben Sie uns allerdings erzählt, daß die zur Entscheidung der Civilstreitfälle eingesetzten Friedensrichter auch in Criminalsachen als erste Instanz zu fungieren haben, und daß von diesen der Appell an höhere Richterkollegien zulässig sei; Sie fügten jedoch hinzu, daß diese Richter allesamt so gut wie nichts zu thun haben und nur in höchst seltenen Ausnahmefällen das hierzulande übliche Besserungsverfahren zu verhängen in die Lage kommen. Wirken thatsächlich Ihre Institutionen so besänftigend auch auf verstockte Verbrechergemüter?"

„Allerdings", antwortete Frau Ney. „Und wenn Sie ruhig erwägen, welches die eigentliche und letzte Quelle aller Verbrechen ist, so werden Sie das auch ganz begreiflich finden. Vergessen Sie doch nicht, daß Recht und Gesetz in der ausbeuterischen Gesellschaft Anforderungen an das Individuum stellen, die der menschlichen Natur geradezu entgegenlaufen. Der Hungernde und Frierende soll vorübergehen an fremdem Überflusse, ohne sich davon anzueignen, wessen er zur Befriedigung seines unabweislichen Bedürfnisses bedarf, ja ohne Neid und Mißgunst gegen die Glücklicheren zu empfinden, die reichlich besitzen, was er so grausam entbehrt! Er soll seinen Nebenmenschen lieben, trotzdem dieser gerade auf jenem Gebiete, wo Interessenkonflikte am unversöhnlichsten sind, weil sie die Grundlagen der ganzen Existenz berühren, sein Nebenbuhler, sein Zwingherr oder sein Sklave, für alle Fälle aber sein Feind ist, aus dessen Nachteil er Vorteil zieht und aus dessen Vorteil ihm Nachteil

346

erwächst! Daß all' dies Jahrtausende hindurch unerbittliche Notwendigkeiten waren, läßt sich freilich nicht leugnen; aber thöricht wäre es, zu übersehen, daß derselbe grausame Zusammenhang, welcher die Ausbeutung des Menschen durch den Menschen, also das Unrecht, zur Voraussetzung des Kulturfortschrittes machte, auch das Verbrechen, d. h. die Auflehnung des gemarterten Individuums gegen die zum Wohle der Gesamtheit unerläßliche schreckliche Ordnung, erst ins Leben rief. Die ausbeuterische Weltordnung verlangt vom Individuum, daß es thue, was ihm schadet, weil das Wohl der Gesamtheit es so erfordert, und sie verlangt dies nicht etwa als besonders anerkennenswerte, hervorragende Leistung, die bloß einzelnen edlen Naturen zugemutet werden dürfe, in denen der Gemeinsinn jegliche Regung des Egoismus unterdrückt hat, sondern als etwas bei jedermann stets und überall Selbstverständliches, dessen Übung nicht Tugend, sondern dessen Unterlassung Verbrechen genannt wird. Auch der Held, der sein Leben dem Vaterlande, der Menschheit opfert, unterordnet sein Einzelinteresse dem Wohle einer höheren Gesamtheit, und niemals wird die Menschheit auf solche Opferthaten verzichten können, immer wird sie von ihren Edelsten verlangen, daß die Liebe zur Gattung den Sieg davon trage über die Liebe zum eigenen kleinen Ich, ja es darf ohne weiteres als logisches Ergebnis fortschreitender Kultur bezeichnet werden, daß diese Forderung stets gebieterischer im Busen des Menschen sich geltend machen und dort stets freudigeren Gehorsam finden wird. Aber der Name dieses Gehorsams ist „Heroismus", sein Mangel noch kein Verbrechen; er kann nicht erzwungen werden, sondern ist ein freiwilliger Liebestribut groß angelegter Naturen. Auf wirtschaftlichem Gebiete aber wird ähnlicher, ja schwerer zu übender Heldenmut dem Letzten und Elendesten, ja diesem in erster Reihe zugemutet, muß ihm, so lange Ausbeutung die Grundlage der Gesellschaft ist, zugemutet werden, und

„Verbrecher" heißen dann alle Jene, die sich minder groß erweisen, als ein Leonidas, Curtius oder Winkelried auf dem Schlachtfelde, oder als jene meist ungenannten Heroen der Menschenliebe, die ihr Leben im Kampfe gegen feindliche Naturmächte zaglos zum Opfer brachten, wenn die heilige Stimme in ihnen, die Stimme der Nächstenliebe, es forderte.

„Wir in Freiland aber verlangen von niemand zwangsweise solchen Heldenmut. Auf wirtschaftlichem Gebiete muten wir dem Individuum nichts zu, was seinem eigenen Interesse widerspricht, es ist daher nur selbstverständlich, daß es sich niemals gegen unsere Rechtsordnung empört. Bei uns ist Wahrheit, was unter der Herrschaft der alten Ordnung bloß selbstgefällige Gedankenlosigkeit behaupten konnte, daß nämlich wirtschaftliche Moral nichts anderes sei, als vernünftiger Egoismus. Sie werden es also begreiflich finden, daß *vernünftige* Menschen unsere Rechtsordnung nicht verletzen können. Wir haben einige Dutzend unverbesserlicher Übelthäter im Lande, dieselben sind aber ohne Ausnahme — unheilbare Idioten."

Nachdem auch dieser Punkt erledigt war, erbat sich mein Vater eine letzte Aufklärung. Er erklärte, nunmehr vollständig zu begreifen, daß die freiländischen Institutionen, gerade weil sie nichts anderes seien, als die konsequente Durchführung des Prinzipes der wirtschaftlichen Gerechtigkeit, durchaus geeignet wären, jeglichem billigen und vernünftigen Anspruche zu genügen. Nichtsdestoweniger drückte er seine Verwunderung über die sichtlich herrschende allgemeine und ausnahmslose Zufriedenheit mit denselben aus. Ob denn *unvernünftige* Parteiungen Freiland keinerlei Schwierigkeiten bereiteten? Insbesondere wollte er wissen, ob Kommunismus und Nihilismus, die in Europa stets drohender ihr Haupt erheben, hierzulande gar nicht zu schaffen machten. „In den Augen eines echten Kommunisten", so rief er, „seid Ihr hier doch nichts weiter, als arge Aristokraten. Von absoluter Gleichheit keine Spur bei Euch! Welchen Wert kann Euere vielberühmte Gleich*berechtigung* in den Augen von Leuten haben, die von dem Grundsatze ausgehen, daß jeder Bissen Brot, den einer dem andern gegenüber voraus hat, Diebstahl sei, und die daher, damit niemand mehr besitze, als der andere, alles Eigentum aufheben? Und dabei keine Polizei, keine Soldaten, um diese Tollhäusler im Zaume zu halten! Teilt doch auch uns das Recept mit, nach welchem sich der nihilistische und kommunistische Fanatismus so unschädlich machen läßt!"

„Nichts leichter als das" — antwortete Frau Ney. „Machen Sie, daß jedermann satt werde, und niemand wird dem anderen die Bissen vorzählen wollen. Die absolute Gleichheit ist eine Hallucination des Hungerfiebers, weiter nichts. Die Menschen sind einander *nicht* gleich, weder in ihren Fähigkeiten, noch in ihren Bedürfnissen; Ihr Appetit ist stärker, als der meinige; Sie lieben vielleicht hübsche Kleider — ich gebe keinen Heller für dieselben; dafür bin ich vielleicht ein Leckermaul, während Sie grobe Kost vorziehen, und so fort ohne Ende. Welcher Menschenverstand soll nun darin liegen, unsere beiderseitigen Bedürfnisse über denselben Leisten zu schlagen! Ich will gar nicht untersuchen, ob es möglich ist, ob über den davon unzertrennlichen Zwang nicht Freiheit und Fortschritt zu Grunde gehen müßten; der Zweck an sich ist so unsinnig, daß absolut unbegreiflich wäre, wie zurechnungsfähige Menschen auf derartige Gedanken geraten können, wenn nicht *eines* dazwischen träte, nämlich, daß der eine von uns weder seinen starken, noch seinen schwachen Appetit, seine Vorliebe weder für feine noch für ordinäre Kleidung, weder für leckere noch für gewöhnliche Speisen befriedigen kann, sondern grimmiges, brutales Elend leidet. Kommt dazu noch der Irrtum, daß mein Überfluß an Ihren Entbehrungen die Schuld trägt, so wird es begreiflich, daß Sie und diejenigen, die Mitleid mit Ihren Leiden haben, nach Teilung, nach vollkommen gleichmäßiger Teilung rufen. Mit einem Worte, der Kommunismus hat keine andere Quelle, als die Erkenntnis des grenzenlosen Elends der überwiegenden Mehrzahl aller Menschen, verknüpft mit der falschen Anschauung, daß es der thatsächlich vorhandene Reichtum Einzelner sei, aus welchem allein die Linderung dieses Elends geschöpft werden könne. Diese letztere Meinung ist nun allerdings eine unbegreifliche Thorheit, denn man braucht nur die Augen zu öffnen, um zu sehen, welch kümmerlicher

Gebrauch von den so reichlich vorhandenen Fähigkeiten, Reichtümer zu erzeugen, gemacht wird; aber nicht die Kommunisten sind es, welche diese Thorheit ausheckten; Euere orthodoxe Ökonomie hat die Lehre in Umlauf gebracht, daß gesteigerte Ergiebigkeit der Arbeit die vorhandenen Werte nicht zu vermehren vermöge, sie, nicht der Kommunismus war es, was die Menschheit blind machte gegen den wahren Zusammenhang der wirtschaftlichen Vorgänge; Kommunisten sind in Wirklichkeit nichts anderes, als gläubige Anhänger der sogenannten „Grundwahrheiten" orthodoxer Ökonomie und der einzige Unterschied zwischen der bei Euch herrschenden Partei und ihnen liegt lediglich darin, daß sie hungrig sind, während jene satt ist. Mit der Erkenntnis, daß es nur der vollkommenen Gleich*berechtigung* bedürfe, *um Überfluß für alle zu schaffen*, verfliegt der Kommunismus ganz von selbst wie ein böser, beängstigender Traum. Man kann verlangen — wenn auch nicht durchführen — daß alle Menschen auf gleiche Brotrationen gesetzt werden, so lange man glaubt, daß der gemeinsame Reichtum, von dem wir alle zehren müssen, eben nicht weiter als fürs liebe Brot reiche; denn satt werden wollen wir doch alle. Zu verlangen, daß jedem die gleiche Sorte und Menge Braten, Backwerk und Konfekt aufgezwungen werde, nachdem sich herausgestellt hat, daß genug für alle auch von diesen guten Dingen vorhanden sein könnte, wäre schlechthin läppisch. Es gibt daher bei uns keine Kommunisten und kann keine geben.

„Aber auch der Nihilismus ist aus dem gleichen Grunde in Freiland unmöglich, denn auch er ist nichts anderes, als eine durch die Verzweiflung des Hungers hervorgerufene Hallucination, die nur auf dem Boden der orthodoxen Weltanschauung gedeihen kann. Ist der Kommunismus die Nutzanwendung, welche der Hunger aus dem Lehrsatze zieht, daß die Arbeit der Menschheit nicht ausreiche, um Überfluß für Alle zu erzeugen, so kann man den Nihilismus als die Schlußfolgerung der Verzweiflung aus jener anderen Lehre ziehen, daß Kultur und Civilisation unvereinbar seien mit wirtschaftlicher Gleichberechtigung. Die Orthodoxie ist's, welche auch dieses Dogma in Umlauf gebracht hat; allerdings hält sie, als die Wortführerin der Satten, auch hier keine andere Schlußfolgerung für denkbar, als diejenige, daß die auf ewig enterbten Massen sich im Interesse der Civilisation resigniert in ihr Schicksal fügen müßten; die Partei der Hungrigen aber wendet sich in wütendem Grimme gegen diese Civilisation, von welcher selbst ihre Anhänger behaupten, daß sie der ungeheuern Mehrzahl der Menschen niemals helfen könne und die deshalb für diese keinen anderen Effekt hat, als den einer Steigerung der *Empfindung* des Elends. *Wir* haben den Beweis erbracht, daß Civilisation nicht bloß vereinbar, sondern geradezu die Voraussetzung der wirtschaftlichen Gleichberechtigung ist — auch der Nihilismus muß also hierzulande unbekannt sein."

„Sie glauben also", nahm ich das Wort, „daß die Gleichheit des thatsächlichen Einkommens mit der Gleich*berechtigung* nichts zu thun habe? Ich meinerseits muß gestehen, daß mir jene nutzlose Anhäufung überflüssiger Reichtümer, die wir in unserer abendländischen Gesellschaft zu beobachten Gelegenheit haben, an und für sich widerwärtig geworden ist, auch wenn ich mich überzeugt habe, daß das Elend der Massen weder in diesem Überflusse einer kleinen Minderzahl seinen letzten Grund habe, noch sich durch Verteilung dieses Überflusses wesentlich lindern ließe. Eine gesellschaftliche Ordnung, welche diese geilen Überschüsse nicht beseitigt, wird in meinen Augen immer unvollkommen bleiben, mag sie im übrigen noch so ausreichend für den Wohlstand Aller Sorge tragen."

„Auch ich kann dieses Gefühles nicht ganz Herr werden", meinte mein Vater. „Aber ich bin der Ansicht, daß in dieser Auflehnung gegen die Ungleichheit an sich, denn doch nichts anderes zu suchen sein dürfte, als die sittliche Empörung, welche in jedem unbefangen denkenden Menschen gegen die bisherigen *Ursachen* der Ungleichheit Wurzel geschlagen hat. Wir sehen bei uns zu Hause, daß große Vermögen fast niemals in hervorragenden individuellen Anlagen, sondern regelmäßig bloß in der Ausbeutung der Nebenmenschen ihren Entstehungsgrund haben, und daß sie ebenso regelmäßig zu neuer Ausbeutung benutzt werden. Das ist's, was uns dagegen einnimmt. Könnten noch so große Vermögen bloß durch hervorragende persönliche Fähigkeiten entstehen und vermöchte man sie zu nichts anderem zu gebrauchen, als zur Steigerung der individuellen Genüsse, wie dies in Freiland alles zutrifft, so würde auch die nicht hinwegzuleugnende Abneigung gegen dieselben rasch aufhören. Was ist übrigens die Meinung unserer liebenswürdigen Wirtin über diesen Punkt?"

„Der Widerwille gegen übergroße Vermögen" — erklärte diese — „ist meines Erachtens nicht bloß in der ungerechten Quelle und Verwendung derselben zu suchen, sondern liegt tiefer, in der Erkenntnis nämlich, daß von sehr vereinzelten Ausnahmen abgesehen, die Verschiedenheiten in den Fähigkeiten der Menschen nicht so einschneidend sind, um so gewaltige Differenzen des Reichtums genügend zu rechtfertigen. Der Reichtum einer hochkultivierten Gesellschaft besteht zu derart überwiegendem Teile aus den Hinterlassenschaften der Vergangenheit und zu verhältnismäßig so geringem Teile aus den ureigenen Leistungen der einzelnen Individuen, daß ein gewisser Grad der Gleichheit — nicht bloß der Rechte, sondern auch der thatsächlichen Genüsse — allerdings im Wesen der Sache begründet und ein Gebot der Gerechtigkeit ist. Jeder Fortschritt der Kultur ist gleichbedeutend mit fortschreitender Ausgleichung der Differenzen der Leistungsfähigkeit. Denken Sie sich zurück in den

353

Urzustand, wo das Individuum den Kampf ums Dasein der Hauptsache nach mit den ihm angeborenen Hilfsmitteln zu Ende führen mußte, so werden Sie finden, daß die Unterschiede sehr groß waren: bloß der Kräftige, Gewandte, Schlaue vermochte sich zu erhalten; der minder Begabte mußte untergehen. Als dann späterhin wachsende Kultur die Hilfsmittel der Menschen vermehrte, dermaßen, daß auch dem minder Fähigen möglich wurde, das zur Lebensfristung erforderliche zu erzeugen, blieb doch der Unterschied der individuellen Leistungen anfangs sehr groß. Der geschickte Jäger wird um ein Vielfaches reichlichere Beute haben, als der minder geschickte; der kräftige, gewandte Ackerbauer wird mit dem Spaten vielfach mehr richten, als der schwächliche, schwerfällige. Schon mit Erfindung des Pfluges verringert sich diese Verschiedenheit der Leistungen sehr wesentlich, und sie wird — was körperliche Fähigkeiten anlangt — mit der Erfindung der Kraftmaschinen beinahe auf Null reduciert. Mehr und mehr ersetzt die Maschine die Energie der menschlichen Muskeln, mehr und mehr aber gleichzeitig auch Witz und Erfahrung der Vorfahren die individuelle Findigkeit. Zwar so vollständig wie auf körperlichem Gebiete treten auf geistigem die individuellen Unterschiede nicht in den Hintergrund, aber auch sie rechtfertigen mit nichten jene kolossalen Differenzen des Reichtums, an welche man zu denken pflegt, wenn von „großen Vermögen" die Rede ist. Der Arbeiter am Dampfpfluge leistet — er mag ein Riese oder ein Schwächling sein — so ziemlich das nämliche; Klugheit und Umsicht der Leitung des Produktionsprozesses kann den Ertrag noch immer vervielfachen; eine Leistung aber, die hundertfach und tausendfach den Wert gewöhnlicher Durchschnittsleistung überträfe, ist heutzutage nur mehr — dem Genie möglich, und diesem allein würde sie dem entsprechend auch unser Billigkeitsgefühl zuerkennen."

Damit schloß dieses Gespräch, welches mir aus dem

Grunde ewig denkwürdig bleiben wird, weil es meinen Entschluß, Freiländer zu werden, zur Reife gebracht hat.

21. Kapitel.

Edenthal, den 20. August.

Du schreibst in Deinem Letzten, es komme Dir nicht ganz geheuer vor, daß in meinen Briefen so gar keine Rede mehr von den jungen Damen sei, mit denen ich seit nunmehr sechs Wochen unter einem Dache weile. Wenn ein junger Italiener — so argumentiert Deine unerbittliche Logik — von schönen Mädchen, mit denen er verkehrt, darunter eines, dessen erster Anblick ihn — eigenem Geständnis zufolge — „geradezu verwirrt" habe, nichts zu erzählen wisse, so habe er sich entweder einen Korb von der bewußten Einen geholt oder sei doch im Begriffe, es darauf ankommen zu lassen. Die Logik hat Recht, Luigi; ich bin verliebt, d. h. ich war es vom ersten Blicke an, und zwar in Bertha, meines David herrliches Schwesterlein, und auch mit dem Korbe hätte es um ein Kleines seine Richtigkeit gehabt. Nicht, daß die Geliebte meine Gefühle unerwidert gelassen hätte; Bertha gestand mir mit jener unbefangenen Offenheit, die ihr — richtiger, die allen Freiländerinnen — so entzückend steht, beim ersten Anlasse, wo ich mir zu einem Geständnisse den Mut faßte, daß auch sie mich sofort in ihr Herz geschlossen, daß sie noch am ersten Abend unseres Beisammenseins gewußt, mir oder niemand werde sie als Gattin angehören — und trotzdem bekam ich auf meine Werbung zunächst ein „Nein" zu hören, das an Entschiedenheit nichts zu wünschen übrig ließ. Bertha vermochte sich nämlich nicht zu entschließen, italienische Herzogin zu werden, und mein Vater, der — höre und staune — den Brautwerber für mich machte, hatte von ihr als etwas selbstverständliches gefordert, sie solle mir nach Italien auf unsere dortigen fürstlichen Besitzungen folgen,

356

das Herzogsdiadem in ihre Locken — sie sind von einem entzückenden Blond — flechten und im Vereine mit mir die Fortpflanzung des erlauchten Geschlechts der Falieri zu ihrer Lebensaufgabe zu machen. Meinen Wunsch, mich als Freiländer in Freiland anzusiedeln, betrachtete mein Vater als überspannte Narrheit. Du kennst seine Anschauungen, die ein seltsames Gemengsel von aufrichtigem Freisinn und aristokratischem Stolze sind, richtiger waren; hier in Freiland hatte die demokratische Seite seiner Anschauungen sich allgemach gewaltig ins Breite und Tiefe entwickelt; er begann sogar aufs feurigste für die freiländischen Institutionen zu schwärmen; wenn es einen anderen Zweig der Falieri gäbe, dem man die Erhaltung der fürstlichen Familientraditionen hätte anvertrauen können — *per baccho* — mein Vater hätte mich sofort gewähren lassen. Aber um einer — und sei es auch noch so edlen — Schwärmerei willen, die Axt an den Stammbaum eines Hauses zu legen, dessen Ahnen unter den ersten Kreuzfahrern gekämpft und späterhin als italienische Duodez-Fürsten die Welt mit ihren (Schand-) Thaten erfüllt — das war mehr, als er mir zu gewähren vermochte. Gegen die Liebe zu Bertha aber hatte er nichts einzuwenden; wirklich und wahrhaftig, lieber Freund, nicht das geringste. Im Gegenteil, er war ordentlich stolz auf mich, als ich ihm die Frage, ob ich denn der Gegenliebe des Mädchens sicher sei, mit einem zuversichtlichen „Ja" beantworten konnte. „Blitzjunge" rief er, „dieses Prachtgeschöpf so im Handumdrehen erobern! Das soll uns Falieris jemand nachmachen!" Bertha hatte es meinem Vater geradeso angethan, wie mir, und da dieser ganz im allgemeinen vor den freiländischen Frauen den größten Respekt empfindet, so war ihm die „bürgerliche" Schwiegertochter ganz recht. Aber nur unter der Bedingung, daß ich den „tollen" Gedanken des Hierbleibens aufgebe. „Das Mädchen ist im kleinen Finger klüger als Du", rief er; „sie würde sich schön bedanken, wenn ihr der

Bräutigam die Herzogskrone zerbrochen vor die Füße würfe. Freiländerin sein ist recht schön — aber, glaube mir, Fürstin zu sein, ist noch schöner. Zudem kann man ja diese beiden Vorteile recht wohl vereinigen. Den Winter und Frühling verbringt Ihr in unseren Palästen in Rom und Venedig; Sommer und Herbst hindurch könnt Ihr dann — wenn es Euch recht ist, in meiner Begleitung — hier an Euren Seen und in Euren Bergen die Freiheit genießen. Also es bleibt dabei; ich werbe für Dich um Bertha — aber von dauernder Ansiedelung hier kein Wort weiter!"

Mir gefiel die Sache nicht; den Vorsatz, Freiländer zu werden, hatte ich — Du darfst es mir glauben — nicht der Geliebten halber gefaßt, aber deren Lichtgestalt vermochte ich mir nun einmal weder mit dem Fürstendiadem, noch in den Prunkgemächern unserer Schlösser zu denken. Indessen mußte ich mich dem Willen des Vaters einstweilen fügen und so brachte nun dieser seine Werbung an den Mann, indem er in meinem und Berthas Beisein deren Eltern um die Hand ihrer Tochter für seinen Sohn, den Prinzen Carlo Falieri bat, hinzufügend, daß er sofort nach vollzogener Heirat die Güter in der Romagna, im Toskanischen und Venetianischen, sowie die Paläste in Rom, Florenz, Mailand, Verona und Venedig an mich übergeben und sich bloß unsere sicilianischen Besitzungen — als „Altenteil", wie er scherzend meinte — vorbehalten werde. Die alten Neys nahmen diese grandiosen Zusagen mit einer nichts Gutes verkündenden eisigen Zurückhaltung entgegen; nach minutenlangem Schweigen und nachdem er auf Gattin und Tochter einen langen, prüfenden, auf mich aber einen vorwurfsvollen Blick geworfen, erklärte Herr Ney: „Wir Freiländer sind nicht die Tyrannen, bloß die Berater unserer Töchter; in *diesem* Falle aber bedarf unser Kind des Rates nicht; wenn Bertha Ihnen als Fürstin Falieri nach Italien folgen will, wir werden es ihr nicht verwehren."

Hochaufgerichtet, einem erzürnten Cherub vergleichbar, wandte sich nun Bertha an meinen Vater: „Niemals! Niemals!" rief sie mit zuckenden Lippen. „Mehr als mein Leben liebe ich Ihren Sohn; ich werde sterben, wenn er, um Ihnen zu gehorchen, mir entsagt; aber Freiland verlassen, als *Fürstin* verlassen? Niemals! Niemals! Lieber tausendmal den Tod!"

„Aber unseliges Kind," entgegnete ganz entsetzt über diesen unerwarteten Effekt seines Antrages mein Vater, „Sie sprechen ja das Wort ‚Fürstin' aus, als wäre es für Sie der Inbegriff des Schrecklichen. Jawohl, Fürstin sollen Sie werden, eine der reichsten, stolzesten Fürstinnen Europas, d. h. Sie sollen fürderhin keinen Wunsch haben, den zu erfüllen nicht Tausende wetteifern würden; Sie sollen Gelegenheit und Macht erlangen, Tausende zu beglücken; Millionen werden Sie beneiden"

„und verfluchen und hassen" — unterbrach ihn mit bebenden Lippen Bertha. „Wie, sechs Wochen leben Sie unter uns und begreifen nicht, was eine freie Tochter Freilands empfinden muß bei dem Ansinnen, diese glücklichen Gefilde, die Heimstätte der Gerechtigkeit und der Menschenliebe zu verlassen, um fern in Ihrem traurigen Vaterlande — nicht etwa die Thränen Unterdrückter zu stillen, sondern zu erpressen, nicht etwa die Scheußlichkeiten Ihrer Sklaverei zu bekämpfen, sondern sie selber zu üben? Ich liebe Carlo so über alle Maßen, daß ich bereit wäre, an seiner Seite dies Land des Glückes mit dem des Elends zu vertauschen, wenn irgend eine unlösliche Pflicht ihn dahin riefe; aber nur unter der Bedingung, daß seine und meine Hand frei bliebe von fremdem Gute, daß wir in ehrlicher Arbeit selber verdienten, was wir zum Leben brauchen; aber *Fürstin* soll ich werden, *Fürstin*! Tausende von Knechten sollen das Mark ihrer Knochen hergeben, damit ich im Überfluß schwelge, tausende von Flüchen zu Tode gequälter Menschen sollen haften an der

Speise, die ich genieße, an der Kleidung, die meine Glieder umhüllt! (Bei diesen Worten verbarg sie ihr Antlitz schaudernd in den Händen; dann aber, sich gewaltsam aufraffend, fuhr sie fort): Bedenken Sie doch, wenn Sie eine Tochter hätten und man würde von ihr verlangen, unter die menschenfressenden Njam-Njam zu gehen, um dort Königin zu werden, und der Vater des Bräutigams würde ihr versprechen, es sollten ihr recht zahlreiche und fette Sklaven geschlachtet werden — was würde das arme Kind, das unüberwindliches Grauen vor Menschenfleisch mit der Muttermilch eingesogen hat, dazu sagen? Nun, sehen Sie, wir in Freiland empfinden Grauen vor Menschenfleisch, auch wenn das Schlachtopfer ohne Blutvergießen, Zoll um Zoll und Glied um Glied langsam getötet wird, uns flößt das allmähliche Aussaugen und Verzehren eines Nebenmenschen nicht minderes Entsetzen ein, als Ihnen das buchstäbliche Auffressen desselben, und so wenig Sie an den Mahlzeiten der Kannibalen Teil zu nehmen im Stande sind, so unmöglich ist es uns, von der Ausbeutung geknechteter Mitmenschen zu leben. Ich *kann* nicht Fürstin werden, ich kann nicht! O, trennen Sie mich nicht von Carlo, denn wir werden beide darüber zu Grunde gehen, und — das weiß ich nicht erst seit heute — Sie lieben nicht nur ihn, sondern auch mich."

Dieser Appell, verbunden mit den rührendsten Blicken und einem sanften Erfassen seiner Hände, war mehr, als mein Vater — aus solchem Munde — ungerührt zu ertragen vermochte. „Mädchen, Du hast mir ja ordentlich Entsetzen vor mir selber eingejagt! Also Menschenfresser sind wir, mit dem Unterschiede bloß von Euern liebenswürdigen Njam-Njam, daß wir unsere Schlachtopfer nicht mit *einem* herzhaften Keulenschlage erlegen und dann sofort verschlingen, sondern stückweise, Zoll um Zoll uns zu Gemüte führen! Nun, Du magst so Unrecht nicht haben und keineswegs will ich Dich zu den Freuden einer

Fürstlichkeit zwingen, bezüglich deren Du solche Anschauungen hegst. Auch mein entarteter Sohn scheint in diesem Punkte mehr Deiner als meiner — bisherigen Geschmacksrichtung zu huldigen. Nehmt einander also und werdet glücklich nach Eurer Façon. Was mich anlangt, so werde ich über Mittel und Wege nachsinnen, um mich in den Augen meines neuen Töchterchens einigermaßen vom Geruche des Kannibalismus zu befreien."

Meine Bertha flog jetzt zuerst mir, dann meinem Vater, dann der Reihe nach ihren Eltern und Geschwistern, dann aber wieder meinem Vater an den Hals. Das Küssen und Umarmen des Schwiegerpapas geriet so begeistert und stürmisch, daß ich um ein Haar eifersüchtig geworden wäre. Mein Vater aber war nun derart Feuer und Flamme für unsere bevorstehende Verbindung, daß er Neys aufforderte, sofort alle erforderlichen Formalitäten dieses erfreulichen Aktes einzuleiten. Binnen Monatsfrist ungefähr glaube er — vorübergehend — nach Europa zurückkehren zu müssen, und es wäre ihm eine große Freude, uns bis dahin schon vereint zu wissen. So wurde nun festgestellt, daß unsere Vermählung nach Ablauf von 14 Tagen, d. i. am 3. September stattfinden solle.

Ungama, den 24. August.

„Zwischen Lipp' und Bechers Rand ...."
Als ich vor vier Tagen meinen Brief geschlossen hatte und zum Zwecke eines Nachtrags, den Bertha hinzufügen wollte (sie erklärte sich verpflichtet, „meinem besten Freunde" einige Worte der Entschuldigung ob des Raubes zu sagen, den sie an ihm begangen), einstweilen noch zurückbehielt — da ahnte ich nicht, daß gewaltige Ereignisse sich zwischen mich und die sofortige Erfüllung meiner glühenden Wünsche drängen könnten. Der Krieg, dem wir entgegengehen, läßt zwar mein neues Vaterland merkwürdig ruhig, und befände ich mich nicht in Ungama, so würde

nichts verraten, daß es den Kampf mit einem Gegner gilt, der mehreren der mächtigsten kriegsgeübten Staaten Europas wiederholt schon schwere Sorge bereitet; aber ich bin noch nicht lange genug Freiländer, um die bittere Schmach und das schwere Unglück, von welchen mein Geburtsland neuerlich betroffen wurde, nicht schmerzlich zu empfinden, und für alle Fälle — in meiner Eigenschaft sowohl als ehemaliger Italiener, wie als gegenwärtiger Freiländer — halte ich es für meine Pflicht, den Kampf persönlich mitzumachen; bis dieser beendet ist, kann ich an Hochzeit und Ehe natürlich nicht denken. Einstweilen hat mich das Würfelspiel des Krieges von Edenthal weg, hierher, an die Küste des indischen Oceans verschlagen. Doch laß mich ordnungsgemäß der Reihe nach berichten.

Zunächst also wisse, daß — es ist dies ja jetzt kein „diplomatisches Geheimnis" mehr — meines Vaters und seiner englischen wie französischen Kollegen Bemühungen, für 300000 bis 350000 Mann anglo-franco-italischer Truppen Durchzug durch Freiland zu erlangen, von vollständigstem Mißerfolge begleitet waren. Freiland lebe mit Abyssinien in Frieden, so erklärten die Edenthaler Regenten und habe vorerst kein Recht, sich in dessen Händel mit den Westmächten zu mischen. Anders stünden allerdings die Sachen, wenn letztere sich entschließen wollten, auf ihren afrikanischen Territorien freiländisches Recht einzuführen, in welchem Falle diese als freiländisches Gebiet angesehen und als solches dann selbstverständlich von Freiland geschützt werden müßten. Aber dann wäre die geforderte Militärkonvention erst recht überflüssig, denn in diesem Falle würde Freiland jeden Angriff auf seine Verbündeten als *casus belli* für sich selber auffassen und Abyssinien aus eigenen Kräften zur Ruhe bringen. Darüber nun flossen die Verhandlungen seit Wochen resultatlos hin und wider. Sichtlich nahmen die Kabinette von London, Paris und Rom letztere Zusage Freilands nicht recht ernst, trotzdem ihre

Gesandten, insbesondere mein Vater, redlich das ihre thaten, ihnen mehr Vertrauen in die kriegerische Kraft Freilands einzuflößen; die europäischen Mächte waren nicht abgeneigt, die von Freiland als Bedingung eines Bündnisses geforderte Anerkennung des freiländischen Rechts für die Kolonien am roten und indischen Meere zuzugestehen, beharrten aber trotzdem auf der Forderung nach Abschluß einer Militärkonvention, worauf jedoch Freiland nicht eingehen wollte. So standen die Sachen bis in die letzten Tage.

Am Morgen nach meiner Verlobung saßen wir eben beim Frühstück, als für meinen Vater eine chiffrierte Depesche aus Ungama — dem großen Hafenplatze Freilands am indischen Ocean — eintraf, nach deren Entzifferung derselbe, von seiner gewohnten diplomatischen Ruhe gänzlich im Stiche gelassen, totenbleich aufsprang und Papa Ney bat, sofort eine Sitzung der sämtlichen Regenten der freiländischen Centralverwaltung einzuberufen, er habe eine Mitteilung von entscheidender Bedeutung zu machen. Den teilnahmsvollen Schrecken unserer Freunde bemerkend, erklärte mein Vater: „Geheimnis kann die Sache ohnehin nicht bleiben, so erfahrt denn aus meinem Munde die Unglücksbotschaft. Die mir von Commodore Cialdini, dem Kapitän eines unserer in Massaua stationiert gewesenen Panzerschiffe zugekommene Depesche lautet: „Ungama, den 21. August 8 Uhr Morgens. Bin soeben mit Panzerfregatte Erebus und zwei Avisodampfern — einem eigenen und einem französischen — schwerbeschädigt und flüchtig aus Massaua hier eingetroffen. Johannes von Abyssinien hat vorgestern Nachts unter Bruch des bestehenden Friedens Massaua verräterisch überfallen und fast ohne Schwertstreich eingenommen. Unsere im Hafen liegenden und ebenso die englischen und französischen Schiffe, 17 an der Zahl, wurden gleichfalls überrumpelt und genommen, nur mir und den zwei Avisos gelang es zu entkommen. Die kleineren Küstenfestungen, an denen wir vorbeikamen, sind auch sämtlich in den Händen der Abyssinier. Da uns der Cours nach Aden durch mehrere uns verfolgende feindliche Dampfer abgeschnitten wurde und der Erebus kampfunfähig ist, suchten wir Zuflucht in Ungama, um unsere Havarien auszubessern. Finden uns hier die Abyssinier, so sprenge ich unsere Schiffe in die Luft."

Das war in der That eine üble Botschaft, nicht bloß für die Verbündeten, sondern auch für Freiland, denn sie bedeutete Krieg mit Abyssinien, den man hier zu vermeiden gehofft hatte. Zwar war man — wie gesagt — von Anbeginn gefaßt darauf gewesen, den europäischen Mächten als präsumtiven Bundesbrüdern, Ruhe vor Abyssinien zu verschaffen, aber man hatte sich — im Vertrauen auf die hohe Achtung, welche Freiland bei allen Nachbarvölkern genoß — mit der Erwartung geschmeichelt, dem trotzigen Halbbarbaren durch festes Auftreten imponieren und ihn in friedlichem Wege zur Ruhe verhalten zu können. Der verräterische Überfall gerade zu einer Zeit, wo die Unterhändler der Angegriffenen eben in Edenthal weilten, zerstörte jedoch diese Hoffnung.

Im Volkspalaste fanden wir die freiländischen Verwaltungschefs schon vollzählig versammelt, und bald nach uns trafen auch die englischen und französischen Bevollmächtigten ein. Den Franzosen sahen wir es sofort an den verstörten Mienen an, daß ihnen die Unglücksbotschaft schon zugekommen war; die Engländer erhielten erst einige Stunden später direkte Nachricht, als ihre Panzerkorvette „Nelson", die unterwegs mit zweien der in abyssinische Hände gefallenen Schiffe ein mörderisches Gefecht bestanden und eines derselben in den Grund gebohrt hatte, als halbes Wrack ebenfalls in Ungama anlangte. Inzwischen waren aber auch an das freiländische auswärtige Amt aus verschiedenen Küstenorten nähere und ausführliche Nachrichten eingetroffen, die das Unglück seinem ganzen

Umfange nach bestätigten. Der mit sehr überlegener Macht unternommene und offenbar von Verrat begünstigte Überfall war den Abyssiniern vollständig gelungen. Da der Frieden mit Abyssinien noch mehrere Wochen zu gelten hatte, so waren die Garnisonen der meist ungesunden Küstenorte weder sehr zahlreich, noch sonderlich wachsam gewesen; die Abyssinier hatten zur nämlichen Stunde — gegen 2 Uhr nach Mitternacht — Massaua, Arkiko und Obok, die Hauptfestungen der Italiener, Engländer und Franzosen, und sämtliche acht Küstenforts derselben erstiegen, die im Schlafe überraschten Garnisonen teils niedergemetzelt, teils gefangen genommen und sich gleichzeitig auch der in den Häfen liegenden Schiffe bis auf die schon erwähnten vier bemächtigt. Daß sie einige derselben schon am nächsten Morgen segelfertig machen und mit ihnen in See stechen konnten, erklärt sich aus den früher schon erwähnten Matrosenwerbungen des Negus, welch letztere aber auch ein bezeichnendes Licht darauf werfen, wie lange geplant und wohlvorbereitet der Überfall gewesen. So vortrefflich funktionierte das Getriebe des Verrats, daß die vier geretteten Schiffe wenige Minuten nachdem der Überfall auf die anderen gelungen war, aus Schiffsgeschützen sehr wirksam und heftig beschossen werden konnten. Die den Abyssiniern in den sämtlichen drei Häfen in die Hände gefallenen Fahrzeuge waren 7 englische, 5 französische und 4 italienische Panzerschiffe, darunter mehrere erster Größe, und 11 englische, 8 französische und 4 italienische Kanonenbote und Avisos; die in den Festungen und Schiffen gefangenen oder gefallenen Truppen betrugen in runder Zahl 24000 Mann.

Die Bevollmächtigten aller drei Mächte hatten sofort, nachdem sie die Hiobsbotschaften empfangen, an ihre Regierungen telegraphiert und um Verhaltungsmaßregeln gebeten. Der freiländischen Verwaltung gegenüber erklärten sie, daß nunmehr aller Wahrscheinlichkeit nach mit größter

Energie auf dem Abschluß der Militärkonvention bestanden werden dürfte. Jetzt, da die Festungen gefallen, wäre es vollends unmöglich, an den unwirtlichen Küsten des roten Meeres ein so großes Heer zu sammeln, wie es gegen den Negus nun erst recht notwendig sei. In der That war das auch die ziemlich kategorisch lautende, noch im Laufe des nämlichen Tages einlangende Kollektivforderung der drei Mächte. Ebenso kategorisch aber war die Ablehnung, begleitet von der Erklärung, daß man den, aller Voraussicht nach für Freiland allerdings unvermeidlichen Krieg mit Abyssinien allein auszufechten gedenke. Im übrigen, so gab man den Alliierten zu bedenken, kämen doch ihre Armeen ohnehin viel zu spät. Wäre der Suezkanal für ihre Truppensendungen auch praktikabel, so könnten ihre 350000 Mann — für so viel lautete die nun geforderte Durchzugsbewilligung — frühestens binnen 2 Monaten bei uns konzentriert sein, und es hieße fürwahr dem Negus Johannes sehr wenig zutrauen, wollte man sich darauf verlassen, daß er bis dahin nicht längst schon versucht haben sollte, sich in den Besitz aller strategischen Positionen Freilands zu setzen. Nunmehr vollends, wo die den Abyssiniern in die Hände gefallenen Schiffe von diesen in erster Linie dazu benutzt werden dürften, den Suezkanal zu sperren, kämen die Alliierten, selbst wenn man sie rufen wollte, jedenfalls zu spät. Denn auch der Landweg über Ägypten könne von den Abyssiniern so leicht verlegt werden, daß der zur Operationsbasis zu wählen schlechthin unsinnig wäre. Bliebe also nur der Weg ums Kap der guten Hoffnung, und wie lange es brauchen würde, bis von dorther 350000 Mann Hülfstruppen bei uns einträfen, das möge man sich in Paris, Rom und London doch selber beantworten. Unsere Freunde möchten im übrigen vollkommen beruhigt sein; rascher als sie zu glauben schienen und vollständiger sollte ihnen Genugthuung werden. Ehe man in England, Frankreich und Italien auch

366

nur mit der Ausrüstung eines so großen Expeditionsheeres fertig sein könnte, würden wir mit dem Negus abgerechnet haben. Inzwischen möchten die Alliierten ihre neuen, nach den Küstenorten des roten und indischen Meeres bestimmten Garnisonen segelfertig machen; sie könnten für dieselben ohne weiteres den gewohnten Weg über den Suezkanal in Aussicht nehmen, denn bis ihre Transportschiffe vor demselben angelangt sein dürften — woran vor Ende des nächsten Monats kaum zu denken sei — würde Freiland den Abyssiniern ihre gestohlene Flotte genommen oder vernichtet haben.

Insbesondere die letztere Zusage erregte in hohem Grade das Befremden der verbündeten Regierungen und ihrer Gesandten, und ich muß gestehen, daß auch ich nicht recht abzusehen vermochte, wie wir es, ohne auch nur ein Kriegsfahrzeug zu besitzen, anstellen wollten, eine aus 16 der besten Schlachtschiffe und 23 kleineren Fahrzeugen bestehende Flotte vom Meere wegzublasen. Nicht ohne Bitterkeit meinten die Gesandten, statt so großartige Pläne zu verfolgen, wäre es vielleicht praktischer, ihren im Hafen von Ungama liegenden jämmerlich zugerichteten vier Schiffen dazu zu verhelfen, daß sie ihre Schäden möglichst rasch ausbessern und dann mit thunlichster Schnelligkeit das Weite suchen könnten. Beruhe doch die Möglichkeit, sie vor der so unendlich überlegenen feindlichen Flotte zu retten, angesichts der vollständigen Wehrlosigkeit Ungamas lediglich auf der höchst unsicheren Hoffnung, daß der Feind nicht sofort auf den Gedanken geraten werde, sie dort zu suchen.

„Für den Moment" — so tröstete einer der Verwaltungschefs die geängstigten Diplomaten — „d. h. für wenige Stunden noch haben Sie allerdings Recht. Wenn heute vor einbrechender Dunkelheit eine abyssinische Übermacht vor Ungama erscheint und den Kampf mit Ihren Schiffen sofort aufnimmt, sind diese allerdings menschlicher

Voraussicht nach verloren. Allein das gilt eben nur für heute. Zeigt sich morgen die abyssinische Flotte, so haben wir einen Empfang vorbereitet, der sie sicherlich nicht zur Wiederkehr einladen wird."

„Wie das?" fragten jene wie aus einem Munde. „Was thaten Sie, was konnten Sie thun zum Schutze der traurigen Überreste unserer kürzlich noch so stolzen verbündeten Flotte?" Dabei hingen die Blicke dieser in ihrem Patriotismus so tief verwundeten Männer mit ängstlicher Spannung an den Zügen ihrer Gastfreunde, und trotz meiner jungen Zugehörigkeit nach Freiland teilte ich nur zu sehr ihre Empfindungen. Du wirst begreifen, daß es uns nicht um die paar Schiffe allein zu thun war; aber endlich einen Punkt des Widerstandes gegen den frechen Barbaren gefunden zu haben, die Unseren der fernern Notwendigkeit beschämender Flucht enthoben zu wissen, das war es, was uns als süße Verheißung in den Ohren klang. Man beeilte sich uns vollständige Aufklärung zu geben.

Wie ich Dir bereits erzählte, besitzt die freiländische Unterrichtsverwaltung zum Gebrauche der Jugend eine stattliche Anzahl von Geschützen verschiedensten Kalibers in allen Teilen des Landes. Die größten derselben durchschlagen den stärksten der derzeit in Gebrauch befindlichen Schiffspanzer wie ein Kartenblatt; 84 dieser Riesengeschütze aus den zunächst der Seeküste gelegenen Distrikten hatte man nun, sofort nachdem die ersten Nachrichten eingelaufen, nach Ungama in Bewegung gesetzt. Da alle diese Ungetüme ohnehin auf Schienen laufen, die mit dem freiländischen Eisenbahnnetze in Verbindung gesetzt sind, so waren sie allesamt noch am gleichen Vormittage in Begleitung der mit ihrer Behandlung vertrauten Jünglinge unterwegs nach ihrem Bestimmungsorte und mußten dort successive am Abend und im Laufe der Nacht eintreffen. Da ebenso in Ungama zu Zwecken des gewöhnlichen Hafendienstes mehrere mit dem

Eisenbahnnetze in Verbindung stehende Schienenstränge längs der Seeküste hinlaufen, so können die anlangenden Geschütze ohne weiteres sofort in die für sie bestimmten Stellungen einfahren, die inzwischen — gleichfalls noch im Laufe des nämlichen Tages — mit provisorischen Erdwerken versehen werden. Späterhin sollen diese Werke auch Panzerdeckung erhalten; fürs erste aber, so rechnete die Centralverwaltung, mußten 84 Geschütze erster Größe, denen die auf ihnen eingeschossenen besten Kanoniere mitgegeben waren, auch ohne sonderliche Deckung genügen, um von zusammengelaufenen Abenteurern bemannte Panzerschiffe in respektvoller Entfernung zu halten.

Mich litt es nun nicht länger in Edenthal; nach kurzem Abschiede von meinem Vater, nach etwas längerem von meiner Bertha, eilte ich nach Ungama, und schon der zweitnächste Tag zeigte, daß die getroffenen Schutzmaßregeln weder überflüssig noch ungenügend gewesen waren. Am 23. August erschienen 5 abyssinische Panzerfregatten und 4 Kanonenboote vor Ungama und versuchten, da sie den Ort für wehrlos hielten, ohne weiteres in den Hafen einzulaufen, um die dort liegenden Wracks der Verbündeten vollends zu zerstören. Ein auf sie aus 10000 Meter Entfernung abgegebener scharfer Schuß des größten unserer Panzerbrecher, der einen der Schornsteine der vordersten Panzerfregatte wegnahm, veranlaßte sie zwar zu etwas größerer Vorsicht, hielt sie jedoch in ihrem Laufe nicht auf. Jetzt ließen unsere jungen Kanoniere den einmal gewarnten Gegner bis auf 7 Kilometer Distanz herandampfen, ohne ein Lebenszeichen von sich zu geben; dann eröffneten sie aus 37 Geschützen zugleich das Feuer, welches jedoch nur kurze Zeit währte. Schon die erste Salve brachte ein Kanonenboot zum sofortigen Sinken und beschädigte die sämtlichen Schiffe so stark, daß die ganze feindliche Schlachtlinie in sichtliche Unordnung geriet.

Einige Schiffe machten Miene, das Feuer der Unseren zu erwidern, andere legten sofort eine sichtliche Neigung zum Stoppen und Rückwärtsdampfen an den Tag. Zwei Minuten später fegte unsere zweite Salve über die Wogen; deutlich konnte man verfolgen, daß diesmal keiner der 37 Schüsse fehlgegangen war; alle feindlichen Schiffe zeigten schwere Havarien und insgesamt hatten sie die Lust verloren, den ungleichen Kampf weiterzuspinnen. Sie gaben Kontredampf und suchten mit möglichster Beschleunigung das Weite. Eine dritte und vierte Salve wurde ihnen nachgesandt, worauf ein zweites Kanonenboot und die größte der Panzerfregatten sank; noch drei weitere Salven fügten dem fliehenden Feinde zwar beträchtlichen ferneren Schaden zu, vermochten aber kein Schiff mehr zu sofortigem Sinken zu bringen; nur erfuhren wir durch den italienischen Aviso, der den abyssinischen Schiffen von weitem nachfolgte, daß noch ein drittes Kanonenboot eine Stunde nach Abbruch des Kampfes unterging, und daß eine der Panzerfregatten ins Schlepptau genommen werden mußte, um den Kugeln unserer Strandbatterien zu entgehen. Diese selbst hatten bloß zwei Mann verloren.

Mit dem Berichte dieser ersten freiländischen Waffenthat, an welcher ich jedoch lediglich als staunender Zuschauer teilzunehmen vermochte, schließe ich diesen Brief. Wann, wo — und ob ich Dir einen nächsten schreiben werde, weiß allein der Kriegsgott.

22. Kapitel.

Wenn ich mich recht entsinne, sind es genau ein Monat und ein Tag, daß ich mein letztes Schreiben an Dich sandte; binnen dieser kurzen Frist haben sich Ereignisse abgespielt, welche Euch drüben im alten Europa gar mancherlei Überraschungen gebracht haben dürften und die — täusche ich mich über die Absichten meiner neuen Landsleute nicht — in ihren mittelbaren Konsequenzen für die ganze bewohnte Erde von entscheidender Tragweite sein werden. Die Freiheit der Welt ist es — so glaube ich — die auf den Schlachtfeldern des Roten Meeres und der Gallaländer gesiegt hat — nicht bloß über den unseligen Johannes von Abyssinien, sondern auch über gar mancherlei Tyrannei, die inmitten Euerer sogen. civilisierten Welt geknechtete Völker darniederhält. Doch wozu sich in Vermutungen ergehen über Dinge, welche die nächste Zukunft schon zur Entscheidung bringen muß; mein heutiger Brief dient dem Zwecke, Dich meines ungetrübten Wohlbefindens zu versichern und Dir den freiländisch-abyssinischen Feldzug zu schildern, den ich vom ersten bis zum letzten Kanonenschusse mitgemacht.

Am 25. August, also zwei Tage, nachdem der erste Kampf stattgefunden, erhielt die Edenthaler Zentralbehörde das Ultimatum des Negus, in welchem dieser erklärte, daß er gegen Freiland nichts Böses im Schilde führe, sondern die Waffen nur deshalb ergriffen habe, um sich und — Freiland gegen eine europäische Invasion zu schützen, die diesem, wie er erfahren habe, aufgenötigt worden sei. Da wir nicht die Macht besäßen, seine Feinde von unseren Grenzen fernzuhalten, so gebiete ihm die Pflicht der Selbsterhaltung, von uns die Auslieferung einiger strategisch wichtiger Punkte zu verlangen. Fügten wir uns diesem Begehren, so wolle er unsere Freiheiten und Rechte im übrigen schonen, auch den seinen Schiffen bei Ungama zugefügten Schaden verzeihen; widersetzten wir uns, so werde er uns mit Krieg überziehen, und da er dafür gesorgt, daß uns so rasch keine Hilfe aus Europa zu erreichen vermöge, so könne der Ausgang wohl nicht zweifelhaft sein. Er habe sich mit einem Occupationsheere von 300000 Mann bereits in Bewegung gegen unsere Nordgrenze gesetzt und werde längstens binnen Wochenfrist an derselben eintreffen; an uns sei es, ob wir ihn als Freund oder Feind empfangen wollten.

Die Antwort an den Negus lautete dahin, daß er sich zwar in seiner Voraussetzung, daß Freiland fremde Truppen aufzunehmen gedachte, täusche, da dieses den Engländern, Franzosen und Italienern ebensowenig als ihm zu kriegerischen Zwecken die Grenzen offen zu halten gesonnen sei; in Frieden mit ihm könnten wir jedoch trotzdem nur dann leben, wenn er sich entschließe, auch den genannten europäischen Mächten gegenüber Frieden zu halten, und für das ihnen zugefügte Unrecht volle Sühne zu leisten. Nicht verschweigen wolle man nämlich, daß Freiland im Begriffe sei, mit dessen europäischen Staaten einen Freundschaftsvertrag zu schließen, in dessen Sinne es sich dann verpflichtet halten würde, die Feinde seiner Freunde auch als die seinigen anzusehen. Man warne ihn, Freilands stets an den Tag gelegte Friedfertigkeit als Mutlosigkeit oder Schwäche auszulegen. Eine Woche Frist solle ihm gelassen werden, um seine drohende Haltung aufzugeben und Bürgschaften des Friedens und der Sühne zu stellen. Sollten diese bis dahin nicht geboten worden sein, so würde Freiland ihn angreifen, wo immer es ihn fände.

Selbstverständlich gab sich niemand über den Erfolg

dieses Notenwechsels einer Täuschung hin und mit aller Beschleunigung wurden die Rüstungen zum Kriege betrieben.

Kaum daß Telegraph und Zeitungen die erste Kunde von dem abyssinischen Überfalle durch Freiland getragen, trafen von allen Seiten Meldungen und Anfragen bei der Zentralverwaltung ein, die Jedermann den vollgültigen Beweis lieferten, daß die Bevölkerung des ganzen Landes nicht bloß sofort begriffen hatte, ein Krieg sei bevorstehend, sondern daß sich auch unmittelbar ohne jeden bevormundenden Eingriff von oben, alle jene Faktoren des Widerstandes ganz von selbst in Aktion setzten, welche eine auf den Krieg jederzeit gerüstete Militärverwaltung nur immer hätte aufbieten können. Freiland mobilisierte sich selber und es erwies sich, daß diese selbstdenkende Thätigkeit von Millionen intelligenter, dabei aber an durchgreifendes Zusammenwirken gewohnter Köpfe, vollkommenere Ergebnisse lieferte, als durch einen noch so weislich erwogenen und vorbereiteten behördlichen Mobilisierungsplan auch nur entfernt möglich gewesen wäre. Von allen Tausendschaften des Landes langten schon im Laufe des ersten Tages Anfragen ein, ob die Zentralstelle ihre Mitwirkung für wünschenswert hielte; die Tausendschaften erster Klasse aus den zwölf Nord- und Nordostdistrikten, die Baringoländer und Leikipia umfassend, zeigten zugleich an, daß sie schon am nächsten Tage vollzählig — bis auf die zufällig verreisten Mitglieder — versammelt sein würden, da sie von der Voraussetzung ausgingen, daß die Ausfechtung des Kampfes mit Abyssinien zunächst ihre Sache sein werde. Man war nämlich ziemlich allgemein in Freiland der Ansicht, daß zur Bekämpfung der Abyssinier zwischen 40000 und 50000 Mann vollauf genügen würden, und da die Norddistrikte bekanntermaßen 85 der aus den Distriktsübungen als Sieger hervorgegangene Tausendschaften besaßen, so war von

Anbeginn Niemand in Zweifel darüber, daß diesen allein die Kriegsarbeit zufallen würde. Zwar regte sich sicherlich in der Brust gar manchen Jünglings auch in den anderen Landesteilen der Thatendrang, aber nirgend zeigte sich das Gelüste, durch dessen Geltendmachung dem Lande mehr als nötig Arbeitskräfte zu entziehen oder unter Störung des naturgemäßen Mobilisierungsplanes entferntere Tausendschaften in den Vordergrund zu schieben. Und eben so bereitwillig, als die anderen zurücktraten, als ebenso selbstverständlich erachteten es die Norddistrikte, daß sie in Aktion zu treten hätten. Nur jene Tausendschaften, die während der letzten Jahre bei den großen Aberdarespielen Sieger gewesen waren, äußerten, auch sofern sie nicht zu den mobilisierenden Distrikten gehörten, den Wunsch, in die Mobilisierung mit einbezogen zu werden; ebenso ersuchten alle Sieger in den Einzelübungen der letztjährigen Distrikts- und Landesspiele um die Vergünstigung, in die mobilisierten Tausendschaften eingeteilt zu werden. Beides wurde bewilligt und es vermehrte sich solcherart das zur Verfügung gestellte Material um vier Tausendschaften und 960 Einzelne. Damit wären insgesamt 90000 Mann verfügbar gewesen, der im Lande herrschenden Ansicht zufolge ungefähr doppelt so viel als erforderlich war. Doch auch darauf nahmen die betreffenden Tausendschaften sofort aus eigener Initiative Bedacht, indem sie sich durch Vermittlung der Zentralverwaltung schon am nächsten Tage darüber einigten, bloß die vier letzten Jahrgänge zwischen 22 und 26 Jahren und in diesen bloß die Unverheirateten ins Feld zu stellen. Dadurch reducierte sich der Mannschaftsstand auf 48000 Mann — darunter 9500 Berittene — und 180 Geschütze; letzteren wurden nachträglich noch 80 Stücke aus dem oberen Naiwaschadistrikt hinzugefügt.

Diese Truppe besaß von Haus aus schon ihre Anführer bis zum Range der Tausendführer. Zwar waren zahlreiche dieser Offiziere verheiratet, doch wurde übereinstimmend beschlossen, sie nichtsdestoweniger beizubehalten. Die Wahlen der Oberoffiziere fanden, nachdem auch die Hundert- und Tausendführer der vier auswärtigen Tausendschaften in dem zu diesem Behufe bestimmten Vereinigungspunkte Nordleikipias eingetroffen waren, am 23. August statt. Das Oberkommando trugen die versammelten Offiziere keinem aus ihrer Mitte, sondern einem als Chef der Ukerewebaugesellschaft in Ripon lebenden jungen Ingenieur Namens Arago an, der selbstverständlich annahm, sich aber einen der Oberbeamten des Verkehrsressorts der Centralverwaltung als Generalstabschef ausbat. An diesen wandte ich mich, aus Ungama direkt nach Nordleikipia geeilt, mit der Bitte um Aufnahme in den Generalstab, die mir, da ich mich über die entsprechenden Kenntnisse auszuweisen vermochte, mit Rücksicht auf meine erst kürzlich aufgegebene italienische Staatsbürgerschaft bereitwillig zugestanden wurde. Gleichzeitig mit mir war auch David eingetroffen, der mir die zärtlichsten Grüße und die freudige Zustimmung meiner Braut zu meinem Entschlusse brachte, und zugleich erklärte, daß er während des Feldzuges nicht von meiner Seite weichen werde.

Mit Waffen und Munition waren alle Tausendschaften ohnehin reichlich versehen; ebensowenig fehlte es an gut eingerittenen und geschulten Pferden.

Die Verpflegung des Heeres wurde den Approvisionierungsgesellschaften von Edenthal und Danastadt übergeben. Den technischen Dienst — Pionierwesen, Brückenbau, Feldtelegraphie u. dergl. — übernahmen zwei Associationen aus Central- und Ostbaringo, den Transportdienst endlich besorgte die freiländische Centralstelle für diesen Verwaltungszweig. Innerhalb der Grenzen Freilands konnte bei der hohen Vollendung des Kommunikationsnetzes die Beförderung und Verpflegung einer so kleinen Armee natürlich nicht die geringsten Schwierigkeiten machen. Da man jedoch keineswegs gesonnen war, die Abyssinier zu erwarten, sondern den Krieg in die Gallaländer und nach Habesch hinüberzuspielen gedachte, so wurden 5000 Elefanten, 8000 Kamele, 20000 Pferde und 15000 Büffelochsen für den Lastendienst aufgebracht. Zelte, Feldkochgeräte, Konserven u. dergl. mußten herbeigeschafft, kurzum Vorsorge getroffen werden, daß die Armee auch in den unwirtlichen Gegenden außerhalb Freilands an nichts Mangel leide.

Alle diese Vorbereitungen waren am 29. August vollendet; schon zwei Tage vorher hatte Arago 4000 Reiter mit 28 Geschützen über den Konsopaß ins benachbarte Wakwafiland gesendet, mit dem Auftrage, sich fächerförmig ausbreitend, Fühlung mit den Abyssiniern zu suchen, deren Anzug wir auf dieser Seite erwarteten. Um für alle Eventualitäten gesichert zu sein, sandte er kleinere Streifkorps von 1200 und 900 Mann mit je 8 und 4 Geschützen zur Bewachung der sich nordöstlich und nordwestlich von dieser seiner Operationslinie erstreckenden Gebirgszüge von Endika und Silali. Am Konsopaß hinterließ er des ferneren eine Reserve von 6000 Mann und 20 Geschützen und überschritt am 30. August mit 36000 Mann und 200 Geschützen die Gallagrenze. Um möglichst große Marschleistungen zu erzielen und die Mannschaft trotzdem zu schonen, war das Handgepäck aufs äußerste reduciert. Es bestand außer den Waffen — Repetiergewehr, Repetierpistole und kurzem, auch als Haubajonett zu gebrauchendem Schwert — nur aus 80 Patronen, einer Feldflasche und kleinem, zur Aufnahme *einer* Mahlzeit bestimmten Ranzen. Alle anderen Gepäckstücke trugen Handpferde, die den Marschkolonnen unmittelbar folgten und deren auf jede Hundertschaft 25 kamen. Dieser der Mannschaft jederzeit zur Verfügung stehende sehr bewegliche Train führte wasserdichte Zelte, komplette Anzüge und Schuhwerk zum wechseln, Regenmäntel,

Konserven und Getränke für einige Tage, und eine Patronenreserve für 200 Schuß per Mann mit sich. Unsere jungen Leute waren solcherart mit allem Nötigen versehen, ohne selber überlastet zu sein und sie legten daher an einzelnen Tagen bis zu 40 Kilometer zurück, ohne daß es Marode gegeben hätte.

Die freiländische Centralverwaltung hatte der Armee einen Kommissar beigegeben, dessen Amt es war, etwaige Wünsche der Heeresleitung, soweit deren Erfüllung Sache der Centralstelle sein sollte, entgegenzunehmen; ferner für den Fall, als der Negus sich zu Friedensverhandlungen geneigt zeigen sollte, dieselben zu führen; schließlich für Sicherheit und Bequemlichkeit der fremden Militärbevollmächtigten und Zeitungsreporter Sorge zu tragen, die unseren Kriegszug mitmachten. Ein Teil dieser Herren begleitete uns zu Pferde, ein anderer Teil war auf Elefanten bequem untergebracht; die meisten folgten dem Hauptquartier, welches dieselben über alle Vorkommnisse auf dem Laufenden erhielt.

Am dritten Marschtage, dem zweiten September, verständigte uns unsere vorausschwärmende Reiterei, daß sie auf den Feind gestoßen sei. Da Arago, bevor er einen entscheidenden Kampf annahm, zuvor praktisch erproben wollte, ob er und wir alle nicht etwa doch in einer verhängnisvollen Täuschung bezüglich der vorausgesetzten Überlegenheit unserer Mannschaften über die feindlichen befangen wären, gab er der Vorhut Auftrag, eine forcierte Rekognoscierung vorzunehmen, d. h. den Gegner zu möglichst vollständiger Entfaltung seiner Kräfte zu nötigen und erst zurückzuweichen, wenn über die Marschrichtung der feindlichen Hauptmacht Sicherheit erlangt sei.

Am 3. September bei grauendem Morgen griffen wir — ich war nämlich auf meinen Wunsch dieser Truppe beigegeben worden — die abyssinische Vorhut bei Ardeb im Flußthale des Dschub an. Diese, der unsrigen nicht stark an Zahl überlegen, wurde im ersten Anlauf über den Haufen gerannt, ihr sämtliches Geschütz — 36 Stücke — nebst 1800 Gefangenen abgenommen, ohne daß die Unsrigen mehr als fünf Mann verloren. Die ganze Affaire dauerte kaum 40 Minuten. Unsere Artillerie war der schon auf 6000 Meter Distanz ein wirkungsloses Feuer gegen unsere sich entwickelnden Linien eröffnenden abyssinischen ohne einen Schuß abzugeben bis auf 2500 Meter entgegengefahren, hatte sie von hier aus mit wenigen Salven zum Schweigen gebracht, 19 Stücke demontiert und die übrigen zum Rückzuge genötigt. Sich hierauf gegen die tollkühn heransprengende feindliche Kavallerie wendend, hatte sie diese durch einige wohlgezielte Granatschüsse auseinander gesprengt, so daß unsere Eskadronen nurmehr die in regelloser Flucht Davoneilenden zu verfolgen und die schwache, von der eigenen flüchtenden Kavallerie ohnehin schon in heillose Unordnung gebrachte Infanterie niederzureiten hatten. Der Rest war dann Verfolgung und Einbringung der von panischem Schreck gejagten Gegner, deren Verluste an Toten und Verwundeten, wenn auch die unserigen namhaft überragend, im Ganzen verhältnismäßig doch nur gering waren.

Doch damit war bloß das Vorspiel des blutigen Dramas zu Ende. Unsere Reiter hatten sich eben gesammelt, und die Gefangenen mitsamt den erbeuteten Geschützen unter geringer Bedeckung dem Hauptquartiere zugesandt, als sich in der Ferne dichte und immer dichtere Massen des Feindes zeigten. Es war dies der gesamte, 65000 Mann mit 120 Kanonen zählende, linke Flügel der Abyssinier. Zwanzig von unseren Kanonen waren auf einer kleinen, die Marschlinie des Feindes dominierenden Höhe aufgefahren und gaben von dort um 7 Uhr morgens den ersten Schuß auf den Gegner ab. Alsbald sah man die feindlichen Infanteriemassen seitlich abbiegen, während unserer Artillerie gegenüber successive 90 der abyssinischen

Geschütze auffuhren. Der sich nun entspinnende Kampf der Kanonen währte eine Stunde, ohne unserer Artillerie sonderlichen Schaden zuzufügen, denn die abyssinischen Artilleristen trafen auf so große Distanz — es waren gut 5000 Meter — nur sehr schlecht, während die Granaten der unserigen nach und nach 34 feindliche Stücke zum Schweigen brachten. Zweimal versuchten es die Abyssinier, näher an unsere Position heranzufahren, mußten aber beidemal schon nach wenigen Minuten wieder zurückweichen, so mörderisch räumten unsere Geschosse bei dieser Annäherung unter ihnen auf. Da es so nicht ging, versuchte der Feind unsere Position zu stürmen. Seine Infanterie- und Kavalleriemassen hatten sich längs unserer ganzen, sehr dünn gestreckten Front entwickelt und kurze Zeit nach 8 Uhr setzte sich die gesamte kolossale Übermacht gegen uns in Bewegung.

Was sich nunmehr abspielte, hätte ich nimmermehr für möglich gehalten, trotzdem ich über die Waffengewandtheit der freiländischen Elite-Tausendschaften schon so Manches vernommen und auch der spielend erfochtene Sieg über die feindliche Vorhut zu hochgespannten Erwartungen berechtigte. Ich gestehe, daß ich es für unverantwortlichen Leichtsinn und für eine gänzliche Verkennung der ihm vom Oberkommando zugeteilten Aufgabe hielt, daß Oberst Ruppert, der Führer unserer kleinen Schar, den Kampf annahm und zwar nicht etwa in Form eines Rückzugsgefechtes, sondern als regelrechte Schlacht, die, wenn verloren, unfehlbar mit der Vernichtung seiner 4000 Mann enden mußte. Denn in einer fünf Kilometer umfassenden, die feindlichen Linien sogar um ein Geringes überflügelnden dünnen Aufstellung mit nur schwachen Reserven im Rücken, hatte er seine Reiter — sie waren sämtlich abgesessen und schossen mit ihren vortrefflichen Karabinern — entwickelt und erwartete die Abyssinier, als ob diese als Tirailleure und nicht in kompakten

Sturmkolonnen heranrückten. Und diese Sturmkolonnen kannte ich sehr wohl, sie hatten bei Erdeb und vor Obok die ihnen an Zahl gleichen indischen Veteranen Englands, die bretonischen Grenadiere Frankreichs und die Bersaglieri Italiens geworfen, ihre Waffen waren den Freiländischen gleichwertig, ihre militärische Disziplin mußte ich der meiner gegenwärtigen Kampfgenossen überlegen halten; wie sollte unsere dünne Linie dem Ansturme dieser, uns an Zahl sechzehnfach überlegenen kampfgewohnten Krieger widerstehen? Sie mußte — das war meine felsenfeste Überzeugung — in der nächsten Viertelstunde zerreißen, wie ein Bindfaden, der einer Lokomotive den Weg versperren will; und dann, das konnte jedes Kind sehen, war nach einem Gemetzel von wenigen Minuten alles vorbei. Ich nahm im Geiste Abschied von der fernen Geliebten, vom Vater — und auch Deiner, mein Luigi, gedachte ich in dieser Stunde, die für meine letzte zu halten ich damals vollen Grund zu haben wähnte.

Und was mich am meisten Wunder nahm: die Freiländer schienen insgesamt meine Empfindungen zu teilen; nichts von jener wilden Kampflust war in ihren Mienen zu finden, die man doch bei denjenigen voraussetzen sollte, die — überflüssiger Weise — Einer gegen sechzehn den Kampf aufnehmen. Tiefen, düsteren Ernst, ja Widerwillen und Schrecken las ich in den sonst so klaren, heiteren Augen dieser freiländischen Jünglinge und Männer; es war als sähen sie allesamt gleich mir sicherem Tode entgegen. Auch die Offiziere, ja selbst der kommandierende Oberst, teilten sichtlich diese unerfreulichen Gefühle — warum um des Himmelswillen nahmen sie dann die Schlacht an? Wenn sie Übles vorher sahen, warum zogen sie sich nicht rechtzeitig zurück? Wie sehr aber hatte ich diesen Männern Unrecht gethan, wie gründlich Anlaß und Richtung ihrer Besorgnisse verkannt! So unglaublich es klingen mag: meine Kriegskameraden waren nicht für ihre, sondern für des Gegners Haut besorgt, ihnen graute vor dem Gemetzel, das — nicht ihnen, den Feinden bevorstand. Der Gedanke, daß sie, die freien Männer, von armseligen Knechten besiegt werden könnten, lag ihnen so fern, als etwa dem Jäger der Gedanke, die Hasen könnten ihm gefährlich werden; aber sie sahen sich vor der Notwendigkeit, Tausende dieser Bejammernswerten kaltblütig niederschießen zu müssen und das erregte ihnen, denen der Mensch das Heiligste und Höchste ist, unsäglichen Widerwillen. Hätte man mir das *vor* der Schlacht gesagt, ich hätte es nicht begriffen und jedenfalls für Renommisterei gehalten; jetzt, nach dem was ich schaudernd mit erlebt, finde ich es begreiflich. Denn, daß ich es nur gleich sage: eine gegen freiländische Linien anstürmende und von deren Feuer zerrissene Kolonne bietet einen Anblick, der selbst an Massenmord einigermaßen gewöhnten Männern, wie mir, das Blut zu Eis gerinnen macht. Ich habe den Würgengel des Schlachtfeldes einigemal an der Arbeit gesehen und durfte mich daher gegen dessen Schrecken gefeit halten. Hier aber ...

Doch ich will ja nicht meine Gefühle, sondern die Ereignisse schildern. Als die Abyssinier uns auf etwa 1½ Kilometer nahe gekommen waren, sprengten ein letztesmal Rupperts Adjutanten die Front entlang und riefen den Unseren die Losung zu: Schonung! keinen Schuß, sobald sie weichen! Dann war es bei uns totenstill, während von jenseits stets lauter der Klang der Trommeln und einer wilden Musik, unterbrochen zeitweilig von dem gellenden Schlachtrufe der Abyssinier, herübertönte. Als die Feinde bis auf 700 Meter etwa herangerückt waren, gab unsere Schützenlinie eine einzige Salve ab; als ob ein Pesthauch in sie gefahren wäre, so brach die Stirnlinie des Feindes zusammen, seine Reihen wankten und mußten sich neu formieren. Kein Schuß wurde inzwischen von den Freiländern abgefeuert; als aber die Abyssinier unter wildem Schlachtgeschrei abermals, jetzt im Laufschritte vorrückten, donnerte eine zweite und da die todeskühnen braunen Krieger diesmal über ihr zerschmettertes erstes Glied hinweg den Ansturm fortsetzten, eine dritte Salve über das Feld. Mit dieser aber hatten Jene einstweilen genug; sie wandten sich zu wilder Flucht, und hielten erst, als sie sich außerhalb unserer Schußweite wußten. Auch jetzt hörte unser Feuer augenblicklich auf, sowie der Feind sich gewandt hatte, aber es war auch hohe Zeit gewesen. Nicht als ob die geringste Gefahr für unsere Stellungen aus einer Fortsetzung des Sturmes hätte entstehen können; die Abyssinier hatten kaum 100 Meter gewonnen gehabt, waren also immer noch gute 600 Meter entfernt gewesen und die Gewißheit, daß Keiner von ihnen unsere Front erreicht hätte, erwies sich als augenscheinlich; aber gerade diese eigene, jede eigentliche Kampfeserregung ausschließende Unnahbarkeit ließ die Gräßlichkeit des unter den Gegnern wütenden Gemetzels mit so elementarer Gewalt hervortreten, daß mehr als menschliche Nerven dazu gehört hätten, dies Schauspiel längere Zeit zu ertragen. Nahe an 1000 Abyssinier waren binnen wenigen Minuten tot oder verwundet gefallen und zahlreiche der freiländischen Schützen erklärten mir später, sie hätten beim Anblicke der reihenweise zusammenbrechenden und am Boden zuckenden Feinde Ohnmachtsanfälle gehabt — was ich vollkommen begreife, da auch mir ernstlich übel dabei wurde.

Die freiländischen Ärzte und Sanitätstruppen waren eben an der Arbeit, die verwundeten Gegner vom Schlachtfelde aufzulesen, als die abyssinische Artillerie neuerlich den Kampf aufnahm und alsbald auch die Infanterie ein rasendes Schnellfeuer eröffnete. Da Letztere sich jedoch diesmal vorsichtig in der respektablen Entfernung von ungefähr 2000 Metern hielt, so war ihr Feuer anfangs ganz ungefährlich und wurde daher von den Unseren nicht erwidert; nachgerade aber verirrte sich doch die eine oder andere Kugel in unsere Reihen und Oberst Ruppert gab daher Befehl, die Zehntführer möchten den Feinden deutlich sichtbar mehrere Schritte aus der Front hervortreten und eine Salve abgeben. Dieser Wink wurde drüben verstanden; das feindliche Infanteriefeuer hörte sofort auf, da die Abyssinier aus der Wirkung dieser einen kleinen Salve ersahen, daß die freiländischen Schützen auch auf so große Distanz allzu unangenehm werden könnten, als daß es rätlich wäre, sie durch ohnehin wirkungsloses Feuer zum Antworten herauszufordern. Die zähen Burschen, die offenbar den Gedanken nicht zu ertragen vermochten, vor einer so kleinen Minderzahl das Feld zu räumen, formierten nun neuerlich einige Sturmkolonnen, diesmal mit schmaler Front und von beträchtlicher Tiefe. Doch auch diesen ging es nicht besser als ihren Vorgängern, nur daß gegen sie etwas rascheres Feuer abgegeben werden mußte; sie wurden mit einem neuerlichen Verluste von 800 Mann nach wenigen Minuten zum Weichen gebracht und waren nunmehr zu abermaligem Vorgehen nicht mehr zu bewegen. Um die verwundeten Abyssinier, die in freiländischer Verpflegung weitaus besser versorgt waren, als in der ihrer Landsleute, zu bergen, ließ jetzt Ruppert einen Vorstoß bewerkstelligen, vor welchem sich der Gegner eilfertig zurückzog, so daß wir unbestritten Herren des Schlachtfeldes blieben. Unsere Verluste betrugen 8 Tote und 47 Verwundete; die Abyssinier hatten 360 Tote, 1480 Verwundete und 39 Kanonen zurückgelassen. Die erste Sorge der Unseren war, die Verwundeten — Freund und Feind mit gleich liebevoller Sorgfalt — in den reichlich vorhandenen und mit sinnreichstem Komfort ausgestatteten Sanitätswagen unterzubringen und nach Freiland zu in Bewegung zu setzen. Dann wurden die Geschütze und sonstigen erbeuteten Waffen geborgen, die Toten begraben.

Letztere Arbeit war eben vollendet und der Rückzug aufs Hauptquartier sollte angetreten werden, als von Westen starke abyssinische Heersäulen auftauchten, während gleichzeitig auch der nach Norden abgezogene linke Flügel des Feindes wieder sichtbar wurde. Ruppert ließ sich dadurch in seiner Absicht nicht beirren. Feindliche Kavalleriemassen machten einen stürmischen Versuch, uns zu verfolgen, wurden aber von unserer Artillerie rasch zurückgeworfen, und fernerhin unbehelligt bewerkstelligten wir unseren Rückzug auf das Hauptkorps.

Wir wußten nun aus Erfahrung, daß die von uns vorausgesetzte Überlegenheit freiländischer Männer über Gegner welcher Art immer eine Thatsache sei. Die Abyssinier hatten sich gegen uns so brav geschlagen, als je zuvor gegen europäische Truppen; ihre Bewaffnung, Disziplin und Schulung, das vieljährige Werk eines ausschließlich diesem Zwecke gewidmeten rücksichtslosen Despotismus, ließ — nach europäischen Begriffen — nichts zu wünschen übrig und thatsächlich hatten diese braunen Soldaten sich gleichstarken abendländischen Heeren im offenen Felde stets ebenbürtig gezeigt. Wir aber hatten eine sechzehnfache Übermacht zum Weichen gebracht, ohne daß dabei das Zünglein der Wage auch nur einen Moment geschwankt hätte. Daß der Kampf überhaupt so lange währte und nicht viel früher schon mit vollständiger Niederlage der Abyssinier endete, lag nur daran, daß der Führer der Vorhut sich an die Ordre hielt: den Feind zur Entfaltung seiner Kräfte zu nötigen. Hätte er sich statt dessen mit voller Wucht sofort auf den Gegner geworfen, ihm *nicht* Zeit zur Entwicklung gelassen, und jeden erlangten Vorteil energisch ausgebeutet, so wären die 65000 Mann des linken Flügels der Feinde längst zersprengt gewesen, bevor das Zentrum in die Aktion eingreifen konnte. Damit soll aber nicht gesagt sein, daß Oberst Ruppert Unrecht that, den Kampf hinhaltend und mehr defensiv zu führen. Ganz abgesehen davon, daß doch auch ihm erst im Laufe des Gefechtes der bis dahin bloß vermutete hohe Grad freiländischer Überlegenheit zur absoluten

Gewißheit werden konnte, war es, je zweifelloser der schließliche Sieg unserer Sache erschien, desto entschiedener die Pflicht jedes gewissenhaften Führers, das Blut unserer freiländischen Jünglinge nicht überflüssigerweise um eines Heldenstückleins willen zu vergießen. Er mußte gleich uns allen annehmen, daß diese erste Lektion vollkommen genügen werde, den Negus darüber aufzuklären, daß eine Fortsetzung des Kampfes seinerseits Thorheit wäre.

Wir hatten aber unsere Rechnung ohne Rücksicht auf den Dünkel eines barbarischen Despoten gemacht. Als der dem Hauptquartier folgende Kommissär der Centralverwaltung am nächsten Tage Parlamentäre ins abyssinische Hauptquartier sandte, um Johannes erklären zu lassen, daß Freiland gegen Rückgabe der überrumpelten Festungen und Schiffe und gegen Leistung zu vereinbarender Friedensbürgschaften noch immer bereit sei, sich mit ihm zu vertragen, empfing dieser die Abgesandten hochmütig mit der Frage, ob sie gekommen seien, Unterwerfung anzubieten. Weil unsere Vorhut sich schließlich zurückgezogen, gab er die Affaire des gestrigen Tages für einen abyssinischen Sieg aus. Die Offiziere der zurückgeworfenen 5 Brigaden seines Heeres seien Feiglinge, meinte er, wir sollten sehen, wie *er* sich schlagen werde — kurzum der Verblendete wollte von Nachgiebigkeit nichts hören.

Am 8. September griffen wir die am Dschubflusse verschanzte abyssinische Hauptarmee an. Nach zweistündigem Kampfe war der Feind geschlagen, 167000 Mann streckten die Waffen, der Rest eilte in wilder, regelloser Flucht den abyssinischen Bergen zu. 10 Tage später lagen wir vor den Mauern Massauas, in welche sich der Negus mit den Trümmern seines Heeres geworfen.

Die Zentralverwaltung von Freiland hatte unmittelbar nachdem sie die Nachricht von der Wegnahme der Küstenfestungen und der Schiffe erhalten, den Bau einer

Flotte beschlossen und keine Stunde mit der Verwirklichung gezögert. Eine Panzerflotte herzustellen, dazu fehlte allerdings die Zeit; sie hielt aber dafür, einer solchen nicht zu bedürfen. Was sie plante, war die Konstruktion sehr schnellfahrender Fahrzeuge mit so weit tragenden Geschützen, daß ihre Geschosse die fremden Panzerschiffe zerstören könnten, ohne daß die Geschosse der Letzteren unsere Schiffe zu erreichen vermöchten. Dabei rechnete sie allerdings nicht bloß auf die größere Schnelligkeit der Fahrzeuge und die weitere Flugbahn der Geschosse, sondern hauptsächlich auf die Überlegenheit unserer Artilleristen. Wenn unsere Schiffsmaschinen den Feind immer nur auf die uns passend erscheinende Distanz heranließen, so mußte — das war der Kalkül — den Unseren gelingen, das stärkste feindliche Schiff zu vernichten, ehe unsere Fahrzeuge auch nur getroffen werden könnten. Um Schiffe von 2000 bis 3500 Tonnen — so groß sollten unsere Kanonenbote sein — in beliebiger Zahl binnen wenigen Wochen vollkommen auszurüsten, dazu genügten, wenn nur mit entsprechender Energie daran gegangen wurde und alles gehörig ineinander griff, die freiländischen Rhedereien und sonstigen Industrien vollkommen. Schon am 23. August wurde daher in Ungama der Kiel zu 36 Schiffen gelegt; Schiffsmaschinen zwischen 2000 und 3000 Pferdekräften — von denen die größeren Kriegsdampfer bis zu vieren erhalten sollten — waren genügend in den Maschinenwerkstätten Ungamas vorrätig. Aus allen freiländischen Schießplätzen wurden die vorzüglichsten und größten Geschütze herbeigezogen, 24 neue, alles bisher Erreichte in den Schatten stellende Ungetüme in den Gußstahlwerkstätten von Danastadt konstruiert und solchergestalt ermöglicht, daß binnen 22 Tagen der letzte Hammerschlag und Feilenstrich an der letzten der 36 schwimmenden Kriegsmaschinen gethan werden konnte. Die Eleganz der Ausstattung ließ in einzelnen Punkten zu wünschen übrig; die Vollkommenheit der technischen Ausführung aber war tadellos. Die Fahrzeuge, ziemlich flachbordig um den feindlichen Kugeln ein möglichst geringes Ziel zu bieten, waren in wasserdichte Kammern geteilt, um selbst durch einige unter der Wasserlinie einschlagende Granaten nicht zum Sinken gebracht zu werden; da jedes Schiff mindestens zwei vollkommen unabhängig funktionierende Maschinen besaß, so war auch eine Lähmung seiner Beweglichkeit nicht so leicht zu besorgen; gepanzert, und zwar mit Platten der stärksten Art, waren bloß die Pulverkammern. Die verwendeten, durchwegs frei beweglich an Deck angebrachten Geschütze wogen zwischen 95 und 245 Tonnen, und waren den einzelnen Schiffen teils einzeln, teils zu zweien und dreien zugeteilt; insgesamt besaßen die 36 Fahrzeuge deren 78. Das Maximum der Fahrgeschwindigkeit betrug bei den verschiedenen Schiffen zwischen 23 und 27 Knoten in der Stunde.

Da wir den Westmächten versprochen hatten, die den Suezkanal sperrende Flotte vor Eintreffen der europäischen Expeditionskorps unschädlich zu machen, so mußte geeilt werden, dieses gegebene Wort einzulösen. Am 19. September abends bekamen unsere Schiffe eine bei Bab-el-Mandeb kreuzende abyssinische Eskadre von 5 Panzern in Sicht. Diese, die scharfgebauten Schiffe für Passagierdampfer nehmend, machte sofort Jagd auf sie und wunderte sich nicht wenig, daß die so harmlos aussehenden Fahrzeuge ihren Kurs unbeirrt fortsetzten. Erst als die Abyssinier sich auf 14000 Meter Distanz genähert und nunmehr einige der gröbsten Brocken aus unseren Feuerschlünden zu kosten bekamen, erkannten sie ihren Irrtum und machten augenblicklich kehrt. Das Gros unserer Flotte hielt sich auch mit ihrer Verfolgung nicht auf, sondern setzte die Fahrt ins Rote Meer fort; bloß 6 unserer größten und zugleich als schnellste Fahrer geltenden Kriegsdampfer eilten den Fliehenden nach, brachten deren zwei durch eine Reihe wohlgezielter Schüsse, die von den Abyssiniern der großen Distanz halber wirksam gar nicht erwidert werden konnten, zum Sinken, und jagten die andern auf den Strand. Unsere Schaluppen nahmen von den im Wasser treibenden Mannschaften auf, so viel sie nur immer erreichen konnten und setzten dann — die Affaire mit der Bab-el-Mandeb-Eskadre hatte bloß 2½ Stunden beansprucht — den Weg nach Suez fort.

An Massaua dampfte das Gros unserer Flotte in der Nacht vom 19. und 20. unbemerkt vorbei; die nachfolgenden 6 Schiffe aber wurden im Morgengrauen von einem feindlichen Kreuzer gesehen und verfolgt. Da es weder in der Absicht der Unseren lag, sich vor Massaua jetzt schon aufzuhalten, noch die dort liegenden abyssinischen Schiffe durch eine, ihrem Kreuzer im Vorbeifahren erteilte Lektion vorzeitig zu warnen, so beantworteten sie dessen Schüsse nicht, trotzdem einige derselben trafen, sondern suchten bloß so rasch als möglich an ihm vorbei zu kommen, was auch ohne ernstlichen Schaden gelang. Wie wir später erfuhren, wurden sie in Massaua gleichfalls für Postschiffe gehalten, die unbegreiflicherweise den Suez bewachenden Kreuzern in die Hände liefen. Alles, was der Negus that, war, daß er in den nächsten Nächten vor Massaua fleißig kreuzen ließ, um die vermeintlichen 6 Postdampfer, wenn sie vor Suez etwa rechtzeitig kehrt machen sollten, diesmal nicht entschlüpfen zu lassen.

Am 22. nachmittags erschien unsere Flotte vor Suez, griff die den Kanal bewachenden abyssinischen Schiffe unverzüglich an und bohrte drei derselben nach kurzem Gefechte in den Grund. Die anderen, darunter drei Panzerfregatten, liefen auf den Strand, wo die Bemannung von den ägyptischen Truppen gefangen genommen wurde. Denselben Ägyptern lieferte unser Admiral auch die aufgefischten abyssinischen Matrosen und Seesoldaten provisorisch aus, wandte sich sofort wieder nach Süden und langte am 24. September vor Massaua an.

Dort waren wir inzwischen unthätig geblieben; wir wußten, daß das Eingreifen unserer Schiffe genügen werde, die Feste in kurzem Wege zu Falle zu bringen. Als diese auf der Höhe von Massaua erschienen, näherten sich ihnen einige kleinere abyssinische Kriegsfahrzeuge. Wenige Schüsse jagten sie in die Flucht und nun erst begriff der Negus die Situation. Zwar hoffte er noch immer, mit unseren Schiffen fertig zu werden; die schreckliche Wirkung der ersten Lagen aus unseren Riesengeschützen belehrte ihn und seine Admiralität eines Besseren. Vor den herandampfenden schwerfälligen Panzerkolossen stetig zurückweichend gaben unsere unerreichbaren Vernichtungsmaschinen ihre Geschosse ab und zwei der Fregatten sanken in die Tiefe, bevor nur *eine* abyssinische Kugel ein freiländisches Schiff getroffen hätte. Nun wandten sich die Abyssinier zum Rückzuge, aber die Unseren blieben ihnen — stets in der gleichen unnahbaren Distanz — auf den Fersen und bevor die feindliche Flotte den Hafen erreicht hatte, fuhr ein drittes Panzerschiff zu Grunde. Doch im Hafen fanden sie so wenig Sicherheit, als auf offenem Meere; die schrecklichen Panzerzerschmetterer sandten Kugel auf Kugel hinein; ein viertes Schiff versank und ein fünftes; gleichzeitig hämmerten unsere Riesengeschosse zermalmend an den Steinquadern der Hafenbastionen — wir erwarteten jeden Moment die weiße Fahne, das Zeichen der Ergebung, in Massaua flattern zu sehen. Statt dessen machte der Negus, die Unhaltbarkeit der Feste einsehend, von uns jedoch keine Gnade erwartend, plötzlich einen verzweifelten Ausfall, um sich in die Berge durchzuschlagen. Doch nur unsere äußerste Vorpostenkette gelang es ihm zu durchbrechen; vor der ersten freiländischen Linie angelangt, brachten einige Salven den Ansturm der Seinen zum Stehen, ihm aber den Tod. Die Abyssinier warfen die Waffen weg, der Krieg war beendet.

———

Hiermit schließen die freiländischen Briefe unseres neuen Landsmannes Carlo Falieri an seinen Freund, den Architekten Luigi Cavalotti. Die beiden Freunde haben inzwischen den Aufenthalt getauscht; Cavalotti ist zu uns nach Freiland übersiedelt, Falieri dagegen wurde, kaum daß er mit seinem jungen Weibe einige Wochen seligster

Zurückgezogenheit auf einer der paradiesischen Ukerewe-Inseln genossen, uns zeitweilig wieder entführt. Er folgte einem Rufe seines Geburtslandes, welches seiner zu Durchführung jener Reformen zu bedürfen glaubte, die in Konsequenz der soeben von ihm geschilderten und der diesen folgenden Ereignisse dort wie fast überall in der bewohnten Welt ins Werk gesetzt werden sollen. Seine Gattin begleitet ihn auf dieser Mission, zu deren Durchführung ihm seitens unserer Centralverwaltung die unbegrenzten Hülfsquellen Freilands zur Verfügung gestellt sind. Doch damit geraten wir schon in den Bereich jener Begebenheiten, deren Darstellung das folgende Buch gewidmet sein soll.

Viertes Buch.

23. Kapitel.

Die moralische Wirkung unseres abyssinischen Feldzuges war eine ungeheure, soweit civilisierte und halbcivilisierte Völker die Kunde davon empfingen. Wir selber hatten uns heilsame Folgen davon versprochen insofern, als wir voraussahen, daß die vor aller Welt abgelegte glänzende Kraftprobe unseren Widersachern Vorsicht und größere Geneigtheit beibringen werde, auf unsere gerechten Wünsche einzugehen. Doch der Erfolg übertraf unsere kühnsten Erwartungen weitaus. Nicht eingeschüchtert, sondern bekehrt wurden die bisherigen Gegner der wirtschaftlichen Gerechtigkeit, was indessen mehr uns Freiländer, als unsere auswärtigen Freunde zu überraschen schien. Wir vermochten nicht recht zu begreifen, warum Leute, die Jahrzehnte lang unsere socialen und wirtschaftlichen Bestrebungen für thöricht oder verwerflich gehalten hatten, aus der Thatsache, daß unsere jungen Leute sich als treffliche Krieger erwiesen, urplötzlich die Schlußfolgerung zogen, es sei möglich und nützlich, jedem Arbeitenden den vollen Ertrag seines Fleißes zuzuwenden. Uns, die wir unter der Herrschaft der Vernunft und Gerechtigkeit lebten, wollte der Zusammenhang zwischen Letzterem und der Wirkung unserer Gewehre und Geschütze nicht einleuchten; außerhalb Freilands jedoch, wo immer noch physische Gewalt die letzte Quelle allen Rechtes war, hielt es ersichtlich Jedermann — selbst der prinzipielle Anhänger unserer Ideen — für selbstverständlich, daß die blitzartig zerschmetternden Schläge, unter deren elementarer Gewalt der Negus von Abyssinien erlegen, das untrüglichste *Argumentum ad hominem* für die Vorzüglichkeit unserer gesamten

Einrichtungen seien. Insbesondere das urplötzliche siegreiche Auftreten unserer Flotte wirkte da draußen gleichwie ein entscheidendes Beweismittel dafür, daß die wirtschaftliche Gerechtigkeit keine wesenlose Utopie, sondern sehr reelle Wirklichkeit sei — kurzum, unsere kriegerischen Erfolge gestalteten sich zu einem Triumphe unserer socialen Einrichtungen. Eine gewaltige fieberhafte Bewegung ergriff alle Geister, und mit *einem* Schlage wollte man nun überall verwirklichen, was bis dahin bloß von verhältnismäßig Wenigen schüchtern als dereinst zu erreichendes Ideal aufgestellt, von Vielen mit Abneigung betrachtet, von den großen Massen aber zumeist gänzlich ignoriert worden war.

Und dabei erwies sich — was uns nun allerdings wieder *nicht* überraschte — daß die Ungeduld und das Revolutionsfieber desto heftiger waren, je weniger man sich zuvor mit unseren Ideen beschäftigt hatte. Die fortgeschrittensten freisinnigsten Völker, deren leitende Staatsmänner auch zuvor schon mit uns sympathisiert und gutgemeinte, wenn auch zusammenhanglose Versuche unternommen hatten, ihre arbeitenden Massen zu wirtschaftlicher Freiheit heranzuziehen, schickten sich in verhältnismäßiger Ruhe an, die große ökonomische und sociale Revolution unter möglichster Wahrung aller bestehenden Interessen einzuleiten. England, Frankreich und Italien, die schon vor Ausbruch des abyssinischen Krieges bereit gewesen waren, unsere Einrichtungen — wenn auch vorläufig bloß in ihren ostafrikanischen Besitzungen — zuzulassen, beschlossen nunmehr, ohne daß dazu besondere politische Umwälzungen bei ihnen notwendig gewesen wären, sich wegen Überführung ihrer bestehenden Institutionen in den unsrigen ähnliche, mit Freiland ins Einvernehmen zu setzen, und mehrere andere europäische Staaten, sowie ganz Amerika und Australien schlossen sich ihnen unmittelbar an. Dieses Ereignis war in den betreffenden Staaten allenthalben von stürmischen Ausbrüchen der Volksbegeisterung begleitet; aber mit Ausnahme einiger Fensterscheiben litt Niemand Schaden dabei. Gewaltthätiger schon ging es in den „konservativen" Staaten Europas und in einzelnen Ländern Asiens her; dort kam es zu heftigen Krawallen, ernstlichen Verfolgungen verhaßter Staatsmänner, die vergebens beteuerten, daß nunmehr auch sie gegen die wirtschaftliche Gleichberechtigung nichts einzuwenden hätten, stellenweise zu Blutvergießen und Vermögenskonfiskationen. Die arbeitenden Massen mißtrauten dort den besitzenden Ständen, waren aber selber uneinig über den einzuschlagenden Weg, so daß drohender stets und gehässiger die Parteien einander entgegentraten. Vollends schlimm aber gestalteten sich die Ereignisse dort, wo die Regierungen früher wirklich und bewußt volksfeindlich gehandelt, die Besitzenden gegen die Massen ausgespielt und Letztere vorsätzlich in Unwissenheit und Verkommenheit darniedergehalten hatten. Dort gab es keine intelligente Volksklasse, die genügenden Einfluß besessen hätte, sich den Ausbrüchen wütenden und unvernünftigen Hasses entgegenzuwerfen; dort wurden Grausamkeiten und Scheußlichkeiten aller Art begangen, die einstigen Unterdrücker massenhaft abgeschlachtet und es wäre kein Ende der sinn- und zwecklosen Gräuel abzusehen gewesen, wenn nicht zum Glücke auch für diese Länder unser Ansehen und unsere Autorität schließlich die wütenden Massen beruhigt und die Bewegung in geregelte Bahnen geleitet hätte. Nachdem eine der in diesen Gebieten sich ohne ersichtliches Ziel zerfleischenden Parteien auf den Gedanken geraten war, unsere Intervention anzurufen, fand dieses Beispiel allgemeine Nachahmung. Allenthalben aus dem Osten Europas, aus Asien und aus einigen afrikanischen Staaten richteten die der Anarchie Verfallenen die Bitte an uns, ihnen Kommissäre zu senden, denen man unumschränkte Gewalt einräumen wolle. Wir willfahrteten dem natürlich aufs bereitwilligste und diese freiländischen Kommissäre begegneten thatsächlich allenthalben jenem ungeteilten Vertrauen, das zur Herstellung der Ruhe erforderlich war.

Inzwischen hatten sich aber auch jene Staaten, die von Anbeginn besonnen vorgegangen waren, freiländische Vertrauensmänner erbeten, die ihren Regierungen bei Anbahnung der beabsichtigten Reformen mit Rat und That behülflich sein sollten. Wir sagen nicht ohne Grund: mit Rat und *That*, denn das freiländische Volk hatte, sowie es erkannt, daß man seine Mitwirkung in Anspruch nehmen werde, den Beschluß gefaßt, seinen Delegierten — sie mochten nun als beratende Mitglieder einer fremden Regierung oder als mit unumschränkter Gewalt ausgerüstete Kommissäre auftreten, das Verfügungsrecht über die materiellen Hülfsquellen Freilands zu Gunsten der sie berufenden Völker einzuräumen, denen diese Summen übrigens nicht schenkungs-, sondern leihweise zufließen sollten. Der Edenthaler Centralverwaltung wurde zwar formell das Recht vorbehalten, von Fall zu Fall über die von diesen Delegierten angemeldeten Geldforderungen zu entscheiden; da jedoch als Prinzip aufgestellt war, daß jede notwendige Hülfe zu gewähren sei, über die Notwendigkeit der Hülfeleistung aber zumeist doch nur die an Ort und Stelle Befindlichen urteilen konnten, so lag thatsächlich in Händen dieser Kommissäre und Vertrauensmänner das diskretionäre Verfügungsrecht über die flüssig gemachten Kapitalien.

Daß wir aber in der Lage waren, einem solchen, binnen wenigen Monaten nahe an 2 Milliarden Pfd. Sterling erreichenden Bedarfe sofort zu entsprechen, erklärt sich daraus, daß unsere freiländische Versicherungsabteilung ungefähr den fünften Teil ihrer derzeit 10 Milliarden überschreitenden Reserven in allezeit flüssiger Form zur

Disposition hatte. Die anderen vier Fünftel waren arbeitend angelegt, d. h. den Associationen sowohl als dem Gemeinwesen zu mannigfaltigen Investitionen leihweise überlassen; ein Fünftel aber wurde als für alle Fälle bereiter Stock in den Magazinen der Bank zurückgelegt und konnte jetzt dem plötzlich aufgetauchten Kapitalbedarfe dienen. Selbstverständlich ist, daß diese Reserve nicht in Form von Gold oder Silber hinterlegt war, da sie sich in diesem Falle als unbrauchbar in der Stunde eines eventuellen Bedarfs erwiesen hätte. Nicht Gold oder Silber, sondern ganz andere Dinge sind es, die in Zeiten der Not gefordert werden; die Edelmetalle können bloß als geeignete Mittel dienen, um diese eigentlich benötigten Dinge sich zu verschaffen; damit Letzteres jedoch geschehen könne, wird vorausgesetzt, daß sie in entsprechender Menge überhaupt irgendwo vorhanden seien, was bei einem plötzlich auftretenden Bedarfe von außergewöhnlichem Umfange eben *nicht* angenommen werden darf. Wer plötzlich Waren im Gesamtwerte von Milliarden braucht, der wird dieselben nirgend *kaufen* können, weil sie nirgend vorrätig sein werden; will er auch im Falle solchen Bedarfes vor Not geschützt sein, so muß er nicht das Geld zum Einkaufe, sondern die voraussichtlich erforderlichen Güter selber vorrätig halten. Was hätte es z. B. den Russen, welche die Getreidespeicher ihrer Gutsherren, die Warenmagazine ihrer Kaufleute, die Maschinen in ihren Fabriken verbrannt und zerstört hatten, genützt, wenn wir ihnen die Milliarden Rubel, deren sie zur Ersetzung sowohl als zur Vermehrung dieser vernichteten Dinge bedurften, in Form von Geld zur Verfügung gestellt hätten? Nirgend gab es entbehrliche Vorräte, die sie hätten kaufen können; wären sie mit unserem Gelde auf den Märkten erschienen, so hätte dies zum ausschließlichen Erfolge gehabt, daß alle Preise gestiegen und ihre Not sich allen Nachbarvölkern mitgeteilt hätte. Und ebenso bedurften auch alle andere Nationen, die wir in ihrem Bestreben unterstützen wollten, möglichst rasch aus ihrem bisherigen Elend zu einem dem unsrigen ähnlichen Reichtume zu gelangen, nicht vermehrter Geldmittel, sondern vermehrter Nahrungsmittel, Rohstoffe, Werkzeuge. Und in Form solcher Dinge hatten wir denn auch unsere Reserven angelegt. Ungefähr die Hälfte derselben bestand stets aus Getreide, die andere Hälfte aus verschiedenen Rohmaterialien, insbesondere Webestoffen und Metallen. Als daher unser Kommissär in Rußland successive 285 Millionen Pfund forderte, erhielt er von uns nicht einen Heller Geld, wohl aber 3040 Schiffsladungen Weizen, Wolle, Eisen, Kupfer, Hölzer u. dgl. zugesendet, was zur Folge hatte, daß das verwüstete Land an nichts Mangel litt, vielmehr schon wenige Monate nachher — allerdings weniger infolge dieser ihm dargeliehenen Schätze, als vielmehr der in freiländischem Geiste durchgeführten Verwendung derselben — sich eines Wohlstandes erfreute, den man dort noch vor kurzem kaum im Traume für möglich gehalten hätte. In ähnlicher Weise machten wir auch anderen Nationen der Erde unsere Vorräte nutzbar und waren für den Fall, als diese nicht genügen sollten, entschlossen, aus den Erträgen der kommenden Jahre das Fehlende zu ersetzen.

Doch gedachten wir keineswegs diese uns zugefallene Rolle der ökonomischen und socialen Vorsehung der Brudervölker länger als unumgänglich notwendig zu bewahren. Nicht weil wir die Verantwortung oder Last scheuten, sondern weil wir es in jeder Beziehung und im allseitigen Interesse für das Beste hielten, wenn der soziale Umgestaltungsprozeß, welchem nunmehr die gesamte Menschheit entgegenging, von dieser auch mit gesammelten Kräften nach gemeinsam wohl erwogenem Plane ins Werk gesetzt werde, beschlossen wir, ungesäumt die Nationen der Erde zu einer Beratung nach Edenthal einzuladen, in welcher erörtert werden solle, was nunmehr zu geschehen habe. Unsere Meinung dabei war nicht, daß dieser Kongreß bindende Beschlüsse zu fassen hätte; es möge, so beantragten wir, jedem Volke unbenommen bleiben, aus den Beratungen des Kongresses die ihm beliebigen Konsequenzen zu ziehen; nützlich aber, das war unsere Ansicht, würde es für alle Fälle sein, zu wissen, wie die Gesamtheit über die im Zuge befindliche Bewegung dächte.

Auf ernstlichen Widerstand stieß diese Anregung nirgend. Insbesondere bei den zurückgebliebeneren Völkern des Ostens machte sich zwar eine starke dahingehende Strömung geltend, man möge die Zeit nicht mit nutzlosen Reden vertrödeln, sondern einfach thun, was wir Freiländer vorschlagen würden; sie ihrerseits, so thaten uns die konstituierenden Versammlungen mehrerer — und nicht gerade der kleinsten — Nationen zu wissen, würden doch nur auf uns hören, der Kongreß möge sagen, was er wolle. Doch bedurfte es bloß des Hinweises darauf, daß wir, um ihnen zu raten, sie doch auch hören müßten und daß uns hierzu der Kongreß das geeignetste Forum scheine, um sie zu dessen Beschickung zu veranlassen. Auch konnten wir nicht verhindern, daß viele von den nach Edenthal entsendeten Delegierten die bindende Instruktion auf den Weg erhielten, bei allen Abstimmungen unbedingt mit uns Freiländern zu gehen, welche Instruktion sich jedoch insofern gegenstandlos erwies, als der Kongreß überhaupt nur über Formfragen abstimmte, sonst aber bloß beriet, es Jedermann anheimgebend, sich die Diskussionsresultate selber zu bilden.

Dagegen hatte sich gerade inmitten der vorgeschrittensten Länder eine, wenn auch der Zahl nach geringe, Opposition wiedereingestellt, die zwar das Prinzip der wirtschaftlichen Gerechtigkeit in seiner Allgemeinheit anerkannte, jedoch eine ganze Reihe angeblich „praktischer" Bedenken gegen dessen durchgreifende Verwirklichung geltend machte. Diese Opposition hätte, auf ihre eigenen Kräfte angewiesen, nirgend vermocht, ein Mandat für den Welt-Kongreß zu erlangen; sie fand aber allerorten kräftige Fürsprecher — in den freiländischen Vertrauensmännern und Kommissären, die, durchaus im Einklang mit der öffentlichen Meinung Freilands, das Bestreben verfolgten, wo möglich jeder namhafteren Parteirichtung eine Vertretung zu sichern, damit selbst die etwa vorhandenen offenen Anhänger der überlebten, alten Wirtschaftsordnung kein Recht hätten, darüber Klage zu führen, daß man sie nicht hätte zu Worte kommen lassen. 68 Nationen waren zur Teilnahme am Kongresse geladen worden; die Anzahl der zu entsendenden Delegierten blieb dem Belieben der Geladenen überlassen, nur wurde gebeten, die Zahl von je zehn Abgesandten nicht zu überschreiten; thatsächlich wählten die 68 Länder insgesamt 425 Delegierte, was mit den 12 am Kongresse gleichfalls teilnehmenden Chefs der freiländischen Verwaltung eine Gesamtzahl von 437 Kongreßmitgliedern ergab.

Am 3. März des 26. Jahres nach der Gründung von Freiland versammelte sich der Kongreß im großen Saale des Edenthaler Volkspalastes. Auf der Rechten saßen die Zweifler an der allgemeinen Durchführbarkeit der im Zuge befindlichen Reformen, im Centrum die Anhänger Freilands, auf der Linken die Radikalen, denen die gewaltsamsten Mittel die besten schienen. Den Vorsitz führte der Chef der freiländischen Präsidialabteilung, welches Amt seit Gründung des Gemeinwesens ununterbrochen Dr. Strahl verwaltet hatte. Wir lassen nunmehr den Verlauf der fünftägigen Diskussion auszugsweise an der Hand der Sitzungsprotokolle folgen.

Erster Verhandlungstag.

Der *Vorsitzende* begrüßt namens des freiländischen Volkes die auf dessen Einladung herbeigeeilten Abgesandten der

400

sämtlichen Brudernationen der Erde und fährt dann fort:

„Um einiges, wenn auch nicht gerade strenges und starres System in den Gang der Beratungen zu bringen, schlage ich vor, daß wir von Anbeginn eine gewisse Reihenfolge der zu behandelnden Fragen feststellen; Abschweifungen von dieser Reihenfolge werden allerdings nicht immer zu vermeiden sein; aber als nützlich dürfte es sich für alle Fälle erweisen, wenn die Redner zum mindesten das Bestreben zeigen, möglichst nur zu dem gerade in Verhandlung stehenden Gegenstande zu sprechen. Um die Diskussion dieser Formfrage abzukürzen, hat die freiländische Verwaltung sich erlaubt, eine Art Tagesordnung auszuarbeiten, die Sie annehmen, amendieren oder auch verwerfen können; die in diese Tagesordnung aufgenommenen Diskussionsstoffe sind jedoch, wie ich sofort bemerken will, nicht unserer hierortigen Initiative entsprungen, sondern wurden uns von den Führern der verschiedenen ausländischen Parteien als näherer Aufklärung bedürftig bezeichnet; wir unserseits begnügten uns damit, System in diese uns vorgelegten Fragen zu bringen. Wir schlagen also folgende Reihenfolge der Verhandlungsgegenstände vor:

1. Wie erklärt sich die Thatsache, daß es im geschichtlichen Verlaufe vor Gründung Freilands noch niemals gelungen ist, ein Gemeinwesen auf den Prinzipien der wirtschaftlichen Gerechtigkeit und Freiheit einzurichten?

2. Ist der Erfolg der freiländischen Institutionen nicht etwa bloß auf das ausnahmsweise und daher vielleicht vorübergehende Zusammenwirken besonders günstiger Verhältnisse zurückzuführen oder beruhen dieselben auf überall vorhandenen, in der menschlichen Natur begründeten Voraussetzungen?

3. Sind Not und Elend nicht etwa Naturnotwendigkeiten und müßte nicht Übervölkerung eintreten, wenn es

vorübergehend gelänge, das Elend allgemein zu beseitigen?

4. Ist es möglich, die Institutionen der wirtschaftlichen Gerechtigkeit überall unter Schonung der erworbenen Rechte und überkommener Interessen zur Durchführung zu bringen; und wenn dies möglich ist, welches sind die geeigneten Mittel hierzu?

Hat jemand zu diesem unserem Vorschlage eine Bemerkung zu machen? Es ist nicht der Fall. Ich setze also Punkt 1 auf die Tagesordnung und erteile dem Abgeordneten Erasmus Kraft das Wort.

Erasmus Kraft (Rechte). Wir schicken uns allenthalben, so weit denkende Menschen den Erdball bewohnen, an, den Zustand der Knechtschaft und des Elends, in welchem, so weit menschliche Erinnerung zurückreicht, unsere Rasse gefangen war, mit einer glücklicheren Ordnung der Dinge zu vertauschen. Das leuchtende Beispiel, welches wir hier in Freiland vor Augen haben, scheint dafür zu sprechen, daß der Versuch gelingen werde, gelingen müsse. Doch je deutlicher sich diese Perspektive uns darstellt, desto dringender, unabweislicher wird die Frage, warum das, was sich jetzt vollziehen soll, nicht schon längst geschehen, warum der Genius der Menschlichkeit so lange geschlafen, ehe er sich zur Vollbringung dieses segensreichen Werkes aufraffte. Wir sehen, daß es genügt, Jedermann den vollen Genuß dessen, was er erzeugt, zu gönnen, um Jedermann Überfluß zu verschaffen, und trotzdem hat man ungezählte Jahrtausende hindurch grenzenloses Elend mit all seinem Gefolge von Jammer und Verbrechen geduldig ertragen, als wären sie unabweisliche Naturnotwendigkeiten. Woran liegt das? Sind wir klüger, weiser, gerechter als alle unsere Vorfahren, oder befinden wir uns trotz all der scheinbar untrüglichen Beweise, die für das Gelingen unseres Werkes sprechen, nicht vielleicht doch im Irrtume? Die zum größten, wichtigsten Teile allerdings in das Dunkel der Urzeit gehüllte Geschichte der Menschheit ist so alt, daß schwerlich anzunehmen ist, eine so wichtige, dem brennendsten Wunsche jeglicher Kreatur entsprechende Bestrebung, wie diejenige nach materiellem Wohlbefinden aller, trete jetzt zum ersten Male in die Erscheinung; sie muß nicht *einmal*, wiederholt schon hervorgetreten sein, auch wenn keinerlei Überlieferung uns darüber Verläßliches erzählt. Wo aber sind ihre Erfolge? Oder waren vielleicht solche Erfolge vorhanden, auch wenn wir nichts davon wissen, ist die Erzählung vom goldenen Zeitalter mehr als eine fromme Fabel und sind wir etwa im Begriffe, neuerdings ein solches heraufzubeschwören? Dann aber taucht wieder die Frage auf, von welcher Dauer dieses Zeitalter sein, ob ihm nicht abermals das eherne und eiserne folgen werden — vielleicht in traurigerer schrecklicherer Gestalt als jenes gezeigt, von welchem Abschied zu nehmen wir uns eben anschicken. Ich will es, dem Winke des verehrten Vorsitzenden gehorchend, vermeiden, jetzt schon die möglichen Ursachen eines solchen Rückfalls in verdoppeltes Elend zu untersuchen, da dies das Thema des dritten Punktes der Tagesordnung sein wird; auch glaube ich, daß, bevor wir an die Klarlegung aller denkbaren Konsequenzen eines Gelingens unserer Bestrebungen schreiten, sehr zweckentsprechend zunächst festgestellt werden sollte, *ob* diese denn auch wirklich und in vollem Umfange gelingen werden, zu welchem Behufe hinwieder die Klarlegung der Frage ersprießlich ist, warum dieselbe bisher niemals gelungen, ja vielleicht niemals versucht worden sind.

Christian Castor (Centrum). Der Vorredner irrt, wenn er behauptet, im geschichtlichen Verlaufe der letzten Jahrtausende sei es zu keinerlei ernsthaftem Versuche einer Verwirklichung des Prinzips der wirtschaftlichen Gerechtigkeit gekommen. Einer der großartigsten Versuche dieser Art ist das Christentum. Wer die Evangelien kennt, muß wissen, daß Christus und seine Apostel die Ausbeutung des Menschen durch den Menschen

403

verdammen; das Wort der Schrift: „Wehe dem, der sich mästet vom Schweiße seines Bruders" enthält schon im Keime den ganzen Kodex des freiländischen Rechts und alles, was wir nunmehr ins Werk zu setzen bestrebt sind. Daß das offizielle Christentum späterhin seine sociale Befreiungsarbeit fallen ließ, ist allerdings richtig, aber einzelne Kirchenväter haben immer und immer wieder, gestützt auf die heiligen Texte, die ursprünglichen Absichten Christi zu verwirklichen gestrebt. Und daß es im ganzen Verlaufe des Mittelalters wie später in der Neuzeit an zum Teil sehr energischen Versuchen zur Verwirklichung des christlichen Ideals niemals gefehlt hat, ist gleichfalls bekannt. Das wollte ich zunächst hervorheben. Die Beleuchtung der Frage, warum alle diese Versuche Schiffbruch litten, überlasse ich anderen bewährteren Kräften.

Wladimir Ossip (Linke). Fern sei es von mir, den edlen Stifter des Christentums mit dem, was später aus seiner Lehre gemacht wurde, zu verwechseln; aber unser Freund aus der amerikanischen Union geht meines Erachtens doch zu weit, wenn er ihn und seine Nachfolger als *unsere* Vorgänger hinstellen will. Wir verkünden das Glück und die Freiheit, Christus predigte Entsagung und Demut; wir wollen den Reichtum, er die Armut Aller; wir beschäftigen uns mit den Dingen dieser Erde, er hat das Jenseits vor Augen; wir sind — um es kurz zu sagen — Revolutionäre, wenn auch friedliche, er ist ein Religionsstifter. Lassen wir die Religion; ich glaube, es kann zu nichts führen, sich in Fragen des Mein und Dein auf das Christentum zu berufen.

Lionel Acosta (Centrum). Ich bin diesfalls durchaus anderer Meinung als mein geehrter Herr Vorredner und schließe mich dem Kollegen aus Nordamerika an. Die Lehre Christi ist die reinste, edelste, wenn auch über Mittel und Ziele noch nicht klar bewußte Verkündigung der socialen Freiheit, die bisher gehört worden ist, und diese Verkündigung der socialen Befreiung, nicht religiöse Neuerungen, sind der Inhalt der „guten Botschaft"; Christus für einen Religionsstifter statt für einen socialen Reformator auszugeben, eine Lehre, die im Fluge die Herzen der unterdrückten Massen gewonnen, weil sie ihnen Abhülfe ihrer Leiden versprach, zu einem Einschläferungsmittel ihrer erwachenden Energie zu gebrauchen, war das Meisterstück der Verknechtungskunst. Christus hat sich mit Religion gar nicht beschäftigt, keine Zeile der Evangelien enthält auch nur eine Spur davon, daß er an den alten religiösen Satzungen seines Landes rüttelte; der frömmste, eifrigste Jude kann seinen Kindern unbedenklich die Evangelien zu lesen geben, sie werden nichts darin finden, was ihr religiöses Gefühl verletzt. (Eine Stimme: Warum wurde aber dann Christus ans Kreuz geschlagen?) Man fragt mich, warum Christus von den Juden gekreuzigt wurde, wenn er nichts gegen das mosaische Gesetz unternommen hatte. Ja mordet man denn *bloß* aus religiösen Gründen? Christus wurde zum Tode geschleift, weil er ein *socialer*, nicht weil er ein religiöser Neuerer war, und nicht die Frommen, sondern die Mächtigen unter den Juden haben seinen Tod gefordert. Darüber auch nur ein Wort zu verlieren ist in den Augen all jener durchaus überflüssig, welche die weltbewegenden Begebenheiten jener traurigsten und doch zugleich glorreichsten Tage Israels, in denen der edelste seiner Söhne den freiwillig gesuchten Märtyrertod fand, unbefangen betrachten. Zunächst ist es eine wohlbeglaubigte geschichtliche Thatsache, daß im Judäa der damaligen Zeit für religiöse Sektirerei ebenso wenig auf Tod erkannt wurde, wie etwa in Europa des letzten Jahrhunderts. Zum zweiten spricht die Art der Hinrichtung, das den Juden ganz unbekannte Kreuz, dafür, daß Christus nach römischem, nicht nach jüdischem Recht gerichtet wurde; die Römer, dieses in religiöser Beziehung toleranteste aller Völker, hätten aber erst recht wegen religiöser Neuerungen Niemand zum Tode gebracht; sie hätten die Hinrichtung keineswegs geduldet, geschweige denn selber das Urteil gesprochen und in ihrer Art vollzogen; das Kreuz war bei ihnen die Strafe *aufrührerischer Sklaven* oder ihrer *Verführer*.

Ich sage das nicht, um die Verantwortung für Christi Tod von Juda abzuwälzen; es ist jedes Volkes trauriges Privilegium, der Henker seiner Edelsten zu sein, und gleichwie Niemand anders als die Athener Sokrates tötete, so hat auch Niemand anders als die Juden Christus getötet; der Römer war nur das Werkzeug des jüdischen Hasses, doch wohlverstanden des Hasses der um ihre Besitztümer zitternden Reichen unter den damaligen Juden, die den „Verführer des Volkes" dem Statthalter denunzierten. Ja, es ist auch durchaus glaubhaft, daß dieser letztere sich nicht bereitwillig zeigte, auf die Wünsche der geängstigten Denunzianten einzugehen, denn er, der Römer, der im niemals erschütterten Glauben an seine starre Eigentumsordnung Aufgewachsene, verstand die Bedeutung und Tragweite der socialen Lehre Christi gar nicht. Er hielt ihn — die Evangelien lassen darüber kaum einen Zweifel und es wäre im Grunde genommen anders auch schwer zu begreifen — für einen harmlosen Schwärmer, den man mit ein paar Rutenstreichen laufen lassen könnte. Generationen mußten vergehen, bis die *römische* Welt erkennen lernte, was die Lehre Christi eigentlich zu bedeuten habe — dann aber fiel sie auch mit einer Wut sonder gleichen über ihre Anhänger her, kreuzigte sie, warf sie den Bestien vor, kurz that alles, was Rom niemals gegen abweichende Religionen, stets aber gegen die Feinde seiner Rechts- und Eigentumsordnung that. Anders die *jüdische* Aristokratie; diese begriff Sinn und Tragweite der christlichen Propaganda sofort, denn im Pentateuch wie in den Lehren der früheren Propheten hatte sie längst schon die Keime dieser socialen Forderungen kennen gelernt. Das Jubeljahr, welches neuerliche Grundverteilung nach je 49 Jahren forderte, die Bestimmung, daß alle Knechte im siebenten Jahre freizulassen seien, was waren sie anderes, als die Vorläufer der von Christus verlangten allgemeinen Gleichheit. Ob all diese in den heiligen Schriften des alten Juda niedergelegten socialen Gedanken jemals zu praktischer Durchführung gelangt waren, ist mehr als zweifelhaft, aber bekannt und geläufig waren sie längst jedem Juden, und als Christus daher den Versuch machte, sie ins praktische Leben einzuführen, als er in gewaltigen, hinreißenden Reden Wehe über den Reichen rief, der sich vom Schweiße seines Bruders mäste, da erkannten die Mächtigen in Jerusalem sofort die ihren Interessen drohende Gefahr, welche ihren nicht jüdischen Standesgenossen erst viel später klar wurde. Es unterliegt auch nicht dem geringsten Zweifel, daß sie dem römischen Statthalter gegenüber aus der wahren Beschaffenheit ihrer Besorgnisse kein Hehl machten, denn nicht als Sektierer, als Aufwiegler wurde Christus hingerichtet.

Dem Volke aber konnte ebenso selbstverständlich nicht gesagt werden, daß man den Tod Christi fordere, weil er die in den heiligen Büchern niedergelegte und von den Propheten oft genug geforderte Gleichheit praktisch verwirklichen wolle; diesem mußte das Märlein von den religiösen Ketzereien des Nazareners aufgetischt werden, welches Märlein indessen — abgesehen von dem bei der Hinrichtung zusammengelaufenen urteilslosen Pöbel — lange Zeit nirgend Glauben fand. Als gut jüdisch galten die ersten Christengemeinden allenthalben in Israel, als „judaei" werden sie uns von allen römischen Schriftstellern genannt, in denen ihrer Erwähnung geschieht. Was sie wirklich waren, wodurch allein sie sich von den anderen Judengemeinden unterschieden, darüber ist — trotz aller anfangs aus leicht begreiflichen Gründen beobachteten

Vorsicht und trotz der später, aus ebenso begreiflichen Gründen geübten Fälschungen — in den Apostelgeschichten Genügendes auf uns gekommen. Socialisten, ja zum Teil Kommunisten waren sie; absolute wirtschaftliche Gleichheit, Gütergemeinschaft wurde in ihnen geübt. Später erst, als die christliche Kirche unter Preisgebung ihres socialen Inhalts Frieden mit der Staatsgewalt geschlossen, aus einer grausam verfolgten Märtyrerin der Gleichheit, sich in ein Werkzeug der Herrschaft und zwar vielleicht gerade wegen dieses Renegatentums, doppelt verfolgungssüchtiger Herrschaft, umgewandelt hatte, erst von da ab suchte sie selber die tückische Verleumdung ihrer einstigen Ankläger hervor, spielte sich selber als neue Religion aus — was sie seither in der That auch geworden ist. Und daß es ihr gelang, durch länger als anderthalb Jahrtausende diese ihre neue Rolle mit dem Namen Christi in Verbindung zu erhalten, ist zum weitaus überwiegenden Teile allerdings die Schuld des jüdischen Stammes, der durch die blutigen Verfolgungen, die unter Berufung auf den milden Dulder von Golgata gegen ihn verübt wurden, sich zu blindem, thörichtem Hasse gegen diesen seinen größten und edelsten Sohn verleiten ließ.

Aber deshalb bleibt es nicht minder wahr, daß Christus für die Idee der socialen Gerechtigkeit und nur für diese den Tod erlitten, ja daß diese Idee schon vor ihm dem Judentume nicht unbekannt war. Und ebenso wahr ist, daß trotz aller nachträglichen Verdunkelung und Fälschung dieser welterlösenden Idee, die Propaganda der wirtschaftlichen Befreiung niemals wieder völlig erstickt werden konnte. Vergebens untersagte die Kirche der Laienwelt die Lektüre jener Bücher, welche angeblich nichts anderes, als ihre, der Kirche, Lehren enthalten sollten; immer und immer wieder holten sich die in tiefster Erniedrigung schmachtenden europäischen Völker aus diesen verfehmten Schriften Mut und Begeisterung zu Versuchen der Befreiung.

Darja-Sing (Centrum). Ich möchte das soeben Gehörte dahin ergänzen, daß auch noch ein anderes Volk und zwar 600 Jahre vor Christus, die Idee der Freiheit und Gerechtigkeit aus sich gebar — es ist das indische. Der eigentliche Kern auch des Buddhismus ist die Lehre von der Gleichheit aller Menschen und von der Sündhaftigkeit der Unterdrückung und Ausbeutung. Ja, ich wage sogar die Vermutung zu äußern, daß die bereits erwähnten socialen Freiheitsgedanken des Pentateuch wie der Propheten und folglich mittelbar auch die Christi, auf indische Anregung zurückzuführen sind. Das scheint auf den ersten Blick ein arger Anachronismus zu sein, denn Buddha lebte wie gesagt 600 Jahre vor Christus, während die jüdische Legende die Abfassung der fünf Bücher in das 14. Jahrhundert v. Chr. verlegt. Allein es ist mir bekannt, daß neuere Forschungen mit nahezu absoluter Sicherheit festgestellt haben, daß diese angeblichen Bücher Mosis frühestens im sechsten Jahrhundert, und jedenfalls erst nach der Rückkehr aus der sogenannten babylonischen Gefangenschaft verfaßt wurden. Gerade zur Zeit aber, als die Elite des damaligen Juda nach Babylon verpflanzt war, sandte Buddha seine Apostel durch ganz Asien, und daß die „an den Wassern Babels Weinenden" gegen solche Lehren damals besonders empfänglich gewesen sein mußten, liegt auf der Hand.

Wenn also einige germanische Schriftsteller die Behauptung aufstellten, das Christentum sei ein fremder Blutstropfen im Körper des arischen Volkstums, so haben sie insofern allerdings Recht, als ihnen das Christentum thatsächlich als Semitismus, nämlich dem Judentum entsprossen, zukam; nichtsdestoweniger kann die arische Welt den Grundgedanken des Christentums für sich reklamieren, da höchstwahrscheinlich sie es war, welche die ersten Keime hierzu dem Semitentume übergab. Ich sage das nicht, um das Verdienst des großen semitischen Freiheitsmärtyrers zu schmälern. Ich kann leider nicht leugnen, daß wir Arier mit dem unserem Schoße entsprossenen göttlichen Gedanken aus eigener Kraft nichts anzufangen verstanden. Gleichwie es wahrscheinlich ist, daß gerade die Scheußlichkeit des indischen Kastenwesens, jener schändlichsten Blüte, die jemals dem blut- und thränengedüngten Boden der Knechtschaft entsprossen, Ursache gewesen, daß in Indien zuerst die geistige Reaktion gegen diese Geißel der Menschheit sich zeigte, ebenso sicher ist es auf der anderen Seite, daß das nämliche Kastenwesen die Spannkraft unseres indischen Volkes allzusehr gebrochen, als daß dieses die empfangene Anregung selber hätte fruchtbringend verarbeiten können. Der Buddhismus erlosch in Indien und wurde außerhalb Indiens sehr bald seines socialen Inhalts gänzlich entkleidet. Jene transcendenten Spekulationen, auf welche man auch im Abendlande das Christentum zu beschränken *versuchte*, sie sind im Osten Asiens thatsächlich der einzige Effekt des Buddhismus gewesen. Ja schon im Geiste der Stifter gestaltet sich der Freiheitsgedanke anders bei dem, trotz aller Erhabenheit doch den Stempel seines Volkstumes tragenden „Avatar" Indiens und anders bei dem Messias in Juda, der inmitten eines von nie gebändigtem Gleichheitsdrange durchglühten Volkes das Licht der Welt erblickte. Buddha konnte sich die Freiheit wirklich nur in Form jener hoffnungslosen Entsagung vorstellen, die dem christlichen Freiheitsgedanken bloß fälschlich von Jenen untergeschoben wurde, die durch fremde Ansprüche im eigenen Genusse nicht gestört zu werden wünschten.

Ja ich bin überzeugt, daß auch unsere kräftigeren, nach dem Westen ausgewanderten Verwandten den Freiheits- und Gleichheitsgedanken nicht hätten verwerten können, wenn wir — die indische Welt — ihnen denselben unverändert, wie wir ihn schufen, übergeben hätten. Denn auch ihnen

410

steckte, als sie nach Europa kamen und noch ein Jahrtausend später, das Kastengefühl im Blute; daß alle Menschen gleich, wirklich schon hier auf Erden gleich seien, wäre dem germanischen Edeling sowohl, als dem germanischen Knechte ebenso unfaßbar geblieben, als es dem indischen Paria oder Sudra und dem Brahmanen oder Ksatrija unfaßbar geblieben ist. Dieser Gedanke mußte zuerst von dem streng demokratisch gesinnten kleinen semitischen Volksstamme an den Ufern des Jordan in feste, fürderhin nicht mehr zu verdunkelnde Formen gebracht und von der freien nüchternen Forschung Roms und Griechenlands in grelle — wenn auch vorläufig ablehnende — Untersuchung gezogen worden sein, ehe er, zu rein arischen Volksstämmen verpflanzt, Früchte zu tragen vermochte. Nahmen doch die bekehrten germanischen Könige das Christentum ganz ersichtlich nur an, weil sie es für ein passendes Werkzeug der Herrschaft hielten. Was die neue Lehre den Knechten etwa sagen mochte, war ihnen vorerst gleichgiltig, denn der Knecht, der in scheuer Ehrfurcht zu den „Abkömmlingen der Asen", seinen Herren, emporsah, erschien für alle Ewigkeit ungefährlich; gegen wen es sich zu wappnen galt, das waren die Mitherren, die Großen und Edlen, die bisher nur der faktischen Macht, nicht dem Wesen nach, von den Königen verschieden waren. Das Herrenrecht kam — nach arischer Anschauung — von Gott, sehr wohl; aber das des kleinsten Edeln in der nämlichen Weise, wie das des Königs; sie alle stammten von den Göttern ab. In Christus nun fanden die Könige den *einen* obersten Herrn, der ihnen, ihnen allein, die Macht verliehen hatte; abermals besaßen sie eine göttliche Quelle des Herrenrechts, aber für sich allein und deshalb erzählt uns die Geschichte überall, daß die Könige gegen den — oft verzweifelten — Widerstand der Großen das Christentum einführten, nirgends, daß die Großen ohne, oder gar gegen den Willen der Könige sich bekehrt hätten.

411

Die Volksmassen, die Knechte — wo werden diese jemals überhaupt gefragt? Sie haben zu thun und zu glauben, was die Herren für gut finden — und sie thun es ausnahmslos, ohne den geringsten Widerstand, lassen sich gleich den Schafen herdenweise zur Taufe ins Wasser treiben und glauben nunmehr auf Befehl, daß alle Macht von *einem* Gotte komme, der sie *einem* Herrn verliehen. Denn der arische Knecht ist eine willenlose Sache, die zu eigenem Denken erst erzogen werden muß. Dieses Erziehungswerk nun hat allerdings ziemlich lange gedauert, aber wie der Vorredner richtig bemerkte, geschlafen hat der Gedanke der Freiheit nicht.

Erich Holm (Rechte). Ich glaube, es läßt sich gegen den Nachweis, daß der Gedanke der wirtschaftlichen Gerechtigkeit in seiner Allgemeinheit schon Jahrtausende alt ist und niemals vollständig entschlief, nichts stichhaltiges sagen. Aber es fragt sich, ob denn dieser allgemeine Gleichberechtigungs- und Freiheitsgedanke mit jenem speciellen, an dessen Verwirklichung wir jetzt schreiten, viel des Gemeinsamen hat, nicht vielleicht in manchen Stücken das Gegenteil desselben besagt; und zum zweiten muß nun erst recht Bedenken erregen, daß dieser, wie wir gehört haben, 2½ Jahrtausende alte Gedanke bisher noch nie und nirgend verwirklicht werden konnte.

Ersteres anlangend muß ich zugeben, daß Christus — im Gegensatze zu Buddha — die Gleichheit nicht transcendent und metaphysisch, sondern sehr materiell und buchstäblich verstanden hat. Er pries zwar auch die Armen an Geist selig, aber unter den Reichen, die ihm zufolge schwerer ins Himmelreich eingehen sollen, als ein Schiffsseil aus Kamelhaaren durch ein Nadelöhr, verstand er ganz gewiß nicht die Reichen im Geiste, sondern die an irdischen Gütern Reichen. Auch ist es richtig, daß er sagte, „mein Reich ist nicht von dieser Welt" und dem Kaiser geben hieß, was des Kaisers sei; allein, wer diese Stellen nicht aus dem

Zusammenhange reißt, kann unmöglich übersehen, daß er damit lediglich jede Einmischung in die politischen Angelegenheiten ablehnt, nicht um politischer, sondern um transcendenter *Zwecke*, um der ewigen Seligkeit willen, der socialen Gerechtigkeit zum Siege verhelfen will. Ob Rom oder Israel herrscht, ist ihm gleichgiltig, wenn nur Gerechtigkeit geübt wird; doch daß er diese nicht erst im Jenseits, sondern schon hienieden geübt wissen will, kann nur fromme Beschränktheit leugnen. Aber ist das, was Christus unter Gerechtigkeit versteht, wirklich dasselbe, was wir darunter meinen? Zwar das von ihm gleich anderen jüdischen Lehrern verkündete „Liebe Deinen Nächsten wie Dich selbst" wäre eine sinnlose Phrase, wenn es nicht wirtschaftliche Gleichberechtigung zur Voraussetzung hätte. Den Menschen, den man ausbeutet, liebt man wie sein Haustier, nicht aber wie sich selbst; wahrhaft „christliche Nächstenliebe" in einer ausbeuterischen Gesellschaft verlangen, wäre einfach albern, und was dabei herauskommen kann, haben wir bisher sattsam erfahren. Im übrigen nimmt uns ja der Apostel hierüber den letzten Rest von Zweifel, denn er verdammt ausdrücklich, sich vom Schweiße des Nächsten zu mästen, d. h. ihn auszubeuten. Insoweit also wären wir mit Christus vollkommen eines Strebens. Aber er verdammt ebenso ausdrücklich den Reichtum, preist die Armut, während wir den Reichtum zum Gemeingute Aller machen, also alle unsere Mitmenschen in einen Zustand versetzen wollen, in dem sie — um mit Christus zu reden — schwerer als ein Schiffstau durchs Nadelöhr, ins Himmelreich eingehen könnten. Hier ist ein Gegensatz, dessen Überbrückung mir schwer möglich erscheint. Wir halten das Elend, Christus den Reichtum für die Quelle des Lasters, der Sünde; unsere Gleichheit ist die des Reichtums, die seinige die der Armut; das bitte ich fürs erste festzuhalten.

Zum zweiten aber hat ja Christus — trotz des, wie man

zugeben wird, viel bescheidenen Zieles, welches er sich steckte, dasselbe *nicht* erreicht. Ist sohin die Berufung auf diesen erhabensten aller Geister, statt uns in Verfolgung unserer Ziele zu stärken, nicht vielmehr geeignet, uns zu entmutigen?

Emilio Lerma (Freiland). Die Verbindung, in welche der Vorredner die von Christus gepriesene und geforderte Armut mit dem — angeblichen — Mißlingen seines Befreiungswerkes gebracht hat, ist eine verfehlte. Nicht trotzdem, sondern *weil* Christus die Gleichheit auf Grundlage der Armut herstellen wollte, ist dies fürs erste mißlungen. Die Gleichheit der Armut läßt sich nicht herstellen, denn sie wäre gleichbedeutend mit Stillstand der Kultur; wohl aber ist es nicht bloß möglich, sondern notwendig, die Gleichheit des Reichtums ins Werk zu setzen — sowie die Voraussetzungen dafür vorhanden sind — weil dies mit Fortschritt der Kultur gleichbedeutend ist. Allerdings — so werden Sie sagen — so verhält es sich nach unserer Auffassung; nach derjenigen Christi aber ist der Reichtum ein Übel. Sehr wahr. Nur kann uns bei unbefangenem Eingehen in die Sache unmöglich entgehen, *daß Christus den Reichtum nur verwarf, weil er seine Quelle in der Ausbeutung hatte.* Nichts im ganzen Laufe des Lebens Jesu deutet darauf hin, daß er jener finstere Ascet gewesen, der er hätte sein müssen, wenn er den Reichtum als solchen für sündhaft gehalten hätte; zahllose Stellen der Evangelien legen unzweideutiges Zeugnis für das Gegenteil ab. Christi Bedürfnisse waren allerdings einfach; aber er genoß stets mit Behagen, was ihm etwaiger Reichtum seiner Anhänger bot und sah nirgends ein Übles darin, vom Leben soviel anzunehmen, als sich mit der Gerechtigkeit verträgt. Auch der Haß, mit welchem ihn die Reichen Jerusalems verfolgen, änderte diese seine Anschauung nicht, wie denn überhaupt das oft citierte Verdammungsurteil gegen die Reichen etwas geradezu verletzendes, dem Geiste der Evangelien

414

zuwiderlaufendes hat, wenn wir es außer Zusammenhang halten mit dem „Wehe, wer sich mästet vom Schweiße seines Bruders". Im Reichtum verdammt Christus bloß dessen Quelle; nur weil Reichtum anders, als durch Ausnützung des Schweißes der Brüder nicht erworben werden konnte, deshalb und nur deshalb allein war ihm das Himmelreich verschlossen. Kein Zweifel, daß Christus gleich uns sich mit dem Reichtume versöhnt hätte, wäre damals wie zu unserer Zeit Reichtum auch ohne Ausbeutung, ja ohne diese erst recht möglich gewesen. Aus welchen Gründen dies zu Christi Zeiten und noch viele Jahrhunderte nachher unmöglich war, darüber werden wir uns noch ausführlich zu verbreiten haben; vorläufig sei bloß konstatiert, *daß* es unmöglich war, daß die Wahl bloß zwischen Armut oder Reichtum durch Ausbeutung stand.

Diese Alternative schärfer als je zuvor ein Anderer erkannt und sich mit hinreißender Glut gegen die Ausbeutung gewendet zu haben, ist eben die unsterbliche That Christi. Er mußte dafür am Kreuze sterben, denn im Gegensatze von Gerechtigkeit und Kulturnotwendigkeit wird stets die erstere unterliegen; er mußte sterben, weil er nahezu zwei Jahrtausende zu früh das Banner wahrer Menschenliebe, Freiheit und Gleichheit, kurz aller edelsten Gefühle des menschlichen Herzens entrollte — zu früh, wohlverstanden für ihn, nicht für uns, denn die träge Menschheit bedurfte dieser zwei Jahrtausende, um voll zu begreifen, was ihr Märtyrer gemeint, für *sie* starb er keinen Tag zu früh. Es gibt also keinen Gegensatz der christlichen Ideen mit unseren Bestrebungen; der Unterschied beider liegt bloß darin, daß jene, die erste Verkündigung des Gedankens der Gleichheit, in eine Zeit fallen, wo die materiellen Voraussetzungen der Verwirklichung dieser göttlichen Idee noch nicht vorhanden waren, während diese die „Fleischwerdung des Wortes" zu bedeuten haben, die Frucht des damals in den Geist der Menschheit

415

niedergelegten Samenkorns. Auch von einem wirklichen „Mißlingen" des christlichen Befreiungswerkes kann daher eigentlich nicht die Rede sein: es liegen bloß zwei Jahrtausende zwischen dem Beginn und dem Abschluß des von Christus unternommenen Werkes.

Hiermit schloß der vorgerückten Stunde halber der Präsident die Sitzung, die Erledigung der auf der Tagesordnung stehenden Frage auf den morgigen Tag verschiebend.

24. Kapitel.

Zweiter Verhandlungstag.
(Fortsetzung der Verhandlungen über Punkt 1 der Tagesordnung.)

Das Wort erhält *Leopold Stockau* (Centrum): Ich glaube, daß die Vorfrage des ersten Punktes der Tagesordnung, nämlich ob unsere gegenwärtigen Bemühungen im Interesse der wirtschaftlichen Gerechtigkeit wirklich ohne jedes wie immer geartete weltgeschichtliche Präcedens dastehen, am gestrigen Tage erschöpfend, und zwar im verneinenden Sinne erledigt worden ist. Zum mindesten bin ich von den gestrigen Wortführern der Gegenpartei ermächtigt, zu erklären, daß sie vollkommen davon überzeugt worden seien, die Lehre Christi unterscheide sich in keinem wesentlichen Punkte von dem, was in Freiland verwirklicht ist und was wir nunmehr zum Gemeingute des ganzen Erdkreises machen wollen. Wir kommen jetzt zum Hauptgegenstande des ersten Fragepunktes, zu der Erörterung nämlich, warum diese früheren Versuche, Gerechtigkeit und Freiheit zur Grundlage der menschlichen Wirtschaft zu machen, erfolglos bleiben mußten.

Die Antwort auf diese Frage ist durch den letzten Redner des gestrigen Tages schon angedeutet worden. Die früheren Versuche mißlangen, weil sie die Gleichheit der Armut etablieren wollten, der unsere wird gelingen, weil er die Gleichheit des Reichtums bedeutet. Gleichheit der Armut wäre Stillstand der Kultur gewesen. Kunst und Wissenschaft, diese beiden Triebfedern des Fortschritts, haben Überfluß und Muße zur Voraussetzung; sie können nicht bestehen, geschweige denn sich entwickeln, wenn es Niemand giebt, der mehr besäße, als zur Stillung der tierischen Notdurft hinreicht. In früheren Epochen menschlicher Kultur war es jedoch unmöglich, Überfluß und Muße für Alle zu schaffen; es war unmöglich, weil die Hilfsmittel der Produktion nicht hinreichten, Überfluß für Alle zu erzeugen, selbst wenn Alle unausgesetzt unter Einsatz ihrer gesamten physischen Kraft gearbeitet, geschweige denn, wenn sie sich zugleich jene Muße gegönnt hätten, die zur Entfaltung der höheren geistigen Kräfte ebenso notwendig ist, wie der Überfluß zur Zeitigung der höheren geistigen Bedürfnisse. Und da es nicht möglich war, Allen ein vollkommen menschenwürdiges Dasein zu gewähren, so blieb es eine traurige zwar, aber darum nicht minder unerschütterliche Kulturnotwendigkeit, die Mehrzahl der Menschen auch in dem Wenigen, das ihr Teil gewesen wäre, zu verkürzen und mit dem, den Massen entzogenen Beutestücken eine Minderzahl auszustatten, die solcherart zu Überfluß und Muße gelangen konnte. Die Knechtschaft war eine Kulturnotwendigkeit, weil sie allein zum mindesten in einzelnen Menschen Kulturbedürfnisse und Kulturfähigkeiten zur Entfaltung zu bringen vermochte, während ohne sie Barbarei das Los Aller gewesen wäre.

Falsch ist übrigens die Meinung, als ob die Knechtschaft so alt wäre, als das Menschengeschlecht; sie ist nur so alt, als die menschliche Kultur. Es gab einst eine Zeit, in der sie unbekannt war, in der es keine Herren und Knechte gab und niemand die Arbeit seiner Nebenmenschen auszubeuten vermochte; nur war das nicht das goldene, sondern das barbarische Zeitalter unserer Rasse. So lange der Mensch die Kunst noch nicht erlernt hatte, seine Bedürfnisse zu *erzeugen*, sondern sich damit begnügen mußte, die freiwilligen Gaben der Natur zu sammeln, zu erjagen; so lange daher jeder Mitkonkurrent als Feind angesehen wurde, der nach demselben Gute trachtete, welches jeder Einzelne als die ihm bestimmte Beute ansah; so lange richtete sich der Daseinskampf unter den Menschen notwendigerweise auf gegenseitige *Vernichtung*, statt auf Unterjochung und Ausbeutung. Es nützt dem Stärkeren, Schlaueren noch nichts, die Schwächeren zu unterjochen; der Konkurrent im Daseinskampfe muß getötet werden, und da der Kampf von Haß und Aberglauben begleitet ist, so gelangt man bald dahin, den Getöteten auch zu fressen. Ausrottungskrieg Aller gegen Alle, gefolgt in der Regel von Kannibalismus, war daher der Urzustand unseres Geschlechts.

Überwunden aber wurde diese erste sociale Ordnung nicht durch moralische oder philosophische Erwägungen, sondern durch einen Wandel im Wesen der Arbeit. Der Mann, welcher zuerst auf den Gedanken geriet, ein Samenkorn in die Erde zu legen, es zu pflegen und Früchte heranzuziehen, war der Erlöser der Menschheit aus der niedrigsten, blutigsten Stufe der Barbarei, denn er schuf die erste Produktion, die Kunst, Nahrungsmittel nicht bloß zu sammeln, sondern zu erzeugen; und als diese Kunst sich in dem Maße verbessert hatte, daß es möglich wurde, dem Arbeitenden einen Teil seines Ertrages zu entziehen, ohne ihn geradezu dem Hungertode zu überantworten, zeigte es sich allgemach, daß es nützlicher sei, den Besiegten als Arbeitstier und nicht wie bisher, als Schlachttier zu gebrauchen. Und da dem so war, da die Sklaverei zum erstenmal die Möglichkeit bot, Überfluß und Muße zum mindesten für eine bevorzugte Minderheit zu schaffen, so war sie die erste Anregerin höherer Kultur. Kultur aber ist Macht und so kam es denn, daß Sklaverei oder Knechtschaft in irgend welcher Form allgemach den Erdball eroberten.

Daraus folgt aber mit nichten, daß die Dauer ihrer Herrschaft eine ewige sein muß oder auch nur sein kann. Gleichwie Menschenfresserei das Ergebnis jenes geringsten Ausmaßes der Ergiebigkeit menschlicher Arbeit gewesen, bei welchem die angestrengteste Thätigkeit eben nur zur

Fristung des nackten tierischen Lebens ausreichte, und der Knechtschaft weichen mußte, sowie die erste Möglichkeit des Überflusses infolge wachsender Arbeitsergiebigkeit sich zeigte, so ist auch diese nichts anderes, als das sociale Ergebnis jenes mittleren Ausmaßes von Ergiebigkeit, bei welchem die Arbeit zwar genügt, um Einzelnen, nicht aber, um Allen Überfluß und Muße zugleich zu gewähren, und auch sie *muß* einer anderen, höheren socialen Ordnung weichen, sowie dieses mittlere Maß der Ergiebigkeit überschritten ist, denn von da ab ist sie aus einer Kulturnotwendigkeit ein Kulturhindernis geworden.

Das ist seit Generationen thatsächlich geschehen. Seitdem es dem Menschen gelungen ist, die Naturkräfte seiner Produktion dienstbar zu machen, seitdem er die Fähigkeit erlangt hat, an Stelle der Kraft seiner Muskeln die unbegrenzten Elementarkräfte eintreten zu lassen, hindert ihn nichts, Überfluß und Muße für Alle zu erzeugen — nichts als jene überlebte sociale Einrichtung, die Knechtschaft nämlich, welche den Massen den Genuß dieser Güter vorenthält. Wir können nicht bloß, wir müssen die soziale Gerechtigkeit verwirklichen, weil die neue Form der Arbeit dies ebenso gebieterisch fordert, als die alten Formen der Arbeit gebieterisch die Knechtschaft gefordert haben. Diese, einst das Werkzeug des Kulturfortschrittes, ist zu einem Hindernisse der Kultur geworden, denn sie vereitelt den vollen Gebrauch der uns zu Gebote stehenden Kulturmittel. Dadurch, daß sie die Genüsse der großen Majorität unserer Brüder auf ein äußerst geringes Maß reduziert, auf ein Maß, zu dessen Erfüllung der Gebrauch der modernen Produktionsbehelfe keineswegs erforderlich ist, zwingt sie uns, in unserer Arbeit weit hinter jenem Umfange und hinter jener Vollkommenheit zurückzubleiben, die wir sofort erreichen würden, sowie nur einmal Verwendung für die dann unvermeidliche Fülle aller Reichtümer vorhanden wäre.

Ich resumiere also: die wirtschaftliche Gleichberechtigung konnte in früheren Kulturepochen aus dem Grunde nicht verwirklicht werden, weil menschliche Arbeit in jenen Epochen nicht hinreichend ergiebig war, um Reichtum für Alle zu ermöglichen, die Gleichheit also Armut für Alle bedeutet, diese aber gleichbedeutend mit Barbarei gewesen wäre; sie kann nicht nur, sie *muß* jetzt zur Wahrheit werden, weil Dank der erlangten Kulturmittel unerschöpflicher Reichtum für alle produzierbar wäre, die thatsächliche Produktion dieses dem Kulturfortschritte entsprechenden Reichtums aber zudem an die Bedingung geknüpft ist, daß jedermann genieße, was das Ergebnis seines Fleißes ist.

Der *Vorsitzende* fragt hierauf, ob niemand fernerhin zu Punkt 1 der Tagesordnung das Wort ergreifen wolle und erklärt, da dies nicht geschieht, die Diskussion über dieses Thema für geschlossen.

Zur Debatte gelangt nun Punkt 2:

Ist der Erfolg der freiländischen Institutionen nicht etwa bloß auf das ausnahmsweise und daher vielleicht vorübergehende Zusammenwirken besonders günstiger Verhältnisse zurückzuführen, oder beruhen dieselben auf überall vorhandenen, in der menschlichen Natur begründeten Voraussetzungen?

Das Wort hat *George Dare* (Rechte): Wir haben den großartigen Erfolg eines ersten Versuches der Etablierung wirtschaftlicher Gerechtigkeit in Freiland so handgreiflich vor uns, daß die Frage, ob ein solcher Versuch gelingen *kann*, gegenstandlos geworden ist. Ein anderes ist jedoch die Frage, ob er gelingen *muß*, überall gelingen muß, weil er in diesem einen Falle gelungen ist. Denn die Verhältnisse Freilands sind exceptionelle in mehr als einer Beziehung. Von den hervorragenden Fähigkeiten, dem Feuereifer und Opfermute jener Männer ganz zu schweigen, welche dieses glückliche Gemeinwesen gründeten und zum Teil heute noch an dessen Spitze stehen, Männer, wie wir sie mit

Sicherheit nicht überall zur Hand haben werden, darf auch nicht übersehen werden, daß dieses Land von der Natur so verschwenderisch ausgestattet ist, wie wenige andere, und daß ein breiter Gürtel von Wüste und Wildnis es — anfangs zum mindesten — vor jedem störenden fremden Einflusse bewahrte. Wenn geniale, von unbedingtem Vertrauen ihrer Mitbürger getragene Männer, auf einem Boden, wo jedes Samenkorn hundertfältige Frucht trägt, das Wunder vollbringen, unerschöpflichen Reichtum für Millionen aus dem Nichts hervorzuzaubern, Elend und Laster auszurotten, den Fortschritt der Künste und Wissenschaften auf die Spitze zu treiben, so beweist das meines Erachtens noch immer nicht, daß gewöhnliche Menschen, die zudem vielleicht miteinander hadern, einander mißtrauen werden, auf mageren Boden und mitten im Gewühle des Konkurrenzkampfes der Welt, die gleichen oder auch nur ähnliche Resultate erzielen werden. Und daß ich in diesem Punkte einige Zweifel hege, wird um so erklärlicher erscheinen, wenn man bedenkt, daß wir in Amerika Zeugen hunderter und aber hunderter von socialen Experimenten waren, die jedoch alle entweder mehr oder minder kläglich Fiasko litten, oder günstigen Falls die Bedeutung eines gelungenen industriellen Einzelunternehmens zu erlangen vermochten. Es ist wahr, einzelne dieser unserer Versuche zu socialer Revolutionierung der modernen Gesellschaft haben ganz hübsche pekuniäre Erfolge gehabt; das war aber auch alles; eine neue, ersprießliche Grundlage der socialen Ordnung haben sie nicht geschaffen, nicht einmal im Keime. Das möchte ich zu bedenken geben und bevor wir uns am Beispiele Freilands berauschen, zu nüchterner Erwägung der Frage auffordern, ob alles, was für Freiland Geltung hat, auch für die ganze übrige Welt Geltung haben muß.

Thomas Johnston (Freiland): Der Vorredner irrt, wenn er in ausnahmsweise günstigen Verhältnissen den Grund des Gelingens des freiländischen Unternehmens zu finden glaubt. Zwar daß unser Boden fruchtbarer ist, als in den meisten Teilen der übrigen Welt, ist ein dauernder Vorteil, der uns jedoch bloß mit dem Betrage der Frachtdifferenz zugute kommt, denn wenn Sie diesen in Abrechnung bringen, können Sie überall, wohin Eisenbahn und Dampfschiff reichen, am Gewinne dieser Fruchtbarkeit vollständig teilnehmen. Die Getrenntheit vom Weltmarkte durch weite Wüsten war anfangs ein Vorteil, wäre aber jetzt ein Nachteil, wenn wir ihrer nicht Herr geworden wären, und was schließlich die Fähigkeiten der freiländischen Verwaltung anlangt, so muß ich — nicht aus Bescheidenheit, sondern der Wahrheit entsprechend — die uns gemachten Komplimente ablehnen. Wir sind nicht klüger als andere, die Sie zu Dutzenden in jedem civilisierten Lande finden werden.

Daß aber jene Versuche, von denen der geschätzte Vorredner sprach, allesamt mißglückten, erklärt sich daraus, daß sie allesamt auf verkehrter Grundlage unternommen wurden. Mit dem, was wir in Freiland vollführten und was Sie jetzt nachahmen wollen, haben sie alle bloß ganz im Allgemeinen das Bestreben gemein, Abhilfe gegen das Elend der ausbeuterischen Welt zu finden; ein anderes aber ist die Abhilfe, die wir, eins die, anderes die, welche jene suchten, und darin, nicht in exceptionellen Vorteilen, die wir voraus gehabt hätten, liegt die Ursache des Gelingens bei uns, des Mißlingens bei jenen.

Denn es war nicht die wirtschaftliche Gerechtigkeit, mit deren Hilfe jene zum Ziele gelangen wollten; sie suchten Rettung aus dem Kerker der Ausbeutung, sei es auf einem Wege, der gar nicht hinausführt, sei es auf einem solchen, der zwar aus diesem hinaus, dafür aber in einen anderen, noch abscheulicheren Kerker hineinführt. Bei keinem dieser amerikanischen oder sonstigen socialen Experimente, von den Kolonien der Quäker bis zu dem Ikarien Cabets wurde jemals der volle und ungeschmälerte Arbeitsertrag dem

Arbeitenden als solchem zugewiesen, vielmehr gehörte der Ertrag entweder kleinen, sich am Unternehmen zugleich als Arbeiter beteiligenden Arbeitgebern nach Maßgabe ihrer Kapitaleinlage, oder der Gesamtheit, die als solche über die Arbeitskraft sowohl als über den Arbeitsertrag jedes Einzelnen despotisch zu disponieren hatte. Associierte kleine Kapitalisten oder Kommunisten waren ohne Ausnahme alle diese Reformer. Sie mochten, wenn sie besonderes Glück hatten, oder unter besonders fähiger Leitung standen, vorübergehende Erfolge erzielen; an einen Umschwung der geltenden Wirtschaftsordnung durch sie war nicht zu denken.

Johann Storm (Rechte). Ich glaube, daß das Fehlen jeglicher Analogie zwischen den wiederholt unternommenen kleinkapitalistischen oder kommunistischen Gesellschaftsrettungsversuchen und den freiländischen Institutionen keines ferneren Beweises bedarf. Auch darüber erachte ich die Akten als geschlossen, daß die exceptionellen äußeren Vorteile, die den Erfolg jener letzteren allenfalls begünstigt und erleichtert haben mögen, nicht von der Art sind, daß zu besorgen wäre, unser nunmehr beabsichtigtes Werk könnte wegen deren Mangel scheitern. Aber damit wissen wir immer noch nicht, ob wirklich tief im Wesen der menschlichen Natur gelegene, also mit Sicherheit überall zu erwartende Voraussetzungen für das Gelingen der Socialreform Gewähr leisten. Wir haben allerdings schon bei Gelegenheit der Diskussion des ersten Punktes de Tagesordnung festgestellt, daß die Ausbeutung, Dank der über die Naturkräfte erlangten Herrschaft, zu einer Kulturwidrigkeit, ihre Beseitigung also zu einer Kulturnotwendigkeit geworden ist. Die strenge Kritik kann sich jedoch damit noch nicht beruhigen. Ist denn alles, was behufs Förderung des Kulturfortschrittes notwendig wäre, damit zugleich auch möglich? Wie, wenn die wirtschaftliche Gerechtigkeit zwar ein ganz außerordentliches

Kulturvehikel, leider aber aus irgend einem Grunde undurchführbar wäre? Wie, wenn jener wunderbare Aufschwung, den wir in Freiland staunend wahrnehmen, doch nur eine vorübergehende Erscheinung wäre, trotz aller, ja vielleicht gerade wegen seiner märchenhaften Größe den Keim des Unterganges schon in sich trüge, mit einem Worte, wenn die Menschheit als Ganzes und auf die Dauer jenes Fortschrittes *nicht* teilhaftig werden könnte, dessen Voraussetzung allerdings die wirtschaftliche Gerechtigkeit ist?

Der bisher vernommene Beweis des Gegenteils gipfelt in dem Satze, daß Ausbeutung des Menschen durch den Menschen bloß insolange notwendig war, als der Ertrag menschlicher Arbeit nicht genügte, um Überfluß und Muße für alle zu ermöglichen. Wie aber, wenn auch noch andere Motive die Ausbeutung, die Knechtschaft zur Notwendigkeit machten, Motive, deren zwingende Wirkung mit der gestiegenen Ergiebigkeit der Arbeit noch nicht beseitigt wäre, vielleicht gar niemals beseitigt werden könnte? Als gewaltigstes Hindernis dauernder Etablierung eines Zustandes wirtschaftlicher Gerechtigkeit mit seinem Gefolge von Glück und Reichtum bietet sich dem vorsorglich in die Zukunft blickenden Sinne die Gefahr der Übervölkerung dar; doch da die Erörterung dieses Bedenkens einen besonderen Punkt unserer Tagesordnung bildet, so will auch ich gleich jenen meiner Gesinnungsgenossen, die vor mir das Wort ergriffen, vorläufig die sich unter diesem Gesichtspunkte aufdrängenden Argumente bei Seite lassen; es gibt deren aber noch einige andere, nicht minder gewichtige. Kann auf die Dauer eine Gesellschaft bestehen und fortschreiten, welcher die Triebfeder des Eigennutzes fehlt, vermögen Gemeinsinn und vernünftige Erwägung letztere durchweg und mit gleicher Wirksamkeit zu ersetzen? Gilt nicht dasselbe vom Eigentume? Eigennutz und Eigentum aber sind meines Erachtens durch die freiländischen Institutionen zwar nicht gänzlich bei Seite geschoben — das will ich gern zugeben — aber doch sehr wesentlich eingeengt. Auch unter dem Walten der wirtschaftlichen Gerechtigkeit ist das Individuum immerhin für das geringere oder größere Maß seines Wohlergehens selber verantwortlich, der Zusammenhang zwischen dem eigenen Thun und dem eigenen Nutzen ist nicht vollständig aufgehoben; aber indem das Gemeinwesen jedermann und für alle Fälle gegen Not, also gegen die letzte Konsequenz eigener Fehler oder Unterlassungen unbedingt schützt, ist doch der Stachel der Selbstverantwortlichkeit sehr wesentlich abgestumpft. Ebenso sehen wir das Eigentum zwar nicht gänzlich, aber doch in seinen wichtigsten Bestandteilen abgeschafft. Die ganze Erde mit allen an ihr haftenden Kräften ist herrenlos erklärt; die Produktionsmittel sind Gemeingut; wird das, kann das überall und allezeit ohne schädliche Konsequenzen bleiben? Wird der Gemeinsinn auf die Dauer jene liebevolle, alle Eventualitäten sinnreich abwägende Vorsorge ersetzen, die der Eigentümer dem ihm allein überantworteten Gute angedeihen läßt? Wird die heitere Sorglosigkeit, die bisher in Freiland allerdings bloß ihre Lichtseiten hervorgekehrt hat, nicht schließlich in Leichtsinn und Mißachtung dessen umschlagen, was Niemandes spezieller Verantwortlichkeit übergeben ist? Die Thatsache, daß es bisher nicht geschehen, erklärt sich vielleicht nur durch die noch immer — es ist ja noch kein Menschenalter über die Gründung dieses Gemeinwesens dahingegangen — vorwaltende Begeisterung des ersten Anfanges. Neue Besen, sagt man, kehren gut. Der Freiländer sieht das Auge einer ganzen Welt auf sich und sein Thun gerichtet; er fühlt sich noch als Bahnbrecher der neuen Einrichtungen; er ist stolz auf dieselben und der letzte Arbeiter hier mag sich solcherart noch verantwortlich fühlen für die Art und Weise, wie er das ihm zugefallene

Apostolat der Weltfreiheit ausübt. Wird das auf die Dauer vorhalten, wird insbesondere die gesamte Menschheit ähnlich fühlen und handeln? Ich bezweifle es, bin zum mindesten nicht vollkommen von der Notwendigkeit überzeugt, daß es geschehen werde. Und was dann, wenn es nicht geschieht, wenn sich zeigen sollte, daß — sagen wir nicht alle, aber doch zahlreiche — Völker des Stachels von Not getriebenen Eigennutzes, des Lockmittels vollen und ganzen Eigentums nicht entbehren können, ohne in Stumpfsinn und Trägheit zu verfallen? Das sind die Fragen, auf die wir zunächst Antwort erbitten.

Richard Held (Centrum). Der Vorredner findet, daß Eigennutz und Eigentum so wichtige Beförderungsmittel der Betriebsamkeit sind, daß ohne deren volle und uneingeschränkte Wirksamkeit menschlicher Fortschritt auf die Dauer kaum denkbar und deren Ersatz durch den Gemeinsinn höchst unverläßlich wäre. Ich gehe viel weiter. Ich behaupte, daß ohne diese beiden Vehikel der Betriebsamkeit an materielles Gedeihen irgend welchen Gemeinwesens gar nicht zu denken ist, zum mindesten insolange nicht, bis die menschliche Natur sich nicht radikal geändert, oder die Arbeit aufgehört hat, eine Plage zu sein. Jeder Versuch, auf wirtschaftlichem Gebiete den Eigennutz durch Gemeinsinn oder anderweitige ethische Triebfedern zu ersetzen, müßte schmählich Fiasko leiden. Das eigens zu beweisen, halte ich für ganz überflüssig; aber gerade weil dem so ist, gerade weil der Eigennutz und sein Korrelat, das Eigentum, die besten, durch keinerlei Surrogat gleich wirksam zu ersetzenden Triebfedern der Arbeit sind, gerade deshalb, so sollte ich meinen, verdienen die Institutionen der wirtschaftlichen Gerechtigkeit auch in diesem Betracht ganz ausgesprochener Maßen den Vorzug vor denen der ausbeuterischen Wirtschaftsordnung. Denn sie erst bringen Eigennutz und Eigentum wirklich zur Geltung, während die ausbeuterische Ordnung sich dieses Verdienst nur fälschlich anmaßt.

Die Knechtschaft ist doch in Wahrheit geradezu die Verneinung des Eigennutzes. Dieser setzt voraus, daß der Arbeitende durch seine Mühe dem „eigenen Nutzen" diene — trifft dies unter dem Walten der Ausbeutung zu, arbeitet der Knecht zu *eigenem* Nutzen? Wollte man mit Rücksicht auf die Frage des Eigennutzes einen Nachteil der wirtschaftlichen Gerechtigkeit der Knechtschaft gegenüber ableiten, so müßte man behaupten, die Arbeit gehe dann am fruchtbarsten und erfolgreichsten von statten, wenn der Arbeitende *nicht* zu eigenem, sondern zu fremdem Nutzen produciere. Aber der Arbeitgeber produciert doch zu eigenem Nutzen, wird man vielleicht einwenden. Richtig. Doch abgesehen davon, daß auch das streng genommen mit der Wirkung des Eigennutzes *der Arbeit* gegenüber nichts zu thun hat, denn hier ist es wieder nicht der Nutzen eigener, sondern fremder Arbeit, der in Frage kommt; so ist es doch klar, daß ein System, welches bloß einer Minderzahl Nutzen an der Arbeit einräumt, unendlich minder wirksam sein muß, als jenes andere, von uns beabsichtigte, welches diesen Nutzen *jedem* Arbeitenden einräumt. In Wahrheit kennt die ausbeuterische Welt — von geringfügigen Ausnahmen abgesehen — nur Menschen, welche ohne eigenen Nutzen arbeiten und Menschen, welche ohne eigene Arbeit Nutzen von der Arbeit haben; Arbeit zu eigenem Nutzen kommt in ihr höchstens nebensächlich vor. Mit welchem Scheine von Recht darf sich also die Ausbeutung damit brüsten, den *Eigen*nutz als Triebfeder der Arbeit zu gebrauchen? *Fremd*nutzen ist der richtige Name des bei ihr ins Spiel kommenden Arbeitmotivs, und daß dieser Fremdnutzen sich wirksamer erweisen sollte, als der Eigennutz, den die wirtschaftliche Gerechtigkeit erst als Neuerung in die moderne Welt einführen muß, wäre denn doch einigermaßen schwer zu beweisen.

Nicht viel anders verhält es sich mit dem Eigentume. Welch grenzenlose Voreingenommenheit gehört dazu, einem Systeme, welches neunundneunzig Hundertteile der Menschheit aller und jeglicher Sicherheit des Eigentums beraubt, ihnen außer der Luft, die sie atmen, nichts läßt, was sie ihr eigen nennen dürften, nachzurühmen, daß es das Eigentum als Beförderungsmittel menschlicher Betriebsamkeit gebrauche, und dies einem anderen Systeme gegenüber, welches alle Menschen ohne Ausnahme zu Eigentümern, und zwar zu unverkürzten unbedingten Eigentümern all dessen macht, was sie nur immer hervorbringen mögen! Oder soll vielleicht der Vorzug des ausbeuterischen „Eigentums" darin liegen, daß es sich auf Dinge erstreckt, die der Eigentümer *nicht* hervorgebracht hat? Keine Frage, die Anhänger des Alten haben schlechthin keine klare Vorstellung über den Begriff des Mein und Dein. Was gehört denn eigentlich *mir*? „Alles, was Du Irgendwem wegnimmst", wäre — wenn sie aufrichtig sein wollten — ihre einzige Antwort. Weil diese Aneignung *fremden* Eigentums im Laufe der Jahrtausende in gewisse feste, durch grausame Notwendigkeit geheiligte Formen gebracht worden ist, kam ihnen der unlöslich mit dem Wesen der Sache verknüpfte, natürliche Begriff des Eigentums gänzlich abhanden. Es geht über ihr Begriffsvermögen, daß die Gewalt zwar in Besitz und Genuß erhalten kann, wen ihr beliebt, daß aber der freie ungehinderte Gebrauch der eigenen Kräfte Jedermanns ureigenstes Eigentum ist, und daß folglich jede staatliche oder gesellschaftliche Ordnung, welche sich über dieses Urrecht jedes Menschen hinwegsetzt, nicht das Eigentum, sondern — den Raub zur Grundlage hat. Dieser Raub mag immerhin notwendig, ja nützlich sein — wir haben gesehen, daß er es Jahrtausende hindurch thatsächlich gewesen — „Eigentum" wird er darum doch niemals, und wer ihn dafür hält, der hat eben vergessen, was Eigentum ist.

Es erscheint mir nach dem Gesagten kaum noch nötig, viel Worte über jenes Bedenken zu verlieren, daß mangels vollkommenen Eigentums Leichtsinn oder liebloses Verfahren mit den Produktionsmitteln einreißen könne. Ersteres anlangend, genügt es wohl zu fragen, ob denn hoffnungsloses Elend sich als gar so vorzügliches Beförderungsmittel wirtschaftlicher Voraussicht erwiesen habe, daß dessen Ersatz durch eine dieses Stachels allerdings beraubte, im übrigen aber vollkommen durchgeführte Selbstverantwortlichkeit sich als gefährlich erweisen könnte. Und was das zweite Bedenken betrifft, so hätte dieses nur dann Berechtigung, wenn in der bisherigen Ordnung die Arbeitenden Eigentümer der Produktionsmittel gewesen wären. Sondereigentum an diesen wird ihnen zwar auch die neue Ordnung nicht einräumen, dafür aber den ungeschmälerten Fruchtgenuß derselben, und wessen Begeisterung für die Schönheiten der bestehenden Ordnung nicht so weit geht, daß er den Stock des Herrn für ein wirksameres Beförderungsmittel auch der liebevollen Vorsorge hält, als den Nutzen der Arbeitenden, der mag beruhigt darüber sein, daß es auch in dieser Beziehung nicht schlimmer, sondern nur besser werden kann.

Charles Prud (Rechte). Ich begreife durchaus nicht, wie der geehrte Vorredner bestreiten kann, daß in der bisherigen Ordnung Eigennutz es ist, was die Massen zur Arbeit nötigt. Wer wollte leugnen, daß sie einen Teil des Nutzens ihrer Arbeit abgeben müssen; aber ein anderer Teil verbleibt doch jedenfalls auch ihnen, sie arbeiten daher, zwar nicht ausschließlich, wohl aber mit zu ihrem eigenen Nutzen. Und jedenfalls *müssen* sie arbeiten, wollen sie dem Hunger entgehen, und man sollte meinen, daß dieser Sporn der wirksamste von allen ist. Soviel über die Leugnung des Eigennutzes als Triebfeder der sogenannten ausgebeuteten Arbeit. Was aber den Ausfall gegen den Eigentumsbegriff von uns Verteidigern — nicht etwa der bestehenden

Übelstände, aber doch einer besonnenen, maßhaltenden Reform derselben — anlangt, so möchte ich mir in aller Bescheidenheit die Bemerkung erlauben, daß unser Rechtsgefühl sich dabei beruhigte, daß den Arbeitenden Niemand zwang, mit dem Arbeitgeber zu teilen. Er schloß als freier Mann einen Vertrag mit demselben ... (allgemeine Heiterkeit). Lachen Sie immerhin, es ist doch so. In politisch freien Ländern hindert den Arbeiter nichts, ungeteilt für eigene Rechnung zu arbeiten; den Anteil, den er dem Unternehmer abtritt, Raub zu nennen, ist daher jedenfalls ungerecht.

Béla Székely (Centrum). Mir will scheinen, daß es ein müßiger Streit um Worte ist, den mein Vorredner zu entfesseln sich anschickt. Er nennt den Arbeitslohn einen Teil des Nutzens der Produktion — mag sein, daß hie und da die Arbeiter wirklich einen Teil des Nutzens als Lohn oder als Zugabe zu diesem empfangen; bei uns und, wenn ich recht unterrichtet bin, auch im Lande des Redners war das im allgemeinen nicht üblich, vielmehr zahlten wir den Arbeitern, ganz unbekümmert um den Nutzen ihrer Arbeit, eine zur Fristung ihres Lebens dienende Summe; Nutzen — eventuell auch Schaden — der Produktion gehörte ausschließlich uns, den Unternehmern. Mit ungefähr demselben Rechte könnte er behaupten, daß seine Ochsen oder Pferde am „Nutzen" der Produktion teilhaben. Wenn ich sage, mit „ungefähr" demselben Rechte, so meine ich damit, daß dies von Ochsen und Pferden in der Regel mit etwas *besserem* Rechte gesagt werden könnte, denn während diese nützlichen Kreaturen zumeist besseres und reichlicheres Futter erhielten, wenn ihre Arbeit den Herrn reich gemacht hatte, geschah dies bei unseren zweibeinigen, vernunftbegabten Arbeitskreaturen höchstens in sehr seltenen Ausnahmefällen.

Dann identificiert der Herr Vorredner vollends den Hunger mit dem Eigennutze. Die Massen *müssen* arbeiten, sonst verhungern sie. Allerdings. Aber der Sklave muß auch arbeiten, sonst erhält er Prügel — folglich, so sollten wir nach dieser seltsamen Logik sagen, wird auch der Sklave durch Eigennutz zur Arbeit getrieben. Oder will man sich vielleicht darauf steifen, daß Eigennutz sich nur auf die Erlangung materieller Güter beziehe? Das wäre zwar falsch, denn Prügel vermeiden ist schließlich nicht mehr und nicht minder eine Forderung des Eigennutzes, als den Hunger stillen; aber ich will um solche Kleinigkeiten nicht streiten; lassen wir also den Stock und die Peitsche als Symbole vom Eigennutz beflügelter Betriebsamkeit fallen. Wie aber steht es dann mit jenen Sklavenhaltern, die — wahrscheinlich im Interesse der ‚Freiheit der Arbeit‘ — ihre faulen Sklaven nicht prügelten, sondern hungern ließen? Unter deren Regime wurde — dem Vorredner nach — offenbar der Eigennutz als Triebfeder der Arbeit auf den Thron gesetzt? Daß der Hunger ein sehr wirksames *Zwang*smittel ist, ein wirksameres, als die Peitsche — wer wollte das leugnen; er hat daher letztere auch überall und sehr zum Vorteile der Arbeitgeber verdrängt. Aber Eigennutz? Dazu gehört, das sagt schon der Klang des Wortes, daß der Nutzen der Arbeit Eigen des Arbeitenden sei. Soviel über den Eigennutz.

Und was nun vollends die Verwahrung gegen das Unrecht der Ausbeutung anlangt, so verstehe ich dieselbe schon ganz und gar nicht. ‚Frei‘ waren die Arbeiter, nichts zwang sie, zu fremdem Vorteil zu produzieren? Jawohl, nichts als die Kleinigkeit, der Hunger. Sie mochten es immerhin bleiben lassen, wenn sie verhungern wollten! Wieder genau dieselbe ‚Freiheit‘, die auch der Sklave hat. Wenn ihn die Peitsche nicht geniert, nötigt ihn nichts zur Arbeit für seinen Herrn. Die Fesseln, in denen die ‚freien‘ Massen der ausbeuterischen Gesellschaft schmachten, sind enger, peinigender, als die Ketten des Sklaven. Das Wort ‚Raub‘ gefällt dem Vorredner nicht? Es ist in der That ein hartes, häßliches Wort; aber der ‚Räuber‘ ist ja nicht der einzelne Ausbeuter, sondern die ausbeuterische Gesellschaft und diese war einst, in der bitteren Not des Daseinskampfes, zu diesem Raube genötigt. Ist das Töten im Kriege deshalb weniger Todschlag, weil nicht der Einzelne, sondern der Staat, und dieser häufig notgedrungen, die Veranlassung dazu giebt? Man wird sagen, daß diese Art des Tötens durch das Strafgesetz nicht verboten, ja von der Pflicht gegen das Vaterland geboten sei und daß ‚Todschlag‘ nur verbotene Arten des Tötens genannt werden dürfen. Das ist *juristisch* sehr richtig, und wenn sich jemand beifallen ließe, das Töten im Kriege vor den Strafrichter zu ziehen, so würde man ihn mit Fug auslachen. Aber ebenso verlachen müßte man Jenen, der, weil Töten im Kriege erlaubt ist, bestreiten wollte, dasselbe sei Todschlag, wenn es sich nicht um die juristische Strafbarkeit, sondern um die Begriffsbestimmung des Totschlags als einer Handlungsweise handelte, bei welcher ein Mensch gewaltsam vom Leben zum Tode gebracht wird. So ist auch die Ausbeutung kein Raub im strafrechtlichen Sinne; wenn aber jede Aneignung fremden Eigentums Raub genannt werden darf — und nur darum handelt es sich im vorliegenden Falle — dann ist Raub und nichts anderes die Grundlage jeder ausbeuterischen Gesellschaft, der modernen ‚freien‘ nicht minder, als der auf Sklaverei oder Hörigkeit gestützten antiken oder mittelalterlichen. (Lang andauernder Applaus, in welchen auch die Herren Johann Storm und Charles Prud einstimmen).

(Schluß des zweiten Verhandlungstages.)

25. Kapitel.

Dritter Verhandlungstag.
(Fortsetzung der Debatte über Punkt 2 der Tagesordnung.)

James Brown (Rechte). Unser Kollege aus Ungarn hat gestern die wahre Beschaffenheit des Eigennutzes und des Eigentums in der ausbeuterischen Gesellschaft mit so markigen Worten gekennzeichnet, daß davon fürderhin wohl nicht mehr die Rede sein wird. Aber wenn es auch richtig ist, daß erst die wirtschaftliche Gerechtigkeit diese beiden Triebfedern der Arbeit in ihr Recht einzusetzen vermöchte, so muß immer noch gefragt werden, ob der einzige Weg, der zu diesem Ziele führt, nämlich die Organisation freier, selbstherrlicher, unausgebeuteter Arbeit sich überall und ausnahmslos praktikabel erweisen wird. Mit der noch so feierlichen Proklamierung des Grundsatzes, daß jeder Arbeitende sein eigener Herr sei und mit noch so vollständiger Einräumung des Verfügungsrechtes über die Produktionsmittel an alle Arbeitenden, wäre wenig gewonnen, wenn letztere sich unfähig erweisen sollten, von diesen Rechten den entsprechenden Gebrauch zu machen. Worauf es in letzter Linie ankommt, das ist also die Frage, ob die Arbeiter der Zukunft allezeit und überall jene Disciplin, jene Mäßigung und Weisheit an den Tag legen werden, die zur Organisierung wahrhaft fruchtbringender, fortschrittlicher Produktion erforderlich sind? Die ausbeuterische Wirtschaft hat eine vieltausendjährige Routine hinter sich; wie es anzustellen sei, um eine Schar zu stummem Gehorsam gezwungener Knechte in Ordnung zu erhalten, das sagt dem Arbeitgeber nach altem Rechte die gesammelte Erfahrung unzähliger Generationen. Trotzdem begeht auch er häufig Mißgriffe und nur zu oft scheitern seine Pläne an der Widersetzlichkeit der Untergebenen. Die Leiter der Arbeiterassociationen der Zukunft haben so gut wie keinerlei Erfahrungen hinter sich, wenn es sich um die Organisationsformen handelt, welche sie anzuwenden haben; sie werden diejenigen zu Herren erhalten, denen sie befehlen sollen — und trotzdem, so sagt man uns, kann ihnen der Erfolg nicht fehlen, ja er darf nicht fehlen, soll die associierte freie Gesellschaft nicht in ihren Grundfesten erschüttert werden. Denn während die ausbeuterische Gesellschaft die Verantwortlichkeit für das Schicksal der einzelnen Unternehmungen ausschließlich diesen Unternehmungen selber überläßt, hängt vermöge der so oft hervorgehobenen Interessensolidarität der freien Gesellschaft das Wohl und Wehe der Gesamtheit aufs unlöslichste mit dem jeder einzelnen Unternehmung zusammen. Ich will mich gern eines Besseren belehren lassen; aber insolange dies nicht geschehen ist, kann ich nicht umhin, in dem soeben Gesagten Bedenken zu erblicken, welche durch die bisherigen Erfahrungen Freilands mit nichten völlig zerstreut sind. Die freiländischen Arbeiter haben es verstanden, sich zu disciplinieren; folgt daraus, daß dies die Arbeiter überall verstehen werden?

Miguel Spada (Linke). Ich beschränke mich darauf, eine kurze Antwort auf jene Frage zu erteilen, mit welcher der Vorredner geschlossen. Nein, sicherlich, daraus, daß den Freiländern die Organisierung und Disciplinierung der Arbeit ohne herrische Arbeitgeber gelungen ist und daraus, daß sie ganz unfraglich noch zahlreichen anderen Völkern gelingen wird, folgt mit nichten, daß sie *allen* Völkern notwendigerweise gelingen muß. Möglich, ja sagen wir immerhin wahrscheinlich, daß einzelne Völker sich unfähig erweisen werden, von dieser höchsten Art des Selbstbestimmungsrechtes Gebrauch zu machen; um so schlimmer für diese. Aber daraus, das will ich hoffen, wird doch Niemand die Folgerung ableiten, daß auch jene Völker, und befänden sie sich selbst in der Minderzahl, denen diese Fähigkeit nicht abgeht, auf die Anwendung derselben verzichten sollen. Diese Fähigeren werden dann die Lehrmeister der Unfähigeren werden. Sollten sich aber diese nicht nur unfähig, sondern auch als ungelehrig erweisen — je nun, dann werden sie eben so von dem Erdboden verschwinden, wie ungelehrige Kannibalen verschwinden müssen, wo sie mit Kulturnationen in Berührung treten. Daß die Nation, welcher der Fragesteller angehört, diesen unfähigen Nationen *nicht* beigezählt werden muß, darauf mag er sich getrost verlassen.

Wladimir Tonof (Freiland). Das geehrte Mitglied aus England (Brown) hat eine unrichtige Vorstellung sowohl von den Schwierigkeiten der hier in Frage kommenden Organisation und Disciplin, als von der Bedeutung eventueller Mißerfolge einzelner Unternehmungen in einem freien Gemeinwesen. Erstere anlangend will ich darauf hinweisen, daß in der Organisation associierter Kapitalien, die bekanntlich Jahrhunderte alt ist, eine keineswegs zu verachtende Vorschule der Arbeitsassociation gegeben ist, soweit es sich um die dabei zu wählenden Formen der Leitung und Überwachung handelt. Zwar giebt es Verschiedenheiten tiefeingreifender Art, die wohl beachtet sein wollen; es liegt aber im Wesen der Sache, daß die Unterschiede alle zu Gunsten der Arbeitsassociation sich geltend machen. Bei diesen sind nämlich die Hauptgebrechen der Kapitalsassociation, das sind Unkenntnis und Gleichgiltigkeit der Genossen den Aufgaben des Unternehmens gegenüber, nicht zu besorgen und es ist daher hier auch jener peinliche, die Aktionsfreiheit der Leitung lähmende und trotzdem nutzlose Kontrollapparat, welcher den Statuten der Kapitalsvergesellschaftungen als Ballast anhaftet, vollkommen entbehrlich. Der einzelne Aktionär versteht in der Regel nichts von den Geschäften seiner Gesellschaft und hat ebenso in der Regel gar nicht die Absicht, sich um den Geschäftsgang anders, als durch Empfangnahme der Dividenden zu kümmern. Trotzdem ist *er* der Herr des Unternehmens, von seinem Votum hängt dessen Schicksal in letzter Linie ab; welche Umsicht ist daher vonnöten, um diesen Aktionär vor den möglichen Folgen der eigenen Unkenntnis, Leichtgläubigkeit und Nachlässigkeit zu schützen! Die vergesellschafteten Arbeiter dagegen sind mit dem Wesen ihres Unternehmens sehr wohl vertraut, dessen Gedeihen ist ihr vornehmstes materielles Interesse und wird von ihnen auch ausnahmslos als solches erkannt. Das sind ausschlaggebende Vorteile. Oder will man darin eine besondere Schwierigkeit sehen, daß die Arbeiter sich der Leitung von Personen unterwerfen sollen, deren Stellung von ihrem, der zu Leitenden, Votum abhängt? Dann könnte man mit demselben Rechte die Autorität aller aus Wahl hervorgehenden politischen und sonstigen Behörden anzweifeln. Den Leitern fehlt jegliches Mittel, Gehorsam zu *erzwingen*? Falsch; es fehlt ihnen nur eines, das Recht, den Unbotmäßigen willkürlich zu entlassen. Aber dieses Recht fehlte auch gar mancher anderen, auf Disciplin und vernünftige Fügsamkeit der Mitglieder angewiesenen Körperschaft, die nichtsdestoweniger, oder gerade deshalb weitaus bessere Disciplin hielt, als jene Vereinigungen, deren Gehorsam durch die weitestgehenden Zwangsmittel gewährleistet war. Zwar kann, wo der äußere Zwang fehlt, die Disciplin schwerer in Tyrannei ausarten, aber das ist doch wahrlich kein Übel. Zudem steht den Leitern freier Arbeitervergesellschaftungen ein Zwangsmittel der Disciplin zur Verfügung, dessen Gewalt schrankenloser und unbedingter ist, als die der schonungslosesten Tyrannei: die alles umfassende gegenseitige Kontrolle der Genossen, deren Einfluß selbst der Hartnäckigste auf die Dauer nicht widerstehen kann. Allerdings ist zu all dem unerläßlich, daß die Arbeitenden insgesamt, oder doch zu weitaus überwiegendem Teile vernünftige Männer seien, deren Intelligenz zu nüchterner Abwägung des eigenen Vorteils ausreicht. Allein das ist ja ganz im Allgemeinen die erste und oberste Voraussetzung der Etablierung wirtschaftlicher Gerechtigkeit. Daß diese — das Endergebnis des bisherigen Entwicklungsganges der Menschheit — nur für Menschen paßt, die sich aus dem untersten Stadium der Brutalität herausgearbeitet haben, unterliegt in keinem Betracht einer Frage. Daraus folgt, daß Völker und Individuen, welche diese Stufe der Entwicklung noch nicht erreicht haben, zu derselben erzogen werden müssen, welches Erziehungswerk bei nur einigem guten Willen durchaus nicht schwer ist. Daß es, ernstlich in Angriff genommen, irgendwo gänzlich mißlingen könnte, bezweifeln wir.

Und nun besehen wir uns die zweite Seite der aufgeworfenen Frage. Ist es richtig, daß vermöge der im freien Gemeinwesen waltenden Interessensolidarität das Wohl und Wehe der Gesamtheit unlöslich mit dem jeder einzelnen Unternehmung zusammenhänge? Versteht man darunter, daß in einem solchen Gemeinwesen Jedermann an Jedermanns Wohl, also auch am Gedeihen jeder Unternehmung interessirt ist, so entspricht dies vollkommen dem Sachverhalte; soll aber — und das war ersichtlich die Meinung des geehrten Redners — damit gesagt sein, daß das Wohl eines solchen Gemeinwesens vom Gedeihen jedes einzelnen Unternehmens seiner Angehörigen abhänge, so ist dies durchaus grundlos. Geht es einem Unternehmen schlecht, so verlassen es seine Mitglieder und wenden sich einem besser gedeihenden zu, das ist alles. Wohl aber schützt umgekehrt diese mit der Interessensolidarität verknüpfte Beweglichkeit der Arbeitskräfte das freie Gemeinwesen vor tiefergehenden Folgen etwa wirklich begangener Mißgriffe. Kommt es irgendwo zu übelberatenen Wahlen, so können die ungeschickten Geschäftsleiter verhältnismäßig geringes Unheil stiften; sie sehen sich, d. h. das von ihnen geleitete Unternehmen, sehr rasch von Arbeitern verlassen, die Verluste bleiben bedeutungslos, weil auf einen kleinen Kreis beschränkt. Ja, diese Beweglichkeit erweist sich in letzter Linie als wirksamstes Korrektiv aller wie immer gearteten Fehler, als das Mittel, welches überall die mangelhaften Organisationsformen und schwachen Intelligenzen verdrängt und gleichsam automatisch durch tüchtigere ersetzt. Denn die aus welchem Grunde immer schlecht gedeihenden Unternehmungen werden stets in verhältnismäßig kurzer Zeit von den besseren aufgesogen, ohne daß dies, wie in der ausbeuterischen Gesellschaft, zum Ruine der bei ersteren Beteiligten führen könnte. Es ist daher auch nicht nötig, daß diese freien Organisationen überall gleich im ersten Anlaufe das Beste treffen, damit schließlich allenthalben Ordnung und Tüchtigkeit herrsche; denn im friedlichen Wettbewerbe verschwindet das Mangelhafte rasch vom Schauplatze, indem es in die als tüchtig erprobten Unternehmungen aufgeht, die dann allein das Feld behaupten.

Miguel-Diego (Rechte). Wir wissen nunmehr, daß die neue Ordnung alle natürlichen Erfordernisse des Gelingens in sich vereinigt; daß ihre Einführung ein Erfordernis des Kulturfortschrittes sei, wurde früher schon nachgewiesen. Wie kommt es trotz alledem, daß dieselbe nicht als das Ergebnis des Zusammenwirkens elementarer, gleichsam automatisch eintretender geschichtlicher Vorgänge, sondern vielmehr als eine Art Kunstprodukt, als planmäßig eingeleitetes Resultat der Bestrebungen einzelner Männer ihren Einzug in die Welt hielt? Wie, wenn die „Internationale freie Gesellschaft" sich nicht gebildet hätte, oder wenn ihr Aufruf erfolglos geblieben, wenn ihr Werk gleich im Keime gewaltsam erstickt worden, oder wenn es aus irgend einem anderen Grunde fehlgeschlagen wäre? Man wird zugeben, daß dies immerhin denkbare Eventualitäten sind. Wie stände es um die wirtschaftliche Gerechtigkeit, wenn eine dieser Möglichkeiten Thatsache geworden wäre? Wenn die Socialreform in Wahrheit eine unvermeidliche Notwendigkeit ist, dann müßte sie sich schließlich auch gegen den Widerstand einer ganzen Welt durchsetzen, dann müßte sich zeigen lassen, daß und kraft welcher unlöslich mit ihr verknüpften Gewalten, sie den Sieg über Vorurteil, bösen Willen und Mißgeschick davongetragen hätte. Erst damit wäre der Beweis erbracht, daß das Werk, um welches wir uns bemühen, mehr ist, als die ephemere Frucht unsicheren Menschenwitzes, daß vielmehr jene Männer, die den ersten Anlaß dazu gaben und seine Entwickelung überwachten, damit lediglich als Werkzeuge jenes Weltgeistes handelten, der — hätten *sie* ihm versagt — um andere Werkzeuge und Wege zu dem unvermeidlichen Ziele nicht verlegen gewesen wäre.

Henri Ney (Freiland). In der That, wenn die wirtschaftliche Gerechtigkeit auf unser, der Gründer von Freiland, Eingreifen angewiesen wäre, um Thatsache zu werden, dann stünde es schlecht nicht bloß um ihre Notwendigkeit, sondern auch um ihre Sicherheit. Denn was einzelne Menschen schaffen, können demnächst andere Menschen wieder rückgängig machen. Zwar sind äußerlich betrachtet alle geschichtlichen Vorgänge Menschenwerk; aber die großen geschichtlichen Notwendigkeiten unterscheiden sich dadurch von den bloß zufälligen Ereignissen, daß sich bei ihnen allemal erkennen läßt, ihre Akteure seien lediglich die Werkzeuge des Schicksals, Werkzeuge, die der Genius der Menschheit hervorbringt, wenn er ihrer bedarf. Wir wissen nicht, wer die Sprache, das erste Werkzeug, die Schrift, erfunden hat; aber wer es auch sei, wir wissen, daß er in dem Sinne ein bloßes Werkzeug des Fortschritts gewesen, als wir mit der nämlichen Sicherheit, mit welcher wir irgend ein anderes Naturgesetz aussprechen, die Behauptung wagen können, Sprache, Werkzeug, Schrift wären erfunden worden, auch wenn ihre zufälligen Erfinder niemals das Licht der Welt erblickt hätten. Das nämliche nun gilt auch von der wirtschaftlichen Freiheit; sie wäre gefunden worden, auch wenn keiner von uns, die wir sie thatsächlich zuerst fanden, existiert hätte. Nur freilich wäre in diesem Falle die Form ihres Eintritts in die Welt der geschichtlichen Thatsachen wahrscheinlich eine andere geworden, vielleicht eine friedlichere, erfreulichere noch, als jene, deren Zeugen wir sind, vielleicht aber auch eine gewaltthätige und schreckliche.

Um das in einer jeden Zweifel ausschließenden Weise zu zeigen, muß zunächst erwiesen werden, daß der Fortbestand der modernen Gesellschaft, so wie sie sich im Laufe des letzten Jahrhunderts entwickelt hat, ein Ding innerer Unmöglichkeit ist. Zu diesem Behufe werden Sie mir gestatten, etwas weiter auszuholen.

In der ursprünglichen barbarischen Gesellschaft, wo die Ergiebigkeit der Arbeit so gering war, daß der Schwächere durch den Stärkeren nicht ausgebeutet und das eigene Gedeihen nur durch Verdrängung und Vernichtung der Mitkonkurrenten gefördert werden konnte, waren Blutgier, Grausamkeit, Hinterlist, durchaus erforderlich nicht bloß zum Fortkommen des Individuums, sondern sie dienten auch ersichtlich zum Vorteile jener Gesellschaft, der das Individuum angehörte. Sie waren deshalb nicht bloß allgemein verbreitet, sondern galten ganz offenbar als Tugenden. Der erfolgreichste, erbarmungsloseste Menschenschlächter war der geehrteste seiner Horde und wurde sicherlich in Wort und Lied als nachahmenswürdiges Beispiel gepriesen.

Als dann die Ergiebigkeit der Arbeit wuchs, verloren diese „Tugenden" zwar viel von ihrer ursprünglichen Bedeutung, in ihr Gegenteil aber verkehrten sie sich erst, als die

Sklaverei erfunden wurde und nunmehr die Möglichkeit sich einstellte, statt des Fleisches die Arbeitskraft des besiegten Konkurrenten sich und der eigenen Gemeinschaft nutzbar zu machen. Nun erst wurde blutgierige Grausamkeit, die bis dahin immer noch nützlich gewesen, schädlich, denn sie beraubte um eines vorübergehenden Genusses — des Menschenfleischgenusses — willen das siegende Individuum sowohl, als die Gesellschaft, welcher es angehörte, des dauernden Vorteils vermehrten Wohlstandes und gewachsener Macht. Die bestialische Blutgier mußte daher in der neuen Form des Daseinskampfes allmählich schwinden, aus einer bewunderten und gehegten Tugend zu einer mehr und mehr der allgemeinen Mißbilligung unterworfenen Eigenschaft, d. i. also zu einem Laster werden. Sie *mußte* dazu werden, weil nur jene Horden, in denen dieser moralische Umwandlungsproceß Platz griff, der Vorteile der neuen Formen der Arbeit und der neuen socialen Institution — der Sklaverei — in vollem Maße teilhaft werden konnten, dadurch an Kultur und Macht zunahmen und ihre gewachsene Macht dann dazu benützten, die auf ihren alten kannibalischen Sitten beharrenden Stämme auszurotten oder sich zu unterwerfen. Eine neue Moral setzte sich solcherart im Laufe der Jahrtausende unter den Menschen fest, eine Moral, die in ihren Grundzügen sich bis auf unsere Tage erhalten hat, die der Ausbeutung.

Eine der seltsamsten Täuschungen aber ist es, diese Ethik „Menschenliebe" zu nennen. Zwar der wilde, blutdürstige Haß gegen den Nebenmenschen war milderen Gefühlen gewichen, aber von diesen bis zu wirklicher Menschenliebe, unter welcher wir die Wertschätzung des Nebenmenschen als *Unseresgleichen* verstehen, zum Unterschiede von jenem kalten Wohlwollen, welches wir allenfalls auch dem Tiere entgegenbringen, ist noch ein weiter Schritt. Wirkliche Menschenliebe verträgt sich mit der Ausbeutung so wenig, als mit dem Kannibalismus. Denn die neue Form des Daseinskampfes verdammt zwar das Töten des Besiegten, macht aber an dessen Statt die Unterdrückung und Vergewaltigung des Nebenmenschen zu einem gebieterischen Erfordernisse des eigenen Gedeihens. Und man verstehe wohl: wahre, vollkommene Menschenliebe kann bei jener Art des Daseinskampfes, wie ihn die ausbeuterische Gesellschaft führt, nicht bloß nicht gefördert werden, sie erweist sich als geradezu schädlich und vermag — als allgemein verbreiteter Gattungsinstinkt — gar nicht zu bestehen. Einzelne Individuen mögen immerhin den Nebenmenschen als Ihresgleichen lieben; sie bleiben, solange die Ausbeutung in Kraft ist, seltene und von der öffentlichen Meinung keineswegs geschätzte Sonderlinge. Nur Heuchelei oder grobe Selbsttäuschung werden das in Zweifel ziehen. Allerdings haben die sogenannten civilisierten Nationen des Abendlandes seit länger als einem Jahrtausend das Wort: „Liebe Deinen Nächsten *wie dich selbst*" auf ihre Fahnen geschrieben und ohne Scheu behauptet, sich an dasselbe zu halten, oder doch zum mindesten bestrebt zu sein, diesem Worte nachzuleben. In Wahrheit aber liebten sie den Nebenmenschen — bestenfalls — wie ein nützliches Haustier, zogen ohne den geringsten Skrupel Vorteil aus seiner Plage, seiner Marter, und schreckten auch vor dessen kaltblütiger Tötung nicht entfernt zurück, wenn ihr wirklicher oder vermeintlicher Vorteil sie dazu antrieb. Und das waren nicht etwa die Gesinnungen und Gefühle einzelner, besonders hartherziger Individuen, sondern die der Gesellschaft als solcher; sie wurden von der öffentlichen Meinung nicht mißbilligt, sondern gebieterisch gefordert, unter allerlei wohlklingenden Namen als Tugenden gepriesen, und ihr Widerspiel, die wirkliche Menschenliebe, galt, sowie statt leerer Phrasen Thaten in Frage kamen, günstigenfalls als bemitleidenswerte Thorheit, in der Regel aber als todeswürdiges Verbrechen. Er, der jenes Wort gesprochen und zu dem sie in ihren Kirchen beteten, wäre von ihnen allen abermals ans Kreuz geschlagen, verbrannt, gerädert, gehängt — in der jüngsten Vergangenheit vielleicht bloß eingekerkert worden, hätte er es abermals, wie vor neunzehn Jahrhunderten, gewagt, auf offenem Markte und in zündender, nicht mißzuverstehender, lebendiger Rede zu predigen, was ihr blödes Auge und ihr durch Jahrtausende alten Selbstbetrug verwirrter Sinn in den Schriften seiner Jünger wohl las, aber nicht begriff.

Und das Entscheidende dabei ist, daß die Menschheit in der Epoche der Ausbeutung anders gar nicht fühlen und denken, geschweige denn handeln konnte. Sie *mußte* auf der Ausbeutung beharren, solange diese eine Kulturnotwendigkeit war, sie *konnte* daher keine Menschenliebe empfinden und üben, denn diese verträgt sich mit Ausbeutung so wenig, als Widerwille vor dem Totschlag mit Kannibalismus. Gleichwie in der ersten barbarischen Menschheitsepoche schon das, was die Ausbeutung „Humanität" nennt, ein Nachteil im Daseinskampfe gewesen wäre, so hätte späterhin das, was *wir* Humanität nennen, die wahre Menschenliebe, jede davon befallene Nation in Nachteil versetzt. Fressen oder gefressen werden — das war die Alternative in der Epoche des Kannibalismus; unterdrücken oder unterdrückt werden, in der Epoche der Ausbeutung.

Nun hat sich ein neuerlicher Wandel in der Form und Ergiebigkeit der Arbeit vollzogen; die socialen Einrichtungen sowohl, als die moralischen Empfindungen der Menschheit können davon nicht unberührt bleiben. Aber — und damit bin ich zum letzten entscheidenden Punkte gekommen — es sind dabei allerdings mehrere Formen der Entwickelung denkbar. Die erste ist diejenige, mit welcher wir uns bisher ausschließlich beschäftigt haben: die socialen Einrichtungen unterziehen sich dem durch die neue Arbeitsform bedingten Wandel, und entsprechend der damit bewirkten Änderung des Daseinskampfes vollzieht sich auch der Umschwung in den moralischen Gefühlen; friedlicher Wettbewerb, vollkommene Interessensolidarität löst die wechselseitige Ausnutzung, vollkommene Menschenliebe die Menschennutzung aus.

Wollen wir nun den letzten Zweifel über die bedingungslose Notwendigkeit dieses Entwickelungsganges ein für allemal beseitigen, so setzen wir den Fall, daß es anders käme: die Anpassung der socialen Einrichtungen an die geänderte Arbeitsform vollziehe sich *nicht. Denken* läßt sich eine solche Möglichkeit immerhin, und ich halte es — bis zu diesem Punkte der Beweisführung gediehen — auch für ganz überflüssig, die Wahrscheinlichkeit oder Unwahrscheinlichkeit derselben abzuwägen; wir nehmen einfach an, daß sie sich verwirkliche. Unsinnig und undenkbar aber wäre in diesem Falle die fernere Annahme, daß dieses Beharren der socialen Einrichtungen auf den alten Formen stattfinden könne, ohne daß sehr wesentliche Rückwirkungen sowohl auf die Formen der Arbeit als die moralischen Instinkte der Menschheit die notwendige Folge wären. Jene überaus orthodoxen, aber nicht minder gedankenlosen Socialpolitiker, die solches annehmen, halten es für möglich, daß eine Ursache von so überwältigender Tragweite, wie es die bis zur Möglichkeit des Überflusses und der Muße für alle Menschen gediehene Produktivität der Arbeit ist, überhaupt ohne irgend welche, wie immer geartete Wirkung auf den Entwickelungsgang der Menschheit bleiben könne. Sie übersehen, daß der Daseinskampf innerhalb der menschlichen Gesellschaft sich unter dem Einflusse dieses Faktors für alle Fälle ändern muß, gleichviel, ob die socialen Einrichtungen sich einer entsprechenden Anpassung unterziehen oder nicht, und daß demnach ebenso für alle Fälle untersucht werden muß, welche Rückwirkung diese geänderte Form des

Daseinskampfes auf die Gesamtheit der menschlichen Institutionen äußern könne oder müsse.

Und worin besteht nun die Änderung des Daseinskampfes für den oben gekennzeichneten Fall? *Ganz einfach in einem teilweisen Rückfalle in die Kampfesformen der ersten, der kannibalischen Menschheitsepoche!*

Wir haben gesehen, daß die Ausbeutung den früher auf Vernichtung des Konkurrenten abzielenden Kampf in einen auf Unterjochung desselben gerichteten umgewandelt hat; nun denn, mit dem Momente, wo die Produktivität der Arbeit so groß wird, daß der — durch die Ausbeutung darniedergehaltene — Konsum ihr nicht mehr zu folgen vermag, wird abermals die Verdrängung, die — wenn auch nicht physische, so doch wirtschaftliche — Vernichtung des Konkurrenten zu einer Voraussetzung des eigenen Gedeihens, der Daseinskampf muß die Formen der Unterjochung und Vernichtung zugleich annehmen. Wenig nützt nunmehr auf wirtschaftlichem Gebiete die noch so schonungslose Herrschaft über noch so zahlreiche menschliche Ausbeutungsobjekte; sofern es dem Ausbeuter nicht gelingt, den Mitausbeuter vom Markte zu verdrängen, muß er im Daseinskampfe unterliegen. Und ebenso haben nunmehr die Ausgebeuteten sich nicht bloß der Härten ihrer Zwingherren zu erwehren, sie müssen, wollen sie dem Hunger entgehen, sich gegenseitig die unzureichend gewordenen Stellen an den Futterkrippen des „Arbeitsmarktes" mit Zähnen und Klauen streitig machen.

Ist es nun denkbar, daß eine so fürchterliche Änderung der Grundlagen des Daseinskampfes ohne Wirkung auf die Moral der Menschheit bleibe? Die gleiche Ursache *muß* von der gleichen Wirkung begleitet sein, die Ethik der kannibalischen Epoche *muß* ihre siegreiche Wiederkehr feiern. Zwar den veränderten Modalitäten des Vernichtungskampfes entsprechend werden auch die einstigen grausamen, bösartigen Instinkte eine Modifikation erleiden, aber die Grundstimmung, die schonungslose Feindseligkeit gegen den Nebenmenschen, muß wiederkehren. In den Jahrtausenden, in denen der Kampf nur der Ausnützung des Nächsten galt, war, insbesondere wenn der Ausgenützte sich gewöhnt hatte, im Ausbeuter ein höheres Wesen zu verehren, zwischen Herr und Knecht zum mindesten jener Grad der Anhänglichkeit möglich, wie er zwischen Mensch und Haustier besteht. Herren oder Knechte unter sich hatten vollends keinen notwendigen Anlaß einander zu hassen. Wechselseitige Schonung, Großmut, Milde, Dankbarkeit konnten als — allerdings sehr kärgliche — Surrogate der Menschenliebe bei einem solchen Zustande gedeihen. Nunmehr jedoch, wo Ausbeutung und Verdrängung zugleich die Losung des Kampfes sind, müssen sich die obgenannten Tugenden mehr und mehr als verderbliche Hindernisse erfolgreichen Daseinskampfes erweisen, sie müssen folglich verschwinden und der Erbarmungslosigkeit, Hinterlist, Grausamkeit, Tücke Platz machen. Und wohlverstanden, all diese schändlichen Eigenschaften müssen nicht bloß allgemein verbreitet, sie müssen auch allgemein geschätzt, aus dem Inbegriffe schmählichster Niedertracht zum Inbegriffe der „Tugend" werden. Ebenso wenig, als ein „humaner" Menschenfresser oder ein von wirklicher Menschenliebe erfüllter Ausbeuter denkbar sind, ebenso wenig läßt sich ein großmütiger, im bisherigen Sinne tugendhafter Ausbeuter unter dem Alpdrucke der Überproduktion auf die Dauer auch nur denken; und ebenso sicher, als die kannibalische Gesellschaft tückische Mordgier als preiswürdigste aller Tugenden anerkennen mußte, ebenso sicher müßte die von Überproduktion heimgesuchte ausbeuterische Gesellschaft dahin gelangen, den hinterlistigsten Betrüger als ihr Tugendideal zu verehren.

Aber, so wird man einwenden, das widerspricht denn doch, trotz aller logischen Unanfechtbarkeit, den

Thatsachen allzusehr, als daß es richtig sein könnte. Die Überproduktion, der Zwiespalt zwischen der Produktivität der Arbeit und der durch die socialen Einrichtungen bedingten Konsumtionsfähigkeit, bestehen thatsächlich seit Generationen und trotzdem wäre es zum mindesten eine arge Übertreibung, wollte man behaupten, daß die moralischen Empfindungen der civilisierten Menschheit die im obigen gekennzeichnete schreckliche Verschlimmerung erfahren hätten. Daß mancherlei Nichtswürdigkeit infolge des stets schonungsloser sich gestaltenden wirtschaftlichen Konkurrenzkampfes mehr und mehr an Verbreitung gewinne, ja daß allgemach eine gewisse Verwirrung sich der öffentlichen Meinung zu bemächtigen beginne, die den Unterschied zwischen wahrem Verdienst und erfolgreicher Schurkerei nicht überall mehr festzuhalten vermöge, sei allerdings wahr; ebenso wahr aber umgekehrt, daß niemals zuvor Humanität in allen Formen so hoch geschätzt und stark verbreitet gewesen, wie eben in der Gegenwart.

Diese unleugbaren Thatsachen aber besagen nicht, daß Überproduktion auf die Dauer zu anderen, als den oben gekennzeichneten Ergebnissen führen könnte — sie zeigen nur, daß einerseits diese schreckliche Krankheitserscheinung im wirtschaftlichen Getriebe der Menschheit noch nicht lange genug wirksam ist, um ihre Früchte schon voll gezeitigt zu haben, und daß anderseits der moralische Instinkt der Menschheit den richtigen Ausweg aus dem ökonomischen Zwiespalte geahnt hat, lange bevor die menschliche Erkenntnis ihn zu betreten vermochte. Bloß wenige Generationen ist es her, daß das Mißverhältnis zwischen Produktivität und Konsum äußerlich in die Erscheinung getreten; was aber sind einige Generationen im Leben der Menschheit? Auch die Ethik der Ausbeutung bedurfte sicherlich sehr vieler Jahrhunderte, ehe sie diejenige des Kannibalismus überwand; warum sollte der Rückfall in die kannibalische Ethik sich um so vieles rascher vollziehen?

Die instinktive Ahnung aber, daß wachsende Kultur nicht mit socialem Stillstande und moralischem Rückschritte, sondern mit dem Fortschritte beider verknüpft sein werde, diese der abendländischen Menschheit trotz aller Thorheiten und aller Greuel, in denen sie sich zwischenzeitig erging, unausrottbar eingeimpfte Sehnsucht nach Freiheit, Gleichheit und Brüderlichkeit, sie ist eben jener „fremde Blutstropfen im Körper der europäischen Völkerfamilie", der semitisch-christliche Sauerteig, der sie, als die Zeit der Knechtschaft um war, davor bewahrte, auch nur vorübergehend dem Verwesungsprozeß von Knechtschaft und Barbarei zugleich zu verfallen. Die Dinge werden eben die zuletzt gekennzeichnete Entwickelung *nicht* nehmen, die Ausbeutung wird sich neben der gesteigerten Produktivität *nicht* erhalten, und das ist der Grund, warum auch die gekennzeichneten moralischen Folgen nicht hervortraten. Wollte man aber materiellen Fortschritt und Ausbeutung zugleich als das zukünftige Los der Menschheit voraussetzen, so ließe sich dies logischer Weise anders, als verknüpft mit vollständigem moralischen Rückfalle gar nicht denken.

Und noch eine dritte Entwickelungsform ließe sich als denkbar hinstellen: in dem Zwiespalte, in welchen die Produktivität der Arbeit mit dem geltenden socialen Rechte geraten, könnte erstere, die neue Form der Arbeit, unterliegen; vor die Unmöglichkeit gestellt, von den erlangten wirtschaftlichen Fähigkeiten den vollen Gebrauch zu machen, könnte die Menschheit diese Fähigkeiten wieder verlieren. In diesem Falle wäre der Einklang zwischen Produktivität und Konsum, Arbeit und Recht, auf der alten Grundlage zurückgewonnen und dem entsprechend könnte auch die Moral der Menschheit im alten Geleise verharren. Der Fortschritt zu wahrer Menschenliebe müßte zwar unterbleiben, denn nach wie vor würde der Kampf ums Dasein auf Unterdrückung des Nebenmenschen beruhen, aber die Notwendigkeit des Vernichtungskampfes wäre vermieden. Auch die Ahnung der Möglichkeit einer solchen Entwickelung war der abendländischen Menschheit nicht fremd; es hat, insbesondere während der jüngsten Generationen, an teils bewußten, teils unbewußten Versuchen nicht gefehlt, sie in diese Richtung hinüberzuleiten. Von der würgenden Umklammerung der Überproduktion geängstigt, dem Wahnsinne nahe gebracht, rüttelten zeitweise ganze Nationen an den Grundpfeilern der Produktivität, suchten die Quelle der Arbeitsergiebigkeit zu verschütten und verfolgten mit verbissenem Hasse den Kulturfortschritt, dessen Früchte zeitweise so bitter waren. Die Angriffe gegen die Volksbildung, gegen die unterschiedlichen Arten der Arbeitsteilung, gegen das Maschinenwesen, sind nicht anders zu verstehen, als eben durch dieses zeitweilige Bestreben, den Zwiespalt, in welchen die Gütererzeugung zur Güterverteilung geraten, durch Zurückschraubung ersterer zu überwinden. Daß solcherart auch die Moral vor einer Ausartung bewahrt werden sollte, deren eigentlich treibende Ursache diese Sorte von Reformatoren allerdings nicht begriff, die aber als düstere Ahnung vor ihrem geistigen Auge schwebte, läßt sich desgleichen nicht verkennen.

Und nun, nachdem wir alle drei überhaupt denkbaren Entwickelungsformen der Reihe nach betrachtet: 1. die Anpassung des socialen Rechts an die neue, höhere Arbeitsform und dem entsprechende Entwickelung einer neuen, höheren Moral; 2. den dauernden Gegensatz zwischen Arbeitsform und Recht und dem entsprechende Rückbildung der Moral; 3. die Anpassung der Arbeitsform an das bisherige sociale Recht durch Preisgebung der höheren Produktivität und dem entsprechenden Fortbestand der bisherigen Moral — nunmehr fragen wir uns, ob im Kampfe dieser drei Richtungen eine andere als die erste Siegerin sein kann. Denkbar sind sie, wie gesagt, alle drei; ist aber auch denkbar, daß materieller oder moralischer Verfall sich neben moralischem zugleich und materiellem Fortschritt behaupten, oder vollends über diesen endgültig triumphieren würden? Möglich, sagen wir sogar wahrscheinlich, daß ohne unser vor 25 Jahren erfolgreich durchgeführtes Unternehmen die Menschheit zunächst noch längere Zeit hindurch sich vorwiegend auf den Bahnen der sittlichen Verwilderung einerseits, der Attentate gegen den Fortschritt anderseits fortbewegt hätte; an Versuchen nach der Richtung der socialen Befreiung hin hätte es deshalb doch niemals gänzlich gefehlt, und der schließliche Triumph derselben konnte stets nur eine Zeitfrage sein. Nein, die Menschheit ist uns nichts schuldig, was sie nicht auch ohne uns für alle Fälle erlangt hätte; wenn wir ein Verdienst beanspruchen, so beschränkt es sich darauf, das, was kommen mußte, rascher und wahrscheinlich unblutiger herbeigeführt zu haben, als ohne uns geschehen wäre. (Stürmischer, lang andauernder Applaus und jubelnde Zurufe von allen Bänken. Die Wortführer der Opposition drücken der Reihe nach dem Redner die Hände und versichern ihn ihrer Zustimmung.)

(Schluß des dritten Verhandlungstages.)

26. Kapitel.

Da zahlreiche Congreßmitglieder den Wunsch geäußert hatten, sich eingehender davon zu überzeugen, daß thatsächlich die anscheinend so wunderbare harmonische Organisation des gesamten wirtschaftlichen Getriebes in Freiland nichts anderes, als das selbstverständliche Ergebnis wohlberatenen und wahrhaft freien Eigennutzes sei, wurden die Sitzungen des Congresses für zwei Tage unterbrochen und diese dazu benützt, um eine Reihe größerer Edenthaler und Danastädter Etablissements zu besichtigen und bei diesem Anlasse im Wege des Gedankenaustausches mit den sich zu diesem Behufe bereitwilligst zur Verfügung der fremden Gäste stellenden Direktoren der fraglichen Anstalten sowohl, als des Leiters der freiländischen Centralbank alle etwa auftauchenden Zweifel gründlich zu erörtern.

Das erste Bedenken, welches geltend gemacht wurde, betraf die Frage, woher denn all die zahllosen Arbeiter allesamt die erforderliche Sachkenntnis und Intelligenz hernähmen, um jederzeit genau beurteilen zu können, wo man ihrer gerade am nötigsten bedürfe. „Sie haben," so meinte einer der Besucher, „eine allumfassende, pünktliche Statistik, die jede Regung Ihres wirtschaftlichen Lebens mit peinlichster Genauigkeit verzeichnet — sehr wohl; aber welch hohes Verständnis gehört dazu, um sich in einer solchen Statistik zu orientieren!"

„Dazu gehört in Wahrheit ein überaus bescheidenes Maß von Verständnis, kein höheres, als es bei jedem vernünftigen Menschen ohne weiteres vorausgesetzt werden kann," war die Antwort. „Denn kein Arbeiter braucht sich um anderes zu kümmern, als lediglich um den auf die einzelne Stunde seiner Arbeit entfallenden Ertrag. Hätten wir keinen freien

Markt, auf welchem Angebot und Nachfrage die Preise regeln, so wäre es allerdings eine nicht bloß schwierige, sondern eine in Wahrheit ganz und gar unlösliche Aufgabe, herauszufinden, nach welcherlei Produkten jeweilig stärkerer oder geringerer Bedarf vorhanden und wo dementsprechend vermehrte Zuwendung von Arbeitskraft wünschenswert sei. Da sich aber bei uns jede Veränderung der Verhältnisse zwischen Angebot und Nachfrage, im Preise der Produkte ausdrückt, so ist es ganz selbstverständlich, daß der in Gemäßheit dieser Preise auf die einzelne Arbeitsstunde entfallende Nettoertrag in untrüglichster Weise anzeigt, ob der Produktionszweig oder das einzelne Etablissement, um welches es sich handelt, im Vergleiche zu anderen Produktionszweigen oder Etablissements einer Vermehrung oder Verminderung der Arbeitskraft bedarf. Daß z. B. die Maschinenfabrik, in deren Räumen wir uns momentan befinden, ihren Betrieb ausdehnen soll, ist in letzter Linie allerdings darauf zurückzuführen, daß deren Erzeugnisse derzeit besonders gesucht sind, eine Thatsache, die an und für sich zu konstatieren in der That höchst kompliziert und schwierig wäre; da aber diese gesteigerte Nachfrage nach hier erzeugten Maschinen insolange, als die Produktion ihr nicht vollkommen nachgefolgt ist, notwendiger Weise das Erträgnis aller hier beschäftigten Arbeiter entsprechend vermehrt, so genügt es vollkommen, letzteren Umstand zur allgemeinen Kenntnis zu bringen, damit das im Interesse der Consumenten gelegene Ergebnis, nämlich der vermehrte Zufluß von Arbeitern, sich ganz von selbst einstelle."

„Aber ist nicht auch diese Ergründung des überall in jedem gegebenen Momente vorhandenen Erträgnisses eine für gewöhnliche Durchschnittsarbeiter allzu schwierige Aufgabe?" lautete die fernere Frage.

„Durchaus nicht," erklärte der Direktor der freiländischen Centralbank. „Sich in dem von all den tausenden

Associationen vorgelegten, von unserer Centralstelle ergänzten und bearbeiteten Urmateriale zurechtzufinden, ist allerdings nicht Jedermanns Sache. Aber solch eingehender Untersuchung unterziehen sich auch nur Diejenigen, die sich für statistische Studien um ihrer selbst willen interessieren. Der gewöhnliche Arbeiter, der nichts anderes wissen will, als den Ort, wo er die seinen Fähigkeiten entsprechende höchste Rente findet, begnügt sich mit jenen übersichtlich geordneten Zusammenstellungen, welche die statistische Centralstelle zu seinem Gebrauche bietet, und welche die zahlreichen Fachzeitungen zudem mit Erläuterungen aller Art begleiten. Die geistige Arbeit, die von ihm dabei verlangt wird, besteht in nichts anderem, als in der Entscheidung der Frage z. B., ob er sich mit dem am Orte seiner augenblicklichen Arbeit gebotenen Stundenertrage von 8 Schilling begnügen, oder wegen des bei einem anderen verwandten Etablissement winkenden, um 15 Pfennige per Stunde höheren Ertrages sich diesem, oder etwa zeitweilig einer jener Bodenassociationen zuwenden soll, die vorübergehend — während der Erntezeit nämlich — bis zu 10 Schilling für die Arbeitsstunde zu bieten pflegen. Er muß mit sich darüber ins Reine kommen, ob solche Gewinnsteigerung ihm genügenden Ersatz gewährt für die mit dem Ortswechsel möglicherweise verknüpften materiellen oder gemütlichen Nachteile, für die Beschwerden und Unannehmlichkeiten des Umzuges, für die anstrengendere Arbeit u. dergl.; im übrigen aber wird von ihm weder irgendwelches Verständnis verwickelter wirtschaftlicher Vorgänge, noch irgendwelches Interesse für anderes, als für den eigenen Vorteil gefordert."

„Wie aber verhüten Sie," so fragte ein anderer der Herren, „daß bei einer irgendwo eintretenden stärkeren Steigerung der Erträge der Zuzug der Arbeitskräfte allzu massenhaft ausfalle? Da keinerlei Behörde ordnend eingreift und bestimmt, wer und wie viele herbeieilen sollen, so ist doch immerhin möglich, daß statt der gewünschten Hunderte sich Tausende einstellen."

„Das könnte nur geschehen" — so lautete die Erklärung — „wenn Telegraph und Druckerpresse bei uns unbekannt wären, oder wenn wir uns ihrer nicht zu bedienen verstünden. Um welchen Teilbetrag die Rente sinkt, wenn das Angebot von Arbeitskraft wächst, läßt sich natürlich überall mit großer Genauigkeit berechnen, und da nun niemand so thöricht ist, einer irgendwo auftauchenden höheren Gewinnziffer nachzulaufen, ohne sich vorher zu vergewissern, daß er diese höhere Gewinnziffer, am Orte seiner neuen Bestimmung angelangt, noch vorfinden werde, so ist es bei uns selbstverständliche Übung, daß die Arbeiter ihre Absicht den Leitungen der Associationen rechtzeitig anzeigen, daß diese Anmeldungen fortlaufend publiziert werden und daß demnach Jedermann, noch bevor er sich auf den Weg macht, vollkommen darüber beruhigt sein muß, an seinem zukünftigen Arbeitsorte auch wirklich noch vonnöten zu sein."

Einen zweiten Anlaß zu eingehenderen Erörterungen boten die in zahlreichen der besichtigten Etablissements vorhandenen Versuchsanstalten und wissenschaftlichen Laboratorien, die von den dort beschäftigten Technikern und Chemikern dazu benutzt werden, um die mannigfaltigsten Experimente behufs Erzielung von Verbesserungen des Betriebs anzustellen. Der hohe praktische Wert dieser Einrichtung leuchtete den Gästen natürlich sofort ein, weniger einleuchtend aber erschien den meisten derselben der erläuternde Zusatz eines der Direktoren — es war das zufällig in der Danastädter Chemikalienfabrik — daß man die gewonnenen Erfahrungen „selbstverständlich" jederzeit publiziere, auf besonders nützlich erscheinende die anderen Associationen wohl auch ausdrücklich aufmerksam mache und dafür ebenso selbstverständlich von diesen über alle in deren

Versuchsanstalten gemachten Funde pünktlichst auf dem Laufenden erhalten werde.

„Wenn das hierzulande selbstverständlich ist, dann müßt Ihr freiländischen Industriellen uneigennützig wie die Engel sein," meinte einer der Besucher. Und sich direkt an den Direktor wendend, fügte er hinzu: „Es scheint also doch, daß nicht alle Eure Einrichtungen sich sofort zu uns Abendländern übertragen lassen, denn bei uns, dessen kann ich Sie versichern, würde Niemand freiwillig von ihm ersonnene Produktionsverbesserungen zur Kenntnis seiner Concurrenten bringen, und am allerwenigsten könnte er sich darauf verlassen, daß diese ihm die ihrigen preisgeben."

„Sie haben ganz recht," war die Antwort, „das würde Niemand bei Ihnen thun, so lange Sie an Ihren bisherigen Einrichtungen festhalten; sowie Sie jedoch die unserigen acceptieren, versteht sich all das, was Ihnen so wunderbar uneigennützig vorkommt, ganz von selbst, als unabweisliches Gebot gerade des Eigennutzes. Denn damit z. B. wir hier in Danastadt uns des Vorteils einer von uns ersonnenen Verbesserung möglichst vollständig erfreuen, ist durchaus notwendig, daß alle chemischen Fabriken des ganzen Landes die gleiche Verbesserung thunlichst rasch auch bei sich einführen. Wären wir so thöricht, unsere Entdeckungen geheim zu halten — ein Versuch, der nebenbei bemerkt angesichts der Öffentlichkeit all unserer geschäftlichen Vorgänge an und für sich ziemlich aussichtslos bliebe — so wäre das einzig mögliche Ergebnis, daß aus allen concurrierenden Associationen insolange Arbeitskräfte zu uns einwanderten, bis der Ertrag unserer Arbeit — umgerechnet auf die einzelne Arbeitsstunde — wieder auf das Niveau der anderwärts in Freiland erzielbaren Erträge herabgedrückt würde, wir also von unserer Entdeckung oder Erfindung so gut als keinen Vorteil behielten. Um das zu vermeiden, bleibt uns schlechterdings kein anderes Auskunftsmittel, als auch den

Anderen Allen unsere Errungenschaft mitzuteilen; dadurch allein erzielen wir, daß die Arbeit auch anderwärts ertragreicher wird und daß also Niemand ein Interesse hat, sich behufs Mitgenusses unserer Produktionsvorteile an uns heranzudrängen. Gerade so verhält es sich natürlich mit den in anderen Associationen gemachten Verbesserungen; wir können mit absoluter Sicherheit darauf rechnen, daß wir sofort von denselben verständigt werden, da auch die Anderen Alle das gleiche Interesse haben wie wir, nämlich unsere Produktionserträge zu steigern, damit sie selber den Vorteil der ihrerseits erzielten Verbesserungen möglichst vollständig genießen."

Gegen dieses Raisonnement konnte nichts Stichhaltiges eingewendet werden. Aber jetzt machte sich die Besorgnis geltend, ob es denn nicht doch möglich sei, dieses Anrecht der Gesamtheit an den Ergebnissen jedes irgend erzielten Produktionsvorteils auf Umwegen zu durchkreuzen.

„Was geschähe" — so wurde einer der anwesenden Direktoren gefragt — „wenn beispielsweise Sie als Leiter der Bodenassociation von Nordleikipia, dazu aufgefordert durch — selbstverständlich geheimen — Beschluß der die Majorität bildenden alten Mitglieder, es versuchen wollten, neue Zuwanderer vom Mitgenusse irgendwelcher besonderer Produktionsvorteile im Wege schlechter unfreundlicher Behandlung fernzuhalten; wer schützt in solchem Falle diese Neulinge gegen Ihre, von der Majorität Ihrer Associationsmitglieder nicht bloß gebilligte, sondern geradezu in deren Interesse geübte Willkür? Die Mißhandelten haben die Freiheit, fortzuziehen; aber das ist es ja eben, was — Sie entschuldigen wohl die, bloß um der prinzipiellen Aufklärung willen vorgebrachte Unterstellung — erreicht werden will und was doch verhütet werden muß, soll darüber nicht Ihre ganze Gleichberechtigung in die Brüche gehen. Oder die Majorität kann sich zu gleichem Zwecke ein so hohes Präcipuum votieren, daß das damit geübte Unrecht alle Zuwanderung abhält. Wo liegt der Schutz gegen derartige Ausschreitungen des Eigennutzes in einem Gemeinwesen, welches keinerlei Einengung des individuellen Eigennutzes kennt und kennen will?"

„Abermals in der freien Concurrenz," entgegnete lächelnd der Direktor. „Derartige Ausschreitungen wären bei uns nur möglich, wenn sie im geheimen geübt werden könnten, d. h. wohlverstanden, wenn nicht bloß die darauf abzielenden Beschlüsse, sondern auch deren Ausführung der Aufmerksamkeit des ganzen Landes vollständig entginge. Ich müßte nicht bloß den geheimen Auftrag von meinen Associationsmitgliedern erhalten, alle Zuwanderer hinauszuchikanieren, ich müßte auch das Kunststück zuwege bringen, diesen Auftrag derart im Verborgenen zu vollstrecken, daß Niemand, am allerwenigsten die Opfer desselben, das Geringste davon merkten. Denn mit dem Momente, wo meine Praktiken ruchbar würden, wäre ich — darauf können Sie sich verlassen — zum längsten Direktor, meine Auftraggeber wären zum längsten Majorität der Bodenassociation von Nordleikipia gewesen. Und genau ebenso verhielte es sich, sowie unser Beschluß, den alten Mitgliedern ein ungebührliches Präcipuum zuzuwenden, bekannt würde. Denn wie Sie leichtlich ermessen können, ist die öffentliche Meinung Freilands in keinem Punkte wachsamer und eifersüchtiger, als gerade in diesem, ihren Lebensnerv berührenden, das individuelle Interesse Aller gleichmäßig bedrohenden; und da die schrankenlose Freizügigkeit allen Arbeitern des ganzen Landes jederzeit gestattet, welcher Association immer beizutreten, so gehört keine sonderliche Phantasie dazu, um sich das mit unfehlbarer Sicherheit Kommende genau auszumalen. Der erste Arbeiter, den meine planmäßigen Chikanen zum Verlassen unserer Association zwängen, würde vielleicht selber noch keine böse Absicht bemerken; der zweite vielleicht schon Lärm, aber vorerst noch vergeblichen schlagen; beim dritten und vierten dürfte bereits das öffentliche Mißtrauen rege werden, und ehe ich meine Künste am zehnten Opfer zu üben vermöchte, wäre durch einen aus allen Gauen herbeiströmenden Zufluß neuer Mitglieder die übelwollende Majorität und ich natürlich mit ihr unschädlich gemacht."

Diese Darlegung wirkte so schlagend, daß fernerhin kein Zweifel gegen die im Wege wahrhaft freier Concurrenz bewirkte Harmonie der wirtschaftlichen Interessen laut wurde. Die Congreßmitglieder hatten zwar noch wiederholt Anlaß, über gar Manches, was sie sahen und hörten, in Erstaunen zu geraten; daß jedoch Freiheit und Gleichberechtigung die unfehlbaren Zauberformeln seien, auf deren Ruf die nämlichen Wunder allüberall auch außerhalb Freilands in die Erscheinung treten müßten, war ihnen zur Gewißheit geworden.

————

Nach Ablauf der zweitägigen Pause wurden die Beratungen des Congresses wieder aufgenommen. Zur Discussion gelangte Punkt 3 der Tagesordnung: *Sind Not und Elend nicht etwa Naturnotwendigkeiten und müßte nicht Übervölkerung eintreten, wenn es vorübergehend gelänge, das Elend allgemein zu beseitigen?* Als erster Redner war vorgemerkt

Robert Murchison (Rechte): Ich muß zuvörderst Namens meiner bisher die Durchführbarkeit des socialen Reformwerkes bezweifelnden Gesinnungsgenossen die formelle Erklärung abgeben, daß wir nunmehr nicht allein von der Durchführbarkeit, sondern von der naturgesetzlichen Unvermeidlichkeit desselben durchaus überzeugt sind. Auch die fernere Hoffnung hat das bisherige Ergebnis der Verhandlungen gezeitigt, daß es der geehrten Gegenpartei gelingen werde, unsere noch vorhandenen Bedenken eben so siegreich zu zerstreuen; einstweilen kann ich mich derselben noch nicht entschlagen und fühle mich daher im Interesse allseitiger Aufklärung verpflichtet, dieselben nach Kräften zu begründen.

Das weitaus gewichtigste dieser Bedenken, welches unabhängig von allen bisher erörterten Fragen noch ungebrochen aufrecht steht, ist das nunmehr zur Diskussion gelangende. Es richtet sich nicht gegen die Durchführbarkeit des allgemeinen Freiheits- und Wohlfahrtswerkes. Die wirtschaftliche Gerechtigkeit muß und wird zur Wahrheit werden, das wissen wir nun; wissen wir damit aber auch schon, daß sie sich wird behaupten können? Die wirtschaftliche Gerechtigkeit wird Reichtum für alle Lebenden zur Folge haben. Not und Elend mit ihrem Gefolge zerstörender Laster werden vom Erdboden verschwinden. Mit diesen aber werden zugleich jene Hemmnisse verschwunden sein, welche bisher der schrankenlosen Vermehrung des Menschengeschlechts Grenzen zogen. Mehr und mehr wird die Menge der Bevölkerung anwachsen, bis endlich — der Tag mag noch so ferne sein — die Erde ihre Bewohner nicht mehr zu ernähren im Stande sein wird.

Ich will Sie mit ausführlicher Wiederholung und Begründung des bekannten Lehrsatzes meines berühmten Landsmannes Malthus nicht ermüden. Viel wurde gegen denselben gesagt, Stichhaltiges, Überzeugendes bisher nicht. Daß die Vermehrung der lebenden Individuen keine andere natürliche Schranke als den Nahrungsmangel kennt, ist ein Naturgesetz, dem nicht bloß der Mensch, sondern jedes lebende Wesen erbarmungslos unterworfen bleiben muß. Gleichwie die Heringe, wenn sie sich frei vermehren könnten, endlich im Weltmeere nicht mehr Raum hätten, so müßte auch der Mensch, wenn die Zunahme seiner Zahl nicht auf das Hindernis des Nahrungsmangels stieße, endlich keinen Raum mehr auf der Erdoberfläche finden. Auch bestätigt die Erfahrung aller Zeiten und aller Völker diese grausame Wahrheit; überall sehen wir, daß es der

Nahrungsmangel, die Not mit ihrem Gefolge ist, was die Menge der Lebenden innerhalb gewisser Grenzen hält. Das wird auch in alle Zukunft so bleiben. Die wirtschaftliche Gerechtigkeit kann diese traurige Grenze weit, sehr weit hinausrücken, völlig beseitigen kann sie sie nicht. Zehnfach und hundertfach größer kann unter ihrem Walten der Nahrungsspielraum werden, ins Unendliche kann er sich nicht ausdehnen. Und ist einmal das Unvermeidliche eingetreten, was dann? Mehr und mehr wird dann der Reichtum den Entbehrungen und schließlich bitterster Not weichen und zwar einer Not, die um so schrecklicher, hoffnungsloser sein wird, weil es aus ihrem alle Kultur erdrückenden Bannkreise kein Entrinnen geben wird, nicht einmal jenes teilweise, welches früher die Ausbeutung zum mindesten einer Minderzahl geboten hatte. Wird dann die Menschheit, nachdem sie den Kreislauf vom Kannibalismus zur Ausbeutung und von dieser zur wirtschaftlichen Gerechtigkeit vollendet, wieder umkehren zur Ausbeutung, vielleicht gar zum Kannibalismus? Wer könnte es sagen? Klar scheint nur, daß die wirtschaftliche Gerechtigkeit keine Entwickelungsphase ist, deren sich unser Geschlecht längere Zeit hindurch erfreuen könnte.

Zwar hat Malthus und haben Andere nach ihm vorbeugende Maßregeln zur Verhütung der Übervölkerung vorgeschlagen, um dem rückwirkenden Einflusse des Elends zuvorzukommen. Aber alle diese auf künstliche, planmäßige Unterdrückung der Volksvermehrung abzielenden Mittel und Mittelchen sind — wenn sie sich überhaupt durchgreifend in Anwendung bringen lassen, nur denkbar in einer armen, vor den äußersten Konsequenzen des Elends zitternden Bevölkerung; wie in Überfluß und Muße lebende, zudem vollkommenster Freiheit sich erfreuende Menschen dahin gebracht werden sollten, sich geschlechtlichen Einschränkungen zu unterwerfen, vermag ich nicht abzusehen. Diese Art Vorbeugung könnte meines Erachtens in der freien Gesellschaft günstigsten Falles erst dann Platz greifen, wenn die Not der Übervölkerung schon einen hohen Grad erreicht, den einstigen Wohlstand und mit diesem vielleicht auch das individuelle Freiheitsgefühl bedenklich vermindert hätte. Das sind, ganz abgesehen von der ethischen Widerwärtigkeit all dieser gewaltsamen Eingriffe in das — gerade unter dem Walten der wirtschaftlichen Gerechtigkeit so überaus zart sich gestaltende — Verhältnis der Geschlechter, sehr wenig erfreuliche Perspektiven. Sie zeigen uns im Hintergrunde der Ereignisse ein Bild, welches gar traurig absticht von der überschwenglichen Entfaltung des ersten Anfanges. Glauben die Männer von Freiland ihre Schöpfung auch gegen diese Gefahren wappnen zu können?

Franzisko Espero (Linke): Der Mensch unterscheidet sich dadurch von den anderen lebenden Wesen, daß er sich seine Nahrungsmittel selber bereitet, und zwar desto leichter bereitet, je dichter mit fortschreitender Kultur die Bevölkerung wird. Das hat ein großer amerikanischer Volkswirt (Carey) seinerzeit bewiesen und damit gezeigt, daß das im übrigen unangefochten geltende Naturgesetz des notwendigen Zurückbleibens des Nahrungsspielraums hinter der Vermehrung der Arten, auf den Menschen keine Anwendung findet. Daß trotzdem Not und Elend bisher stets als Hemmnisse der Volksvermehrung wirksam waren, hat nicht in einem Naturgesetze, sondern in der Ausbeutung seinen Grund. Die Erde hätte genug für Alle hervorgebracht, wenn man nur Allen gestattet hätte, freien Gebrauch von ihren Kräften zu machen. Die Ausbeutung aber ist eine Einrichtung der Menschen, nicht der Natur, wie wir gesehen haben. Beseitiget sie, und Ihr habt für immer das Gespenst des Hungers verjagt.

Stefan Való (Freiland): Ich halte es für nützlich, den freiländischen Standpunkt in der bisher aufgetauchten Kontroverse sofort zu konstatieren. Das geehrte

Kongreßmitglied aus Brasilien (Espero) hat recht, wenn es das thatsächliche Elend der Menschheit in der Epoche der Ausbeutung statt mit dem Walten natürlicher Kräfte, mit menschlichen Einrichtungen in Zusammenhang bringt. Die Massen litten Mangel, weil sie in Knechtschaft darniedergehalten waren, nicht weil die Erde sie reichlicher zu ernähren unvermögend gewesen wäre. Ich will übrigens hinzufügen, daß dieses thatsächliche Elend die Massen niemals hinderte, sich zu vermehren in dem Maße, als dies durch andere, auf die Bevölkerungsbewegung entscheidend einwirkende Faktoren bedingt war, ja daß sich in der Regel das Elend sogar als Ansporn zur Volksvermehrung erwies. Im Unrecht aber befindet sich unser Freund aus Brasilien, wenn er, gestützt auf die hohlen Redensarten Carey's, leugnet, daß die Volksvermehrung, könnte sie ins Unbegrenzte fortschreiten, endlich zu Nahrungsmangel führen müßte. Der erste der heutigen Redner hat ganz richtig bemerkt, daß es in diesem Falle schließlich dahin käme, daß den Menschen der Raum auf Erden mangelte. Man wird doch nicht annehmen, daß ein Zustand denkbar ist, bei welchem unsere Rasse die Erdoberfläche bedeckte gleich den Heuschrecken ein von ihnen heimgesuchtes Feld? Ja, in letzter Linie müßte bei wirklich schrankenlos fortschreitender Vermehrung der Menschenmenge nicht bloß die Oberfläche, sondern sogar der stoffliche Inhalt unseres Planeten zu klein werden, um die Elemente für die sich häufenden Menschenleiber herzugeben. Die Volkszunahme — in so weit hat Malthus mitsamt seinen Anhängern Recht, *muß* also irgend eine Grenze haben. Ob diese Grenze aber gerade im sog. Nahrungsspielraum zu suchen sei, das ist denn doch eine andere Frage, eine Frage, die vernünftiger Weise erst dann bejaht werden dürfte, wenn festgestellt, oder auch nur plausibel gemacht werden könnte, daß nicht früher schon, lange bevor Nahrungsmangel sich einstellt, andere Faktoren in Aktion treten, deren Zusammenwirken dann zur Folge hätte, daß die Grenzen des Nahrungsspielraums, von ganz außergewöhnlichen Fällen abgesehen, niemals auch nur annähernd erreicht, geschweige denn überschritten werden könnten.

Arthur French (Rechte): Das soeben Gehörte erfüllt mich mit maßlosem Erstaunen. Wie, das Mitglied der freiländischen Verwaltung gibt zu — was allerdings vernünftiger Weise nicht geleugnet werden kann — daß unbegrenzte Vermehrung eine Unmöglichkeit sei, und bestreitet dennoch, daß Nahrungsmangel eben die gesuchte Grenze der Vermehrung wäre? Daß Malthus geirrt, als er dieses natürliche Hemmnis auch bisher schon als in der menschlichen Gesellschaft wirksam hinstellte, kann ja ohne weiteres zugegeben werden. Die Menschen litten bisher Hunger, weil ihnen verwehrt war, sich zu sättigen, nicht weil die Erde unvermögend gewesen wäre, sie allesamt reichlich, oder zum mindesten reichlicher, zu ernähren; die Ausbeutung erwies sich also wirklich als ein schon vor Erreichung des Nahrungsspielraums wirksam gewesenes Hemmnis der Volksvermehrung, gleichsam als eine Hungerkur, die der Mensch sich selber auferlegte, noch bevor die Natur ihn zu einer solchen verurteilt hatte. Schon minder verständlich ist mir, was Redner darunter meint, wenn er behauptet, das durch die Ausbeutung künstlich hervorgerufene Elend habe sich mitunter nicht als Hindernis, vielmehr als Beförderungsmittel der Volkszunahme erwiesen. Insbesondere aber möchte ich näheres über jene anderen, entscheidenden Faktoren hören, welche dies angeblich bewirkt haben sollen und von denen Redner offenbar auch in Zukunft die Regulierung der Bevölkerungszahl erwartet. Diese anderen Faktoren sollen des ferneren den wunderbaren Effekt haben, die Bevölkerung gar niemals den Grenzen des Nahrungsspielraums auch nur nahe kommen zu lassen.

Künstliche, willkürlich zur Anwendung gelangende Mittel können das nicht sein, sonst würde ein Mitglied der freiländischen Verwaltung, dieses auf schrankenloser Freiheit gegründeten Gemeinwesens, nicht so zuversichtlich von ihnen sprechen. Doch abgesehen von all dem — wie kann die Wirksamkeit eines so elementaren Hemmnisses der Vermehrung, wie es der Nahrungsmangel ist, gerade in der menschlichen Gesellschaft in Zweifel gezogen werden, während dieselbe doch so ersichtlich in der ganzen organischen Natur hervortritt? Ist etwa der Mensch allein unter allen lebenden Wesen diesem Naturgesetze nicht unterworfen oder kennt man vielleicht in Freiland sogar ein Mittel, welches z. B. die Heringe nötigen würde, bei ihrem Fortpflanzungsgeschäfte den Grenzen ihres Nahrungsspielraums niemals nahe zu kommen, sich vielmehr bei demselben auf jenes vernünftige Maß zu beschränken, welches den Rücksichten auf das gedeihliche und reichliche Fortkommen ihrer Sippe entspräche?"

Mächtige Erregung herrschte nach dieser mit schneidiger Schärfe vorgebrachten Rede im Saale. Gesteigert wurde das Gefühl erwartungsvoller Spannung noch dadurch, daß mehrere Mitglieder der freiländischen Verwaltung — unter diesen auch der frühere Redner Stefan Való — zum Präsidenten eilten und demselben ersichtlich nahe legten, sich zum Worte zu melden. Der ganzen Versammlung bemächtigte sich die Empfindung, daß die Debatte — nicht bloß die heutige, sondern die des Kongresses überhaupt — an ihren entscheidenden Wendepunkt gelangt sei. Vermochten die Wortführer der wirtschaftlichen Gerechtigkeit auch diesmal die Bedenken der Gegner siegreich zu widerlegen, als irrig und gegenstandlos nachzuweisen, so war die große Geistesschlacht endgiltig gewonnen; was dann noch folgen mochte, konnte fürderhin nicht mehr der Frage gelten, *ob*, sondern bloß derjenigen, *wie* die neue sociale Ordnung gedeihlich und dauernd ins Werk zu setzen sei. Erlahmte aber an diesem Punkte die Kraft der freiländischen Beweisführung, gelang es ihr nicht abermals, das Gebäude der gegnerischen Argumentation umzublasen, gleich einem Kartenhause, so waren alle bisherigen Erfolge vergebens. Das Elend der Gegenwart zu beseitigen, um damit der Zukunft nur desto hoffnungsloseres Elend zu bereiten, das war es nicht, wofür man sich begeistert hatte; blieb auch nur ein Schatten dieser Gefahr bestehen, so war der wirtschaftlichen Gerechtigkeit das Todesurteil gesprochen.

Unter atemloser Spannung ergriff endlich Dr. *Strahl* das Wort, nachdem er den Vorsitz an seinen Kollegen Ney aus der freiländischen Verwaltung abgegeben hatte:

„Unser Freund von der Rechten", so begann er seine Rede, „hat den an uns gerichteten Appell mit der Frage geschlossen, ob wir in Freiland das Mittel kennten, welches die Heringe nötigen würde, sich bei ihrem Fortpflanzungsgeschäfte innerhalb jener Schranken zu halten, die den Rücksichten auf das gedeihliche und reichliche Fortkommen ihrer Sippe entsprächen. Meine Antwort darauf lautet kurz und bündig: Jawohl, wir kennen dieses Mittel. (Bewegung.) Sie erstaunen? Mit Unrecht, lieben Freunde, denn Sie kennen es in Wahrheit so gut wie wir, und nur jene eigenartige geistige Kurzsichtigkeit, die den Menschen hindert, noch so bekannte Dinge wahrzunehmen, sowie es sich um deren Nutzanwendung auf einen Gegenstand handelt, bezüglich dessen die mit der Muttermilch eingesogenen Vorurteile ihm verbieten, von seinen Sinnen und seinem Urteilvermögen Gebrauch zu machen, nur diese ist es, die Sie glauben macht, Sie kennten es nicht. Also, ich behaupte, daß Sie Alle das fragliche Mittel so gut wüßten, wie wir. Aber damit will ich keineswegs sagen, wie Sie anzunehmen scheinen, daß wir oder Sie imstande wären, den Heringen diese vorsorgliche Rücksicht erst beizubringen, was in der That ziemlich schwer durchführbar wäre; ich behaupte vielmehr, daß unsere gemeinsame Kenntnis des Mittels nicht in unserer Erfindungs-, sondern in unserer Beobachtungsgabe ihre Quelle hat, mit anderen Worten, daß die Heringe von jeher üben, wozu sie nach der Meinung des Fragestellers erst durch unseren Witz angeleitet werden müßten und daß wir daher, um zur Kenntnis des fraglichen Vorganges zu gelangen, bloß nötig hatten: erstlich, die Augen zu öffnen, um zu sehen, *was* in der Natur vorgeht und sodann unseren Verstand einigermaßen zu gebrauchen, um auch hinter das *Wie* dieses Naturvorganges zu gelangen.

Öffnen wir also zunächst unsere Augen, d. h. entfernen wir die Binde, die ererbte ökonomische Vorurteile um dieselben gelegt haben. Um Ihnen dieses zu erleichtern, meine Freunde, bitte ich Sie, ein beliebiges Naturwesen, also beispielsweise den Hering ins Auge zu fassen, ohne dabei an dessen mögliche Beziehungen zur Bevölkerungsfrage innerhalb der menschlichen Gesellschaft zu denken, d. h. suchen Sie beim Hering keinen Erklärungsgrund des menschlichen Elends, sondern betrachten Sie denselben einfach als einen der vielen Kostgänger am Tische der Natur. Unmöglich wird Ihnen dann entgehen, daß diese Tierspecies zwar in sehr zahlreichen Exemplaren vertreten ist, daß aber noch unendlich zahlreichere an besagtem Tische reichlich Platz fänden. Ja ich behaupte, daß Sie sich — immer vorausgesetzt, daß Sie dabei nur den Hering und nicht zugleich im Hintergrunde das menschliche Elend im Auge haben — selber verlachen würden, käme Ihnen auch nur entfernt der Gedanke, die Heringe könnten, wenn ihrer etwas mehr wären, keine Nahrung im Weltmeere finden, es seien ihrer gerade so viel vorhanden, als dort satt zu werden vermöchten. Oder nehmen wir eine andere Tierart, deren Ernährungsverhältnisse wir nicht wie bei den Heringen bloß durch unbefangenes Nachdenken, sondern erforderlichen Falls leicht durch wirklichen Augenschein zu erkennen vermögen, also z. B. den Elefanten, den Malthus ja auch speziell namhaft gemacht und für den er gleichfalls berechnet hat, in welcher Frist ein einzelnes Pärchen den ganzen Erdkreis mit seinen Nachkommen erfüllen müßte, um daraus die Schlußfolgerung zu ziehen, daß es der Nahrungsmangel sei, was dieser schrankenlosen Vermehrung das Ziel setze. Lehrt Sie nicht der erste, oberflächlichste Blick, daß nirgends auf Erden auch nur entfernt so viel Elefanten sind, als reichlich und in Fülle Nahrung fänden? Würden Sie nicht jeden für einen Faselanten halten, der Ihnen das Gegenteil weis machen wollte?

Sie wissen also insgesamt — das bitte ich zunächst festzuhalten — daß jede Tierart, sie mag nun selten oder zahlreich, mehr oder minder fruchtbar sein, sich mit ihrer Vermehrung regelmäßig innerhalb solcher Schranken hält, die von den Grenzen des sogenannten Nahrungsspielraums weit, unendlich weit entfernt sind. Ich gehe weiter; Sie wissen nicht bloß, daß es so ist, Sie wissen auch, daß und warum es so sein *muß*. Die unbefangene Beobachtung der Naturvorgänge sagt Ihnen nämlich bei nur einigem Nachdenken, daß eine Art, die sich wirklich regelmäßig bis an die Grenzen des Nahrungsspielraums vermehrte, also regelmäßig dem Hunger und den Entbehrungen ausgesetzt wäre, notwendiger Weise verkümmern müßte.

Sie wissen also, daß jener unerschöpfliche Überfluß, der im Gegensatze zum Elend der menschlichen Gesellschaft allenthalben in der Natur herrscht und den dieses Gegensatzes halber die Denker und Dichter aller Zeiten besprochen und besungen haben, kein Werk des Zufalls, sondern der Notwendigkeit ist und es erübrigt nur mehr die Ergründung jenes Naturprozesses, jenes causalen Zusammenhanges, kraft dessen sich diese Notwendigkeit vollzieht. In diesem Punkte war man zur Zeit, als Malthus schrieb, allerdings auf allgemeine Redensarten angewiesen. Das Dunkel, welches die Entwickelungsgeschichte der organischen Welt verhüllt, war damals noch nicht erhellt; man mußte sich also damit begnügen, alle Vorgänge im Tier- und Pflanzenreiche aus dem Walten der Vorsehung oder der sogenannten Lebenskraft zu erklären — was natürlich auch damals niemand hinderte, die Thatsache sowohl, als die Notwendigkeit dieses einstweilen unerklärlichen Naturvorganges zu sehen und zu begreifen. Sie aber — im Jahrhundert nach Darwin lebend — können auch über diesen letzten Punkt keinen Augenblick im Zweifel sein. Sie wissen, daß es der Kampf ums Dasein ist, in welchem sich die lebenden Wesen zu dem entwickeln, was sie sind, daß Eigenschaften, die sich als nützlich und notwendig zum Gedeihen einer Art erweisen, durch diesen Kampf hervorgelockt, ausgebildet und festgehalten, Eigenschaften dagegen, die sich als schädlich für das Gedeihen der Art erweisen, unterdrückt und beseitigt werden. Da nun die Eigenschaft, sich niemals bis an die Grenzen des Nahrungsspielraums zu vermehren, zum Gedeihen, ja zur Existenz jeglicher Art nicht bloß nützlich, sondern durchaus notwendig ist, so muß eben auch sie durch den Daseinskampf hervorgerufen, ausgebildet und als bleibender Artcharakter festgehalten worden sein.

Das alles haben Sie gewußt, meine Freunde, bevor ich es Ihnen sagte; nur war Ihnen dieses Ihr Wissen bloß in jenen Fällen auch bewußt, zum Gebrauche beim Denkprozesse gegenwärtig, wo es sich um rein botanische oder zoologische Fragen handelte; sowie in Ihrem Denkapparate die Saite der socialen oder ökonomischen Probleme berührt wurde, senkte sich augenblicklich ein dichter, undurchdringlicher Schleier über diese soeben noch so klaren Erkenntnisse; die Welt stellte sich Ihnen jetzt nicht mehr so dar, wie sie ist, sondern wie sie sich durch besagten Schleier — seine Fäden heißen anerzogene Vorurteile und Wahnvorstellungen — ansieht, und Ihr Urteilsvermögen funktionierte nun nicht mehr nach jenen allgemeinen Gesetzen, die sonst unter dem Namen ‚Logik‘ sich Ihrer Achtung erfreuen, sondern machte ganz eigenartige Kapriolen, die — läge besagter Schleier nicht auf Ihren Sinnen — unmöglich ohne Wirkung auf Ihre Lachmuskeln bleiben könnten. Ja, so gründlich haben Sie sich daran gewöhnt, die Bilder, die Ihnen dieser Schleier zeigt, für die wirkliche Welt zu halten, daß Sie sich von denselben nicht zu befreien vermögen, auch nachdem Sie sich dazu aufgerafft, den Schleier selber zu zerreißen.

Die Wahnvorstellungen und Trugschlüsse der

Malthus'schen Theorie sind doch eigentlich nur dadurch entstanden, daß ihr Autor nach Gründen für das Elend der Menschheit suchte, den wahren Grund aber nicht zu entdecken vermochte. Warum hungert der irische Bauer und der ägyptische Fellache, so fragte er sich; und da er — gehindert durch den bewußten Schleier — nicht zu sehen vermochte, daß sie hungerten, weil ihnen der Ertrag ihrer Arbeit weggenommen wird, ja weil man ihnen gar nicht gestattet, zu arbeiten, dabei aber bemerkte, daß die Massen überall und allezeit hungerten, örtlich und zeitlich etwas minder empfindlich als zu anderen Zeiten und Orten, aber schließlich doch hungerten, hungerten, hungerten, trotz aller Plage und allen Fleißes, soweit menschliche Erinnerung zurückreicht — so geriet er endlich auf den Ausweg, diesen allgemeinen Hunger für die Folge eines Naturgesetzes zu halten. Jetzt wußte er es; der Fellache hungert und der irische Bauer hungert und die Völker aller Weltteile und aller Zeiten hungern, weil sie zu zahlreich sind, und sie sind zu zahlreich, weil nur der Hunger sie hindert, noch zahlreicher zu werden. Daß die vom Rätsel des Elends gepeinigte Welt *das* glaubte, ist schließlich zu begreifen, denn einen Grund muß das Elend doch haben und Mangels der richtigen haben noch allezeit falsche Erklärungsgründe herhalten müssen; Sie aber, meine Freunde, die Sie die Ursache des Elends in der Ausbeutung und Knechtschaft erkannt haben, Sie glauben merkwürdiger Weise noch immer an jenes seltsame Naturgesetz, welches doch Malthus nur ersann, um obigen Notbehelf aus ihm zu konstruieren; das macht: Sie haben den Schleier zwar zerrissen, durchlöchert, aber seine Fetzen umhüllen Ihnen noch immer Haupt und Sinne. Warum der Fellache und der irische Bauer *heute* hungert, das zu sehen, dazu haben Sie sich aufgerafft; aber für unsere Nachkommen zittern Sie noch immer vor Übervölkerung, den Hering sehen Sie noch immer von Nahrungssorgen verfolgt, und der Elefant durchstreift für Sie immer noch mit knurrendem Magen die kahlgefressenen Waldungen Hindostans oder Afrikas — sowie Sie von Hering und Elefant weiter hinaus denken an diese unsere armen, der Übervölkerung verfallenen Nachkommen."

Jubelnder Applaus, untermengt mit Ausbrüchen lauter Heiterkeit durchbrauste den Saal, nachdem Dr. Strahl geschlossen. Auf seinem Wege von der Rednerbühne zum Präsidentensitze erwarteten ihn neben den Freunden, die herbeigeeilt waren, ihm die Hand zu drücken, auch die Wortführer der Opposition, die freudig und rückhaltlos den vollkommenen Sieg anerkannten.

(Schluß des vierten Verhandlungstages.)

27. Kapitel.

Fünfter Verhandlungstag.

Zur Diskussion gelangt der vierte und letzte Punkt der Tagesordnung:

Ist es möglich, die Institutionen der wirtschaftlichen Gerechtigkeit überall unter Schonung der erworbenen Rechte und überkommenen Interessen zur Durchführung zu bringen; und wenn dies möglich ist, welches sind die geeigneten Mittel hierzu?

Der Vorsitzende. Ich glaube dem Wunsche der Versammlung zu entsprechen, wenn ich den heute Morgen in Edenthal eingetroffenen Spezialgesandten des amerikanischen Kongresses, *William Stuart*, bitte, sich seines Auftrages zu entledigen und uns Bericht zu erstatten über jene Vorschläge, welche das mit Ausarbeitung der Übergangsbestimmungen in das Regime der wirtschaftlichen Gleichberechtigung betraute Komitee dem Kongresse seines Landes unterbreitet hat.

William Stuart. Im Auftrage der Vertreter des amerikanischen Volkes erbitte ich mir die Wohlmeinung dieser hochansehnlichen Versammlung über eine Reihe von gesetzlichen Verfügungen, die bestimmt sein sollen, uns mit jener Energie, die nun einmal unseren Gewohnheiten entspricht, zugleich aber unter vollkommener Schonung aller bestehenden Rechte, aus dem bisherigen wirtschaftlichen Zustande in denjenigen der wirtschaftlichen Gleichberechtigung hinüberzuleiten. Meine Auftraggeber sahen sich zu diesem Schritte durch den Umstand veranlaßt, daß unsere Nation unter allen Nationen außerhalb Freilands die erste ist, welche — unseres Wissens zum mindesten — über das Stadium der

Vorberatungen hinaus gediehen, unmittelbar vor der zur Durchführung des Werkes führenden Aktion steht. Die Institutionen der wirtschaftlichen Gerechtigkeit selber sind nichts Neues mehr; wir konnten uns diesbezüglich auf ein bewährtes Präcedenz, das Beispiel Freilands, stützen, was denn auch — mit einigen höchst unwesentlichen, der Eigenart des amerikanischen Volkscharakters und Landes entsprechenden Abweichungen — durchweg geschehen wird. Dagegen fehlt es für die Übergangsbestimmungen an jeglicher Erfahrung, und da wir, ungeachtet der bekannten Raschheit unseres Handelns, guten Rat — insbesondere in so wichtiger Sache — lieber vor als nach der That einholen, so bin ich hergesandt, Ihre Meinung zu hören und dieselbe dann im amerikanischen Kongresse zu vertreten, bevor die Vorschläge des Komitees Gesetzeskraft erlangen.

Es ist beantragt, allen im Gebiete der Union gelegenen Boden für herrenlos zu erklären, die bisherigen Besitzer aber mit dem vollen Katasterwerte zu entschädigen. Um denjenigen, die sich dabei verkürzt erachten sollten, die Möglichkeit der Abhilfe zu gewähren, sollen besondere Sachverständigenkommissionen zur Prüfung allfälliger Reklamationen niedergesetzt werden und die öffentliche Meinung der Union geht dahin, daß diesen Kommissionen ein möglichst rücksichtsvolles Verfahren zur Richtschnur empfohlen werden sollte. Der gleiche Vorgang ist bei Gebäuden beantragt, mit der Maßgabe jedoch, daß zum eigenen Gebrauche des Besitzers dienende Wohnhäuser auf dessen Wunsch von der Ablösung ausgenommen werden können. Die solcherart erhobenen und festgestellten Ablösungsbeträge sollen je nach Wunsch der Berechtigten entweder sofort oder in Raten zur Auszahlung gelangen, mit der Maßgabe, daß für jede Erstreckung der Raten um je ein Jahr eine Prämie von ⅓ Prozent gewährt wird, welche Prämie der Berechtigte in Form von Zuschlagsraten nach erfolgter Abtragung des eigentlichen Kaufpreises ausgezahlt erhält. Auf länger als fünfzig Jahre wird die Abzahlung nicht erstreckt. Gesetzt also den Fall, eine Liegenschaft sei mit 10000 Dollars bewertet worden, so erhält der Besitzer, falls er sofortige Auszahlung der ganzen Summe verlangt, seine 10000 Dollars, mit denen er dann anfangen mag, was ihm beliebt; verlangt er beispielsweise zehn Jahresrenten *à* 1000 Dollars, so hat er das Anrecht auf zehn Prämien von je 20 Dollars, die ihm gesammelt als elfte Jahresrate von 200 Dollars zugezählt werden. Verlangt er Abzahlung in fünfzig Raten *à* 200 Dollars, so erwächst ihm ein Prämienanspruch von fünfzigmal 20, d. i. also von 1000 Dollars, die er in Form fünf fernerer Jahresraten *à* 200 Dollars einkassiert. Dieselben Rückzahlungsmodalitäten gelten für die gesamte, sofort zu kündigende Nationalschuld.

Die bestehenden Kredit- und Schuldverhältnisse der Privaten bleiben aufrecht; doch soll der Schuldner, gleichviel welche Abzahlungsbedingungen ursprünglich vereinbart waren, das *Recht* unmittelbarer Rückerstattung des entliehenen Kapitals haben. Die Beistellung der zum Betriebe welcher Produktion immer erforderlichen Kapitalien abseitens des Gemeinwesens wird die Privatschuldner in den Stand setzen, von diesem ihrem Rechte Gebrauch zu machen; nur soll nach dem Antrage der Kommission das Gemeinwesen bis auf weiteres die nämliche Prämie, die es seinen Gläubigern gewährt, auch von seinen Schuldnern verlangen. Der Zweck letzterer Maßregel liegt auf der Hand; sie soll verhüten, daß — Mangels jedes ihnen eingeräumten Vorteils — die Privatgläubiger ihre Kapitalien aus dem Verkehre ziehen und tot liegen lassen. Bekämen die Kapitalbedürftigen anfangs ihren Bedarf gänzlich kostenlos, lediglich gegen die Verpflichtung allmählicher Rückerstattung des entliehenen Kapitals, so würden sie sich zu keinerlei Vergütung ihren alten Gläubigern gegenüber verstehen, während sie, wird der Vorschlag der Kommission angenommen, jene Prämie, die das Gemeinwesen von ihnen verlangt, auch jenen zu bewilligen bereit sein werden.

Zu bemerken wäre noch, daß, dank dem schon bei Gelegenheit der Wahlagitationen für den konstituierenden Kongreß allenthalben zum Ausdrucke gebrachten Grundsatze, alle erworbenen Rechte peinlichst zu achten, die produktive Thätigkeit in der Übergangszeit nicht allein keinerlei Störung erlitten, sondern einen, vorher niemals noch erlebten Aufschwung erfahren hat. Die in Bildung begriffenen freien Associationen zwingen die alten Unternehmer, sich durch ausgiebige Lohnerhöhungen die zum provisorischen Fortbetriebe erforderlichen Arbeitskräfte zu erhalten, und da gerade diese Lohnerhöhungen den Bedarf nach allen Produkten sprunghaft steigern, so wächst damit zugleich das Interesse der Unternehmer, ihre Produktion vor jeder Stockung zu bewahren. Diese beiden Strömungen steigern sich gegenseitig in solchem Maße, daß im Momente der Minimallohn drei Dollars per Tag übersteigt, und daß fieberhafter Unternehmungsgeist sich der gesamten Geschäftswelt bemächtigt hat. Insbesondere die Maschinenindustrie entfaltet eine Regsamkeit, die aller bisherigen Vorstellungen spottet. Die Furcht vor Überproduktion ist zur Mythe geworden, und da die Unternehmer darauf rechnen können, in den Associationen demnächst schon bereitwillige Abnehmer für guteingerichtete Anlagen zu finden, so hält sie nichts ab, den letzten Moment, der ihrer Privatthätigkeit noch gelassen ist, thunlichst auszunützen. Auch die Landbesitzer finden dabei ihre Rechnung, denn selbstverständlich ist der Bodenwert infolge der so rapid gewachsenen Nachfrage nach Bodenprodukten aller Art sehr namhaft gestiegen. Kurzum, alles berechtigt uns zu der Annahme, daß sich der Übergang in die neue Ordnung der Dinge bei uns nicht bloß leicht und glatt, sondern auch zu vollster Befriedigung *aller* Teile unseres Volkes vollziehen werde.

Der *Vorsitzende* fragt die Versammlung, ob sie sofort in die

Diskussion der soeben gehörten Botschaft des amerikanischen Kongresses, respektive in die Debatte über Punkt vier der Tagesordnung eingehen, oder zuvor noch den Bericht entgegennehmen wolle, welchen der freiländische Kommissär in Rußland durch einen soeben in Edenthal eingetroffenen Abgesandten zu erstatten beabsichtige. Da sich der Kongreß für letzteres entschied, nahm

Demeter Nowikof (Abgesandter des freiländischen Kommissars für Rußland) das Wort: Als wir, auf Wunsch des russischen Volkes von der freiländischen Centralverwaltung delegierten Kommissäre, in Moskau eingetroffen waren, fanden wir die Ruhe wenigstens äußerlich insoweit hergestellt, als die einander bis dahin mit schonungsloser Wut zerfleischenden Fraktionen auf die Nachricht unserer Ankunft vorderhand Waffenstillstand geschlossen hatten. Nicht bloß die Kanonen und Gewehre, auch die Guillotine und der Galgen feierten. Radoslajew, unser bevollmächtigter Kommissär, berief sofort die sämtlichen Parteihäupter zu sich, bewog sie, die Waffen vollends niederzulegen, die Gefangenen freizugeben, die sieben verschiedenen, sich bis dahin sämtlich als ausschließliche Vertreter des russischen Volkes geberdenden Parlamente heimzusenden, und schrieb dann, nachdem er sich für die Zwischenzeit mit einem Rate von Vertrauensmännern der verschiedenen Parteien umgeben, mit thunlichster Beschleunigung allgemeine Neuwahlen für eine konstituierende Versammlung aus.

Da Produktion und Verkehr beinahe gänzlich stille standen, so war das Elend grenzenlos. Die Arbeitgeberschaft war von einigen der extremsten Parteien als todeswürdiges Verbrechen verfolgt worden, niemand wagte es daher, Arbeiter zu beschäftigen; sich selber zu organisieren, dazu waren in den meisten Teilen des Reiches die unwissenden, in knechtischem Gehorsam darniedergehalten gewesenen

478

Massen gänzlich außer Stande, und da zum Überfluß die radikalsten unter den Nihilisten auch die Organisatoren freier Associationen als „maskierte Herren" zu guillotinieren begonnen hatten, so schien es fast, als ob gegenseitiges Todschlagen die einzige Thätigkeit sei, der man hinfort in Rußland obliegen könne.

Die Proklamation, mit welcher Radoslajew die Wahlen ausschrieb, beruhigte zwar die Gemüter, genügte aber nicht zu rascher Inaugurierung ersprießlicher produktiver Thätigkeit. Als daher die neugewählte konstituierende Versammlung zusammengetreten war, schlug ihr Radoslajew als Übergangsstadium in das Regime der wirtschaftlichen Gerechtigkeit ein gemischtes System vor, in welchem neben den Keimen der anzustrebenden freien Gesellschaft und neben allfälligen Resten alter Einzelwirtschaft eine Art von Übergangs-Kommunismus Platz finden sollte.

Zunächst aber mußte Ordnung in die bestehenden Rechtsverhältnisse gebracht werden. Während der unserer Ankunft vorhergehenden Schreckensherrschaft war aller immobile Besitz zu Nationaleigentum erklärt worden, ohne daß die früheren Eigentümer irgendwelche Entschädigung erhalten hatten; alle bestehenden Schuldverhältnisse waren einfach annulliert und es galt nun, nachträglich diese Gewaltakte gutzumachen, soweit es irgend noch anging. Doch in diesem Punkte erwies sich anfangs auch die neue Nationalversammlung untraitabel. Der Haß gegen die alte Ordnung war ein so allgemein verbreiteter und tiefer, daß selbst die Depossedierten es nicht wagten, auf unsere Absichten einzugehen. Das aus der Epoche der Ausbeutung herrührende Privateigentum galt schlechthin als Raub und Diebstahl, die Inanspruchnahme von Entschädigungen als schimpflich derart, daß eine Deputation früherer Großgrundbesitzer und Fabrikanten, an ihrer Spitze zwei ehemalige Großfürsten, Radoslajew beschwor, von seiner

Forderung abzustehen, damit der kaum entschlafene nihilistische Fanatismus nicht neuerlich gereizt werde. Nichtsdestoweniger beharrte dieser, nachdem er sich mit uns, den ihm beigegebenen Freiländern, beraten, auf seiner Forderung. Er erklärte der Nationalversammlung, daß es uns natürlich fern liege, dem russischen Volke unsere Anschauungen aufzunötigen, daß anderseits aber auch Rußland von uns nicht verlangen könne, uns an einem Werke zu beteiligen, dessen Grundlage — in unseren Augen — Raub wäre; und diese Drohung mit unserem Rücktritte wirkte endlich. Die Nationalversammlung machte noch den Versuch, sich der Votierung einer ihr verhaßten Maßregel dadurch zu entziehen, daß sie Radoslajew für die Zeit des Überganges die Diktatur anbot; nachdem er jedoch auch dieses Ansinnen abgelehnt hatte, fügte sie sich und ging widerwillig in die Beratung des Entschädigungsgesetzes ein. Im Sinne des von Radoslajew vorgelegten Entwurfes sollte den früheren Eigentümern der volle Wert in Raten bezahlt werden, ebenso sollten die früheren Schuldverhältnisse voll reaktiviert und gleichfalls in Raten abgetragen werden; die unveränderte Annahme dieses Gesetzes konnte Radoslajew jedoch nicht durchsetzen. Die Nationalversammlung votierte einstimmig eine Klausel, nach welcher kein einzelner Entschädigungsanspruch die Höhe von 100000 Rubel überschreiten durfte; hatte der Eigentümer Schulden, so wurde deren Betrag in Anrechnung gebracht, doch durfte auch der Ersatzanspruch aus dem Titel von Schuldforderungen keines einzelnen Gläubigers 100000 Rubel übersteigen. Ebenso wurde für verwüstetes Eigentum eine auf das gleiche Maximum beschränkte Entschädigung gewährt.

Inzwischen hatten wir alle Anstalten getroffen, um die Produktion auf den neuen Grundlagen zu organisieren. Privatunternehmer wagten sich, trotzdem ihnen das Feld freigegeben war, nicht hervor; dagegen begannen sich insbesondere in den westlichen Gouvernements auf Grund unserer zum Muster genommenen freiländischen Statuten, freie Arbeiterassociationen zu bilden. Die große Masse der arbeitenden Bevölkerung erwies sich jedoch hiezu noch unfähig, und notgedrungen mußte daher die Regierungsgewalt organisierend eingreifen. Zwanzig verantwortliche Komitees wurden für zwanzig verschiedene Produktionszweige geschaffen und diese Komitees nahmen mit Hülfe der sich bereitwillig zur Verfügung stellenden Intelligenz die Produktion in die Hand. Der Freiheit ist insoweit Rechnung getragen, als niemand zwangsweise zur Arbeit verhalten wird. Derzeit sind 83000 solcher Unternehmungen mit 12½ Millionen Arbeitern im Betriebe. Bezüglich der Verteilung des Ertrages herrscht in denselben ein aus freier Vergesellschaftung und Kommunismus gemischtes System. Die Hälfte des erzielten Nettoertrages gelangt unter den gesamten 12½ Millionen Arbeitern zur gleichmäßigen Verteilung; die andere Hälfte verteilen die einzelnen Unternehmungen für sich unter die ihnen angehörigen Arbeiter. Wir glauben solcher Art jede Unternehmung einerseits gegen die äußersten Konsequenzen eines allfälligen Mißerfolges ihrer Produktion sichergestellt, anderseits aber auch das Interesse der Beteiligten am Gedeihen der einzelnen Produktion wachgerufen zu haben. Die Leiter dieser Produktivkörperschaften erhalten nach dem gleichen gemischten Systeme Zahlung.

Die Arbeitszeit ist auf 36 Stunden wöchentlich fixiert. Außerdem ist ein zweistündiger täglicher Unterricht für Erwachsene eingerichtet, welchen Unterricht gegenwärtig 65000 Wanderlehrer, deren Zahl jedoch stetig vermehrt wird, zu besorgen haben. Desgleichen sind bisher 120000 Volksbibliotheken errichtet, zu deren Versorgung mit den notwendigsten Büchern eine Anzahl großer Druckereien in Rußland selber gegründet, außerdem aber die bedeutenderen

Druckereien des Auslandes beschäftigt sind; die freiländischen Druckereien allein haben bisher 28 Millionen Bände geliefert. Da auch der Jugendunterricht mit aller erdenklichen Energie gefördert wird — 780 Lehrerseminare sind teils gegründet, teils in Gründung begriffen, vom slawischen Auslande, insbesondere aus Böhmen, sind massenhaft Lehrkräfte herangezogen worden, und dergleichen mehr — so hoffen wir den Bildungsgrad der Massen sich binnen wenigen Jahren so weit heben zu sehen, daß mit den Resten des Kommunismus wird aufgeräumt werden können.

Inzwischen wird die provisorisch geübte Bevormundung den sich derselben freiwillig unterwerfenden Massen gegenüber auch zur Hebung und Veredlung ihrer Gewohnheiten und Bedürfnisse ausgenutzt. Geistige Getränke, insbesondere Branntwein, werden nur in begrenzten Dosen ausgeschenkt, die elenden Lehmhütten und Arbeiterhöhlen werden successive niedergerissen und durch nette, mit kleinen Gärten versehene Familienhäuser ersetzt; monatlich mindestens einmal werden Volksfeste veranstaltet, bei denen leichte zwar, aber gute Musik, Theatervorstellungen und populäre Vorträge den ästhetischen, eine rationelle feinere Küche den materiellen Geschmack der Teilnehmer zu heben bestimmt sind. Besondere Sorgfalt wird der Erziehung der Frauen gewidmet. Nahe an 80000 Wanderlehrerinnen durchziehen heute schon das Land, unterrichten die — von jeder groben Arbeit befreiten — Weiber in den Elementen der Wissenschaft sowohl, als civilisierterer Haushaltungskunst, suchen ihr Selbstgefühl und ihren Geschmack zu heben, sie über ihre neuen Rechte und Pflichten aufzuklären und insbesondere der bis dahin herrschend gewesenen häuslichen Brutalität zu steuern. Da diese Apostel höherer Weiblichkeit — wie überhaupt alle Lehrkräfte — die volle Autorität der Behörden hinter sich haben und sich ihrem

Berufe mit hingebender Begeisterung widmen, so lassen sich derzeit schon nicht unerhebliche Erfolge ihres Wirkens feststellen. Die Weiber der arbeitenden Klassen, bis dahin schmutzige, mißhandelte, störrige Lasttiere, beginnen allgemach für ihre Würde als Menschen sowohl wie als Frauen Verständnis zu zeigen. Sie lassen sich von ihren Männern nicht mehr prügeln, halten diese, sich selber, die Kinder und ihr Haus reinlich und wetteifern untereinander in Erwerbung von allerlei nützlichen Kenntnissen. Ein ganz unglaublicher Fortschritt, ja eine Revolution hat — Dank dem sofort eingeführten Versorgungsanspruche der Frauen — in den Sittlichkeitsverhältnissen stattgefunden. Während früher, insbesondere unter dem städtischen Proletariate, geschlechtliche Zügellosigkeit und Käuflichkeit allgemein verbreitet waren, sind jetzt geschlechtliche Fehltritte eine unerhörte Seltenheit geworden. Dabei ist es insbesondere interessant, den Unterschied zu beobachten, welchen die Meinung des Volkes zwischen derlei Sünden aus früherer Zeit und zwischen denen der Gegenwart macht. Während über jene ganz allgemein der Mantel der Vergessenheit gebreitet wird, kennt die öffentliche Meinung für diese keine Nachsicht. „Die sich früher verkaufte, war eine Unglückliche, die es jetzt thäte, wäre eine Verworfene," so spricht und handelt in diesem Punkte das Volk. Die öffentliche Dirne von ehemals trägt die Stirne hoch und frei, sofern sie jetzt nur tadellos ist, und sieht mit stolzer Verachtung herab auf das Mädchen oder die Frau, die sich nunmehr, „seitdem wir Weiber uns nicht mehr verkaufen müssen, um Brot zu haben," auch nur das Geringste zu Schulden kommen läßt."

Es wird nunmehr in die Debatte über Punkt 4 der Tagesordnung eingegangen.

Ibrahim el Melek (Rechte). Die überaus lehrreichen Berichte aus Amerika und Rußland liefern den drastischen Beweis dafür, daß der Übergang zu dem Systeme der wirtschaftlichen Gerechtigkeit sich nicht bloß im allgemeinen desto leichter, sondern insbesondere auch unter desto annehmlicheren Formen für die besitzenden Klassen vollziehe, je entwickelter und vorgeschrittener zuvor die arbeitenden Klassen gewesen. Unter diesem Gesichtspunkte darf es also nicht Wunder nehmen, daß auch wir in Ägypten den Systemwechsel voraussichtlich nicht ohne schwere Erschütterungen werden durchmachen können. Die Nähe Freilands und das rasche Eintreffen seiner von den aus Rand und Band geratenen Fellachim mit nahezu göttlichen Ehren empfangenen Kommissäre hat uns zwar vor ähnlichen Greuelscenen bewahrt, wie sie Rußland Wochen hindurch zerfleischten; es sind keinerlei Mordthaten und nur geringe Zerstörungen von Eigentum vorgekommen; aber die von den freiländischen Kommissären einberufene ägyptische Nationalversammlung zeigt sich noch weit abgeneigter als ihre russische Kollegin, die Entschädigungsansprüche der früheren Besitzer anzuerkennen. Ich sehe darin eine Fügung des Schicksals, gegen die sich nichts machen läßt und die man daher mit Resignation hinnehmen muß. Von Verschulden aber möchte ich die so schwer Betroffenen freisprechen. Ohne daß es ausdrücklich gesagt worden ist, habe ich doch das deutliche Empfinden, daß die große Majorität dieser Versammlung von dem Gedanken ausgeht, die ehemals herrschend gewesenen Klassen erführen nunmehr überall das Los, welches sie sich selber bereiteten; dem gegenüber möchte ich fragen, ob denn etwa die amerikanischen, australischen und west-europäischen Grundherren, Kapitalisten und Arbeitgeber früher die Vorteile ihrer Stellung minder schonungslos ausbeuteten, als die russischen oder ägyptischen? Daß sie ihren arbeitenden Klassen nicht so übel mitzuspielen vermochten, als die letzteren, hat in der größeren Energie des Volkscharakters, in der größeren Widerstandskraft der Massen, nicht aber in ihrer, der

Herrschenden, Gutmütigkeit seinen Grund. Ich vermag also keine Gerechtigkeit darin zu sehen, wenn der russische Edelmann oder der ägyptische Bey sein Vermögen verliert, während der amerikanische Spekulant, der französische Kapitalist oder der englische Lord aus dem Umschwunge vielleicht sogar mit Gewinn hervorgeht.

Lionel Spencer (Centrum). Der Herr Vorredner dürfte mit seiner Vermutung, daß auch die besitzenden Klassen Englands gleich denen Amerikas ohne Verlust aus der im Zuge befindlichen Revolution hervorgehen werden, voraussichtlich Recht behalten; daß den Besitzenden nichts genommen werden dürfe, was ihnen nicht zum vollen Werte bezahlt wird, kann bei uns in England so gut als z. B. in Frankreich und noch in einigen anderen demokratisch verwaltet gewesenen Ländern nicht dem geringsten Zweifel unterliegen. Ein Spiel des blinden Fatums aber vermag ich darin nicht zu erblicken. Bemerken Sie, daß die Opfer der socialen Revolution überall im umgekehrten Verhältnisse des bis dahin üblich gewesenen Arbeitslohnes stehen, dessen Höhe in erster Reihe bestimmend ist für das Durchschnittsniveau der geistigen Bildung des Volkes. Wo die Massen in tierischem Elend schmachteten, dort darf man sich nicht wundern, daß sie, als ihre Ketten brachen, sich auch mit tierischer Wut auf ihre Zwingherrn stürzten. Die Höhe des Arbeitslohnes hinwieder ist überall abhängig von dem Ausmaße politischer und socialer Freiheit, welches die Besitzenden den Massen gönnen. Mag immerhin der russische Edelmann oder der ägyptische Bey persönlich sogar gutmütiger sein, als der amerikanische Spekulant oder der englische Landlord; der essentielle Unterschied liegt darin, daß das Schicksal der Massen in Amerika und England vom persönlichen Belieben der Reichen unabhängiger war als in Rußland und Ägypten. Die Besitzenden waren dort — wenn auch vielleicht im Privatverkehr noch härter — politisch klüger, maßvoller, als hier und die Früchte dieser politischen Klugheit nun sind es, die sie ernten. Mag auch sein, daß sie selbst zu dieser Klugheit sich bloß gezwungen bekannt hatten — sie *thaten* es eben und nur die Thaten, nicht die Gesinnungen richtet die Geschichte. Die herrschend gewesenen Klassen der zurückgebliebenen Länder büßen jetzt für das Übermaß ihres Herrenbewußtseins; sie zahlen gleichsam nachträglich jene Differenzen des Arbeitslohnes, welche sie früher noch an dem, ohnehin kärglich genug bemessenen, allgemeinen Durchschnitt der ausbeuterischen Ordnung abgezwackt hatten.

Tei-Fu (Rechte). Der Herr Vorredner übersieht, daß die Bestimmung des Arbeitslohnes nicht vom Belieben der Arbeitgeber, sondern von Angebot und Nachfrage abhängt. Daß Hungerlöhne zum Tiere herabdrücken, ist ja leider richtig und die Blutbäder, mit denen die zur Verzweiflung getriebenen Massen auch meines Vaterlandes allenthalben das Befreiungswerk einleiteten, sind gleich den Ereignissen in Rußland beredte Beweise dieser Wahrheit; aber wie hätte alle politische Klugheit der Herrschenden dem vorbeugen können? Der Arbeitsmarkt in China war eben überfüllt, das Händeangebot zu groß; keine Macht der Erde konnte den Lohn erhöhen.

Alexander Ming-Li (Freiland). Mein Bruder Tei-Fu glaubt, daß der Arbeitslohn von Angebot und Nachfrage abhänge; es ist das kein in unserem gemeinsamen Geburtslande erdachtes Axiom, sondern ein der Nationalökonomie des Westens entlehnter Satz, der aber deshalb in gewissem Sinne nicht minder richtig ist. Er gilt schließlich von jeder Ware, also auch von menschlicher Arbeitskraft, so lange sie als Ware feilgeboten werden muß. Aber daneben hängt der Preis auch noch von zwei anderen Dingen ab, nämlich von den Produktionskosten und vom Nutzwerte der Ware, ja diese beiden letztgenannten Faktoren sind es, die auf die Dauer den Preis regulieren, während die Schwankungen von Angebot und Nachfrage auch bloß Schwankungen innerhalb der von Produktionskosten und Nutzwert gezogenen Grenzen herbeizuführen vermögen. Man muß auf die Dauer für jedes Ding so viel bezahlen, als seine Herstellung kostet und man kann auf die Dauer nicht mehr für dasselbe erhalten, als sein Gebrauch wert ist. Das ist alles auch längst bekannt, nur hat man es sonderbarer Weise niemals vollständig auf die Frage des Arbeitslohnes angewendet. Was kostet die Herstellung der Arbeitskraft? Nun offenbar so viel, als der Arbeiter an Mitteln des Unterhalts braucht, um bei Kräften zu bleiben. Und was ist der Nutzwert der menschlichen Arbeit? Nun ebenso offenbar der Wert des durch sie zu erzielenden Produkts. Was heißt das also in seiner Anwendung auf den Arbeitsmarkt? Wie mir scheint, nichts anderes, als daß die Höhe des Arbeitslohnes — unbeschadet der Fluktuationen durch Angebot und Nachfrage — auf die Dauer bestimmt wird durch die Lebensgewohnheiten der Arbeiter einerseits und durch die Produktivität ihrer Arbeit anderseits. Ersteres Moment ist bestimmend für die Forderungen der Arbeiter, letzteres für die Zugeständnisse der Arbeitgeber.

Nun aber bitte ich meinen geehrten Landsmann wohl Acht zu geben. Die Lebensgewohnheiten der Massen sind nichts unabänderlich gegebenes; jedes menschliche Wesen hat das natürliche Bestreben, möglichst gut zu leben, und wenn auch zugegeben werden muß, daß Sitte und Gewohnheit häufig dieser natürlichen Expansionstendenz der Bedürfnisse einige Zeit hindurch hemmend entgegentreten können, so darf ich doch mit gutem Gewissen behaupten, daß unsere unglücklichen Brüder im blumigen Lande der Mitte nicht aus unüberwindlicher Abneigung gegen ausreichende Kost und Kleidung hungerten und halbnackt umherliefen, sondern sehr gern bereit gewesen wären, sich höhere Gewohnheiten anzueignen, wenn nur die vorsorgliche Weisheit aller chinesischen Regierungen dem nicht jederzeit dadurch entgegengetreten wäre, daß sie alle Versuche der Arbeiter, sich behufs wirksamer Geltendmachung ihrer Forderungen zu verabreden und zu vereinigen, mit den härtesten Strafen verfolgte. Verbündete Arbeiter wurden nicht anders behandelt, denn als Rebellen und die Besitzenden Chinas — das ist ihre Thorheit und ihre Schuld — haben dieser verbrecherischen Thorheit der chinesischen Regierung stets Beifall gespendet.

Thorheit sowohl als Verbrechen nenne ich dies Beginnen, weil es nicht bloß gegen die Gerechtigkeit und Menschlichkeit, sondern auch gegen den eigenen Vorteil der also Handelnden und der ihnen Beifall Spendenden in gröblichster Weise verstieß. Die Regierung anlangend sollte man meinen, daß dieser das Aberwitzige und Selbstmörderische ihres Beginnens ganz von selbst auch ohne tieferes Nachdenken längst hätte einleuchten sollen. Mußte doch ein Blinder sehen, daß sie ihre finanzielle sowohl als ihre militärische Kraft in dem Maße ruinierte, in welchem ihre Maßregeln gegen die unteren Volksklassen von Erfolg begleitet waren. Der Konsum der Massen ist wie allerorten so auch in China die hauptsächliche Quelle der Staatseinnahmen, die physische Gesundheit der Bevölkerung die Stütze der militärischen Kraft gewesen. Was sollten aber Chinas Zölle und Accisen einbringen, wenn das Volk nichts verzehren konnte und wie sollten seine aus dem elendesten Proletariate rekrutierten Soldaten Mut und Kraft vor dem Feinde beweisen? Ebenso schädigte diese Darniederhaltung der Massen auch die Interessen der Besitzenden. Weil das chinesische Volk wenig konsumierte, vermochte es auch nicht zu höher produktiver Arbeit überzugehen, d. h. seine Arbeitskraft hatte, gerade weil ihre Herstellungskosten so jämmerlich wenig beanspruchten, auch jämmerlich wenig Nutzwert.

Der chinesische Arbeitgeber konnte also wirklich nicht

viel für die Arbeit zahlen, aber nur aus dem Grunde, weil dem Arbeiter verwehrt war, in wirksamer, d. h. nicht bloß den einzelnen Arbeitgeber, sondern den Arbeitsmarkt beeinflussender Weise, viel zu verlangen. Der einzelne Unternehmer hätte freilich den Forderungen seiner Arbeiter nur in beschränktem Maße nachgeben können, da er als Einzelner das Mehr an Lohn an seinem Gewinne eingebüßt hätte; wäre aber in ganz China der Arbeitslohn gestiegen, so hätte dies den Bedarf in solchem Maße erhöht, daß die gesamte chinesische Arbeit ergiebiger geworden wäre, d. h. mit besseren Produktionsmitteln hätte ausgestattet werden können; nicht aus ihrem Gewinne, sondern aus dem gesteigerten Ertrage hätten die Arbeitgeber die Lohnaufbesserung gedeckt, ja ihr Gewinn wäre sogar gewachsen, ihr Reichtum, dargestellt durch die in ihrem Besitze befindlichen kapitalistischen Arbeitsmittel, hätte sich vermehrt. Das schließt natürlich nicht aus, daß einzelne Produktionszweige unter diesem Umschwunge gelitten hätten, denn die Zunahme des Konsums infolge verbesserter Löhne erstreckt sich nicht gleichmäßig auf alle Bedarfsartikel. Der Konsum kann sich im Durchschnitt verzehnfacht haben und trotzdem die Nachfrage nach einem einzelnen Gute ziemlich stationär bleiben, ja vielleicht sogar zurückgehen; dafür aber wird in diesem Falle ganz gewiß die Nachfrage nach gewissen anderen Gütern sich mehr als verzehnfachen, den Einbußen einzelner Arbeitgeber stehen sicherlich desto größere Gewinne anderer Arbeitgeber gegenüber und als allgemeine Regel kann überall gelten, daß der Reichtum der Besitzenden im geraden Verhältnisse mit dem Arbeitslohne wächst, den sie bezahlen müssen. Es ist dies ja anders auch gar nicht möglich, da dieser Reichtum der besitzenden Klassen der Hauptsache nach in gar nichts anderem besteht, als in den Produktionsmitteln, die zur Herstellung der Bedarfsgüter des ganzen Volkes dienen.

Und sollte mein geehrter Landsmann vielleicht meinen,

daß man sich mit der Frage der Lohnerhöhung in einem Zirkel bewege, indem einerseits die Ergiebigkeit der Arbeit, d. i. der Nutzwert der Arbeitskraft allerdings nicht verbessert werden könne, so lange der Volksgebrauch, d. i. der Selbstkostenbetrag der Arbeitskraft, sich nicht steigere, anderseits aber auch letztere Steigerung undurchführbar sei, so lange erstere nicht zur Thatsache geworden; so sage ich ihm, daß dies eben der verhängnisvolle Aberglaube ist, den die besitzenden Klassen und die Machthaber so manchen Landes nun so grausam zu büßen haben. Da der Arbeits*lohn* in der ausbeuterischen Welt immer nur einen Teil und dazu in der Regel noch einen sehr geringen des Arbeits*ertrages* beanspruchte, so waren — von höchst vereinzelten Ausnahmen abgesehen — die Arbeitgeber sehr wohl in der Lage, Lohnerhöhungen zu gewähren, noch bevor die, allerdings erst als Folge *allgemeiner* Lohnerhöhung zu gewärtigende Steigerung der Erträge faktisch eingetreten war; ich sage ihm, daß speciell in China durchschnittlich selbst der dreifache und vierfache Lohn noch immer nicht den ganzen — wohlverstanden nicht einmal den alten, von der Erhöhung der Erträge noch unbeeinflußten — Gewinn verschlungen hätte. Die Arbeitgeber *konnten* also mehr zahlen, sie *wollten* bloß nicht. Letzteres war vom Standpunkte des Einzelnen betrachtet auch ganz begreiflich; Jeder sorgt bloß für den eigenen Vorteil, und dieser verlangt, daß man vom erzielten Nutzen so viel als möglich für sich behalte, so wenig als möglich anderen abtrete. In diesem Punkte waren die amerikanischen Spekulanten, die französischen Kapitalisten und die englischen Landlords nicht um ein Gran besser als unsere chinesischen Mandarinen. Anders aber handelten Jene und anders Diese als Gesamtheit. Trotzdem der Unsinn, daß man den Arbeitslohn nicht erhöhen *könne*, eigentlich im Westen erfunden und von allen Lehrkanzeln verkündet worden ist, hat der richtigere Volksinstinkt der westlichen Völker diese doch seit einigen Menschenaltern veranlaßt, in ihrer Politik so zu handeln, als ob sie das Gegenteil erkannt hätten. In der Theorie beharrten sie dabei, der Lohn könne nicht wachsen; in der Praxis aber begünstigten sie mehr und mehr die Lohnforderungen ihrer arbeitenden Massen, mit deren unleugbaren Erfolgen sich dann hinterher die Theorie abfand, so gut oder so schlecht es eben ging. Ihr, meine chinesischen Brüder dagegen, habt Euch in der Politik strikte an die Lehren dieser Theorie gehalten; Ihr habt Euere arbeitenden Massen zunächst durch die Erkenntnis, daß der Staat ihr Feind sei, in Verzweiflung gebracht und jede Ausschreitung der Verzweifelten dann sofort dazu benützt, „Ordnung" in Eurem Sinne zu machen. Euere Hand war stets gegen die Schwächeren erhoben — wundert Euch nicht, daß diese einen fürwahr nur geringen Teil der ihnen zugefügten Leiden vergelten, nachdem sie die Stärkeren geworden.

Das hindert natürlich nicht, daß wir in Freiland — wie ja unsere Thaten beweisen — auch das den ehemaligen Unterdrückern zugefügte Unrecht beklagen und so viel an uns liegt, gutzumachen bestrebt sind. Wir halten dafür, daß auch das Volk von Rußland, Ägypten und China, kurzum, daß alle Welt am besten thäte, das von der amerikanischen Union gegebene Beispiel nachzuahmen; wir glauben dies schon aus dem Grunde, weil diese weise Großmut sich nicht bloß für die Besitzenden, sondern auch für die Arbeitenden als vorteilhaft erweisen wird. Es liegt jedoch leider nicht in unserer Macht, dem russischen Muschik, dem ägyptischen Fellah oder dem chinesischen Kuli sofort Anschauungen beizubringen, wie sie den Arbeitern des vorgeschrittenen Westens natürlich sind. Die Weltgeschichte ist das Weltgericht; in ihr wird schließlich Jedem zugemessen, was er sich selber verdient hat."

Da kein fernerer Redner vorgemerkt war, schloß der Präsident die Debatte über diesen Punkt der Tagesordnung, und damit zugleich die Beratungen des Kongresses.

Schlußwort.

Die Geschichte von „Freiland" ist zu Ende. Ich könnte zwar, den Faden der Erzählung weiter spinnend, das Befreiungswerk der Menschheit, wie es meinem geistigen Auge sich darstellt, in seinen Einzelheiten ausmalen; aber wozu sollte dies dienen? Wer aus dem Bisherigen nicht die Überzeugung geschöpft hat, daß wir an der Schwelle eines neuen, glücklicheren Zeitalters stehen und daß es nur von unserer Einsicht und unserem Willen abhängt, dieselbe sofort zu überschreiten, den werden auch Dutzende folgender Bände nicht überführen.

Denn nicht die wesenlose Schöpfung einer ausschweifenden Phantasie ist dieses Buch, sondern das Ergebnis ernsten, nüchternen Nachdenkens, gründlicher, wissenschaftlicher Forschung. Alles, was ich als thatsächlich geschehen erzähle, es *könnte* geschehen, wenn sich Menschen fänden, die erfüllt gleich mir von der Unhaltbarkeit der bestehenden Zustände, sich zu dem Entschlusse aufrafften, zu handeln, statt zu klagen. Gedankenlosigkeit und Trägheit sind in Wahrheit annoch die einzigen Stützen der bestehenden wirtschaftlichen und socialen Ordnung. Was einst notwendig und deshalb unvermeidlich gewesen, es ist schädlich und überflüssig geworden; nichts zwingt uns fürderhin, das Elend einer überlebten Weltordnung zu ertragen, nichts hindert uns, jenes Glück und jenen Überfluß zu genießen, zu deren Bereitung uns die vorhandenen Kulturmittel befähigen würden, nichts, als unsere eigene Thorheit.

„So sprachen und schrieben seit des Thomas Morus Zeiten schon zahllose Weltverbesserer, und stets hat sich als Utopie erwiesen, was sie der Menschheit als Universalmittel gegen alle Leiden empfahlen" — wird man mir vielleicht

493

entgegenhalten; und gestehen will ich, daß die Furcht, mit der Legion von Verfassern utopischer Staatsromane vermengt zu werden, mir anfangs nicht geringe Bedenken gegen die von mir gewählte Form des Buches einflößte. Aber bei reiflichem Erwägen entschied ich mich doch dafür, statt trockener Abstraktionen ein möglichst lebensvolles Bild zu bieten, das in anschaulichen Vorstellungen deutlich mache, was bloße Begriffe doch nur in schattenhaften Umrissen darstellen können. Der Leser, der den Unterschied zwischen jenen Werken der Phantasie und dem vorliegenden nicht selber herausfindet, ist für mich ohnehin verloren; ihm bliebe ich der „unpraktische Schwärmer", auch wenn ich mich noch so trockener Systematik befleißigte, denn ihm genügt, daß ich an eine Änderung des Bestehenden glaube, um mich dafür zu halten. In welcher Gestalt ich meine Beweise vorbringe, ist für diese Art Leser schon aus dem Grunde einerlei, weil sie — gleich den Frommen in Sachen der Religion — schlechterdings außer stande sind, Beweise zu prüfen, die ihre Spitze gegen das Bestehende kehren.

Den unbefangenen Leser dagegen wird die erzählende Form nicht hindern, nüchternen Sinnes zu untersuchen, ob meine Ausführungen innerlich wahr oder falsch sind. Sollte auch er finden, daß ich — und sei es nur in *einem* wesentlichen Punkte — von irrigen Voraussetzungen ausgegangen, daß die von mir dargestellte Ordnung der Freiheit und Gerechtigkeit irgendwie den natürlichen und allgemein anerkannten Triebfedern menschlicher Handlungsweise widerspreche, ja sollte er, nachdem er mein Buch gelesen, nicht zu der unumstößlichen Überzeugung gelangt sein, daß die Durchführung dieser neuen Ordnung — von nebensächlichen Details natürlich abgesehen — ganz und gar unvermeidlich sei — dann allerdings müßte ich mich damit bescheiden, mit Morus, Fourier, Cabet und wie sie alle heißen mögen, die auf socialem Gebiete ihre Wünsche der nüchternen Wirklichkeit unterschoben, in *einen* Topf geworfen zu werden.

Ausdrücklich hervorheben will ich zum Schluß, daß sich die innere Wahrhaftigkeit meines Buches nicht bloß auf die der Handlung zugrunde gelegten wirtschaftlichen und ethischen Prinzipien und Motive, sondern auch auf den äußeren Schauplatz derselben erstreckt. Die Hochlande im äquatorialen Afrika entsprechen durchaus dem im Vorstehenden entworfenen Bilde. Wer dies bezweifelt, der kontrolliere meine Erzählung durch die Reiseberichte Speekes, Grants, Livingstones, Bakers, Stanleys, Emin Paschas, Thomsons, Johnstons, Fischers, kurz all Derer, welche jene paradiesischen Gegenden besucht haben. Um „Freiland", so wie ich es darstelle, zur Thatsache werden zu lassen, bedarf es also in jeder Hinsicht bloß einer genügenden Anzahl thatkräftiger Menschen. Werden sich solche finden? Wird diesen Blättern die Kraft innewohnen, mir die Genossen und Helfer zuzuführen, die zur Durchführung des großen Werkes erforderlich sind?

Wien 1890.

Theodor Hertzka.

Druck von Hallberg & Büchting, Leipzig.

www.ingramcontent.com/pod-product-compliance
Lightning Source LLC
Chambersburg PA
CBHW032013110726
47901CB00004B/1067